盾构隧道列车撞击动力学特性

晏启祥　著

科学出版社

北　京

内 容 简 介

本书系统地阐述了铁路列车撞击盾构隧道的动力响应以及盾构隧道的损伤破坏特性。全书共分为十章，包括绪论，基于列车–刚性墙模型的列车撞击荷载，基于列车撞击荷载的单双层管片衬砌动力响应，基于列车撞击荷载的单层衬砌开裂力学行为，基于列车撞击荷载的双层衬砌开裂力学行为，盾构隧道接头螺栓开裂及其对管片衬砌开裂的影响，基于列车撞击荷载的盾构隧道接头螺栓失效特性，基于车隧耦合系统动态接触撞击的车体与盾构隧道损伤特性，车隧耦合系统下列车速度对管片衬砌脆性破坏的影响，基于多尺度理论的列车撞击盾构隧道损伤特性。本书结构条理清晰，阐述深入浅出，重视基本理论，突出关键内容，展示新观点，追求新发展，便于读者全面掌握列车撞击盾构隧道的动力学特性。

本书适合岩土工程、隧道工程及铁道工程等领域的高校教师、工程技术人员和研究生阅读，也可作为隧道动力学及防灾减灾工程学等相关课程的参考书。

图书在版编目(CIP)数据

盾构隧道列车撞击动力学特性 / 晏启祥著. —北京：科学出版社，2020.1
ISBN 978-7-03-061407-0

Ⅰ. ①盾… Ⅱ. ①晏… Ⅲ. ①盾构–铁路隧道–列车–撞击–动力特性–研究
Ⅳ. ①U260.11

中国版本图书馆 CIP 数据核字 (2019) 第 107183 号

责任编辑：刘莉莉 / 责任校对：彭 映
责任印制：罗 科 / 封面设计：墨创文化

科 学 出 版 社 出版
北京东黄城根北街16号
邮政编码：100717
http://www.sciencep.com

四川煤田地质制图印刷厂印刷
科学出版社发行 各地新华书店经销
*
2020 年 1 月第 一 版 开本：787×1092 1/16
2020 年 1 月第一次印刷 印张：15 1/2
字数：350 000

定价：138.00 元

（如有印装质量问题，我社负责调换）

前　　言

在国内外，轨道交通都是连接城市内部和城际之间的骨干交通网络。目前，大部分城市轨道交通区间隧道和部分铁路水下隧道采用盾构法建设。在我国，盾构法隧道衬砌结构大多是由钢筋混凝土管片拼装而成的，其整体刚度和稳定性相对较差。拼装式管片衬砌结构在承受列车脱轨冲击荷载时，钢筋混凝土管片会产生较大损伤甚至裂损，进而导致衬砌结构失稳破坏，给隧道运营带来严重安全隐患甚至毁灭性垮塌事故。因此，对列车脱轨撞击运营盾构隧道的撞击动力学特性进行研究，对于探明盾构隧道在撞击荷载下的结构特性、开展结构防撞设计是非常重要和必要的。

全书共分为 10 章。第 1 章绪论，介绍列车撞击混凝土结构的国内外现状；第 2 章介绍列车-刚性墙模型及其获得的列车撞击荷载；在此基础上，第 3 章至第 6 章介绍基于列车撞击荷载的管片衬砌和双层衬砌动力响应和开裂力学行为；第 7 章介绍列车撞击荷载下盾构隧道接头失效特性；第 8 章至第 9 章介绍车隧耦合系统下盾构隧道的损伤特性与脆性破坏特征；第 10 章对盾构隧道管片结构多尺度模拟及其应用进行探索，并据此分析盾构隧道撞击动力响应。

本书是国家自然科学基金项目“水下盾构隧道列车脱轨撞击力学行为及防撞衬砌设计理论”（项目号：51178400）多年研究成果的总结。本书主要由晏启祥编著，参加本书撰写工作的还有张蒙、李彬、李灿、邓志鑫、孙明辉、曹军军、青松勇等。

全书图文并茂，深入浅出，资料详实，可参考性强，可供隧道与地下工程、铁道工程等相关领域研究人员和工程技术人员参考，也可作为隧道动力学等课程的参考用书。

目　　录

第1章 绪　论

随着我国城镇化进程的不断加快，为促进城市内部、城市间经济社会各要素的有效连通和协同发展，中国正在大力发展轨道交通。目前，大部分的城市轨道交通和部分铁路水下线路采用盾构法隧道的方式建设。相比于传统施工方法，盾构法具有高效、安全等优点，其在城际铁路、城市轨道交通和市政公路等多个工程领域得到了大量应用。然而，复杂的地形地质条件和运营环境条件对盾构隧道的整体安全性和稳定性带来了严峻的挑战。特别是在长期运营过程中，盾构隧道将面临列车脱轨撞击这一严重威胁。

1.1　撞击问题的提出

随着我国轨道交通列车运行速度的不断提高，出于人为和自然因素的影响，列车脱轨撞击沿线结构物的事故时有发生，特别是当列车出现设备故障或行进线路条件较差时，列车脱轨的概率还将增大。事实上，世界范围内每年都有重大列车脱轨事故发生，并造成沿线结构物的破坏。如：1998 年，一列德国城际特快列车(Inter City Express，ICE)由于车轮疲劳断裂，在途经小镇艾雪德附近时突然脱轨，撞毁轨道上方桥梁桥墩；2005 年，一列高速列车由于与汽车发生碰撞，在日本兵库县尼崎市发生脱轨事故，撞击引起路边高层建筑严重受损；同年 12 月，由于瞬时大风和超速运行，一列火车在东日本羽越本线发生脱轨事故，撞毁路边一小型建筑物；2010 年，挪威一货运列车由于无牵引机车，滑坡数公里后发生脱轨，以 100km/h 的时速撞塌某座单层建筑物；2012 年，一列城际列车在阿根廷首都布宜诺斯艾利斯发生脱轨，并与附近站台相撞。由此可见，列车脱轨撞击沿线基础设施不是一个小概率事件。

盾构隧道是由预制混凝土管片通过环向与环间螺栓连接而成的拼装式衬砌结构，相对于整体式衬砌结构而言，其结构承载刚度和稳定性相对较差，在承受列车撞击荷载时，极易造成管片衬砌整体或局部受损，严重威胁隧道安全。特别是当列车脱轨事故发生在盾构隧道内部时，巨大的列车撞击荷载作用可能会导致接头板塌陷断裂、接头螺栓损伤失效、管片衬砌混凝土损伤变形甚至破碎剥落等重大安全事故，继而诱发管片错动或衬砌结构失稳，致使盾构隧道结构局部垮塌或整体报废。同时，撞击事故也会对列车上乘客的人身安全带来极大的威胁。

为了全面了解和掌握撞击作用下盾构隧道的动力特性和结构破坏特性，评价盾构隧道的撞击安全以及更好地开展盾构隧道防撞设计，需要系统深入地研究盾构隧道的列车撞击动力响应及其损伤破碎特性。

盾构隧道列车撞击动力学是一个复杂的力学问题，涉及结构非线性、力学非线性等难题，其不仅是一个多体撞击非线性接触问题，同时也是一个系统的多尺度问题，需要采用弹塑性力学、损伤力学和断裂力学从材料层次、构件层次和结构层次进行深入研究。

1.2 国内外研究现状

目前，国内外学者对列车高速撞击作用下的列车本体撞击力学行为、工程结构撞击力学行为、衬砌混凝土开裂行为、管片接头力学特性、双层衬砌力学行为以及结构多尺度分析理论等问题进行了大量的研究工作，并取得了一定的成果。

1.2.1 列车本体撞击力学行为

列车撞击是一个涉及多体耦合力学理论和材料非线性的动力学问题，其撞击过程不同于其他诸如汽车、轮船、飞机等交通工具的单体撞击。因为列车是由多节车厢通过连挂装置连接而成，其撞击过程中车厢间将发生典型的“堆叠效应”和“交叉耦合效应”。关于列车撞击行为，前人已经开展了部分研究工作并取得了一定的成果。

早在 20 世纪末，欧美国家就相继开展了与列车撞击相关的试验研究[1,2]。在 20 世纪 90 年代，英国成立了专门针对列车撞击问题的研究机构，并开展了大量列车撞击试验，研究了列车低速撞击过程中的爬车和脱轨现象，并就撞击过程中乘客区安全性问题进行了深入分析，同时出台了车体结构耐撞性的相关技术标准[3]。20 世纪 90 年代到 21 世纪初，欧盟及一些铁路集团通过资助 TRAINCOL、SAFETRAIN、SAFETRAM 和 SAFEINTERIORS 等四个科研项目[4,5]，开发了车体耐撞性设计和车辆撞击物理场景模拟技术，并成功促使了相关规范的颁布。同时期，美国联邦铁路管理局(Federal Railroad Administration，FRA)相关技术中心在科罗拉多州设计开展了一系列实车撞击试验[6-9]，以评估设计车体的耐撞性能，同时使用假人模型对车内人员安全性进行了相关的量化评估。21 世纪初期，法国 Alstom 公司通过在试验基地进行实车撞击试验，评估了新一代高速动车组 AGV 的三级吸能装置设计方案[10]。除此之外，澳大利亚、日本、韩国等国家的研究机构也进行了相应的列车撞击试验[11,12]。

我国在列车撞击问题上的研究起步较晚。中南大学田红旗 [13]在 1996 年开始对我国列车撞击试验的必要性和重要性进行阐释，并针对撞击试验装置和试验理论展开可行性论证。紧接着，田红旗研究团队设计建造了国内首个列车撞击试验台，该试验台通过采用大功率牵引电机、撞击力测试系统、撞击序列图像运动分析系统和数据采集系统，对撞击过程中车体加速度、变形等参量和瞬时撞击力数据进行实时采集。采用该试验台，该团队对不同速度工况下列车撞击进行了多次试验，研究了车体部件的变形特性和吸能机理[14]。

随着有限元技术的迅猛发展，相比于实车撞击试验，撞击仿真更具经济性和可重复性。为此，国内外研究机构和学者对列车撞击问题进行了大量仿真分析工作。Baykasoglu 等[15-17]对撞击过程中列车车体部件的材料屈曲特性和防撞性能进行了评估分析，并设计建立了一套列车撞击吸能管理系统。Milho 等[18,19]提出了一种基于多体系统的列车抗撞研究方法，并建立列车撞击仿真模型，为防爬装置和车辆端部结构的优化设计提供了指导。Dias 等[20,21]利用灵敏度分析和优化算法，建立了列车撞击模型，研究了列车撞击性能和车体吸能特性，并对车体前端结构进行了优化。田红旗等[22-26]从仿真分析的角度对列车撞击过程中涉及的多体耦合理论和车体薄壁结构吸能特性进行了大量研究，提出了改善车辆结构防撞吸能效果的具体措施，开发了列车撞击场景模拟软件，为我国高速列车被动安全防护和车体结构耐撞性能设计提供了指导。肖守讷等[27,28]基于 LS-DYNA 仿真软件，采用离散的梁单元对车厢间车钩缓冲装置进行模拟，对撞击过程中车钩缓冲装置失效脱落现象进行了分析，研究了车钩缓冲装置对列车能量吸收的贡献程度，并针对车端结构设计了一种新型的吸能装置。谢卓君等[29,30]基于 ADAMS 软件和 SIMPACK 软件分别建立了地铁列车撞击的一维、二维和三维模型，开发了撞击荷载的计算子程序，研究了撞击过程中车辆的动态响应，并对撞击荷载作用下列车走行结构相关耐撞性能参数进行了优化。

1.2.2　工程结构撞击力学行为

撞击荷载不同于常规的静力荷载，在瞬时撞击荷载作用下，工程结构物材料将出现强烈的应变率效应，同时整体结构和局部构件将出现严重的破坏。近些年来，国内外学者围绕撞击荷载作用下工程结构物的破坏做了大量研究工作。

在理论研究方面，Eibl 和 Krauthammer 等[31-33]采用有限差分法对撞击荷载作用下钢筋混凝土结构动力响应进行了分析，并给出了一种结构耐撞性设计的简化方法。Ahmed 等[34]采用 Newmark 时间积分法求解了梁结构在撞击荷载作用下的耦合非线性运动方程，并通过弹塑性接触法对撞击接触力进行了分析评价。鲍四元等[35]基于经典有限元理论，研究了弹性撞击过程中结构的动力响应，并分别采用精细积分法和龙格-库塔法推导了问题的数值解析解。刘锦阳[36]采用子结构分析方法，对球-杆体系在横向和纵向撞击荷载下的力学特性进行了研究，并给出了合理的子结构取值参数。

在试验研究方面，Ohnuma、Uchida 和 Zineddin 等[37-39]采用落锤撞击试验对钢筋混凝土梁和钢筋混凝土板结构在撞击荷载作用下的动力响应做了相应研究，并分析了不同撞击荷载作用下梁板结构的挠度变形和破坏方式。王蕊等[40,41]采用落锤动载试验对侧向撞击荷载作用下钢管混凝土梁柱的动力响应进行了研究，同时通过考虑局部和整体变形关系，提出了钢管混凝土整体变形和临界破坏能量计算方法。杨进先[42]对 20 万吨矿石船撞击大圆筒重力墩式码头进行了系列模型试验，并就相关撞击参数对撞击能量的影响进行了分析。徐建波和张若棋等[43,44]采用轻气炮系统对长杆射弹侵彻混凝土靶板进行了试验研究，分析了不同弹头形状、靶板材料和弹射速度对冲击结果的影响，同时通过与经验公式和空腔膨胀模型的对比，提出了经验公式的局限性和适用范围。

由于试验场地和经济条件的限制，很多撞击问题无法通过现场试验进行研究。随着仿真有限元技术的迅猛发展，国内外学者应用仿真分析手段解决复杂撞击问题成为一种趋势。Lee 等[45]基于 Riera 法建立了波音 747 撞击混凝土安全壳仿真模型，分析了飞机撞击荷载作用下混凝土安全壳结构的非线性动力学行为，并进一步对核电站安全壳结构的关键设计参数进行了研究。Karagiozova 等[46,47]从弹塑性应力波传播的观点出发，研究了轴向高速撞击荷载引起的薄壁方管弹塑性屈曲问题，并利用有限元软件 ABAQUS 对轴向撞击荷载作用下方管和几何等效圆管的屈曲特性进行了对比分析，从而揭示了应力波传播现象和两种结构之间的结构差异。陆新征等[48-50]在精细化非线性有限元和事故案例分析的基础上，对超高车辆撞击桥梁上部结构的损坏机理与撞击荷载进行了研究，结果表明：超高车辆撞击将导致桥梁上部结构产生整体变形，甚至落梁破坏。刘晶波等[51,52]利用 LS-DYNA 建立了飞机撞击核电站厂房结构非线性有限元模型，获得了飞机撞击荷载，并对撞击荷载下核电站混凝土结构局部变形方式和毁伤特性进行了相应研究。田力等[53,54]在考虑流体效应的基础上，对分离式桥墩遭受船舶撞击时的动态响应进行了研究，并对比了几种不同计算模型的分析精度和计算效率，为桥梁防撞结构的设计提供了指导。

上述研究均主要集中在采用试验手段分析单个混凝土构件在撞击荷载作用下的力学性能，或利用仿真分析对桥梁或其他混凝土结构物进行探究。此外，研究中撞击荷载的类型大多围绕落锤、飞机、汽车、轮船等引起的荷载进行讨论。对于高速列车撞击荷载作用下工程结构物，特别是盾构隧道的动力响应和损伤破坏特性的研究几乎处于空白，目前尚缺乏列车脱轨撞击隧道的相关理论和试验研究。

1.2.3 衬砌混凝土开裂行为

近几十年来，混凝土的开裂问题一直是国内外学者研究的热点。国内外学者在微观上研究混凝土开裂，揭示出混凝土开裂过程中裂纹的形成和扩展物理机制，并取得了一定的成果；同时，在宏观上也研究了混凝土的力学行为。由于传统的混凝土本构模型难以描述混凝土在受力过程中的力学性能，因此，采用两种或多种组合本构关系研究混凝土的力学行为，如塑性-损伤耦合模型、内时-损伤耦合模型、开裂-损伤耦合模型等。

在混凝土结构开裂问题上，Kaplan[55]首次将线弹性断裂力学理论应用于混凝土断裂，同时开展断裂韧度试验，解决了裂纹尖端应力奇异的问题。随着有限元方法被应用于混凝土断裂分析，相关学者提出了弥散式和分离式两种裂缝模型来描述混凝土断裂过程的力学行为，推动了混凝土断裂力学的发展。

弥散式裂缝模型最早由 Rashid[56]提出，该模型将线状裂缝转化为无数平行的微裂缝均匀地弥散在单元中，发生单元损伤时，通过调整单元本构矩阵来描述开裂引起的混凝土力学性能退化。美国学者 Bazant 等[57]提出了钝带裂缝模型，其本质是一种局部区域内的弥散裂缝，但又不同于常规弥散裂缝，它在模型中引入混凝土的软化曲线以及断裂扩展准则，能自动形成新的裂缝，并且能表征任何方向的裂缝。弥散裂缝模型由固定裂缝模型发展为旋转裂缝模型的过程中考虑了主应变方向的旋转，但是由于非连续位移场的缺失，仍然存在应力锁现象。

分离式裂缝模型最早由 Dugdale[58]和 Barenblatt[59]提出，该模型假定裂缝尖端附近存在黏聚力。Hillerborg 等[60]在此基础上提出了分离式虚拟裂缝模型，促进了分离裂缝模型在混凝土断裂分析中的发展；而黏聚裂缝模型[61,62]的提出有效地解决了裂缝尖端的应力奇异性和网格敏感性，能较好模拟混凝土开裂的扩展行为，有效描述裂缝扩展深度和张开度。然而，此裂缝模型仍属分离裂缝，在模拟裂缝扩展过程中仍需预设裂缝或采用网格重剖分技术。

弥散式和分离式裂缝模型都基于有限元法（finite element method，FEM）进行混凝土的开裂过程模拟，模拟裂缝扩展需要预设裂缝或进行有限元网格重剖分，对网格要求较高，计算工作量较大，难以分析动态裂纹问题。美国西北大学 Belytschko 等[63]于 1999 年提出在常规有限元框架下，求解不连续问题的扩展有限元法（extended finite element method，XFEM），该法基于局部单位分解思想[64,65]，并在有限元位移模式中引入跳跃函数与裂尖渐近位移场，以反映裂纹的存在。随后，扩展有限元法得到了快速发展和广泛应用。Moes 等[66]、Dolbow 等[67]将 Heaviside 跳跃函数引入非连续位移场，研究非共面三维裂纹扩展问题。Wells 等[68]、Moes 等[69]、方修君等[70]将黏聚裂缝模型嵌入到扩展有限元，进行了混凝土构件的非线性开裂模拟。Gravouil 等[71]、Areias 等[72]应用 LS-XFEM 耦合方法，研究了三维裂缝扩展问题。

在模拟动态裂缝扩展方面，Belytschko 等[63]最先开展了这方面的研究。随后，Zi 等[73]进行了三点弯梁在冲击荷载下的开裂全过程模拟。Prabel 等[74]采用 XFEM 模拟弹塑性材料中的动态裂纹扩展。Zi 等[75]采用 XFEM 模拟动态裂纹的扩展，表明扩展有限元法能较好地捕捉撞击荷载作用下混合模式的断裂。

国内针对扩展有限元的研究起步比国外晚，但也取得了一定的成果。杜效鹄等[76,77]将 XFEM 运用到混凝土梁和预制缝重力坝的断裂分析，并得到裂纹扩展路径，该结果与试验相吻合，较好地反映了构件的破坏过程；方修君等[78]运用 XFEM 模拟了混凝土梁复合型开裂过程；董玉文等[79]总结了已有混凝土开裂破坏数值分析中存在的不足，并运用 XFEM 深入研究了混凝土裂缝及其扩展问题；余天堂[80]将裂纹面间的摩擦引入 XFEM 模型，为求解接触问题提供了新思路。

1.2.4 管片接头力学特性

国内外目前对盾构隧道衬砌的通用设计方法主要有四种，分别为惯用法、修正惯用法、多铰圆环法与梁-弹簧模型法。隧道衬砌应用最多的两种形式为装配式衬砌和复合式衬砌。其中装配式衬砌由于适用范围广，能应用于各种复杂地质条件，成为盾构隧道中最常用的衬砌形式。由于装配式衬砌接头降低了衬砌环的整体刚度，所以接头成为衬砌设计的控制性因素。

曾东洋和何川[81,82]通过三维分析，深入研究管片的接头行为，对影响管片接头抗弯刚度K_θ的因素进行了分析，并对其变化规律做了总结分析，得到了K_θ与轴力和弯矩的曲线关系以及在弯矩和轴力共同影响下转角θ的变化过程。孙文昊等[83]建立了管片接头的详细构造，通过一些基本假设，推导出了不含弹性衬垫的接头抗弯刚度计算公式，能方便地计算出接头刚度。张厚美等[84]通过试验测定荷载数据，拟合了不同偏心距和不同接头形式下转角与弯矩的曲线关系，从而得到了抗弯刚度经验公式。师永翔等[85]通过研究大断面隧道的结构形式以及接头的受力情况，采用理论分析得到了抗弯刚度的计算方法，并将理论计算结果与实验数据进行了对比。郭瑞等[86,87]采用梁-弹簧模型，通过使用抗弯、抗剪弹簧来模拟管片之间接头的环向作用及纵向作用，发现计算结果与实际工程较为符合。邬玉斌等[88]采用显式动力分析软件 LS-DYNA 分析了多种实体螺栓在隧道发生爆炸时的动力响应，研究了接头的张开及错动情况。

1.2.5 双层衬砌力学行为

盾构隧道双层衬砌由装配式管片衬砌和模筑的现浇钢筋混凝土二次衬砌构成，双层衬砌增加了衬砌的厚度，提高了结构的刚度，二次衬砌能将撞击荷载相对均匀地分配到管片衬砌上，并在一定程度上保护管片衬砌接头等抗撞击薄弱部位，相应地可提高隧道整体结构的抗撞击能力。

针对盾构隧道双层衬砌，国内外的研究工作主要集中在分析静力荷载作用下双层衬砌之间的相互作用机制。半谷哲夫[89]提出施加弹簧单元模拟双层衬砌间的相互作用。堀地紀行等[90]研究了双层衬砌的轴向等效刚度。Nasri 等[91]和村上博智等[92]分别对盾构隧道双层衬砌进行了整环加载模型试验和多环轴向刚度模型试验。晏启祥等[93]分析了水压力作用下双层衬砌的力学特性。

1.2.6 结构多尺度分析理论

在实际工程中，结构整体在遭受宏观尺度的荷载作用时，往往是局部构件或局部结构最先产生损伤或失效。随着荷载的持续作用，局部结构的破坏逐渐扩展，最终导致整体结构破坏。因此，工程结构的破坏实际上是在局部结构尺度和整体结构尺度两种不同尺度的耦合作用下产生的。目前为止，对于一些复杂的大型工程结构的研究主要停留在宏观尺度上，因为在实际结构计算分析时，当整体结构全部采用精细化建模时，其计算效率和计算速度极低；然而，当整体采用宏观分析时，又不能反映局部结构的破坏过程和破坏机理；

此外，若单独从整体结构中取出局部结构进行精细分析，又难以实现边界条件的模拟。在此背景下，基于时间和空间的结构多尺度分析方法得以提出，此方法可在模拟整体结构宏观行为和局部结构细观破坏的同时兼顾和保障计算效率。

国内外学者对多尺度分析方法进行了大量研究，并将研究成果成功应用在工程上。Mata 等[94]基于界面位移协调原理，实现了三维实体和二维梁单元间的界面耦合，研究了预制结构混凝土梁的非线性动力特性。Dowding 等[95]基于离散元和有限元耦合的思想，采用多尺度分析方法对岩洞的瞬态响应做了相应的研究。Nakasumi 等[96]提出了用网格叠加的方式来实现壳单元和实体单元间的多尺度耦合，通过该方法对舰船结构整体力学行为和局部区域裂纹扩展与应力集中特性进行了研究。李兆霞等[97]对大型桥梁结构损伤劣化过程和疲劳损伤特性进行了多尺度分析，并对现有多尺度模型进行了多因素优化和修正。陆新征等[98,99]基于界面连接单元变形协调原理，提出了框架杆系结构多尺度界面连接方法和约束方程，并对钢-混凝土混合框架结构进行了多尺度弹塑性分析。陈志文等[100]基于多点约束法构建了结构一致多尺度模型，分析了结构整体线弹性响应和局部塑性损伤特性，研究了钢箱梁结构的非线性损伤失效过程。禹海涛等[101,102]基于桥域耦合理论和拉格朗日算法，提出了不同尺度区域间的约束关系和动力控制方程，通过算例计算，论证了该多尺度分析方法在抑制单元界面高频波反射中的作用。张莹等[103]通过 ABAQUS 软件建立了单柱多尺度模型，对比分析了基于变形协调和力平衡两种界面连接原理下计算的合理性，并研究了三层钢筋混凝土框架结构关键部位受力情况。聂建国等[104,105]通过引入结构多尺度思想，提出了一种可反映局部结构复杂边界的广义边界条件，并对自锚式钢箱梁悬索桥关键部位进行了受力特性分析。

上述研究大多集中在桥梁、输电塔和其他框架结构上，而对于盾构隧道结构多尺度建模技术及其应用却十分罕见，特别是在列车撞击这一冲击动荷载作用下，盾构隧道结构可能在局部区域率先发生破坏，进而引起整体结构的失稳或垮塌。因此，在隧道结构动力计算中引入多尺度思想，对结构关键部位，特别是接头部位的力学特性进行分析显得十分重要和必要。

1.3　本 书 内 容

本书在国内外相关研究的基础上，采用资料调研、理论分析和数值模拟的研究方法，具体开展了列车-刚性墙简化模型、列车撞击动力响应、单双层管片衬砌动力响应、单层衬砌开裂力学行为、双层衬砌开裂力学行为、接头螺栓开裂失效、盾构隧道管片衬砌损伤扩展、列车撞击盾构隧道多尺度仿真等方面的研究。

本书共分为 10 章，包括第 1 章：绪论；第 2 章：基于列车-刚性墙模型的列车撞击荷载；第 3 章：基于列车撞击荷载的单双层管片衬砌动力响应；第 4 章：基于列车撞击荷载的单层衬砌开裂力学行为；第 5 章：基于列车撞击荷载的双层衬砌开裂力学行为；第 6

章：盾构隧道接头螺栓开裂及其对管片衬砌开裂的影响；第 7 章：基于列车撞击荷载的盾构隧道接头螺栓失效特性；第 8 章：基于车隧耦合系统动态接触撞击的车体与盾构隧道损伤特性；第 9 章：车隧耦合系统下列车速度对管片衬砌脆性破坏的影响；第 10 章：基于多尺度理论的列车撞击盾构隧道损伤特性。

第2章 基于列车-刚性墙模型的列车撞击荷载

鉴于国内尚未有列车脱轨实例和相关的试验数据，所以无法准确获取列车撞击荷载，且列车车体与盾构隧道结构刚度差异较大，因此本章通过建立简化的列车-刚性墙撞击模型来获取列车的撞击荷载，这也是国内外获取撞击荷载的一种典型方法。列车由多节车厢组成，其撞击过程与汽车等交通工具的单体撞击有很大区别。列车与刚性墙撞击过程中，既有车体对结构的撞击，又有各车厢间的相互撞击，这导致冲击波在车体中呈前后传播，整个过程是一个复杂的撞击动力学问题。在模型中引入列车编组、撞击速度和撞击角度等关键因素，基于ABAQUS/Explicit模块显式有限元和多体动力学技术，以列车为研究对象得到各工况下列车撞击力时程曲线，然后运用等效荷载方法研究不同列车编组、撞击速度和撞击角度等因素对撞击力的影响，拟合出列车脱轨后撞击力公式，供工程设计参考。

2.1 列车有限元模型

2.1.1 列车材质

随着各国在轻质、高性能材料的开发领域不断取得新成果，出现了许多创新型的复合材料。芯材主要包括泡沫类芯材(foam core)和蜂窝类芯材(honeycomb core)两种，常用的泡沫类芯材包括聚氯乙烯、聚氨酯、聚苯乙烯及聚甲基丙烯酰亚胺等；蜂窝类芯材有铝蜂窝和酚醛树脂蜂窝等。

高速列车须采用铝合金挤压型材来设计轻量化的车体，列车的流线型头部多采用的是玻璃钢-聚酯树脂复合材料，车厢和夹层主要采用由铝合金轧制型材、聚甲基丙烯酰亚胺(PMI)泡沫类芯材组成的铝合金面板夹芯板材。ABAQUS程序中提供了丰富的材料模型，列车具体材料数据如表2-1所示。

表2-1 列车材料参数

材料名称	弹性模量/MPa	泊松比	密度/(kg/m³)	屈服强度/MPa
泡沫类芯材	105	0.25	27	—
铝合金轧制型材	70 000	0.3	2700	225
玻璃钢	8400	0.4	1600	150

2.1.2 列车模型

头车车体长 25 400mm，宽 3400mm，高 3700mm，车钩中心线间距 25 700mm；中间车体长 24 500mm，宽 3400mm，高 3700mm，车钩中心线间距 25 000mm。在 ABAQUS/CAE 模块中建立三维车体模型，并对模型做适当的简化处理，以实现后续的有限元分析及大变形撞击仿真，从而得到相应的结果和精度。因实体单元计算容量太大，模型处理中使用薄壳单元建立铝合金型材模型，同时采用刚度等效原理和质量分布相似原则搭接和嵌入不同型材。车体发生撞击时主要为塑性变形，所以模型选择 S4R 壳单元，包括四结点曲面薄壳或厚壳，并提供了多种算法，包括减缩积分、沙漏控制和有限膜应变，这种单元适用于绝大多数的材料和显式时间积分法中所有非线性特征。图 2-1 和图 2-2 分别为机车和车辆的简化模型。

图 2-1 机车模型

图 2-2 车辆模型

网格的大小和分布是影响数值计算结果准确性与计算效率的关键因素。由显式有限元理论中极限时间步长分析可以看出，单元尺寸直接影响极限时间步长，单元尺寸越小，时间步长越小，导致计算效率越低；但另一方面，单元尺寸越小，越容易仿真结构变形中产生的小褶皱，计算结果也就越准确，过大的网格可加快软件计算速度，但计算结果容易失真[106]。因此，在对列车撞击刚体进行模拟仿真时，头车及司机室需要进行细化的单元尺寸相对较小，车体后部单元尺寸相对较大，从而提高计算效率，节省计算时间。机车和车辆网格划分如图 2-3、图 2-4 所示。

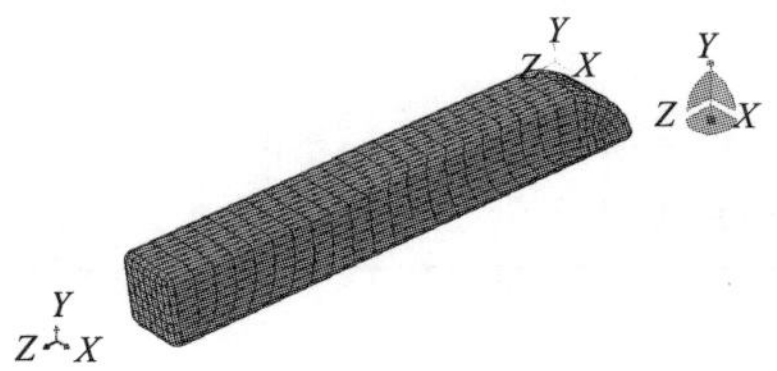

图 2-3 机车网格划分

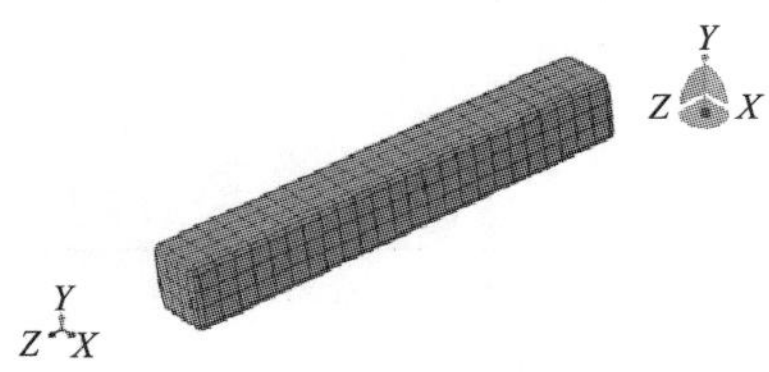

图 2-4 车辆网格划分

列车车厢连接用非线性弹簧来替代，如图 2-5 所示。弹簧刚度和阻尼参数根据车钩供应商提供的车钩缓冲装置力学性能曲线确定[107]。

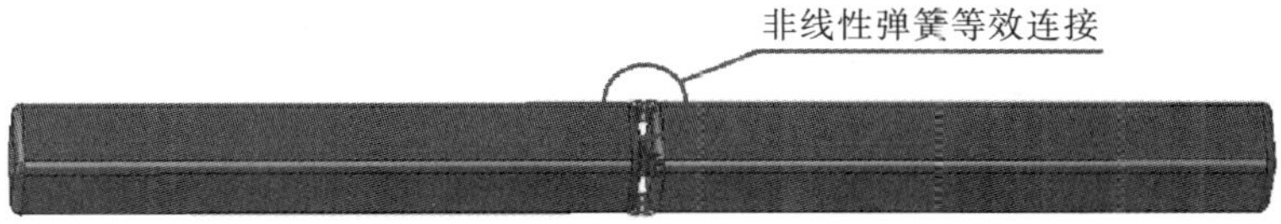

图 2-5　车厢间非线性弹簧等效连接

图 2-6 分别为 8 节列车编组和 16 节列车编组的列车-刚性墙撞击模型。

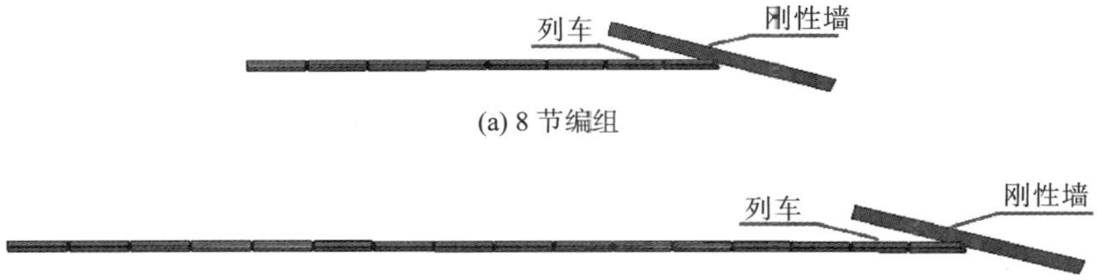

图 2-6　列车-刚性墙撞击模型

在列车撞击刚性墙的过程中，车体中的冲击波是影响撞击力的重要因素。为了更好地模拟冲击波在车体中的传播，并保证足够的精度和收敛性，本章采用 ABAQUS/Explicit 模块对列车-刚性墙撞击模型进行仿真分析。

2.2　列 车 响 应

2.2.1　模拟工况

为了探讨列车的编组数量、撞击速度和撞击角度等因素对列车撞击刚性墙力学特性的影响，本书选取 8 节、13 节和 16 节三种列车编组；50km/h、100km/h、150km/h、200km/h、250km/h 和 300km/h 六种撞击速度；5.0°、7.5°、10.0°、12.5°、15.0°和 17.5°六种斜向撞击角度共 108 种交叉组合工况进行分析。撞击角度指列车行驶撞击方向与被撞平面间夹角。

2.2.2　列车撞击刚性墙力学行为

首先，以 8 节列车编组、200km/h 的速度和 12.5°角度撞击刚性墙为例来阐述列车撞击刚性墙力学行为。计算结果显示整个撞击过程持续时间为 40ms，可以看出列车与刚性墙接触时间极短，40ms 内便完成相互作用。变形大部分发生在机车与刚性墙的接触区域，并形成永久的塑性变形，如图 2-7 所示。应力同样主要集中在机车与刚性墙相互作用区域。图 2-8(彩图见附录)为整列车的 MISES 应力云图，图 2-9(彩图见附录)为机车 MISES 应力云图。MISES 应力是基于第四强度理论推导出的等效应力，如式(2-1)所示，MISES 应力可表征材料的应力状态，当材料在外力作用下产生塑性变形时，可用来判定材料的屈服状态。

$$\sigma_{\text{MISES}}=\frac{1}{\sqrt{2}}\sqrt{(\sigma_x-\sigma_y)^2+(\sigma_y-\sigma_z)^2+(\sigma_z-\sigma_x)^2+6(\tau_{xy}^2+\tau_{yz}^2+\tau_{xz}^2)^2} \tag{2-1}$$

式中，σ_x、σ_y、σ_z 分别为微元体 x、y、z 方向上的正应力；τ_{xy}、τ_{yz}、τ_{xz} 分别为微元体 xy、yz、xz 平面上的剪应力。

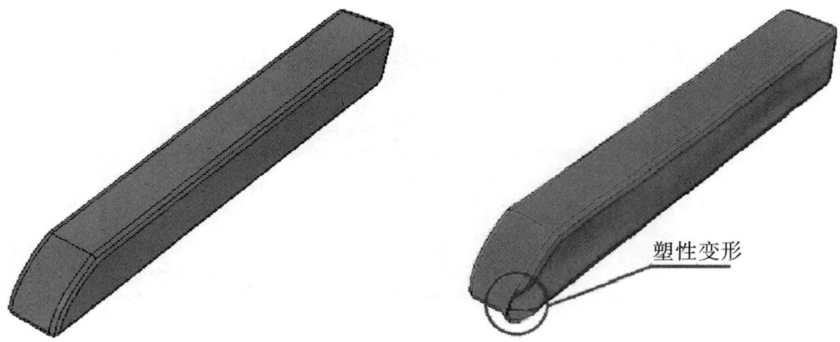

(a) t=0ms时车体无变形　　(b) t=20ms时车体变形情况

图 2-7　机车车体变形

图 2-8　列车 MISES 应力云图

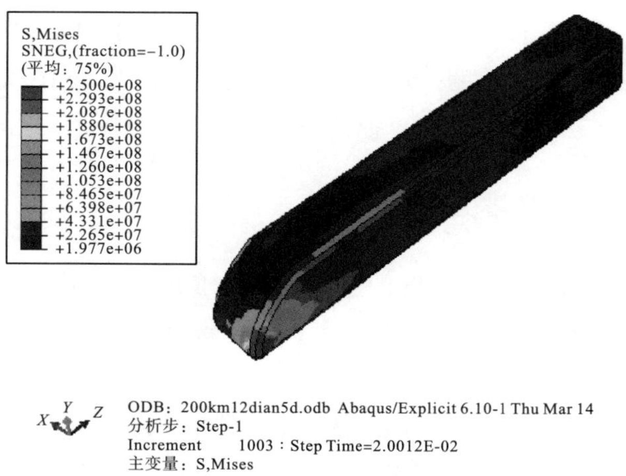

图 2-9　机车 MISES 应力云图

图 2-10 和图 2-11 为整个撞击过程中列车内能、塑性耗散能和动能随时间变化的曲线；图 2-12 为列车速度随时间变化的曲线；图 2-13 为列车总撞击力随时间变化的曲线。

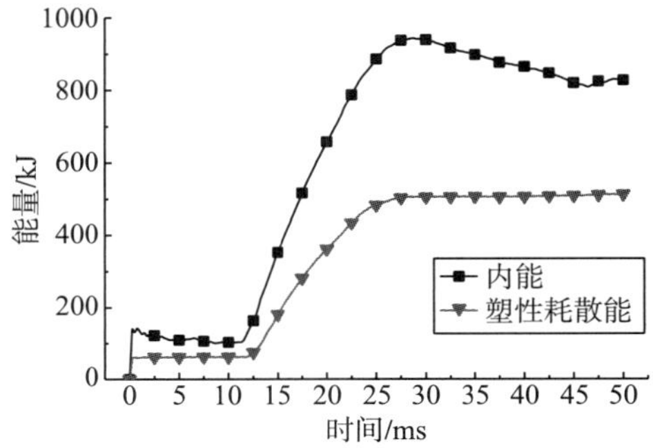

图 2-10　列车内能和塑性耗散能-时间曲线

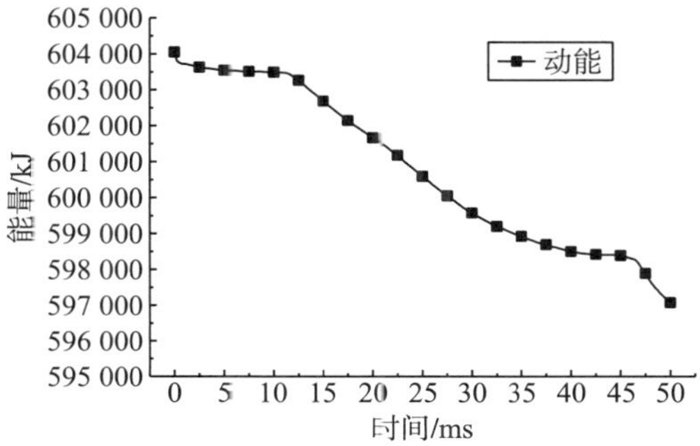

图 2-11　列车动能-时间曲线

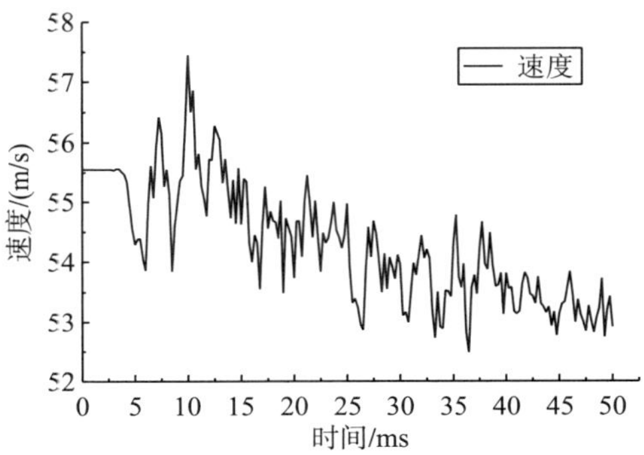

图 2-12　列车速度-时间曲线

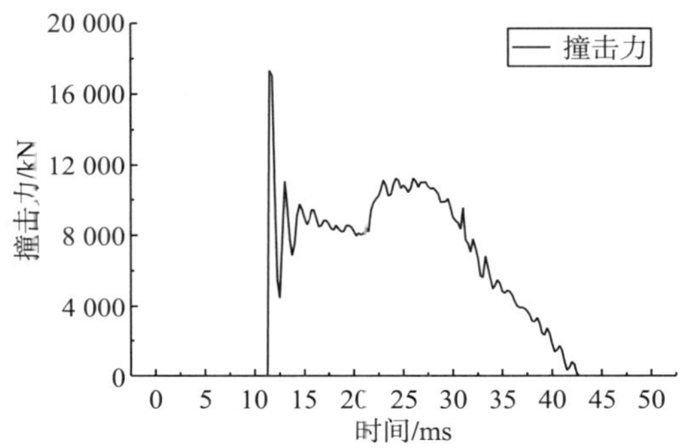

图 2-13　总撞击力-时间曲线

从能量-时间曲线和速度-时间曲线可以看出，撞击过程中列车系统的总能量有较大损失，主要因为列车脱轨撞击后大多能量被隧道结构吸收，列车动能逐渐减少，内能和塑性耗散能逐渐增加，少部分动能逐渐转变成内能、塑性耗散能和摩擦能量损失。由于是斜面撞击，且未考虑列车自身的制动力，撞击从开始到结束，动能和速度的减小幅度均不明显，动能从 607 051kJ 减小为 597 076kJ，速度从 55.6km/h 减小为 53km/h。整个作用过程时间极短，动能和速度的降低幅度虽然较小但已足够使车体端部发生局部永久变形。

由总撞击力-时间曲线可以看出，列车与刚性墙在 10ms 时开始相互作用，撞击开始后撞击力迅速增大，形成撞击力第一峰值；紧接着撞击力急剧变小，而后又上升到 30%～50%峰值大小波动；25ms 时撞击力略有上升，形成撞击力第二峰值区间，持续大约 5ms，出现该过程的原因是后续车厢应力波向车头传播；随后撞击力稳定降低直至列车与衬砌分离，撞击力最后变为 0。

图 2-14 为 8 节列车编组、13 节列车编组和 16 节列车编组三种不同编组的列车在 300km/h 撞击速度和斜向 17.5°撞击角度情况下撞击刚性墙的撞击时程曲线。从图中可以看出，三种列车编组的撞击力时程曲线趋势相同，数值接近。相同撞击速度和撞击角度下

三种列车编组的撞击力时程曲线表现出同样的特点，说明列车编组的撞击力时程曲线主要与前几节车辆有关，原因是撞击过程持续时间极短，后续车辆的惯性力通过车钩传递到机车撞击部位时已经是撞击过程的后段，难以形成叠加效应。其他不同列车编组、撞击速度和撞击角度下的撞击力时程曲线有相同的规律，印证了列车撞击刚性墙过程产生的撞击力与列车编组数量无关的结论。

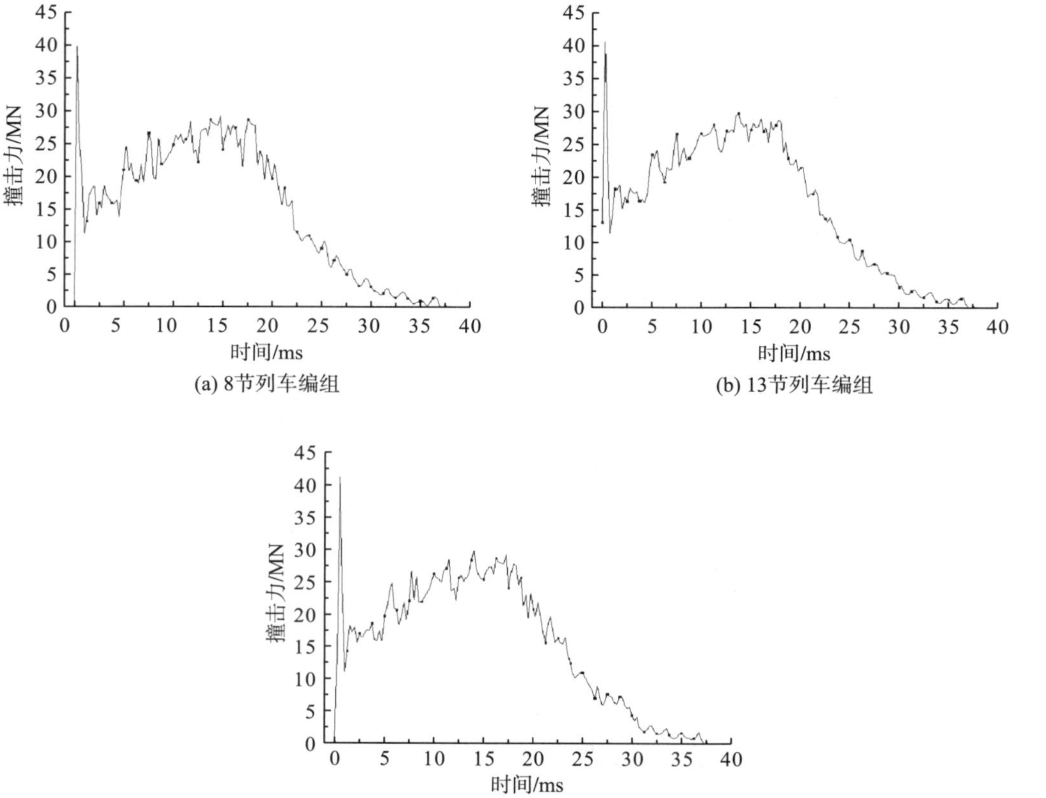

(a) 8节列车编组 (b) 13节列车编组 (c) 16节列车编组

图 2-14 三种列车编组在相同撞击速度和撞击角度下的撞击力时程曲线

2.2.3 撞击力与撞击速度的关系

由 2.2.2 节可知列车撞击力主要与前面几节车辆有关，当列车编组数量超过 6 节时，列车后续车辆对撞击荷载的影响较小，所以后面主要讨论撞击力与撞击速度、撞击角度的关系。影响列车撞击力的因素很多，在其他影响因素一致的条件下，撞击速度对撞击力有显著影响。从力学角度来讲，撞击速度越大，撞击力越大。为了更明了地分析撞击速度对列车撞击力的影响，本节对各撞击角度下不同撞击速度的列车-刚性墙撞击进行全面的仿真计算。

图 2-15 为各撞击角度下不同撞击速度的撞击力时程曲线。从图中可以看出同一撞击角度下，撞击速度越大，撞击力曲线整体越大，其撞击持续时间也越长，并且各曲线的形

态与 2.2.2 节中的图 2-13 相似，即撞击力均在撞击瞬间急剧增大，随后急剧减小，但紧接着会上升到一定值附近波动，波动值小于最大值。当撞击角度或撞击速度足够大时，撞击力曲线还会出现第二峰值区间，此时曲线表现出明显凸起，各工况撞击力时程的第二峰值区间分布后面会详细分析[108]。

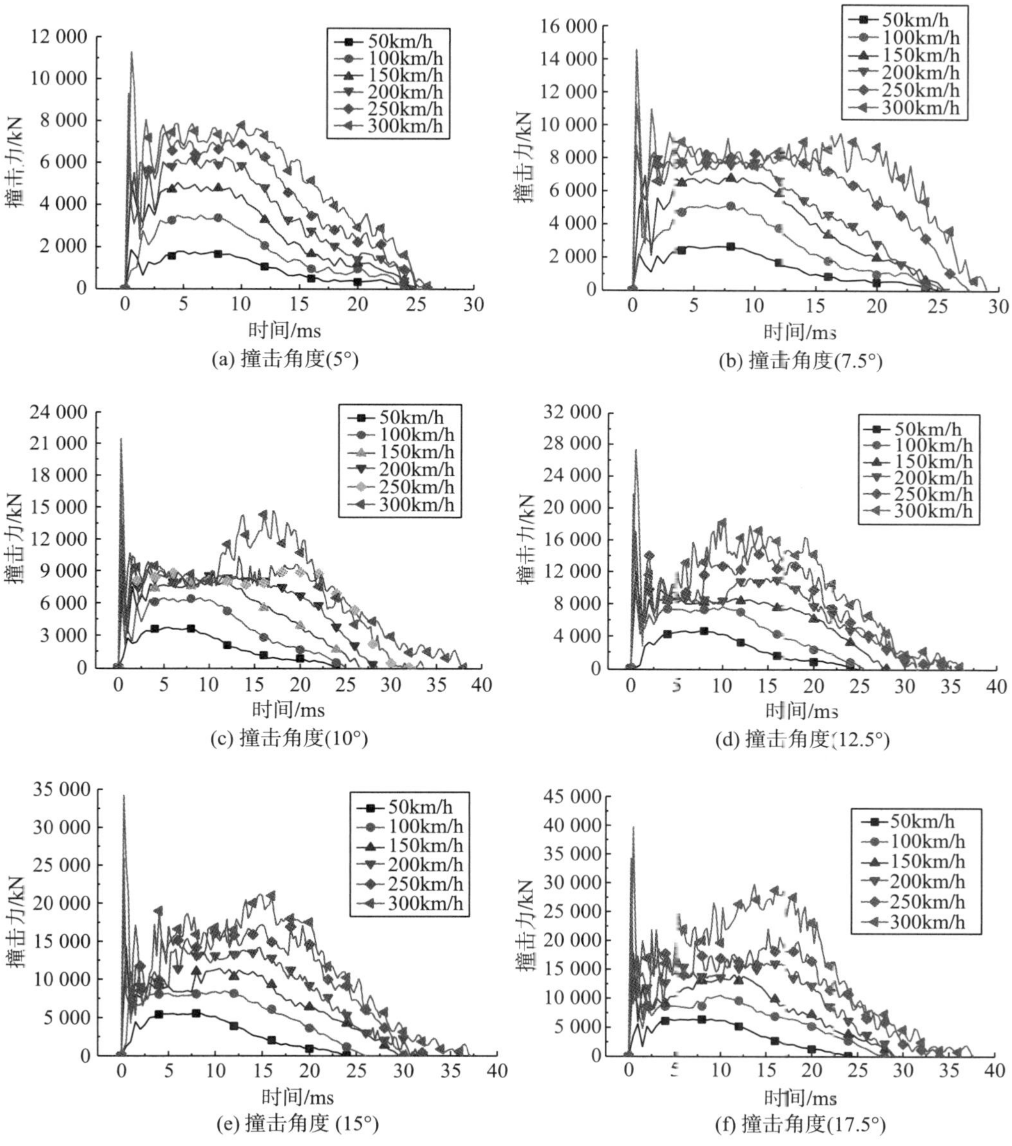

图 2-15　各撞击角度下不同撞击速度的撞击力时程曲线

为了深入地分析撞击力与撞击速度的关系，将各工况等效撞击力即撞击力第一峰值 P_m 和撞击力平均值 P_g 与撞击速度拟合。图 2-16 和图 2-17 是 8 节列车编组在不同撞击角度下等效撞击力与撞击速度的关系曲线。从图中可知，各撞击角度下列车的撞击力第一峰

值 P_m 和撞击力平均值 P_g 随着撞击速度的增大而呈线性增大。

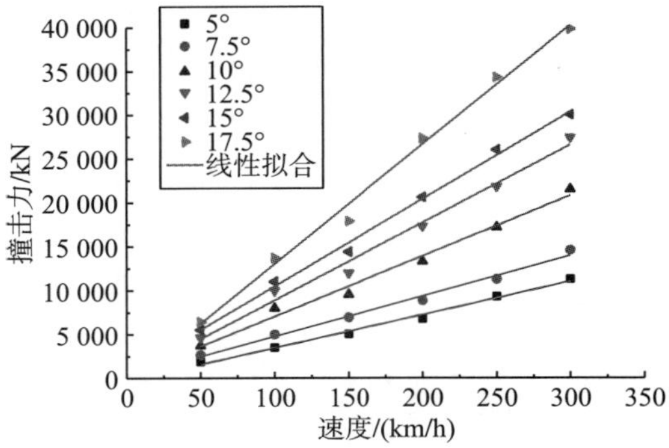

图 2-16　撞击力第一峰值 P_m 与撞击速度关系

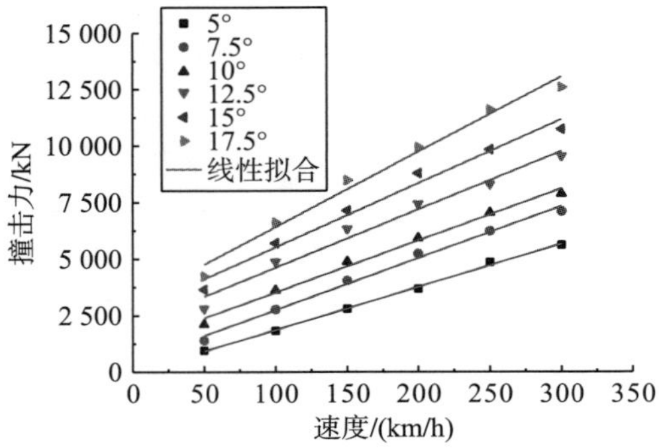

图 2-17　撞击力平均值 P_g 与撞击速度关系

2.2.4　撞击力与撞击角度的关系

从理论上讲，撞击角度越大，其撞击力越大，因为撞击力主要由刚性墙法向方向的分力 F_x 组成，撞击角度越大，此方向的分力也越大。为了更清晰地反映撞击力与撞击角度的关系，本节对各撞击速度下不同撞击角度的列车-刚性墙撞击进行全面分析。图 2-18 为各撞击速度下不同撞击角度的撞击力时程曲线。由图可以看出撞击力时程曲线随着撞击角度的增大而整体增大，且角度越大，撞击作用持续时间越长。

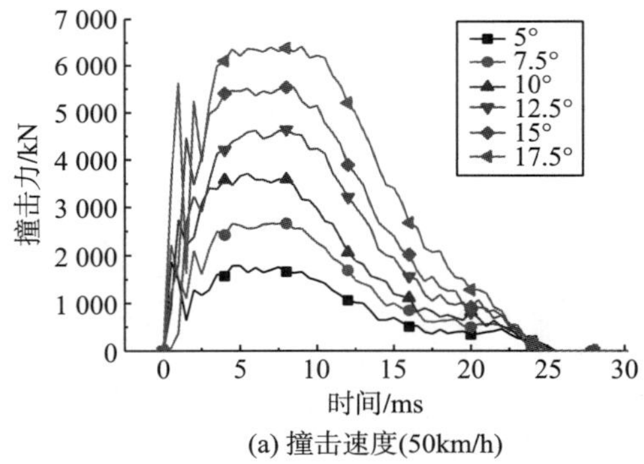

(a) 撞击速度(50km/h)

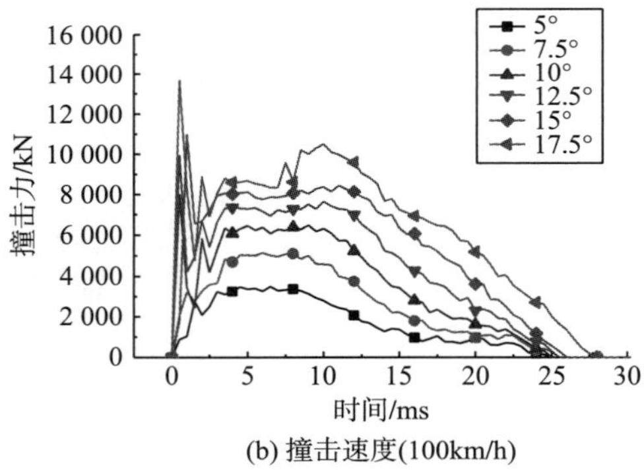

(b) 撞击速度(100km/h)

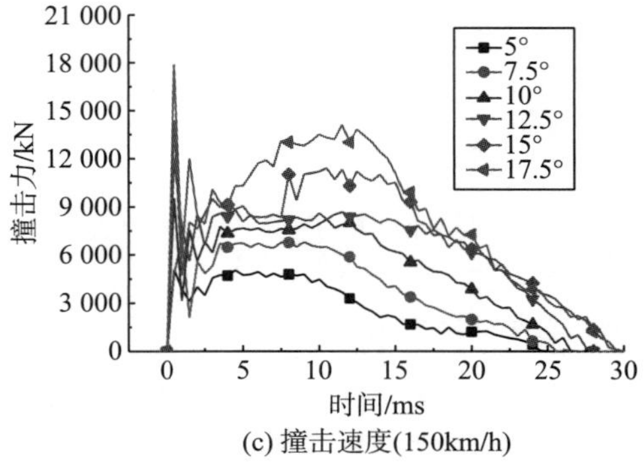

(c) 撞击速度(150km/h)

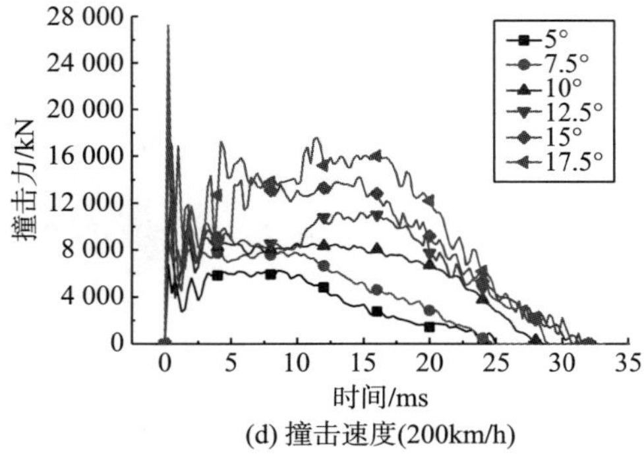

(d) 撞击速度(200km/h)

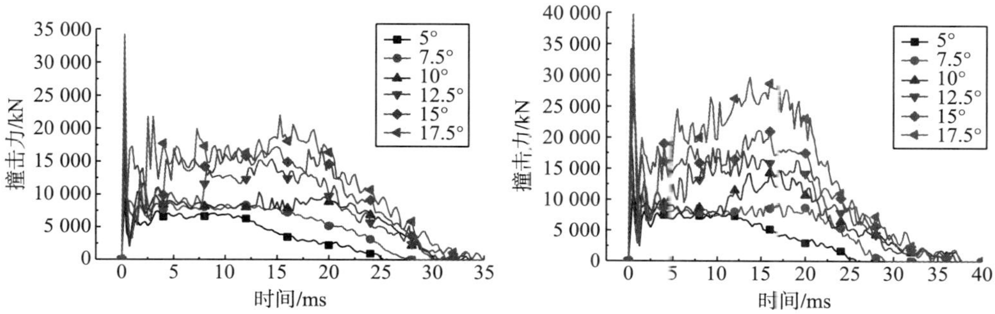

(e) 撞击速度(250km/h)　　(f) 撞击速度(300km/h)

图 2-18　各撞击速度下不同撞击角度的撞击力时程曲线

将各工况等效撞击力即撞击力第一峰值 P_m 和撞击力平均值 P_g 与撞击角度拟合，图 2-19 和图 2-20 是 8 节列车编组下不同撞击速度等效撞击力与撞击角度关系。从图中可以看出，在撞击速度恒定的条件下，撞击力第一峰值 P_m 和撞击力平均值 P_g 均随着撞击角度的增大而线性增大，列车速度越大，撞击力的增速也越大。

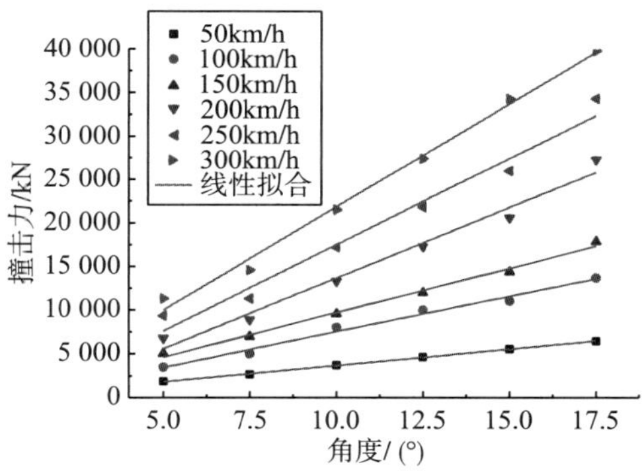

图 2-19　撞击力第一峰值 P_m 与撞击角度关系

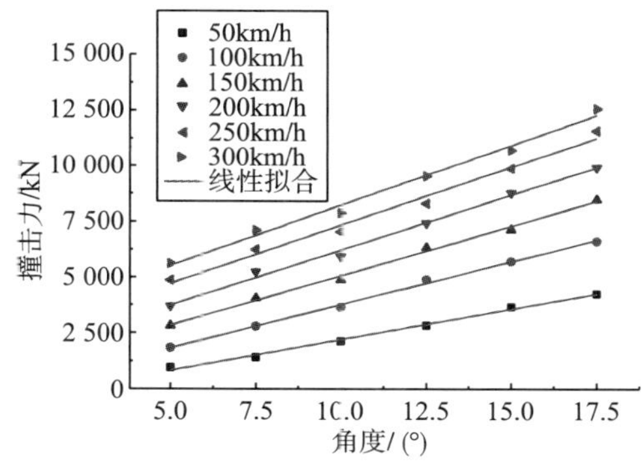

图 2-20　撞击力平均值 P_g 与撞击角度关系

2.2.5　列车撞击力拟合公式

由图 2-15 和图 2-18 可以看出，撞击力时程曲线呈现两类特征曲线的特点。第一类特征曲线为：撞击力在撞击作用发生瞬间急剧增大并达到最大值，随后急剧下降，然后上升并在若干峰值附近持续震荡，最后逐渐减小直至消失。其中，较为显著的峰值有三个，如图 2-21 所示，图 2-15 中的大多数曲线都呈现这一特征。第二类特征曲线为：撞击作用发生瞬间撞击力出现缓慢增长，然后略有下降，随之再次缓慢增长，并在撞击发生若干毫秒后达到最大值，随后缓慢降低直至消失，如图 2-22 所示，这种情况一般在 50km/h 等低速撞击的条件下出现。

第一类撞击力特征曲线中撞击作用发生瞬间撞击力最大，达 17 300 kN；接着撞击力快速下降至第一峰值的 1/3，后又快速提升至第一峰值的 2/3，之后开始逐渐减小并在低位震荡，大约 8ms 后重新上升到一个高位进行震荡，震荡时间为 5.5ms 左右，其原因可能是后续多节车厢惯性撞击力依次通过自动车钩连接传向车头的缘故。撞击力在撞击作用发生后约 32ms 结束。

第二类撞击力特征曲线中，在撞击作用发生瞬间后，撞击力缓慢增长，3ms 后增大至 3230kN，然后略有下降，随之再次缓慢增长到最大值 4560kN，最后缓慢降低直至消失。

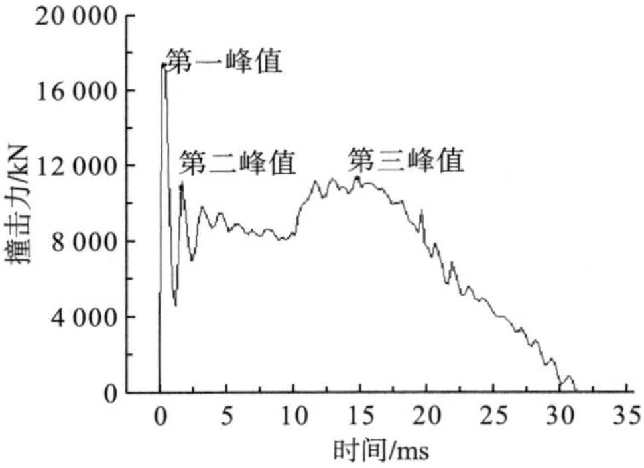

图 2-21　第一类撞击力特征曲线

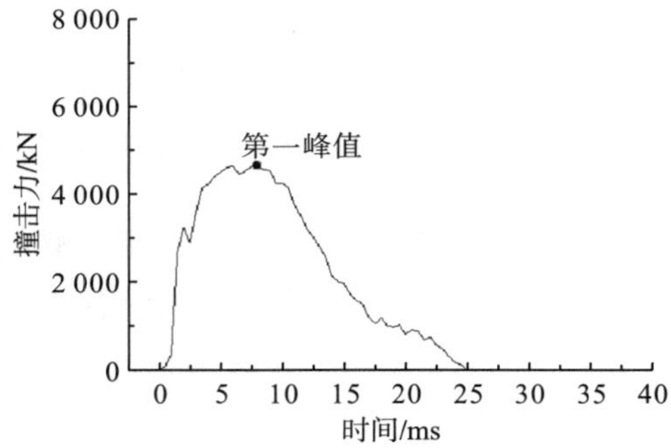

图 2-22　第二类撞击力特征曲线

由第一类撞击力特征曲线可知，列车在整个撞击过程中会产生多个峰值，但较为显著的峰值有三个，如图 2-21 所示。采用高斯多峰拟合方法[109]，对撞击力特征曲线三个显著峰值进行分峰拟合，可得到三个积分强度不同的拟合峰，见图 2-23，其撞击力拟合公式如下，共涉及十个拟合参数：

$$P = P_0 + \frac{A_1}{w_1\sqrt{\pi/2}} e^{-2\frac{(t-t_{c1})^2}{w_1^2}} + \frac{A_2}{w_2\sqrt{\pi/2}} e^{-2\frac{(t-t_{c2})^2}{w_2^2}} + \frac{A_3}{w_3\sqrt{\pi/2}} e^{-2\frac{(t-t_{c3})^2}{w_3^2}} \tag{2-2}$$

式中，P 为拟合的撞击力；P_0 为多峰拟合基线；A_1, A_2, A_3 分别为三个拟合峰的峰面积，即积分强度；w_1, w_2, w_3 分别为三个拟合峰的半峰宽；t_{c1}, t_{c2}, t_{c3} 分别为三个拟合峰的峰顶位置。

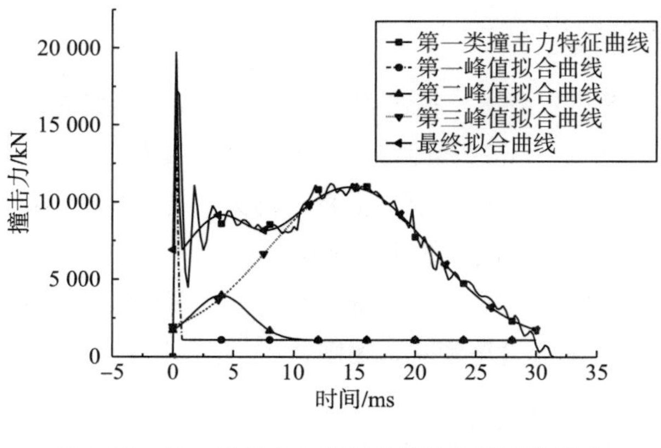

图 2-23　第一类撞击力特征曲线的高斯多峰拟合

为便于应用，针对图 2-23 撞击力时程曲线，选择目前国内城际客运专线和高速铁路最低的速度指标 200km/h 作为基准，考虑其上的 200km/h、250km/h、300km/h 三种速度并选择 10.0°、12.5°、15.0°三种撞击角度，给出 9 种情况下拟合公式各自对应的参数列表，见表 2-2。在类似条件下通过拟合公式直接生成列车荷载曲线，以避免采取有限元法获得列车撞击荷载所需开展的大量数值模拟工作。

表 2-2　撞击荷载高斯多峰拟合典型拟合参数

各种工况		P_0	A_1	A_2	A_3	w_1	w_2	w_3	t_{c1}	t_{c2}	t_{c3}
10.0°	200km/h	778.56	8 369.86	62 294.45	127 315.49	0.103	6 704	10.790	0.385	1.628	9.535
	250km/h	938.78	11 360.66	19 362.75	126 090.46	0.125	15.757	11.439	0.365	4.990	20.834
	300km/h	1 273.13	12 253.45	47 124.73	182 514.61	0.132	5.436	12.430	0.366	3.156	16.147
12.5°	200km/h	−1 806.08	10 339.1	14 637.89	259 786.83	0.134	4.772	21.187	0.374	8.974	11.233
	250km/h	1 081.14	4 345.00	16 545.371	264 463.86	0.243	4.577	13.279	0.294	3.980	14.610
	300km/h	−1 347.31	18 869.97	21 680.76	444 278.66	0.129	17.138	20.098	0.620	5.956	12.965
15.0°	200km/h	−267.92	16 432.98	24 106.48	271 113.44	0.246	6.337	15.774	0.356	3.250	13.103
	250km/h	−3 766.44	12 998.51	60 318.09	247 285.21	0.119	6.958	18.111	0.3500	4.414	15.059
	300km/h	608.99	13 162.07	77 427.50	326 551.65	0.355	6.581	14.077	0.374	4.370	15.745

2.3　本 章 小 结

(1) 本章基于刚度等效原理和质量分布相似原则建立了 8 节、13 节、16 节三种列车编组的列车有限元简化模型。

(2) 对三种列车编组下不同撞击速度和撞击角度，列车撞击刚性墙进行了详细的仿真计算，分析了列车撞击刚性墙过程中能量转化、速度变化、应力分布以及撞击力时程等力学行为，发现列车撞击刚性墙是个瞬间过程，列车和刚性墙相互作用时间随工况不同而不同，持续时间为 25~40ms，应力和变形主要集中在头车与刚性墙接触区域，形成了永久的塑性变形。

(3) 通过对 108 种工况撞击力时程曲线的分析，总结了撞击力时程曲线形态特点。撞击力在撞击开始瞬间达到最大值，随后急剧减小，但紧接着会上升到一定值附近波动，波动值小于最大值，当撞击角度和撞击速度同时足够大时还会出现第二峰值区间，并且撞击角度和撞击速度越大，第二峰值区间出现越早，持续时间越长。

(4) 验证了列车撞击过程中产生的撞击荷载主要与列车前面几节车厢有关，当列车编组数量大于 6 时，撞击力与列车编组后续车辆关系较小；通过定义等效撞击力，分析得到了撞击力第一峰值和撞击力平均值与撞击速度、撞击角度的关系；拟合了等效撞击力的简化公式。

第 3 章　基于列车撞击荷载的单双层管片衬砌动力响应

管片作为隧道结构中唯一的受力构件，列车脱轨时将直接撞击在管片上。因此，分析撞击作用下管片衬砌的动力响应和损伤破坏是隧道防撞性能评估及防护设计的基础。本章应用 ABAQUS 软件建立单层管片衬砌和双层衬砌盾构隧道模型，并基于 ABAQUS 混凝土塑性损伤理论将推导的 C50 混凝土损伤参数引入管片衬砌本构，建立管片衬砌塑性损伤本构模型。在利用 ABAQUS/Standard 模块进行隧道动力计算时，首先对相同撞击力作用下两种衬砌形式的盾构隧道管片衬砌的应力、变形、速度、加速度和损伤演化等动力响应进行详细的分析对比，为今后隧道抗撞击防护设计提供理论基础，然后对比不同撞击力作用下双层衬砌盾构隧道管片衬砌的动力响应，分析列车撞击速度和撞击角度对管片衬砌动力响应的影响。

3.1　撞击动力学与损伤理论

首先介绍撞击问题涉及的运动系统守恒条件，并基于连续介质理论和虚功原理推导出撞击动力学控制方程。在此基础上，根据不同有限元数值积分方法的特点，选取基于 Newmark 法的隐式时间积分法对撞击动力学方程进行有限元求解，并给出相应的速度、加速度表达式以及 Newmark 法的递推形式。

3.1.1　撞击动力学控制方程

对于撞击问题，一般是通过拉格朗日法来建立动力学控制方程。拉格朗日方程是将坐标系原点固定在系统中的某一点上，当系统位置和形状发生变化时，坐标系也跟着一起变化。系统中的物体发生形变时，其上的结点也将跟随物体发生位移和形变，但整体单元质量不发生变化。根据连续介质理论，整个动力学运动系统需满足质量守恒、动量守恒、能量守恒三大守恒条件。

(1) 质量守恒方程：

$$\rho = J\rho_0 \tag{3-1}$$

式中，ρ 是当前构形的质量密度；J 是体积变化率；ρ_0 是初始构形的质量密度。

(2) 动量守恒方程：

$$\sigma_{ij,j} + \rho f_i = \rho x_i \tag{3-2}$$

式中：$\sigma_{ij,j}$ 是柯西应力；x_i 是系统质点加速度；ρf_i 是单位质量的体积力。

在此基础上，上式应满足以下边界条件：

应力边界条件：

$$\sigma_{ij,j} n_j = t_i(t) \tag{3-3}$$

式中，n_j 为边界外法线 n 的三个方向余弦。

位移边界条件：

$$u_i = \overline{u}_i \tag{3-4}$$

接触面跳跃条件：

$$(\sigma_{ij}^{+} - \sigma_{ij}^{-}) n_j = 0 \tag{3-5}$$

(3) 能量守恒方程：

$$E = V\boldsymbol{S}_{ij}\boldsymbol{\varepsilon}_{ij} - (p+q)V \tag{3-6}$$

其中，E 是当前构形的能量；V 是当前构形的体积；$\boldsymbol{\varepsilon}_{ij}$ 是应变率张量；p 为压力；q 为体积黏性阻力；$\boldsymbol{S}_{ij}$ 是偏应力张量。

根据虚功原理，可得到：

$$\int_V (\rho \ddot{x}_i - \sigma_{ij,j} - \rho f_i)\delta x_i \mathrm{d}V + \int_{\partial b_1} (\sigma_{ij} n_j - t_i)\delta x_i \mathrm{d}S + \int_{\partial b_3} (\sigma_{ij}^{+} - \sigma_{ij}^{-}) n_j \delta x_i \mathrm{d}S = 0 \tag{3-7}$$

得撞击系统的控制方程为

$$\delta \Pi = \int_V \rho x_i \delta x_i \mathrm{d}V + \int_V \sigma_{ij,j} \delta x_{i,j} \mathrm{d}V - \int_V \rho f_i \delta x_i \mathrm{d}V - \int_{\partial b_1} t_i \delta x_i \mathrm{d}S = 0 \tag{3-8}$$

式(3-8)中各个积分项分别表示单位时间内惯性力、内力、体积力和表面力所做的虚功。∂b_1 表示面力的作用面，V 为单元的体积。对式(3-8)进行离散化后可得

$$\boldsymbol{M}\ddot{\boldsymbol{x}}(t) = \boldsymbol{P}(x,t) - \boldsymbol{F}(x,x) \tag{3-9}$$

式中，$\ddot{\boldsymbol{x}}(t)$ 表示系统加速度矢量；$\boldsymbol{M}$ 为系统质量矩阵；$\boldsymbol{P}$ 表示撞击荷载向量；$\boldsymbol{F}$ 是等效结点向量组集而成的单元内力。若考虑系统黏性阻尼，则式(3-9)可表示为

$$\boldsymbol{M}\ddot{\boldsymbol{x}}(t) = \boldsymbol{P}(x,t) - \boldsymbol{F}(x,x) - cx \tag{3-10}$$

式(3-10)为离散化后的撞击控制方程，包含了系统惯性力 $\boldsymbol{M}\ddot{x}(t)$、黏性效应 cx、外荷载 $\boldsymbol{P}(x,t)$ 和单元内力 $\boldsymbol{F}(x,x)$ 四个子项。

(4) 根据以上三个守恒条件可推导出撞击系统动力学方程：

$$[M]\{\ddot{u}\} + [C]\{\dot{u}\} + [K]\{u\} = [P] \tag{3-11}$$

式中，$[M]$ 为质量矩阵；$[C]$ 为阻尼矩阵；$[K]$ 表示刚度矩阵；$[P]$ 表示撞击荷载；$\{u\}$、$\{\dot{u}\}$、$\{\ddot{u}\}$ 分别表示结点位移、速度向量、加速度向量。

3.1.2　隐式时间积分法

ABAQUS 软件中一般通过时间域内的直接积分法求解非线性动力学问题，而直接积分法又包括基于中心差分法的显式时间积分法和基于 Newmark 法的隐式时间积分法。由

于显式时间积分法需要较多小的时间增量来满足高精度的解答，故该方法适用于爆炸等动荷载引起的能量波传播问题的求解，但对于列车撞击结构动力学问题，采用显式时间积分法并不合适。此外，显式时间积分法对条件稳定性有很高的要求，其时间步长取值有一定的限制，而隐式时间积分法对任意时间步长都具有很好的稳定性。因此，本章采用隐式时间积分法求解列车撞击盾构隧道结构的动力学问题。

在基于 Newmark 法的隐式时间积分法中，在$t \sim t+\Delta t$时间范围内，位移、速度和加速度关系可表示为以下形式：

$$\dot{\boldsymbol{u}}_{t+\Delta t}=\dot{\boldsymbol{u}}_t+\left[\left(1-\delta\right)\ddot{\boldsymbol{u}}_t+\delta\ddot{\boldsymbol{u}}_{t+\Delta t}\right]\Delta t \tag{3-12}$$

$$\boldsymbol{u}_{t+\Delta t}=\boldsymbol{u}_t+\dot{\boldsymbol{u}}_t\Delta t+\left[\left(\frac{1}{2}-\alpha\right)\ddot{\boldsymbol{u}}_t+\alpha\boldsymbol{u}_{t+\Delta t}\right]\Delta t^2 \tag{3-13}$$

根据 3.1.1 节中的撞击动力学方程可推导出隐式时间积分法的递推形式：

$$\left(\frac{1}{\alpha\Delta t^2}\boldsymbol{M}+\boldsymbol{K}+\frac{\delta}{\alpha\Delta t}\boldsymbol{C}\right)\boldsymbol{u}_{t+\Delta t}=P_{t+\Delta t}+A+B \tag{3-14}$$

$$A=\boldsymbol{M}\left(\frac{1}{\alpha\Delta t^2}\boldsymbol{u}_t+\frac{1}{\alpha\Delta t}\dot{\boldsymbol{u}}_t+(\frac{1}{2\alpha}-1)\ddot{\boldsymbol{u}}_t\right) \tag{3-15}$$

$$B=\boldsymbol{C}\left(\frac{\delta}{\alpha\Delta t}\boldsymbol{u}_t+(\frac{\delta}{\alpha}-1)\dot{\boldsymbol{u}}_t+(\frac{\delta}{2\alpha}-1)\Delta t\ddot{\boldsymbol{u}}_t\right) \tag{3-16}$$

式中，α 和 δ 是根据积分精度和稳定性要求而确定的计算参数，并且满足$\delta \geqslant 0.50$，$\alpha \geqslant 0.25(0.5+\delta)^2$。当$\alpha=\frac{1}{6}$、$\delta=\frac{1}{2}$时，Newmark 法退化成线性加速度法；当$\alpha=\frac{1}{4}$、$\delta=\frac{1}{2}$时，Newmark 法相当于无条件稳定的平均加速度法。

3.1.3 损伤概念及假定

损伤理论最早由 Kachanov[110]提出用来进行金属徐变的研究。损伤是指在各种加载状态下，材料由于微裂缝、微孔洞的产生及发展而导致材料逐渐劣化以致破坏的现象。损伤作为一种劣化因子结合到弹性、塑性和黏塑性介质中。

1. 损伤变量

由于损伤是一种不可逆的变量，一般可按使用标准分为微观基准量和宏观基准量。

微观基准量包括空隙的数目、面积、体积、长度、形状、排列及有效面积等，微观基准量不能直接与宏观力学变量建立力学关系，所以在使用时须对其做平均、求和等统计处理。宏观基准量包括弹性模量、屈服应力、拉伸强度、密度、电阻等，这些基准量对损伤过程敏感，能方便地测量数值。

本章通过有效面积的减小来定义损伤变量，选取材料中具有代表性的体积单元，假定其垂直 n 方向的横截面初始有效面积为 A，因微裂纹的存在，其实际有效承载面积 $\tilde{A}$ 比 A 小，即：

$$\tilde{A} = A - A_P \tag{3-17}$$

式中，A_P 为缺陷面积。假定材料为各向同性，损伤变量 d 不随截面方向而变化，所以可定义损伤变量为缺陷面积与总面积的比值，即：

$$d = \frac{A_P}{A} = \frac{A - \tilde{A}}{A} \tag{3-18}$$

当 $d = 0$ 时，材料处于无损状态；当 $d = 1$ 时材料处于完全断裂状态。

2. 有效应力

定义 Cauchy 有效应力 $\tilde{\sigma}$：

$$\tilde{\sigma} = \sigma A / \tilde{A} = \sigma / (1 - d) \tag{3-19}$$

考虑三维正交异性，上式的矩阵形式为

$$\{\tilde{\sigma}\} = [M(d)]\{\sigma\} \tag{3-20}$$

因损伤具有各向异性，且 $\boldsymbol{M}$ 矩阵并不对称，其形式如下：

$$\begin{Bmatrix} \dot{\sigma}_{11} \\ \dot{\sigma}_{22} \\ \dot{\sigma}_{33} \\ \dot{\sigma}_{12} \\ \dot{\sigma}_{21} \\ \dot{\sigma}_{23} \\ \dot{\sigma}_{32} \\ \dot{\sigma}_{31} \\ \dot{\sigma}_{13} \end{Bmatrix} = \begin{bmatrix} 1/(1-d_1) & & & & & \\ & 1/(1-d_2) & & & & \\ & & 1/(1-d_3) & & & \\ & & & 1/(1-d_2) & & \\ & & & 1/(1-d_1) & & \\ & & & & 1/(1-d_3) & \\ & & & & 1/(1-d_2) & \\ & & & & & 1/(1-d_1) \\ & & & & & 1/(1-d_3) \end{bmatrix} \begin{Bmatrix} \sigma_{11} \\ \sigma_{22} \\ \sigma_{33} \\ \sigma_{12} \\ \sigma_{23} \\ \sigma_{31} \end{Bmatrix} \tag{3-21}$$

对 $\boldsymbol{M}$ 矩阵进行对称化处理，得到下式：

$$\begin{Bmatrix} \tilde{\sigma}_{11} \\ \tilde{\sigma}_{22} \\ \tilde{\sigma}_{33} \\ \tilde{\sigma}_{12} \\ \tilde{\sigma}_{23} \\ \tilde{\sigma}_{31} \end{Bmatrix} = \begin{bmatrix} 1/(1-d_1) & & & & & \\ & 1/(1-d_2) & & & & \\ & & 1/(1-d_3) & & & \\ & & & 1/\sqrt{(1-d_2)(1-d_1)} & & \\ & & & & 1/\sqrt{(1-d_2)(1-d_3)} & \\ & & & & & 1/\sqrt{(1-d_3)(1-d_1)} \end{bmatrix} \begin{Bmatrix} \sigma_{11} \\ \sigma_{22} \\ \sigma_{33} \\ \sigma_{12} \\ \sigma_{23} \\ \sigma_{31} \end{Bmatrix} \tag{3-22}$$

3. 等效假设

通过运用应变等效性假设和能量等效性假设来推导损伤的演化方程，在各向异性损伤模型中能量等效性假设可避免不对称有效弹性矩阵。

1) 应变等效性假设

Lemaitre[111]于 1979 年提出的应变等效性假设指无损单元在有效应力 $\tilde{\sigma}$ 作用下的应变等于损伤单元在应力 σ 作用下的应变，也就是说损伤材料在外力作用下的本构关系与无损时有相同的形式，只需将 Cauchy 应力替换为有效应力。比如在一维线弹性情况下，应变 ε

为损伤弹性应变，则有

$$\varepsilon=\frac{\tilde{\sigma}}{E_0}=\frac{\sigma}{E_0(1-d)}=\frac{\sigma}{\tilde{E}} \tag{3-23}$$

$$\sigma=E_0(1-d)\varepsilon \tag{3-24}$$

2) 能量等效性假设

Sidoroff[112]提出的能量等效性假设指应力作用在无损单元上的弹性余能与作用在损伤单元上的弹性余能有相同的形式。

损伤单元弹性余能：

$$W_d^e=\frac{1}{2}\{\sigma\}^{\mathrm{T}}[E_d]^{-1}\{\sigma\} \tag{3-25}$$

等效无损材料弹性余能：

$$\begin{aligned}W_0^e&=\frac{1}{2}\{\tilde{\sigma}\}^{\mathrm{T}}[E_0]^{-1}\{\tilde{\sigma}\}=\frac{1}{2}\left(\boldsymbol{M}(d)\{\sigma\}\right)^{\mathrm{T}}[E_0]^{-1}\left(\boldsymbol{M}(d)\{\sigma\}\right)\\&=\frac{1}{2}\{\sigma\}^{\mathrm{T}}\boldsymbol{M}^{\mathrm{T}}[E_0]^{-1}\boldsymbol{M}\{\sigma\}=\frac{1}{2}\{\sigma\}^{\mathrm{T}}[E_d]^{-1}\{\sigma\}\end{aligned} \tag{3-26}$$

于是得

$$[E_d]^{-1}=\boldsymbol{M}^{\mathrm{T}}(d)[E_0]^{-1}\boldsymbol{M}(d)$$

$$[E_d]=\boldsymbol{M}^{-1}(d)[E_0]\boldsymbol{M}^{\mathrm{T},-1}(d)$$

其中，$[E_d]$为损伤材料强度；$[E_0]$为无损材料强度。在一维问题中有$\sigma=E_0(1-d)^2\varepsilon$。

3.1.4 损伤演化方程

从 1980 年开始各国学者分析了混凝土受载力学状态，提出了很多损伤模型，下面介绍几种国际上典型的混凝土损伤模型。

1. Loland 损伤模型[113]

Loland 损伤模型假定混凝土材料具有初始损伤，该模型将混凝土材料的损伤分为两个阶段：第一阶段为，当应变小于应力峰值对应的应变ε_f时，整个试件会生成分布微裂纹损伤；第二阶段为，当应变大于ε_f时，试件将主要在破坏区内开裂。

假定有效应力-应变关系为

$$\begin{cases}\tilde{\sigma}=E_n\varepsilon, & 0\leqslant\varepsilon\leqslant\varepsilon_f\\ \tilde{\sigma}=\tilde{\sigma}_y=E_n\varepsilon_f, & \varepsilon_f\leqslant\varepsilon\leqslant\varepsilon_u\end{cases} \tag{3-27}$$

式中，ε_u为极限应变；E_n为净弹性模量，定义为$E_n=E/(1-d_0)$，d_0为初始损伤，E为弹性模量。

利用应力-应变曲线，拟合得到的材料损伤方程为

$$\begin{cases} d(\varepsilon)=d_0+C_1\varepsilon^{\beta}, & 0<\varepsilon\leqslant\varepsilon_f \\ d(\varepsilon)=d_f+C_2(\varepsilon-\varepsilon_f), & \varepsilon_f\leqslant\varepsilon\leqslant\varepsilon_u \end{cases} \tag{3-28}$$

式中，d_f 指应变为 ε_f 时的损伤；C_1、C_2 和 β 是常数，可由边界条件确定。

由 $\sigma\big|_{\varepsilon=\varepsilon_f}=f_1$，$\dfrac{\mathrm{d}\sigma}{\mathrm{d}\varepsilon}\Big|_{\varepsilon=\varepsilon_f}=0$，并考虑到当 $\varepsilon=\varepsilon_u$ 时，$d=1$，可得到：

$$\beta=\lambda/(1-d_0-\lambda) \tag{3-29}$$

$$C_1=\left[(1-d_0)/(1+\beta)\right]\varepsilon_f^{-\beta} \tag{3-30}$$

$$C_2=(1-d_0)/(\varepsilon_u-\varepsilon_f) \tag{3-31}$$

式中，$\lambda=f_1/(E_n\varepsilon_f)$。

Loland 损伤模型的应力-应变关系与试验结果吻合，但该模型假定峰值应力后的有效应力为常数，导致峰后的应力-应变呈近似的线性关系，而与试验结果有较大的出入。

2. Mazars 损伤模型[114]

1) 单轴拉伸情况

该模型假定混凝土材料在峰值应力前为线弹性，即没有初始损伤，或初始损伤不扩展，而峰值应力后材料的应力-应变呈指数关系，所以 Mazars 模型的单轴拉伸应力-应变关系可分两段来描述。ε_{ft} 为材料出现损伤时对应的应变，也是峰值应力对应的应变。第一阶段当 $\varepsilon<\varepsilon_{ft}$ 时，混凝土材料没有损伤，即 $d=0$；第二阶段当 $\varepsilon\geqslant\varepsilon_{ft}$ 时，混凝土材料出现损伤，即 $d>0$。Mazars 模型单轴拉伸应力-应变表达式为

$$\begin{cases} \sigma=\varepsilon\cdot E_0, & 0\leqslant\varepsilon<\varepsilon_{ft} \\ \sigma=\varepsilon\cdot E_0(1-d_t), & \varepsilon\geqslant\varepsilon_{ft} \end{cases} \tag{3-32}$$

式中，E_0 是线弹性阶段弹性模量。

于是得到单轴拉伸 Mazars 损伤模型的受拉损伤演化方程：

$$\begin{cases} d_t=0, & 0\leqslant\varepsilon<\varepsilon_{ft} \\ d_t=1-\dfrac{\varepsilon_f(1-A_T)}{\varepsilon}-\dfrac{A_T}{\exp[B_T(\varepsilon-\varepsilon_{ft})]}, & \varepsilon\geqslant\varepsilon_{ft} \end{cases} \tag{3-33}$$

式中，对于常用混凝土材料，材料常数的建议取值范围为 $0.7\leqslant A_T\leqslant1$，$10^4\leqslant B_T\leqslant10^5$，$0.5\times10^{-4}\leqslant\varepsilon_f\leqslant1.5\times10^{-4}$。

2) 单轴压缩情况

Mazars 损伤模型的受压损伤本构关系如下：

$$\begin{cases} d_c=0, & 0<\varepsilon<\varepsilon_{fc} \\ d_c=1-\dfrac{\varepsilon_f(1-A_C)}{\varepsilon^*}-\dfrac{A_C}{\exp[B_C(\varepsilon^*-\varepsilon_{fc})]}, & \varepsilon\geqslant\varepsilon_{fc} \end{cases} \tag{3-34}$$

式中，A_C、B_C 为单轴压缩时的材料参数，变化范围一般取 1＜A_C＜1.5，1000＜B_C＜2000；$\varepsilon^* = \sqrt{\langle\varepsilon_1\rangle^2 + \langle\varepsilon_2\rangle^2 + \langle\varepsilon_3\rangle^2}$，其中 ε_1、ε_2、ε_3 是主应变。

Mazars 损伤模型虽然考虑了混凝土材料的损伤特性，但并没有引入材料的初始损伤，导致其在单轴受拉受压情况下与试验结果比较相符，但在多轴受力情况下会有较大误差。

3. 分段线性损伤模型[115]

该模型认为当应变小于 ε_f 时，混凝土只有初始损伤，应力-应变关系为线弹性；当应变大于 ε_f 后损伤才发展，但应力-应变关系仍保持为线性，是分段的线性折线。当应变大于 ε_f 后，应力-应变关系可表示为

$$\sigma = E\left[\varepsilon_f - C_1\left\langle \varepsilon\Big|_M^F - \varepsilon_f\right\rangle - C_2\left\langle \varepsilon\Big|_M^R - \varepsilon_f\right\rangle\right] \tag{3-35}$$

式中，$\varepsilon\Big|_M^F$ 是峰值应力后小于 ε_f 的应变值，对应宏观裂缝形成过程中的应变值；$\varepsilon\Big|_M^R$ 是大于 ε_f 且小于 ε_r 的应变值，对应宏观裂缝出现后直至破坏过程中的应变值。

损伤演化方程可表示为

$$d = 1 - \frac{1-d_0}{\varepsilon}\left[\varepsilon_f - C_1\left\langle \varepsilon\Big|_M^F - \varepsilon_f\right\rangle - C_2\left\langle \varepsilon\Big|_M^R - \varepsilon_f\right\rangle\right] \tag{3-36}$$

式中，C_1、C_2 是材料常数，对于一般的混凝土材料，$C_1 = 0.8\sim1.2$，$C_2 = 0.2\sim0.5$；d_0 是初始损伤。

4. 分段曲线损伤模型[115]

普通混凝土只在受力的最初阶段应力-应变关系才呈线性，故该模型认为应力在峰值应力前后其应力-应变关系均为曲线关系。利用单轴拉伸试验数据可以拟合损伤方程：

$$\begin{cases} d = A_1\left[\dfrac{\varepsilon}{\varepsilon_f}\right]^{B_1}, & 0\leqslant\varepsilon<\varepsilon_f \\ d = 1 - \dfrac{A_2}{C_2\left(\dfrac{\varepsilon}{\varepsilon_f}-1\right)^{B_2} + \dfrac{\varepsilon}{\varepsilon_f}}, & \varepsilon\geqslant\varepsilon_f \end{cases} \tag{3-37}$$

式中，B_2、C_2 是曲线参数，取 $B_2 = 1.7$，$C_2 = 0.003\sigma_f^2$；由试验数据得 $A_1 = 1/6$，$B_1 = 5$，$A_2 = 5/6$。

计算可知该模型的损伤-应变规律：当 $\varepsilon/\varepsilon_f < 0.4$ 时，损伤值几乎为 0，表示材料内部裂缝还没扩展；当 $0.4 < \varepsilon/\varepsilon_f < 0.8$ 时，损伤较小(不大于 5.55%)，表示材料内部裂缝开始扩展；当 $0.8 < \varepsilon/\varepsilon_f < 1.0$ 时，损伤较大，表明材料内部裂缝贯通直至破坏。该模型和 Mazars 损伤模型的应力-应变曲线比较接近。

5. 基于规范推荐应力-应变曲线的单轴损伤演化方程

基于规范推荐的应力-应变曲线[116]，分别应用应变等效性假设和能量等效性假设推导损伤演化方程。

1) 基于应变等效性假设的损伤演化方程[111]

单轴受拉损伤演化方程：

$$\begin{cases} d_t = 1 - \dfrac{1.2 - 0.2x^5}{1.2}, & x \leqslant 1 \\ d_t = 1 - \dfrac{1}{1.2[\alpha_t (x-1)^{1.7} + x]}, & x > 1 \end{cases} \tag{3-38}$$

式中，$x = \dfrac{\varepsilon}{\varepsilon_{ft}}$，$\varepsilon_{ft}$ 指与峰值拉应力对应的峰值拉应变，$\varepsilon_{ft} = 65 f_t^{0.54} \times 10^{-6}$；$\alpha_t = 0.312 f_t^2$。

单轴受压损伤演化方程：

$$\begin{cases} d_c = 1 - \dfrac{1}{\alpha_a}\left[\alpha_a + (3 - 2\alpha_a)x + (\alpha_a - 2)x^2\right], & x \leqslant 1 \\ d_c = 1 - \dfrac{1}{\alpha_a[\alpha_d (x-1)^2 + x]}, & x > 1 \end{cases} \tag{3-39}$$

式中，$x = \dfrac{\varepsilon}{\varepsilon_{fc}}$，$\varepsilon_{fc}$ 指与峰值拉应力对应的峰值拉应变，$\varepsilon_{fc} = (700 + 172\sqrt{f_c})10^{-6}$。

峰值压应力前后的曲线参数分别按下式计算：

$$\alpha_a = 2.4 - 0.0125 f_c \tag{3-40}$$

$$\alpha_d = 0.157 f_c^{0.785} - 0.905 \tag{3-41}$$

曲线参数反映了混凝土的一些重要性能，如变形模量的变化规律，因而可用来比较不同标号混凝土的受力性能。

2) 基于能量等效性假设的损伤演化方程[112]

单轴受拉损伤演化方程：

$$\begin{cases} d_t = 1 - \sqrt{\dfrac{1.2 - 0.2x^5}{1.2}}, & x \leqslant 1 \\ d_t = 1 - \sqrt{\dfrac{1}{1.2[\alpha_t (x-1)^{1.7} + x]}}, & x > 1 \end{cases} \tag{3-42}$$

单轴受压损伤演化方程：

$$\begin{cases} d_c = 1 - \sqrt{\dfrac{1}{\alpha_a}\left[\alpha_a + (3-2\alpha_a)x + (\alpha_a - 2)x^2\right]}, & x \leqslant 1 \\ d_c = 1 - \sqrt{\dfrac{1}{\alpha_a[\alpha_d(x-1)^2 + x}}, & x > 1 \end{cases} \tag{3-43}$$

式中各参数同上。

虽然基于两种假设推导的损伤演化方程有所不同，但是将其代入各自的本构方程后可以得到相同的应力-应变关系，如下：

单轴拉伸：

$$\begin{cases} y = 1.2x - 0.2x^6, & x \leqslant 1 \\ y = \dfrac{x}{\alpha_t(x-1)^{1.7} + x}, & x > 1 \end{cases} \tag{3-44}$$

单轴压缩：

$$\begin{cases} y = \alpha_a x + (3-2\alpha_a)x^2 + (\alpha_a - 2)x^3, & x \leqslant 1 \\ y = \dfrac{x}{\alpha_d(x-1)^2 + x}, & x > 1 \end{cases} \tag{3-45}$$

式中各参数同上。

式(3-44)和式(3-45)即为《混凝土结构设计规范》(GB50010—2002)所推荐的单轴拉伸应力-应变关系和压缩应力-应变关系，关系曲线如图 3-1 和图 3-2 所示。

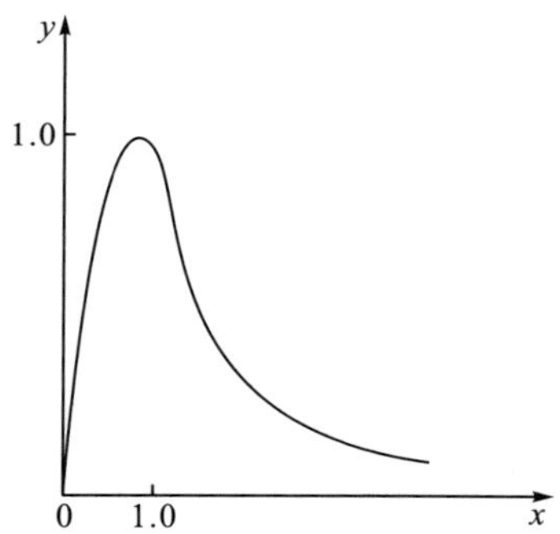

图 3-1　单轴拉伸应力-应变曲线

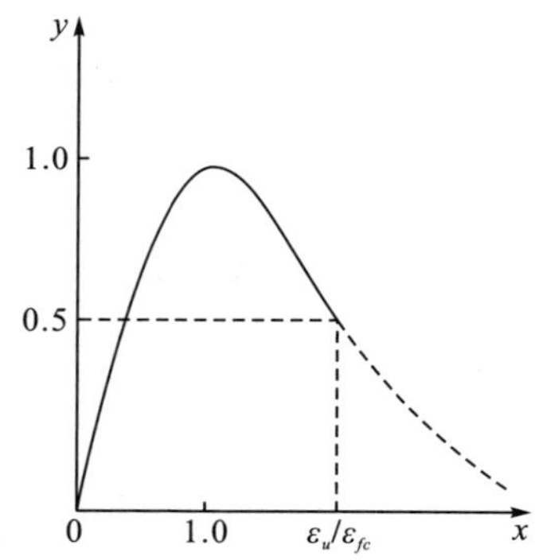

图 3-2　单轴压缩应力-应变曲线

6. 各损伤模型比较

以 C30 混凝土为例，对上述五种模型的拉伸损伤进行比较。C30 混凝土抗拉强度为 2.01MPa，峰值应变为 95e-6。表 3-1 为各损伤模型的拉伸损伤值，图 3-3 为各损伤模型的损伤-应变比关系曲线。

表 3-1　各损伤模型拉伸损伤值

$\varepsilon/\varepsilon_{ft}$	Mazars	Loland	分段线性	分段曲线	规范应变等效	规范能量等效
0	0	0	0	0	0	0
0.1	0	0.001 19	0	1.653e-06	1.65e-06	8.25e-07
0.2	0	0.006 236	0	5.277e-05	5.28e-05	2.64e-05
0.3	0	0.016 434	0	0.000 401	0.000 401	0.000 201
0.4	0	0.032 683	0	0.001 689	0.001 689	0.000 845
0.5	0	0.055 709	0	0.005 155	0.005 155	0.002 581
0.6	0	0.086 13	0	0.012 830	0.012 830	0.006 436
0.7	0	0.124 493	0	0.027 731	0.027 731	0.013 964
0.8	0	0.171 292	0	0.054 066	0.054 066	0.027 413
0.9	0	0.226 978	0	0.097 430	0.097 430	0.049 977
1	0	0.291 968	0	0.165 000	0.165 000	0.086 257
1.1	0.331 683	0.306 193	0.472 5	0.240 165	0.256 764	0.138 001
1.2	0.540 807	0.320 335	0.515 624	0.302 949	0.346 330	0.191 731
1.3	0.673 381	0.334 478	0.552 115	0.356 147	0.426 012	0.242 773
1.5	0.812 728	0.362 764	0.610 500	0.441 364	0.553 021	0.332 270
1.7	0.872 376	0.391 05	0.858 970	0.506 585	0.644 436	0.405 100
2	0.908 469	0.433 478	0.878 625	0.579 984	0.736 971	0.489 502
3	0.940 436	0.574 906	0.915 75	0.718 562	0.873 727	0.650 722
4	0.952 874	0.716 335	0.934 312	0.787 717	0.922 150	0.730 826
5	0.960 3	0.857 763	0.945 45	0.829 117	0.944 933	0.778 773

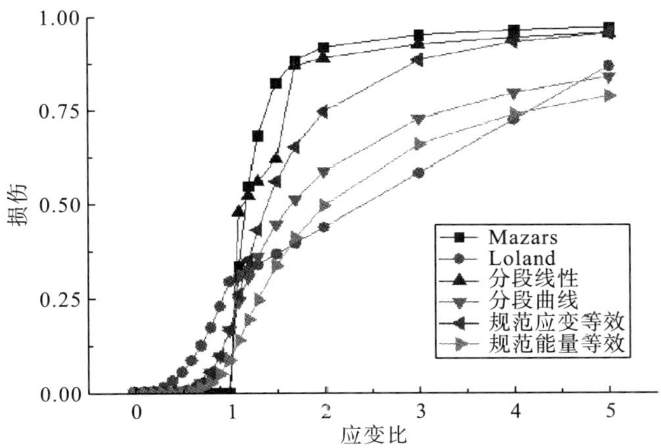

图 3-3　各损伤模型的损伤-应变比关系

从图 3-3 可以看出，Loland 模型初期损伤发展很快，其他模型应变比小于 0.7 时损伤基本不发展，混凝土在受拉初始阶段，内部裂纹没有发展，材料处于弹性状态。在达到峰值应变之前 Mazars 模型和分段线性模型中材料一直处于无损状态，其他模型都有不同程度的损伤发展，其中 Loland 模型损伤值达到 0.29，分段曲线模型和应变等效模型为 0.17，能量等效模型为 0.08。在材料达到峰值应变前其应力-应变曲线表现出非线性的原因是材料内部出现了微缺陷，并且微缺陷随着应变增大而不断发展和积累，非线性也越来越明显，所以考虑此阶段的损伤积累符合客观实际。能量等效模型与应变等效模型差别较大，但是其对混凝土刚度的减弱效果相同，所以在使用不同的模型进行损伤分析时需要选择相应的损伤值来进行损伤评判。

损伤是一种不可逆的耗能机制，损伤的演化大于等于零，且会随应变的增大而不断累积，所以损伤-应变比曲线是单调递增的。另外，当材料达到峰值应变后，Loland 模型曲线接近直线递增，而其他模型都是外凸的，这一特征符合混凝土的应力特性。从混凝土的应力-应变曲线可以看出，在峰值应变后，应力随着应变的增长而迅速下降，说明混凝土刚度显著降低，微缺陷开始扩展，有效承载面积减小，损伤发展速度增大，到后期应力趋于稳定，损伤也发展到了一定的程度，增速降低。从损伤-应变比曲线图可以看出，Mazars 模型和分段线性模型曲线在峰值应变后较陡，损伤演化最快，Loland 模型最缓，其他模型介于两者之间相对缓和平滑，故 Mazars 模型和分段线性模型适用于高强度脆性混凝土受拉演化，Loland 模型适用于低强度混凝土演化，应变等效模型、能量等效模型和分段曲线模型适用于中强度混凝土演化。

应力-应变关系与损伤的演化是一一对应的，不同的材料本构推导出的损伤演化也不相同。研究中建议通过试验测得材料的应力-应变曲线来确定其损伤演化规律。

3.1.5 ABAQUS 混凝土塑性损伤理论

ABAQUS 软件中混凝土塑性损伤模型是基于塑性的连续介质损伤模型。它采用各向同性损伤结合各向同性拉伸和压缩塑性理论来表征混凝土的非弹性行为[117]。该模型可以模拟混凝土受到单向加载、循环加载或动态加载作用下的力学响应。各向同性损伤可用来表征混凝土断裂过程中的不可逆损伤，另外在循环荷载作用下，混凝土材料刚度可以恢复[118]。本节分别给出单向加载和循环加载下的混凝土塑性损伤本构关系。

1. 单向加载下混凝土塑性损伤本构关系[119]

在不考虑损伤前提下，应力-应变关系如下：

$$\begin{cases}\sigma_t=\sigma_t(\tilde{\varepsilon}_t^{pl},\dot{\tilde{\varepsilon}}_t^{pl})\\ \sigma_c=\sigma_c(\tilde{\varepsilon}_c^{pl},\dot{\tilde{\varepsilon}}_c^{pl})\end{cases} \tag{3-46}$$

$$\begin{cases}\tilde{\varepsilon}_t^{pl}=\int_0^t\dot{\tilde{\varepsilon}}_t^{pl}\\ \tilde{\varepsilon}_c^{pl}=\int_0^t\dot{\tilde{\varepsilon}}_c^{pl}\end{cases} \tag{3-47}$$

式中，σ_t、σ_c 指拉、压应力；$\tilde{\varepsilon}_t^{pl}$、$\tilde{\varepsilon}_c^{pl}$、$\dot{\tilde{\varepsilon}}_t^{pl}$、$\dot{\tilde{\varepsilon}}_c^{pl}$ 分别指等效塑性拉、压应变和等效塑

性拉、压应变率。

引入损伤因子描述混凝土单轴单调荷载条件下的刚度退化损伤机制，则有

$$\begin{cases} d_t = d_t(\tilde{\varepsilon}_t^{pl}), & 0 \leqslant d_t \leqslant 1 \\ d_c = d_c(\tilde{\varepsilon}_c^{pl}), & 0 \leqslant d_c \leqslant 1 \end{cases} \tag{3-48}$$

式中，d_t、d_c分别指拉、压损伤因子。

考虑损伤的混凝土应力-应变关系为

$$\begin{cases} \sigma_t = (1-d_t)E_0(\varepsilon_t - \tilde{\varepsilon}_t^{pl}) = E(\varepsilon_t - \tilde{\varepsilon}_t^{pl}) \\ \sigma_c = (1-d_c)E_0(\varepsilon_c - \tilde{\varepsilon}_c^{pl}) = E(\varepsilon_c - \tilde{\varepsilon}_c^{pl}) \end{cases} \tag{3-49}$$

式中，E_0 是初始无损伤状态下的混凝土刚度；E 是考虑损伤后的混凝土刚度，$E=(1-d)E_0$；ε_t、ε_c 分别是混凝土拉、压应力状态下的总应变。

单轴拉压作用下考虑损伤后的混凝土应力-应变关系如图 3-4 和图 3-5 所示。

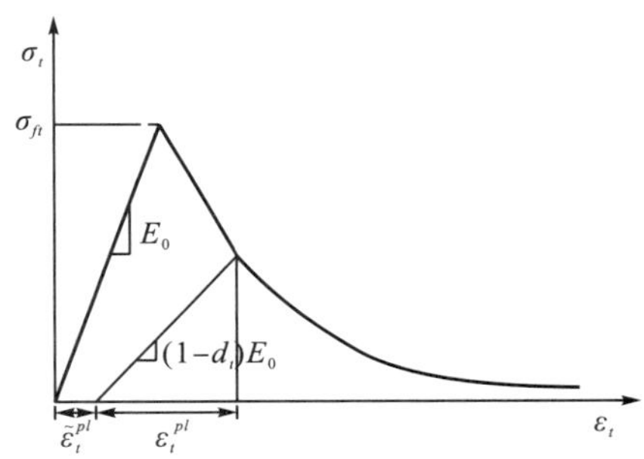

图 3-4　单轴拉伸应力-应变关系

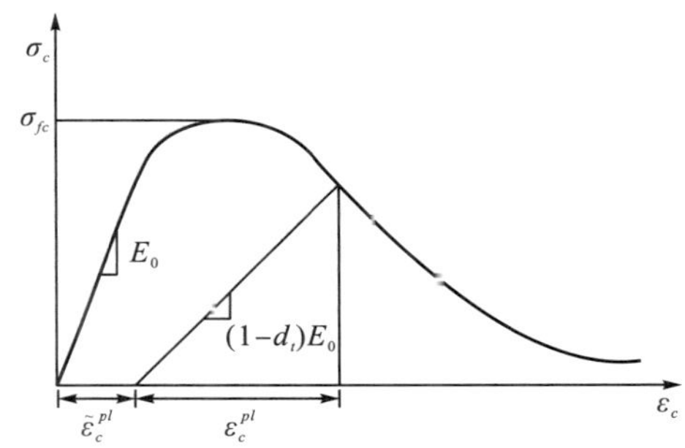

图 3-5　单轴压缩应力-应变关系

2. 循环加载下混凝土塑性损伤本构关系

在单轴循环加载条件下，刚度退化机制比较复杂，它涉及预先存在裂纹的开闭和裂纹间的相互作用问题。在循环加载过程中，应力符号变号表示反向加载，此时刚度有所恢复，这种刚度恢复的现象称为“单边效应”，它是混凝土循环加载的一个显著特点[118]，特别是当应力由拉变为压时，效应很明显，这时压应力使受拉形成的裂纹闭合从而受压刚度得到恢复。

假定损伤后的弹性模量可表示为

$$E = (1-d)E_0 \tag{3-50}$$

其中，E_0 为初始弹性模量；d 为损伤因子。

损伤因子 d 为应力状态和单轴拉压损伤变量 d_t 和 d_c 的函数，在单轴循环荷载状态下：

$$1-d = (1-d_c)(1-d_t) \tag{3-51}$$

在循环荷载作用下，拉伸后出现微裂纹从而导致受拉损伤，重新受压后，原微裂纹会再次闭合，弹性模量不发生改变，且不存在损伤。但另一方面，一旦出现压碎微裂纹，当

荷载从压缩作用变为拉伸作用时，拉伸刚度将出现不可恢复的降低，为了体现这一因交替作用而出现的损伤弱化，引入 s_t, s_c 两个系数，代入式(3-51)，得损伤为

$$1-d=(1-s_t d_c)(1-s_c d_t) \tag{3-52}$$

式中，s_t, s_c 分别指与应力方向有关的刚度恢复应力状态的函数，用以下两个方程定义：

$$\begin{cases} s_t = 1 - w_t r(\sigma_{11}) \\ s_c = 1 - w_c\left[1 - r(\sigma_{11})\right] \end{cases} \tag{3-53}$$

$$r(\sigma_{11}) = \begin{cases} 1, & \sigma_{11} > 0 \\ 0, & \sigma_{11} < 0 \end{cases} \tag{3-54}$$

w_t 和 w_c 为刚度恢复权重因子，与材料属性有关，控制着反向荷载作用下拉、压刚度的恢复。

图 3-6 给出了单轴循环荷载(拉-压-拉)作用下，拉压权重因子 $w_t = 0$(由压到拉)、$w_c = 1$(由拉到压)时 ABAQUS 混凝土应力-应变关系曲线。

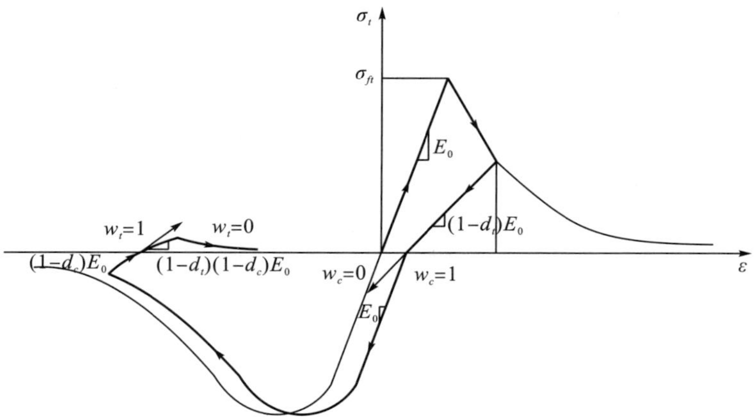

图 3-6 单轴循环荷载应力-应变关系

3.1.6 损伤有限元分析流程

当结构中的损伤不断积累和发展时，结构的弹性模量等材料参数也在不断折减，造成结构应力场和应变场产生重分布，能更准确地描述混凝土的力学特性。

无损结构的有限元方程中包括平衡方程、物理方程、几何方程、初始条件和边界条件，在应力场和应变场的计算中引入损伤后，因变量增加，为了能够使损伤结构定解必须再引入损伤演化方程。损伤结构分析的第一步即选择损伤变量，推演损伤演化方程，再结合结构的其他力学条件利用有限元方法求解结构的应力场、应变场和损伤场，最后按一定损伤标准判断结构损伤程度，评判损伤等级。图 3-7 是损伤有限元分析过程示意图。

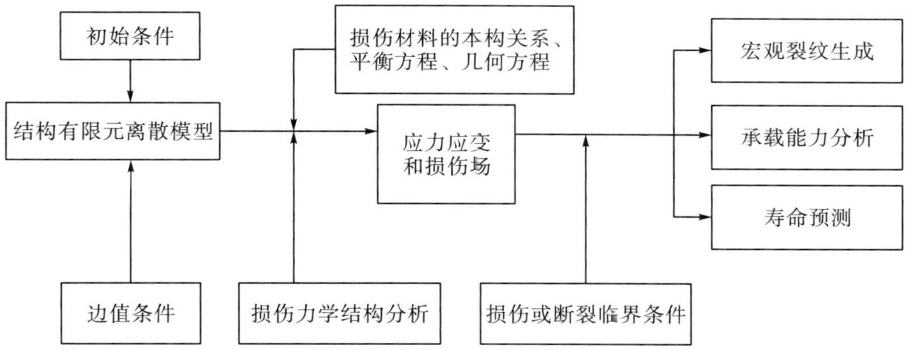

图 3-7　损伤有限元分析流程图

3.2　数值模型

3.2.1　材料参数

假定土体本构是各向同性的理想弹塑性本构，初始地应力只考虑土体的自重影响，初始地应力平衡后再进行应力释放模拟盾构开挖。模型中的地层参数参照地勘报告取值。本章依托沪通铁路跨黄浦江隧道地层参数。

围岩采用 Mohr-Coulomb 弹塑性本构关系，根据实际隧道的工程资料，隧道穿越土体主要为砂性土层和风化泥质粉砂，管片衬砌混凝土强度取 C50，二次衬砌混凝土强度为 C30。材料参数如表 3-2 所示。

表 3-2　基本材料参数

材料	密度/(kg/m³)	弹性模量/MPa	泊松比	摩擦角/(°)	黏聚力/MPa
砂性土层	2000	25	0.35	28	0
风化泥质粉砂	2500	35	0.35	38	8
管片衬砌	2500	34 500	0.2	—	—
二次衬砌	2500	31 000	0.2	—	—

3.2.2　管片衬砌塑性损伤本构

管片衬砌采用塑性损伤本构，其拉压损伤演化参数由基于《混凝土结构设计规范》(GB50010—2002)的损伤演化方程计算得出[120,121]，基于 3.1 节所介绍的 ABAQUS 塑性损伤理论可建立 C50 管片衬砌的塑性损伤本构模型，具体参数见表 3-3 和表 3-4。

表 3-3 管片衬砌压缩塑性损伤参数

$\varepsilon_c / \varepsilon_{fc}$	σ_c /MPa	ε_c	$\tilde{\varepsilon}_c^{pl}$	d_c
0	0	0	0	0
0.2	11.674	0.000 336	2.4e-06	0.099 185
0.4	20.770 75	0.000 672	6.99e-05	0.198 621
0.6	27.280 5	0.001 009	0.000 218	0.298 307
0.8	31.193 5	0.001 345	0.000 441	0.398 245
1	32.5	0.001 681	0.000 739	0.498 433
1.3	29.425 99	0.002 185	0.001 332	0.650 672
1.6	24.262 54	0.002 69	0.001 987	0.765 975
2	18.524 07	0.003 362	0.002 825	0.857 061
3	10.790 42	0.005 043	0.004 73	0.944 491
4	7.394 539	0.006 724	0.006 51	0.971 47
5	5.575 918	0.008 405	0.008 243	0.982 79

表 3-4 管片衬砌拉伸塑性损伤参数

$\varepsilon_t / \varepsilon_{ft}$	σ_t /MPa	ε_t	$\tilde{\varepsilon}_t^{pl}$	d_t
0	0	0	0	0
0.2	0.635 966	2.2e-05	7.19e-06	5.33e-05
0.4	1.269 829	4.4e-05	1.14e-05	0.001 707
0.6	1.883 272	6.6e-05	1.83e-05	0.012 96
0.8	2.405 064	8.8e-05	3.32e-05	0.054 613
1	2.65	0.000 11	7.99e-05	0.166 667
1.3	2.176 278	0.000 143	0.000 127	0.473 566
1.6	1.682 942	0.000 176	0.000 183	0.669 233
2	1.264 609	0.000 22	0.000 307	0.801 162
3	0.785 678	0.000 33	0.000 423	0.917 644
4	0.582 978	0.000 44	0.000 536	0.954 168
5	0.471 052	0.000 55	3.57e-06	0.970 374

根据表 3-3 绘制管片衬砌受压应力-应变曲线和损伤-应变曲线，如图 3-8 所示。

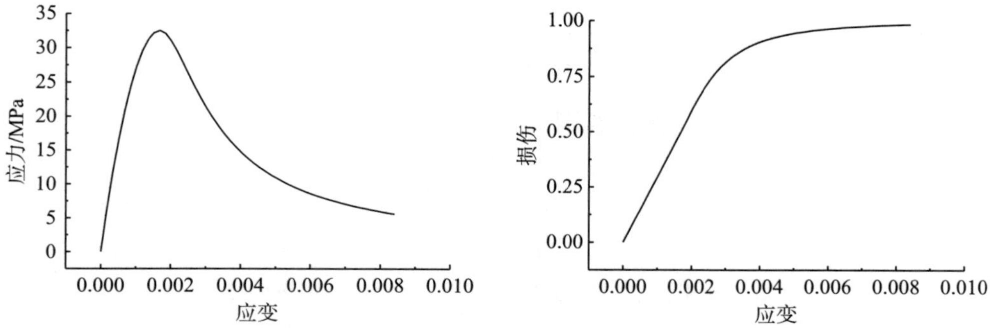

(a) 应力-应变曲线　　(b)损伤-应变曲线

图 3-8 管片衬砌压缩损伤行为

根据表 3-4 绘制管片衬砌受拉应力-应变曲线和损伤-应变曲线，如图 3-9 所示。

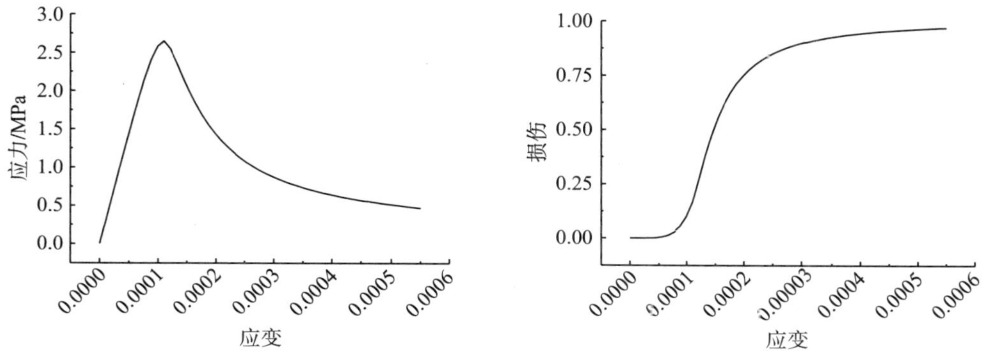

(a) 应力-应变曲线　　(b) 损伤-应变曲线

图 3-9　管片衬砌拉伸损伤行为

3.2.3　动力边界

分析土体-结构动力相互作用问题的关键步骤在于如何模拟无限岩体辐射阻尼，采用有限元法求解此类问题时一般需要从无限岩体中截取有限的计算区域，无限岩体的模拟可通过在截取部分的边界上施加虚拟的人工边界来实现。其中黏弹性人工边界作为一种局部人工边界，在有限元方法中得到了广泛的应用，经过验证能够满足工程上的精度要求，具有较好的稳定性，能快捷地应用于近场波动问题和土体-结构动力相互作用问题[122,123]。

图 3-10 为黏弹性人工边界示意图，人工边界可等效为图中放大部分所示的弹簧-阻尼器系统，图中切向与法向的弹簧刚度及阻尼系数按式(3-55)~式(3-57)计算。

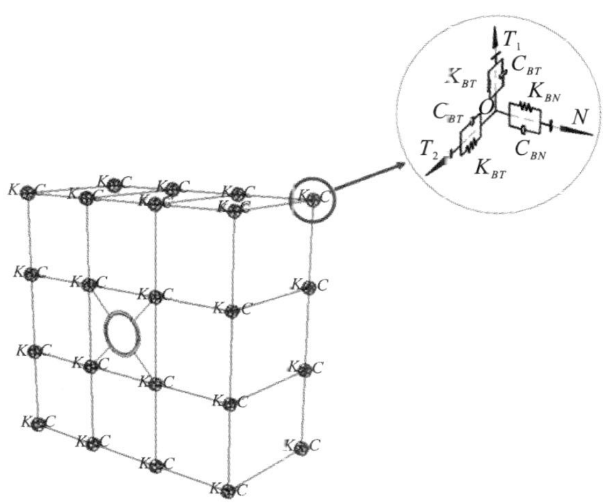

图 3-10　人工边界等效弹簧-阻尼器系统示意图

$$K_{BT}=\alpha_T\frac{G}{R},\ C_{BT}=\rho c_{\mathrm{S}} \tag{3-55}$$

$$K_{BN}=\alpha_N\frac{G}{R},\ C_{BN}=\rho c_{\mathrm{P}} \tag{3-56}$$

$$\lambda=\frac{\mu E}{(1+\mu)(1-2\mu)},\ G=\frac{E}{2(1+\mu)} \tag{3-57}$$

$$c_{\mathrm{P}}=\sqrt{\frac{\lambda+2G}{\rho}},\ c_{\mathrm{S}}=\sqrt{\frac{G}{\rho}} \tag{3-58}$$

以上式中，K_{BN}、K_{BT} 分别为弹簧法向与切向刚度；C_{BN}、C_{BT} 分别为阻尼器法向与切向的阻尼系数；R 为波源至人工边界点的距离；c_{S} 和 c_{P} 分别为 S 波和 P 波波速；G 为介质剪切模量；ρ 为介质质量密度；α_T 与 α_N 分别为切向与法向黏弹性人工边界修正系数，其取值范围及推荐值如表 3-5 所示。

表 3-5　三维黏弹性人工边界修正系数 α_T 和 α_N 的取值

人工边界参数	取值范围	推荐系数
α_T	1~2.0	1.33
α_N	0.5~1.0	0.67

模型阻尼采用在理论研究中广泛应用的瑞利阻尼，通过对土体-结构模型进行模态分析(ABAQUS 中的线性摄动频率分析)提取振型计算结果得出阻尼参数 α 和 β，通过材料属性赋值实现阻尼设定，计算可得各参数取值如表 3-6 所示。

表 3-6　动力边界参数

参数	K_{BT}	K_{BN}	C_{BT}	C_{BN}	α	β
取值	33 086 419	65 679 012	1 490 711	3 103 164	4.06	0.000 615

3.2.4　围岩结构模型

由于盾构隧道处于地下有限的封闭环境内，为了较好地模拟撞击作用下盾构隧道的动力响应，采用 ABAQUS/Standard 动力有限元模块进行动力分析，参考沪通跨黄浦江盾构隧道的工程资料，建立单层管片衬砌盾构隧道和双层衬砌盾构隧道两个模型，管片衬砌内径为 4.9m，外径为 5.4m，厚度为 0.5m；双层衬砌模型的二次衬砌厚度取 0.3m，模型示意如图 3-11 和图 3-12 所示。由于盾构隧道尺寸较大，周围边界土厚度取 30m，为了减少纵向边界效应，纵向长度取 30m，土体-衬砌计算模型如图 3-13 所示。

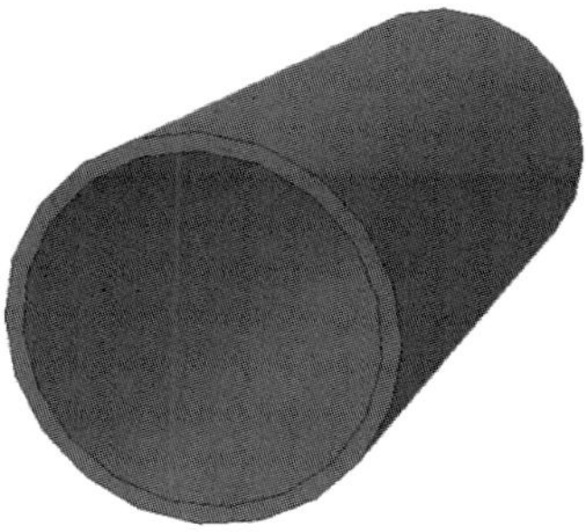

图 3-11　单层管片衬砌

图 3-12　双层衬砌

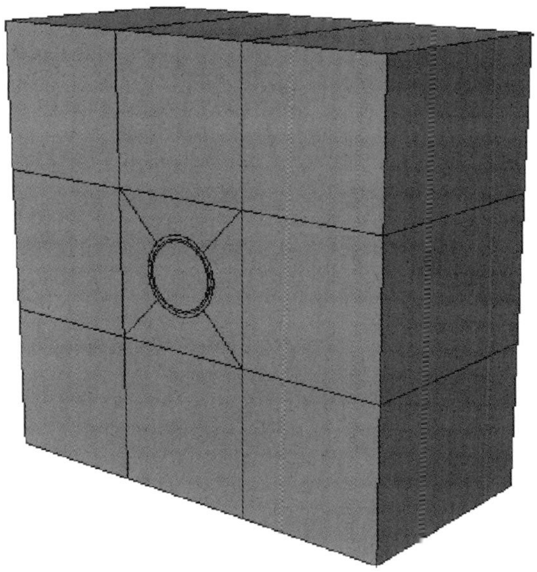

图 3-13　土体-衬砌模型

将第 2 章所求得的列车撞击刚性墙的撞击力施加到衬砌上，首先将撞击力按 X、Y、Z 方向分解为 F_x、F_y、F_z 三个分量，然后将 F_x、F_y、F_z 按移动面荷载方式同时施加在衬砌内侧，如图 3-14 所示，荷载移动速度与列车同速。

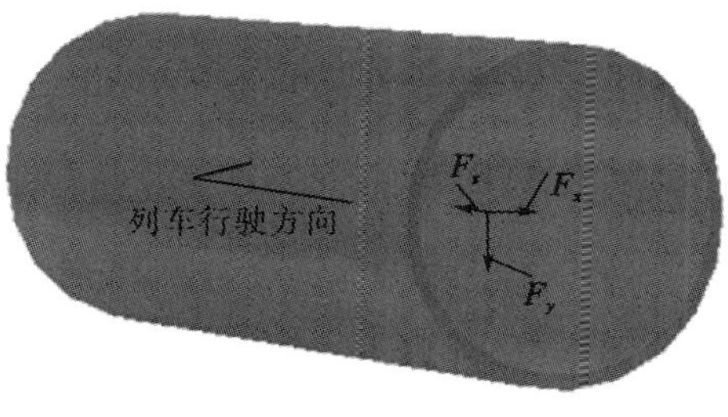

图 3-14　撞击力施加

本章使用 ABAQUS/Standard 模式进行盾构管片衬砌撞击分析，在分析过程中输出以下变量：*S*(应力)、*U*(变形)、*V*(速度)、*A*(加速度)、DAMAGEC(受压损伤)、DAMAGET(受拉损伤)。

3.2.5 管片衬砌接头模拟方法

对于盾构隧道管片接头的考虑相关学者做了大量研究工作，总体来说，较为常用的模型主要有以下四种：曲梁-铰模型、梁-弹簧模型、壳-弹簧模型以及实体管片-螺栓模型。在曲梁-铰模型中，Koizumi 将管片和管片接头分别视为曲梁结构和一个无抗弯刚度的自由铰。曲梁-铰模型是一个超静定结构，只有依赖隧道周围围岩的弹性抗力作用才能成为静定结构，因此该模型主要适用于地层条件良好的隧道。作为改进，村上博智和小泉淳建立了梁-弹簧模型，通过曲梁单元和弹簧单元分别模拟管片和管片接头，接头刚度参数通过抗弯试验获得，并利用该模型研究了不同拼装方式和不同接头抗弯刚度对衬砌结构变形的影响。朱合华等[①]在考虑接头弹簧轴向、切向和转动效应基础上，从卡氏(Castigliano)第二定理出发，给出了梁-弹簧模型的有限元矩阵表达式，证明了直梁-弹簧模型与曲梁-弹簧模型的一致性。

近年来，随着盾构隧道断面越来越大，管片衬砌结构的厚度也不断加大，因此，仅用二维或三维梁体结构来描述盾构隧道管片并不合理。Teachavorasinskun 等[②]通过将管片简化为壳单元和接头简化为一系列弹簧，研究了接头、管片分块数量以及土层参数对隧道衬砌弯矩的影响。虽然壳-弹簧模型在一定程度上能够反映隧道结构环向和纵向的受力特点，但该方法依然不能模拟三维实体管片混凝土之间的相互接触关系。随着有限元技术的发展，通过建立精细的实体管片和螺栓模型能够更加准确地反映盾构隧道的接头力学特性。Wang 等[③]通过建立三维实体管片和螺栓结构模型，研究了垂直顶升工法不同施工阶段下管片衬砌和螺栓的内力特征以及管片接头的位移和错动。上述研究均建立了三维实体管片-螺栓模型以模拟盾构隧道，但该模型需设置复杂的接触关系，计算效率较低，依然不能直观反映螺栓内力时程变化及其失效特性。

从结构力学的角度来看，接缝面混凝土和接头螺栓可视为管片衬砌接头部位的两个主要组成构件，如图 3-15 所示。实际工程中，管片衬砌接头的抗拉由接头螺栓承担，抗压和抗剪由接缝面混凝土承担，螺栓不承受压力；当接缝面切向力超过混凝土自身摩擦力时，未失效的螺栓也将承受部分剪切力；接头抗弯能力由接缝面混凝土和螺栓共同决定，螺栓对抗弯刚度的贡献主要是通过改变中性轴的位置来体现。因此，正确选择能够体现接缝面混凝土和接头螺栓两个构件力学效应的模拟单元非常关键。

---

① 朱合华，丁文其，李晓军. 盾构隧道施工力学性态模拟及工程应用[J]. 土木工程学报，2000(03):98-103.

② Teachavorasinskun S，Chub-Uppakarn T. Influence of segmental joints on tunnel lining[J]. Tunnelling and Underground Space Technology incorporating Trenchless Technology Research，2010，25(4):490-494.

③ Wang L，Wang Z，Li L，et al. Construction behavior simulation of a hydraulic tunnel during standpipe lifting[J]. Tunnelling and Underground Space Technology incorporating Trenchless Technology Research，2011，26(6): 674-685.

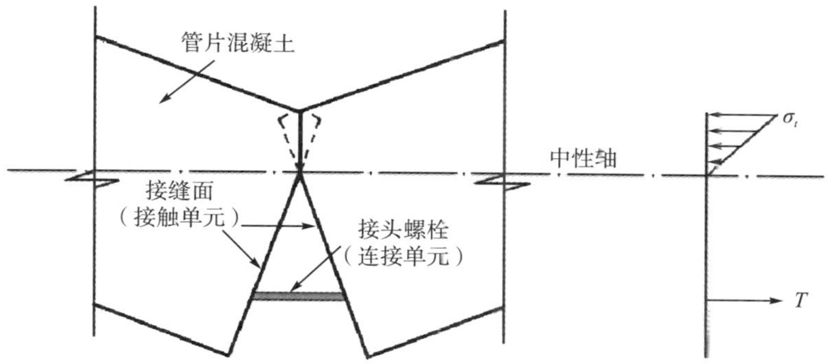

图 3-15　接头的组成构件及其模拟单元

ABAQUS 提供的连接单元可用来描述变形体的物理运动。连接单元具有局部坐标下的相对位移和相对转角。三维连接单元运用了 12 个结点自由度来定义单元在局部坐标下的 6 个相对运动：3 个相对平移和 3 个相对旋转。ABAQUS 为相对运动提供了一个复杂的连接单元类型库，包括基本连接、组合连接、复杂连接类型。基本连接中一个连接单元包括一个平移自由度和一个旋转自由度，而组合连接和复杂连接是由多个基本连接所构成的。

盾构隧道衬砌结构主要由混凝土管片和螺栓组成，相邻管片之间由于螺栓的连接作用而具有一定的约束关系和相对运动关系。本章采用有限元软件 ABAQUS 建立盾构隧道三维模型，通过设置具有抗拉、抗剪、抗弯三种刚度组合，并能表征螺栓失效状态的连接单元，近似模拟螺栓连接效应。根据螺栓的力学属性定义连接单元刚度，并将连接单元的两个结点分别与对应管片耦合，两结点连接单元可以用来描述两个管片间的物理连接作用和约束作用。连接单元具有两个结点，其中第二个结点的位置和运动方式依据第一个结点得出，当连接单元两结点发生相对运动时，连接单元中将产生相应的内力。“衬套”连接方式中的连接单元可实现两结点在任意方向的相对平移和相对旋转，“衬套”连接方式如图 3-16 所示。“衬套”连接方式用 12 个结点自由度来定义 u1、u2、u3、ur1、ur2、ur3 六个方向的相对运动，包括三个平移运动和三个旋转运动。当连接单元两结点间发生沿管片张开方向的相对运动时，连接单元产生拉力；当连接单元两结点间发生沿管片错动方向的相对运动时，连接单元产生剪力；当两结点间产生各方向相对转动运动时，连接单元产生相应的弯矩。

本章采用连接单元对接头螺栓力学效应进行模拟，同时采用“点面耦合”的方式建立连接单元与管片接缝面的约束关系，以此来实现相互作用力在螺栓与管片间的传递，图 3-17 为点面耦合示意图及参考点布置图。为反映螺栓的抗拉、抗剪、抗弯刚度，连接单元采用可模拟上述三种刚度的“衬套”连接方式。

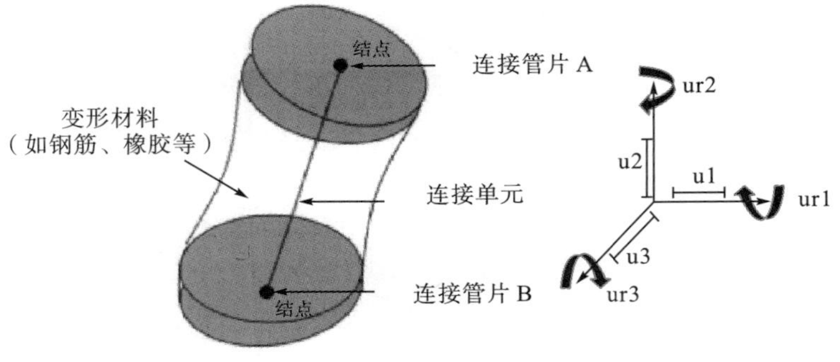

图 3-16 连接单元及连接点相对运动方式示意图

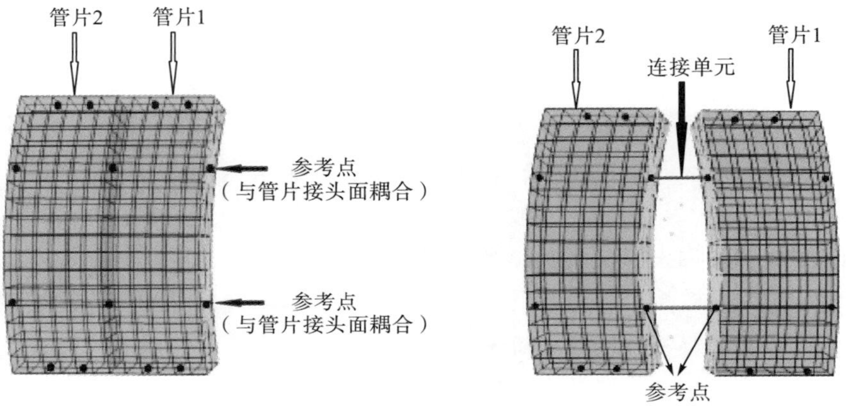

(a) 点面耦合 (b) 参考点布置

图 3-17 点面耦合示意图及参考点布置图

3.2.6 数值分析点

本章主要分析撞击作用下盾构隧道管片衬砌的动力响应，在管片衬砌外侧选取一系列特征数值分析点。撞击力主要由 F_x、F_z 组成，F_y 分量所占比重很小，基本可忽略不计，所以管片衬砌上下半环的动力响应是对称分布，分析点只需沿管片衬砌轴向选取即可。分析点位置如下：分析点位于管片衬砌外侧，以撞击区域中心点为对称点沿轴向左右两边各取 7 个分析点，各分析点间距为 0.5m，这样包括中心点在内共取 15 个分析点，编号依次为 1,2,3,⋯,14,15，中心点为 8 号，能较为准确地反映出盾构隧道受撞击力作用时管片衬砌的动力响应情况，分析点的详细分布如图 3-18 所示。

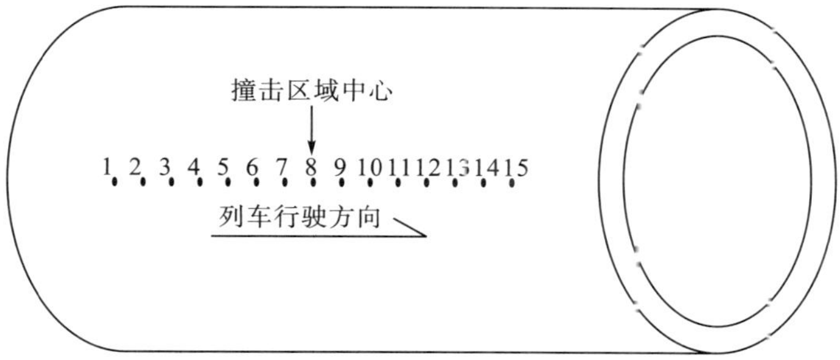

图 3-18　管片衬砌分析点分布示意图

3.3　不同衬砌形式管片衬砌动力响应

3.3.1　模拟工况

本节主要通过对比分析同一撞击力作用下单层管片衬砌和双层衬砌两种形式盾构隧道管片衬砌的动力响应，验证二次衬砌的防撞效果，选取 8 节列车编组、200km/h 撞击速度、12.5°撞击角度所得撞击力来进行计算，F_x、F_y、F_z 时程曲线如图 3-19 所示，工况如表 3-7 所示。

表 3-7　不同衬砌形式下管片衬砌动力响应分析工况

撞击力	单层管片衬砌	双层衬砌
列车编组：8；速度：200km/h；角度：12.5°	√	√

注：√表示模拟了此工况。

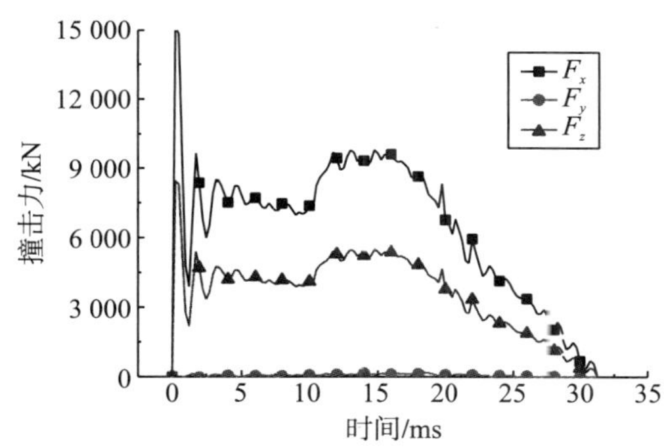

图 3-19　所选撞击力分量时程曲线

3.3.2　MISES 应力响应对比

图 3-20 和图 3-21(彩图见附录)分别为撞击作用下单层管片衬砌和双层衬砌盾构隧道典型时刻管片衬砌的 MISES 应力云图。可以看出，管片衬砌从撞击开始便在撞击区域迅

速产生了应力响应，0.25ms 时的 MISES 应力已经很大，随着撞击过程进行，应力值继续增大，16ms 时出现整个撞击过程中 MISES 应力最大值。撞击过程中 MISES 应力响应范围没有明显变化，主要集中在撞击区域所在小范围内，面积大约为 1m×1m，另外相同时刻双层衬砌形式下管片衬砌 MISES 应力要比单层管片衬砌下的 MISES 应力要小。

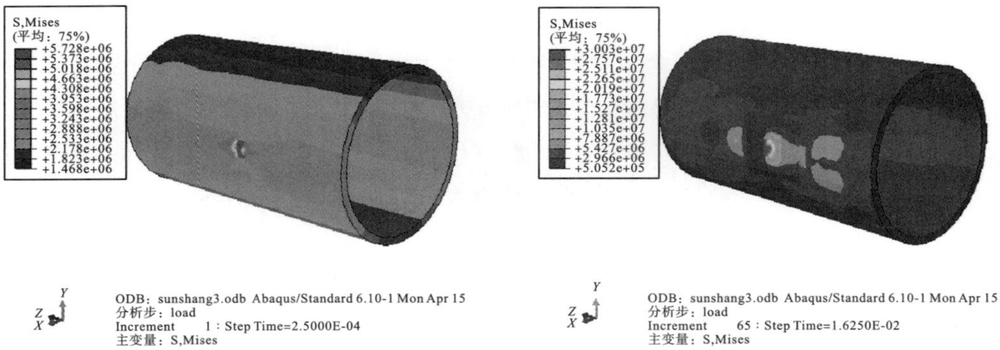

(a) t=0.25ms (b) t=16ms

图 3-20 单层管片衬砌盾构隧道典型时刻管片衬砌的 MISES 应力云图

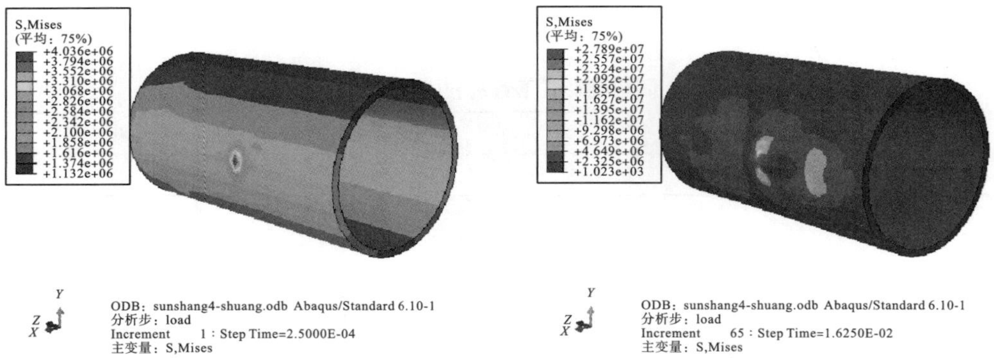

(a) t=0.25ms (b) t=16ms

图 3-21 双层衬砌盾构隧道典型时刻管片衬砌的 MISES 应力云图

图 3-22 为两种衬砌形式下管片衬砌各分析点峰值 MISES 应力(此处峰值指整个撞击过程中分析点的最大值，后续分析位移、速度和加速度中同样适用)。由图可知，各分析点的 MISES 峰值应力以 8 号分析点为中心沿轴向对称分布，其中 7、8、9 三个分析点的峰值应力相比距离撞击区域中心点较远的其他分析点(分析点 1～6、10～15)的峰值应力明显更大，这验证了撞击过程中应力集中现象。

图 3-23 为 MISES 应力最大值点的应力时程曲线，由图可知，撞击后 MISES 应力急剧上升，列车撞击瞬间产生一个应力峰值，此时对应撞击力第一峰值，随后 MISES 应力随着撞击力作用继续增大，在 5ms 时出现第二个应力峰值，15ms 时出现应力最大值，此

时对应撞击力的第二峰值区间。将图 3-23 和图 3-19 撞击力分量时程曲线图对比发现，应力变化与撞击力变化相互对应，且响应迅速，相比撞击力没有滞后效应。整个撞击过程中，双层衬砌形式下管片衬砌 MISES 应力最大值点的应力时程比单层管片衬砌形式下的应力时程偏小。

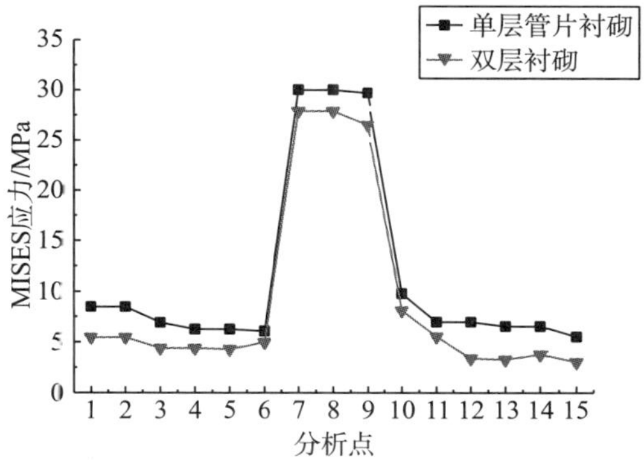

图 3-22　管片衬砌各分析点 MISES 峰值应力

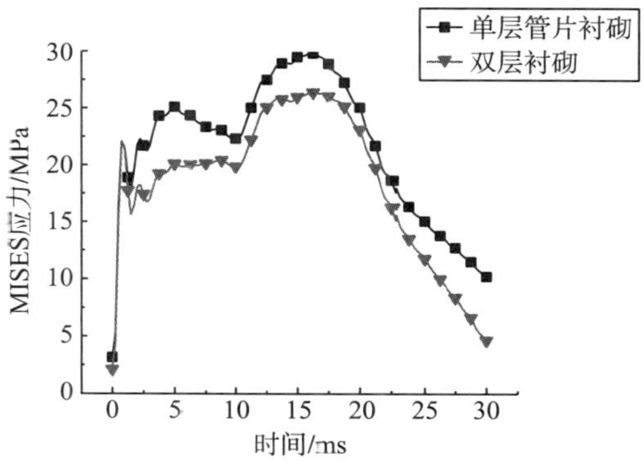

图 3-23　MISES 应力最大值点应力时程

表 3-8 为管片衬砌各分析点峰值 MISES 应力统计表。统计结果显示，双层衬砌形式下管片衬砌各分析点峰值 MISES 应力平均值比单层管片衬砌形式平均值低，由 11.624MPa 降低为 9.214MPa，降幅 20.73%。最大值有小幅度降低，由 30MPa 降低为 27.9MPa，降幅 7%。

表 3-8　管片衬砌各分析点峰值 MISES 应力统计表

统计	单层管片衬砌/MPa	双层衬砌/MPa	降低幅度/MPa	降低百分比/%
平均值	11.624	9.214	2.41	20.73
最大值	30	27.9	2.1	7

3.3.3　位移响应对比

图 3-24 和图 3-25（彩图见附录）为撞击作用下单层管片衬砌和双层衬砌盾构隧道典型时刻管片衬砌的位移云图。由图看出，位移沿着撞击区域向四周呈层状分布，位移响应范围比 MISES 应力响应范围大，大约为 4m×4m，19ms 时出现整个撞击过程位移最大值，从量值上看二次衬砌对减小管片衬砌位移响应有很好的效果。

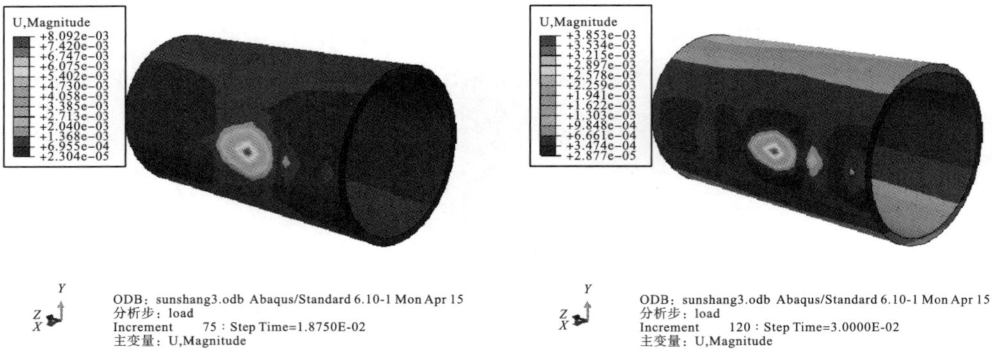

(a) t=19ms (b) t=30ms

图 3-24 单层管片衬砌盾构隧道典型时刻管片衬砌的位移云图

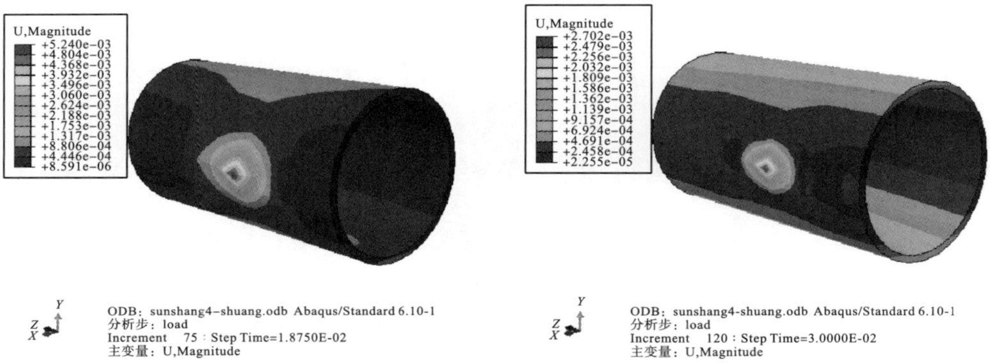

(a) t=19ms (b) t=30ms

图 3-25 双层衬砌盾构隧道典型时刻管片衬砌的位移云图

图 3-26(a)和(b)分别为单层管片衬砌和双层衬砌盾构隧道管片衬砌位移最大值点位移分量 U_x、U_y、U_z 的时程曲线，可以看出，管片衬砌位移响应主要表现为沿着管片衬砌横断面的径向位移和沿隧道轴向的纵向位移。

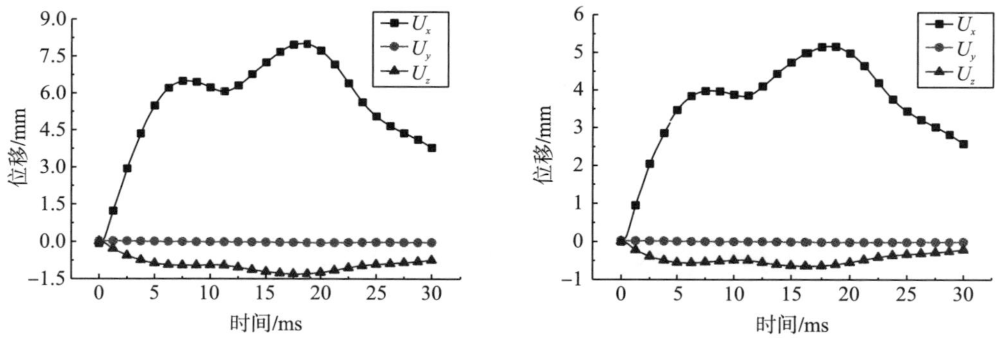

(a) 单层管片衬砌 (b) 双层衬砌

图 3-26 管片衬砌位移最大值点位移分量时程曲线

图 3-27 为两种衬砌形式下管片衬砌各分析点峰值位移，由于撞击分力 F_z 产生的沿隧道轴向的纵向位移使得峰值位移最大值点发生了偏移，与峰值 MISES 应力以 7 号分析点为最大值点且对称分布不同，峰值位移的最大值点则偏移到了 10 号分析点，主要响应范围为 4~15 号分析点，位移随距 10 号分析点距离增大向两侧线性减小，4~10 号分析点峰值位移上升段的斜率相比 10~15 号结点下降段斜率较小。双层衬砌形式下管片衬砌各分析点峰值位移比单层管片衬砌形式下的峰值位移整体偏小，越靠近最大值点，减小幅度越明显。

图 3-28 为位移最大值点位移时程曲线，两种衬砌形式下最大值点均是 10 号分析点，由图可知，撞击后位移上升，但相对 MISES 应力上升速率较平缓，7.5ms 和 20ms 产生两个位移峰值，而后稳定下降，其变化趋势与应力变化相同，且与撞击力变化对应，但位移响应程度相对撞击力的大小程度滞后大约 5ms。整个撞击过程中，双层衬砌形式下管片衬砌位移最大值点的位移时程比单层管片衬砌形式下的位移时程整体大幅减小。

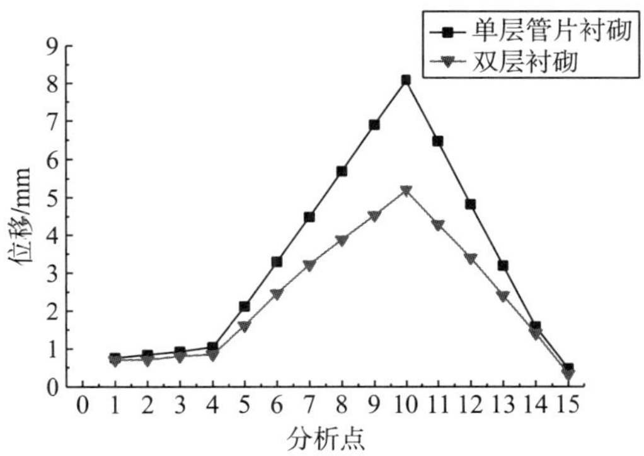

图 3-27　管片衬砌各分析点峰值位移

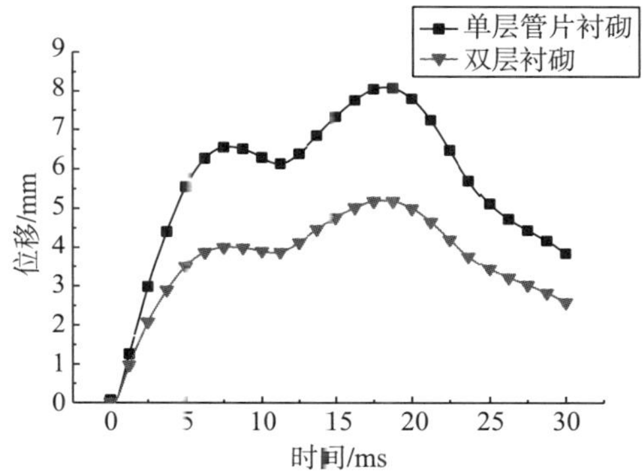

图 3-28　位移最大值点位移时程

表 3-9 为管片衬砌各分析点峰值位移统计表。统计结果显示，双层衬砌形式下管片衬砌各分析点峰值位移的平均值和最大值相比单层管片衬砌形式下的相应值都明显降低，平均值降幅为 29.29%，最大值降幅为 35.68%。

表 3-9　管片衬砌各分析点峰值位移统计表

统计	单层管片衬砌/mm	双层衬砌/mm	降低幅度/mm	降低百分比/%
平均值	3.38	2.39	0.99	29.29
最大值	8.10	5.21	2.89	35.68

3.3.4　速度响应对比

图 3-29(彩图见附录)为撞击作用下盾构隧道 t=2ms 时管片衬砌的速度云图，管片衬砌速度沿着撞击点向四周呈层状分布，影响范围大约为 6m×6m，t=2ms 为管片衬砌速度响应最大值时刻。从云图上看，二次衬砌对减小管片衬砌速度响应有很好的效果。

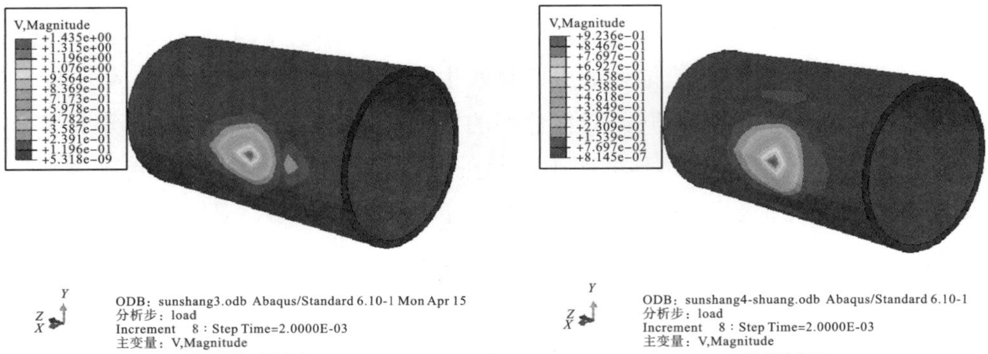

(a) 单层管片衬砌　　(b) 双层衬砌

图 3-29　盾构隧道 t=2ms 时管片衬砌的速度云图

图 3-30 为管片衬砌各分析点峰值速度。峰值速度规律与上一节峰值位移规律相同，峰值速度同样以 10 号分析点为最大值点，但响应范围扩大为 1~15 号分析点，这说明撞击作用所造成的速度响应范围比位移响应范围要大；速度随距 10 号分析点距离增大向两侧线性减小，1~10 号分析点的峰值速度增长速率小于 10~15 号分析点峰值速度降低的速率。双层衬砌形式下管片衬砌峰值速度比单层管片衬砌形式下的峰值速度整体减小。

图 3-31 为速度最大值点的速度时程曲线。两种衬砌形式最大值点均为 10 号分析点，由图看出，撞击开始后速度急剧上升，响应迅速，并且在 2ms 时产生整个过程中的速度最大值，随后迅速降低，后期产生两个很小的峰值便趋于稳定，速度响应比撞击力滞后大约 2ms。整个撞击过程中，双层衬砌形式下管片衬砌速度最大值点的速度时程比单层管片衬砌下的速度时程整体大幅降低。

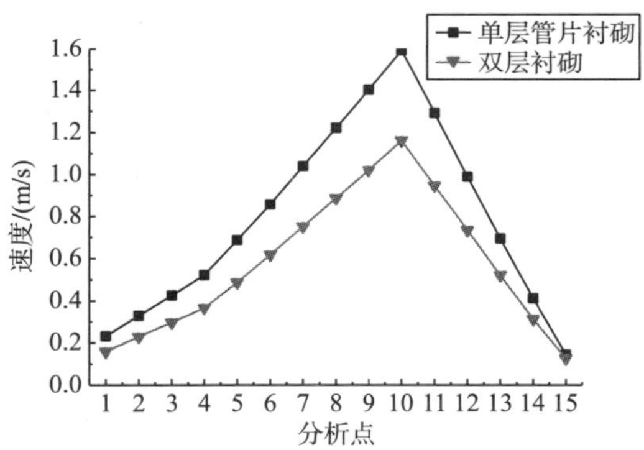

图 3-30　管片衬砌各分析点峰值速度

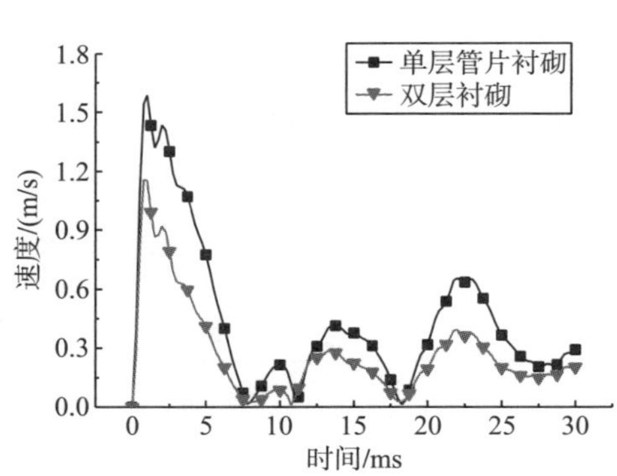

图 3-31　速度最大值点速度时程

表 3-10 为管片衬砌各分析点峰值速度统计表。统计结果显示，双层衬砌形式下管片衬砌各分析点峰值速度的平均值和最大值相比单层管片衬砌形式下的相应值有大约 27% 的降幅。

表 3-10　管片衬砌各分析点峰值速度统计表

统计	单层管片衬砌/(m/s)	双层衬砌/(m/s)	降低幅度/(m/s)	降低百分比/%
平均值	0.789	0.574	0.215	27.25
最大值	1.59	1.16	0.43	27.04

3.3.5　加速度响应对比

图 3-32(彩图见附录)为撞击作用下盾构隧道 t=0.5ms 时管片衬砌的加速度云图，t=0.5ms 是加速度响应最大值时刻。图 3-33 为管片衬砌各分析点峰值加速度，图 3-34 为加速度最大值点的加速度时程曲线，由图可看出加速度响应规律与速度响应规律相同，只是加速度响应更迅速，响应程度相对撞击力的大小只滞后 0.5ms。

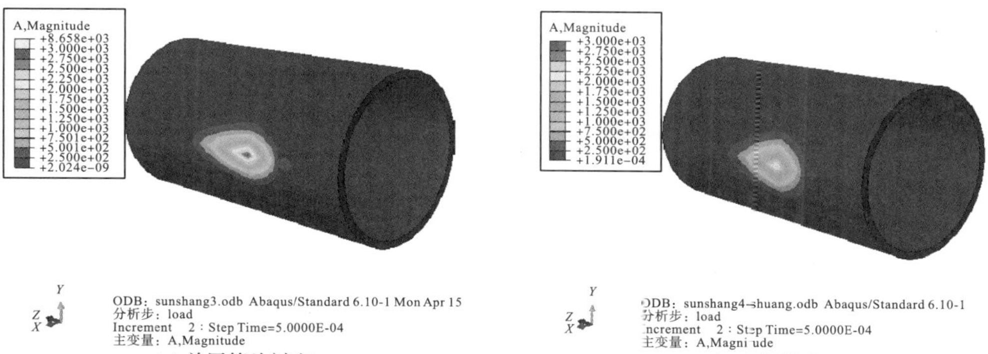

(a) 单层管片衬砌　　(b) 双层衬砌

图 3-32　盾构隧道 t=0.5ms 时管片衬砌速度云图

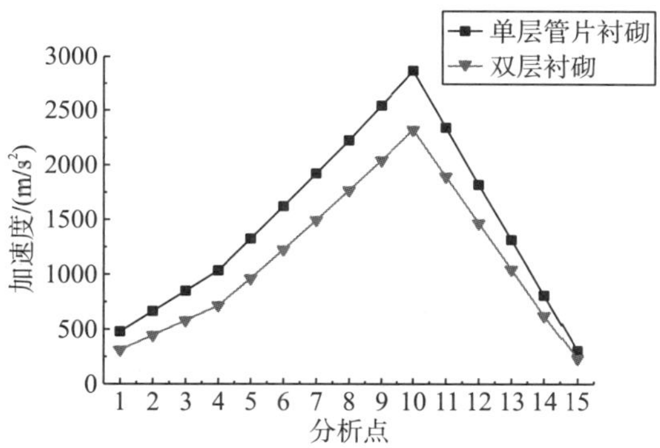

图 3-33　管片衬砌各分析点峰值加速度

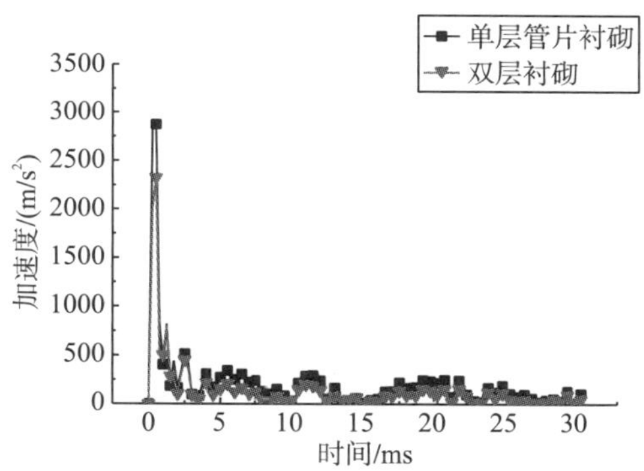

图 3-34　加速度最大值点加速度时程

表 3-11 为管片衬砌各分析点峰值加速度统计表。统计结果显示，双层衬砌形式下管片衬砌各分析点峰值加速度的平均值和最大值相比单层管片衬砌形式下的相应值大约有 20%的降幅。

表 3-11　管片衬砌各分析点峰值加速度统计表

统计	单层管片衬砌/(m/s²)	双层衬砌/(m/s²)	降低幅度/(m/s²)	降低百分比/%
平均值	1 475	1 142	333	22.58
最大值	2 872	2 324	548	19.08

3.3.6　损伤演化对比

管片衬砌的损伤演化从受压损伤和受拉损伤两个方面进行分析。因损伤分布并不是围绕撞击区域向四周层状分布，所以本节通过分析损伤区的损伤值、损伤面积等变量随时间的变化来研究管片衬砌的损伤演化过程。

1．受压损伤

图 3-35 和图 3-36(彩图见附录)分别为撞击作用下单层管片衬砌和双层衬砌盾构隧道典型时刻管片衬砌的受压损伤云图。管片衬砌受压损伤主要分布在撞击点的右侧，这是因为斜角撞击作用使得管片衬砌受压变形主要发生在撞击点右侧，撞击区域的上下两侧损伤

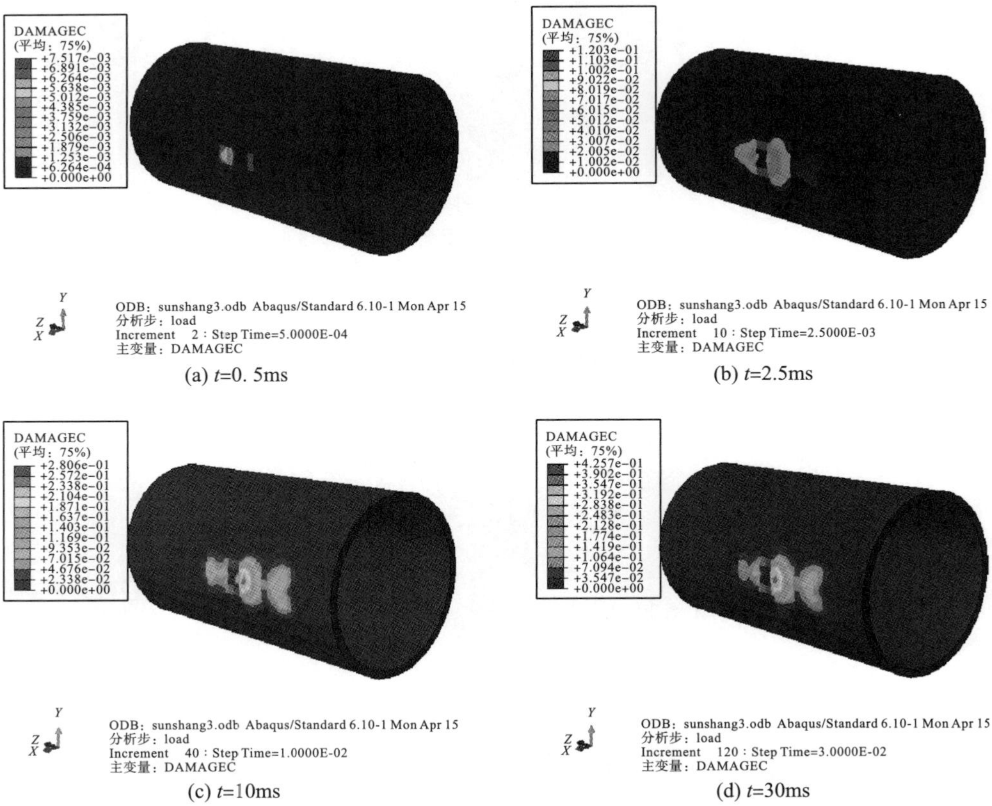

图 3-35　单层管片衬砌盾构隧道典型时刻管片衬砌的受压损伤云图

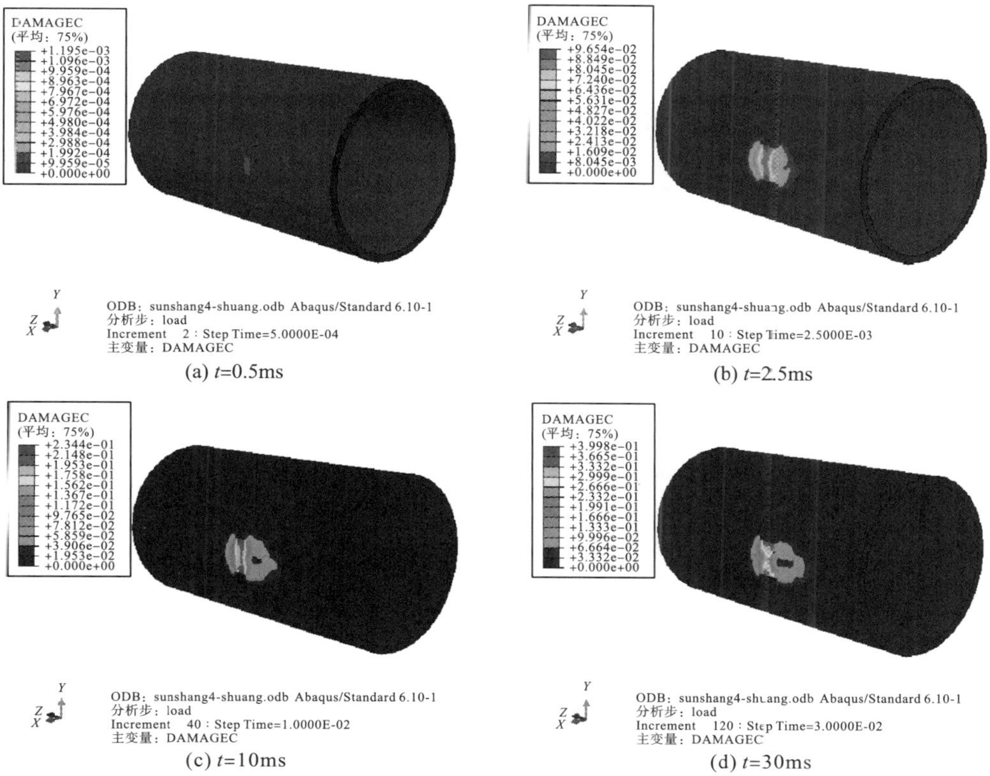

图 3-36　双层衬砌盾构隧道典型时刻管片衬砌的受压损伤云图

值最大，但面积很小。由于混凝土优良的受压性能，撞击结束后管片衬砌的受压损伤最大值保持在 0.4 左右，如 30ms 时的云图所示。对比同一时刻两种衬砌形式下管片衬砌受压损伤云图可以看出，二次衬砌可有效地阻止损伤发展，无论损伤面积和量值双层衬砌形式均优于单层管片衬砌形式。

图 3-37 和图 3-38 为撞击作用下管片衬砌受压损伤平均值和损伤面积的时程曲线。由图可看出管片衬砌受压损伤在撞击开始后急剧发展，0~5ms 损伤平均值和损伤面积都急剧增大；5~7.5ms 两者继续增长，但增长速度放缓；7.5~12ms 损伤平均值进入一个平台期，12~20ms 损伤平均值出现第二次快速发展，20ms 之后损伤平均值保持不变，而损伤面积在 7.5ms 之后到撞击结束都未再增长，这表明 20ms 时管片衬砌受压损伤即发展完成。对比撞击力时程可以发现管片衬砌损伤平均值的发展与撞击力的变化规律相呼应，损伤平均值 0~5ms 的第一次快速发展是由于撞击力最大值造成的，第二次快速发展则是由撞击力 10~20ms 的第二峰值区间产生的，而损伤面积则因撞击力的最大值快速发展完成，撞击力的第二个峰值区间并没有使损伤面积继续发展。图 3-35 和图 3-36 同样可以得出以上结论，t=2.5ms 时的损伤值和面积比 t=0.5ms 时均有明显增大，t=30ms 时的损伤面积比 t=10ms 时的并没有增大而损伤值明显增大。

图 3-39 为管片衬砌受压损伤最大值点的受压损伤时程曲线，两种衬砌形式下管片衬

砌受压损伤最大值位置均在 8 号分析点上部 1m 处。由图可以看出两种衬砌形式下最大值点受压损伤发展规律相似，且与受压损伤平均值的变化规律一致。但从量值上看，二次衬砌的施加在管片衬砌受压损伤发展的前期起了限制作用。表 3-12 为撞击作用下典型时刻管片衬砌的受压损伤平均值、损伤面积及损伤最大值。

对比两种衬砌形式下管片衬砌损伤演化过程可以看出，施加二次衬砌对管片衬砌受压损伤值影响不大，只在前期和中期减小了损伤的发展速度，并没有降低最终的损伤值。二次衬砌对管片衬砌受压损伤的保护效果主要体现在减少受压损伤面积上，双层衬砌形式下管片衬砌受压损伤面积比单层管片衬砌形式下的损伤面积大幅减小，由 21.25m²减小为 14.5m²，减小幅度大于 30%。

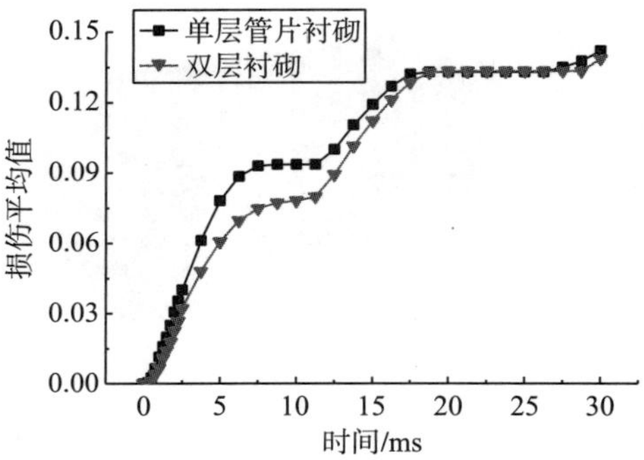

图 3-37　管片衬砌受压损伤平均值时程

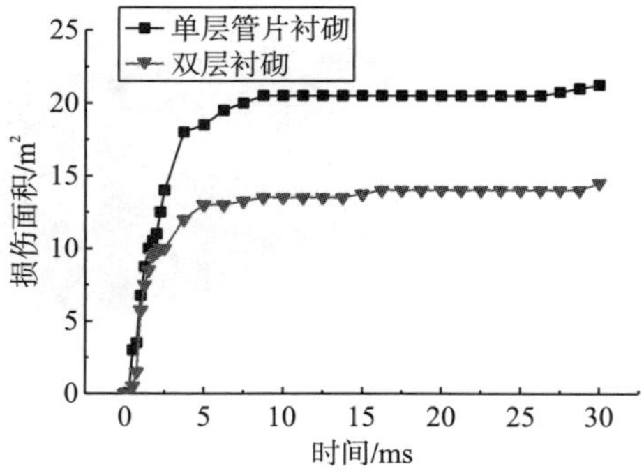

图 3-38　管片衬砌受压损伤面积时程

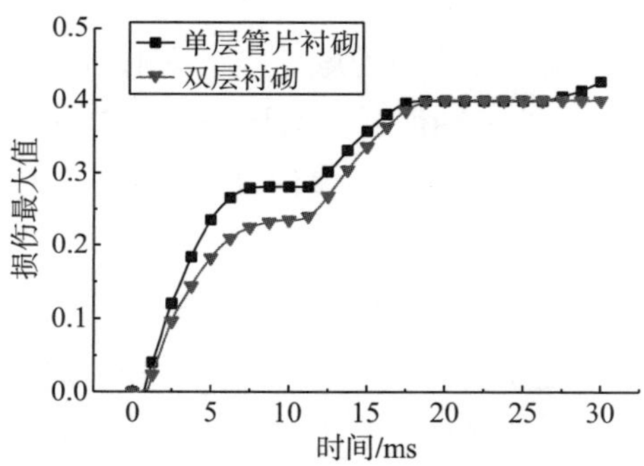

图 3-39　管片衬砌受压损伤最大值点损伤时程

表 3-12　典型时刻管片衬砌的受压损伤平均值、损伤面积及损伤最大值

时间/ms	损伤平均值		损伤面积/m²		损伤最大值	
	单层管片衬砌	双层衬砌	单层管片衬砌	双层衬砌	单层管片衬砌	双层衬砌
0	0	0	0	0	0	0
1	0.011 54	0.006 725	6.75	5.75	0.034 63	0.028 18
2	0.030 54	0.022 67	11	9.75	0.091 61	0.068 01
5	0.078 12	0.060 69	18.5	13	0.234 3	0.182 1
10	0.093 53	0.078 12	20.5	13.5	0.280 6	0.234 4

续表

时间/ms	损伤平均值		损伤面积/m²		损伤最大值	
	单层管片衬砌	双层衬砌	单层管片衬砌	双层衬砌	单层管片衬砌	双层衬砌
15	0.119 1	0.112 1	20.5	13.75	0.357 4	0.336 3
20	0.132 9	0.133 3	20.5	14	0.398 8	0.399 8
25	0.132 9	0.133 3	20.5	14	0.398 8	0.399 8
30	0.141 9	0.138 5	21.25	14.5	0.425 7	0.399 8

2. 受拉损伤

图 3-40 和图 3-41 分别为撞击作用下单层管片衬砌和双层衬砌盾构隧道典型时刻管片衬砌的受拉损伤云图。从图 3-40 可看出，单层管片衬砌形式下管片衬砌撞击点上下两侧以及左侧的受拉损伤最为严重，形成了一个 U 形的损伤带，这是由于斜角撞击作用使得撞击点右侧主要为受压损伤而不是受拉损伤造成的。双层衬砌形式下管片衬砌撞击区域右侧最为严重，这表明二次衬砌改变了管片衬砌的受力方式而使受拉损伤区域产生了变化，因混凝土管片衬砌受拉性能较受压性能差，受到撞击后管片衬砌受拉损伤较严重区域损伤值可迅速达到 0.9 以上，如 7.5ms 时的云图所示。对比同一时刻两种衬砌形式下管片衬砌的受拉损伤云图可以看出，二次衬砌可有效减小管片衬砌的受拉损伤，阻止损伤发展。

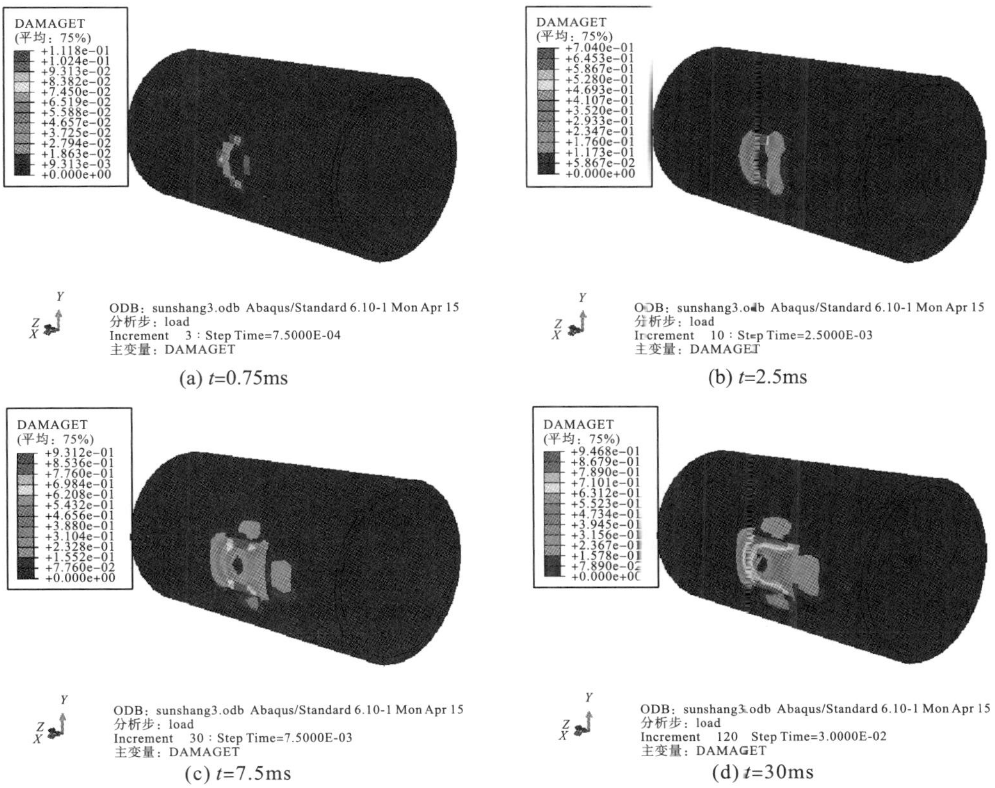

(a) t=0.75ms　(b) t=2.5ms　(c) t=7.5ms　(d) t=30ms

图 3-40　单层管片衬砌盾构隧道典型时刻管片衬砌的受拉损伤云图

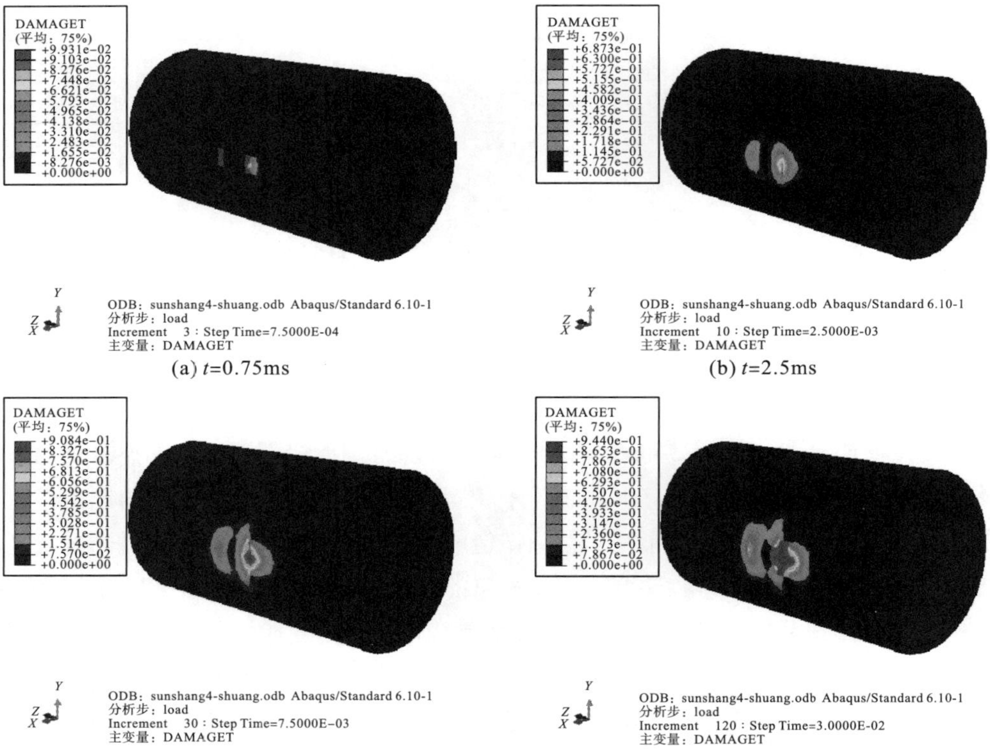

(a) t=0.75ms (b) t=2.5ms

(c) t=7.5ms (d) t=30ms

图 3-41 双层衬砌盾构隧道典型时刻管片衬砌的受拉损伤云图

图 3-42 和图 3-43 为撞击作用下管片衬砌受拉损伤平均值和损伤面积的时程曲线。由图可看出，管片衬砌受拉损伤在撞击开始后急剧发展，0~2.5ms 损伤平均值和损伤面积都急剧增大；2.5~5ms 两者继续增长，但增长速度放缓；5~10ms 损伤面积进入一个平台期，10~17.5ms 损伤面积出现第二次增大，17.5ms 之后损伤面积保持不变，而损伤平均值从 5ms 之后便发展完成，直到撞击结束都维持不变，这表明 17.5ms 时管片衬砌受拉损伤即发展完成。与受压损伤不同的是，管片衬砌受拉损伤平均值在撞击开始后短时间内迅速发展完成，损伤面积则随撞击力的变化出现两次增长，且与撞击力变化相对应。0~5ms 的第一次发展是由于撞击力第一峰值造成的，10~17.5ms 的第二次增长则对应撞击力 10~20ms 的第二峰值区间，图 3-40 和图 3-41 同样可以得出以上结论。t=2.5ms 时的损伤值和面积比 t=0.75ms 时的均明显增大，t=30ms 时的比 t=7.5ms 时的损伤面积增大，而损伤值基本不变。

单层管片衬砌形式下管片衬砌的受压损伤最大值位置为 8 号分析点上部 1.5m 处，双层衬砌形式下的位置在 8 号分析点右侧 1.5m 处。图 3-44 为管片衬砌受拉损伤最大值点受拉损伤时程曲线，由图可看出，两种工况下的时程曲线基本重合，且与受拉损伤平均值的变化规律一致，这说明二次衬砌的施加对管片衬砌受拉损伤最大值没有限制作用。表 3-13 为撞击作用下典型时刻管片衬砌的受拉损伤平均值、损伤面积及损伤最大值。

与管片衬砌受压损伤相同，施加二次衬砌对管片衬砌受拉损伤值影响不大，并没有降低最终的损伤值。二次衬砌对管片衬砌受拉损伤的保护效果也同样主要体现在减少受拉损伤面积上，双层衬砌形式下管片衬砌受拉损伤面积比单层管片衬砌形式下的损伤面积大幅减小，由 34m²减小为 22.5m²，减小幅度为 33.82%，降低幅度与受压损伤相近。

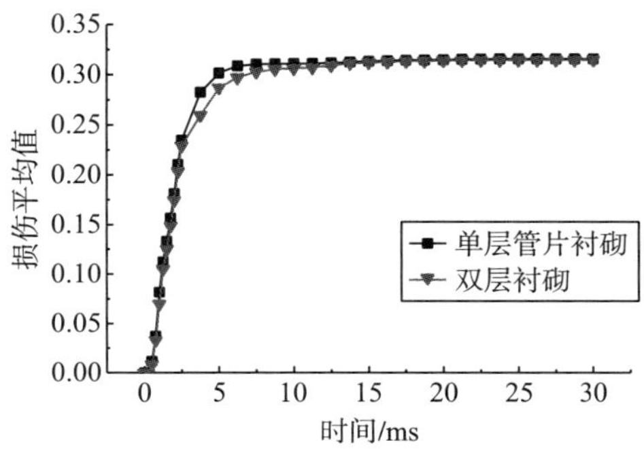

图 3-42　受拉损伤平均值时程曲线

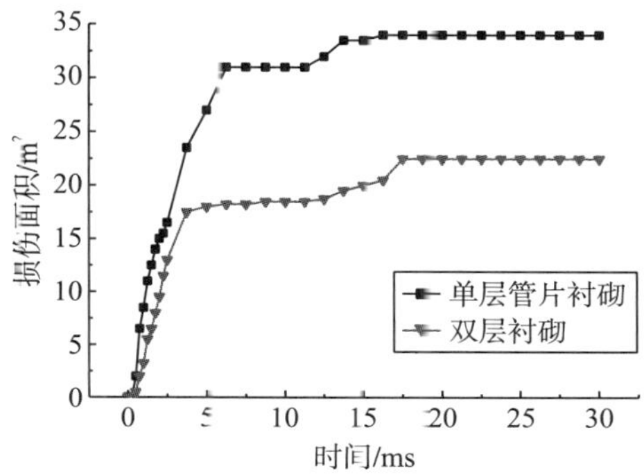

图 3-43　受拉损伤面积时程曲线

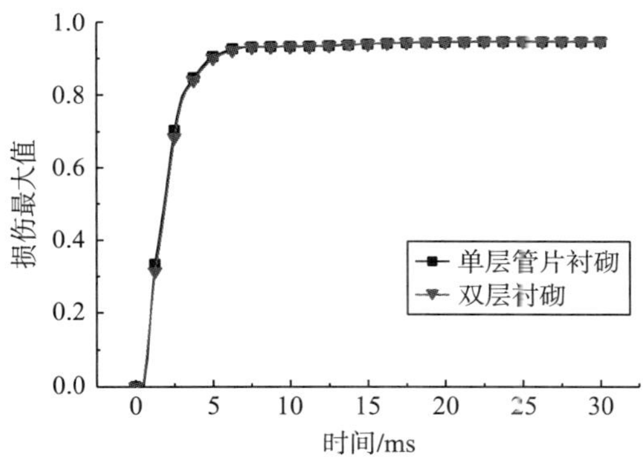

图 3-44　受拉损伤最大值点损伤时程曲线

表 3-13　撞击作用下典型时刻管片衬砌受拉损伤平均值、损伤面积及损伤最大值

时间/ms	损伤平均值		损伤面积/m²		损伤最大值	
	单层管片衬砌	双层衬砌	单层管片衬砌	双层衬砌	单层管片衬砌	双层衬砌
1	0.081 76	0.069 8	8.5	3.25	0.245 3	0.209 6
2	0.181 4	0.174 4	15	9.5	0.544 3	0.523 1
5	0.301 7	0.286 9	27	18	0.905 0	0.860 7
10	0.310 9	0.306 2	31	18.5	0.932 8	0.918 6
20	0.314 9	0.313 9	34	22.5	0.944 6	0.941 7
30	0.315 6	0.314 7	34	22.5	0.946 8	0.944 0

3.4 不同撞击力作用下管片衬砌动力响应

3.4.1 模拟工况

本节主要通过对比不同撞击力作用下管片衬砌的动力响应来分析撞击速度和撞击角度对管片衬砌动力响应的影响。

选取 8 节列车编组、12.5° 撞击角度下不同撞击速度的撞击力来分析撞击速度对管片衬砌动力响应的影响；选取 8 节列车编组、200km/h 撞击速度下不同撞击角度的撞击力来分析撞击角度对管片衬砌响应的影响，衬砌形式为双层衬砌，模拟工况如表 3-14 所示，各撞击力时程如图 3-45 和图 3-46 所示，各撞击力的第一峰值如图 3-47 和图 3-48 所示。

表 3-14 不同撞击力管片衬砌动力响应分析工况

速度/(km/h)	角度/(°)					
	5	7.5	10	12.5	15	17.5
50	○	○	○	√	○	○
100	○	○	○	√	○	○
150	○	○	○	√	○	○
200	√	√	√	√	√	√
250	○	○	○	√	○	○
300	○	○	○	√	○	○

注：√表示模拟了此工况，○表示未模拟此工况。

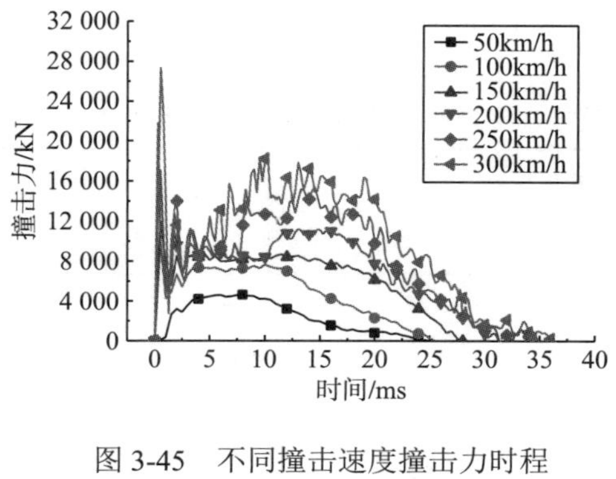

图 3-45 不同撞击速度撞击力时程

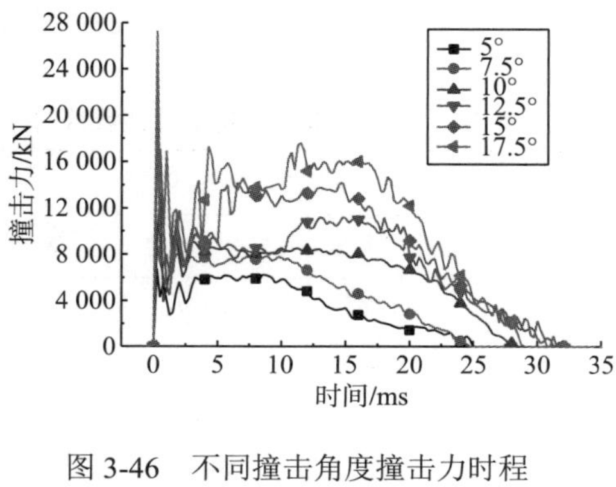

图 3-46 不同撞击角度撞击力时程

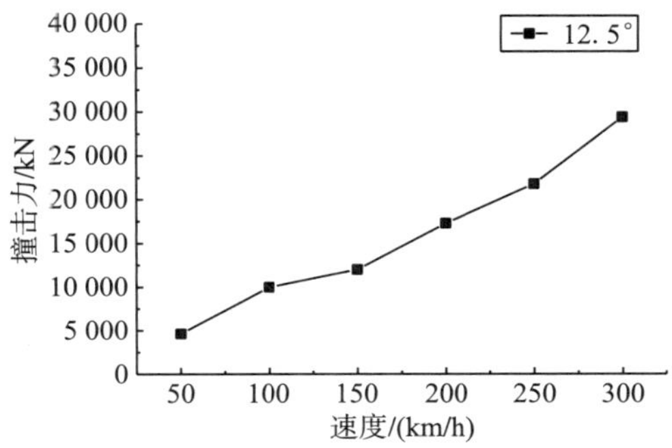

图 3-47　不同撞击速度的撞击力第一峰值

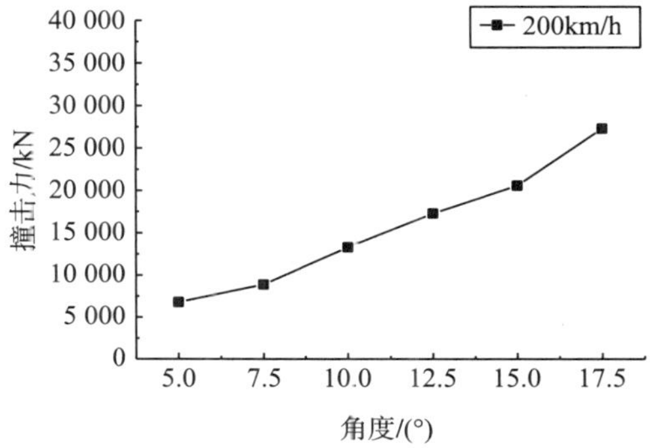

图 3-48　不同撞击角度的撞击力第一峰值

3.4.2　不同撞击速度

图 3-49 和图 3-50 为不同撞击速度下管片衬砌各分析点峰值 MISES 应力、峰值位移、峰值速度和峰值加速度，由图可以看出，各撞击力作用下管片衬砌的应力、位移、速度和加速度响应规律相同，随着撞击速度的增大，响应不断增强，但增加幅度在每个速度区间有所不同。

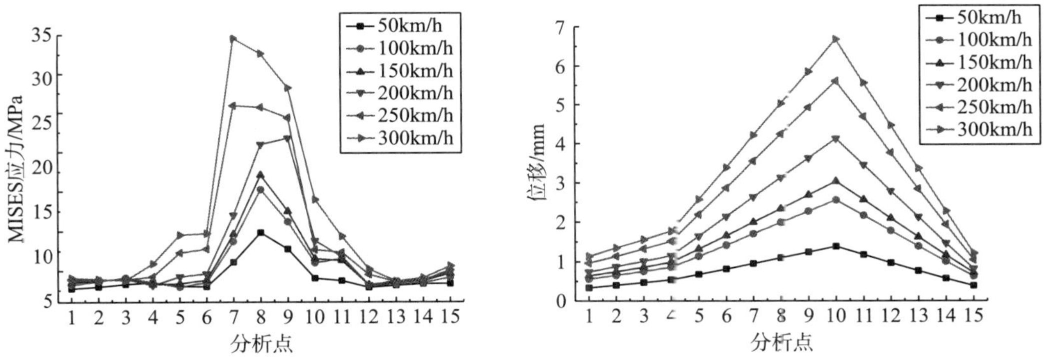

(a) MISES应力　　(b) 位移

图 3-49　不同撞击速度下管片衬砌各分析点峰值应力和峰值位移

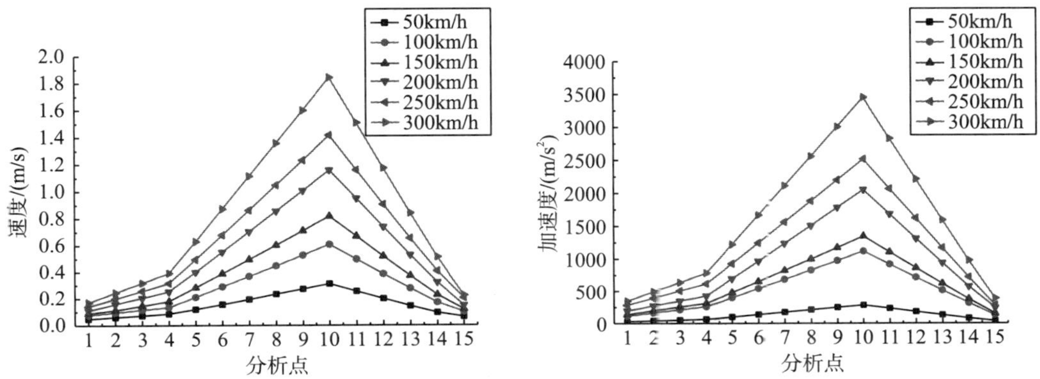

(a)速度　　(b)加速度

图 3-50　不同撞击速度下管片衬砌各分析点峰值速度和峰值加速度

图 3-51 为管片衬砌各分析点峰值 MISES 应力和峰值位移统计值与撞击速度的关系。由图可以看出，管片衬砌的峰值应力和峰值位移的统计值与撞击速度的关系曲线规律一致，最大值随着撞击速度增大而增大的速率较平均值更快，在 50~100km/h 和 150~300km/h 两个速度区间里曲线基本保持线性，斜率基本一致，100~150km/h 区间曲线斜率较小，以上规律与撞击力时程曲线的特点有很大的关系。当速度足够大时，撞击力时程会出现第二峰值区间，管片衬砌 MISES 应力和位移的最大响应是在撞击力第二峰值区间里出现的，也就是说撞击力的第二峰值会增大管片衬砌的应力和位移响应。从图 3-45 可以看出 50km/h、100km/h、150km/h 速度下撞击力时程都没有出现第二峰值区间，对比发现 100km/h 速度下的撞击力时程比 50km/h 整体增幅明显，所以管片衬砌应力和位移响应增长明显，这导致此速度区间的峰值应力和峰值位移的最大值和平均值与速度关系曲线斜率较大；对比 100km/h 和 150km/h 下的撞击力时程发现两者前期时程接近，后期 150km/h 速度下因为没有明显的第二峰值区间出现，所以此速度区间应力和位移响应增长并不明显，曲线增长率变缓；200km/h、250km/h、300km/h 下撞击力时程都有明显的第二峰值区间，且随速度增大，区间范围更大，开始时间更早，200~300km/h 速度区间管片衬砌应力和位移响应又再次得到明显的增长，曲线增长速率再次变大。

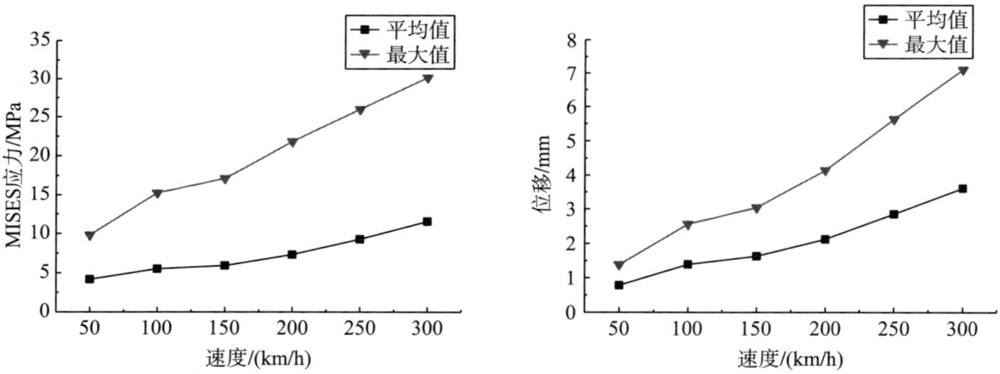

(a) MISES应力　　(b)位移

图 3-51　管片衬砌各分析点峰值应力和峰值位移统计值与速度的关系

图 3-52 为管片衬砌各分析点峰值速度和峰值加速度统计值与撞击速度的关系。由图可以看出，管片衬砌的峰值速度和峰值加速度的统计值与撞击速度的关系曲线规律一致，当速度为 100km/h、200km/h 和 300km/h 时，曲线上凸，加速度与速度关系曲线这一特征更为明显。结合图 3-47 撞击力第一峰值可以看出这一特点与撞击力第一峰值有直接关系。

由 3.3.4 节和 3.3.5 节可知，速度和加速度的最大响应是由撞击力第一峰值造成的。从图 3-47 可以发现曲线的趋势与图 3-52 一致，即撞击力随撞击速度增长的趋势与峰值速度和峰值加速度统计值随撞击速度增长的趋势相同，尤其加速度响应的这一特点最为明显。表 3-15 为不同撞击速度下管片衬砌各分析点峰值应力、位移、速度和加速度统计。

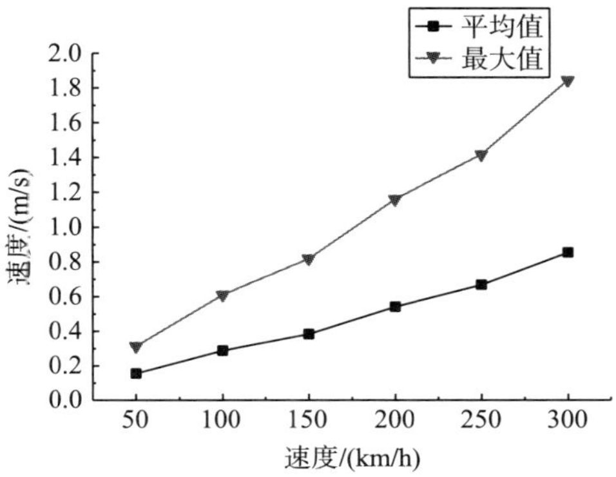

(a)速度

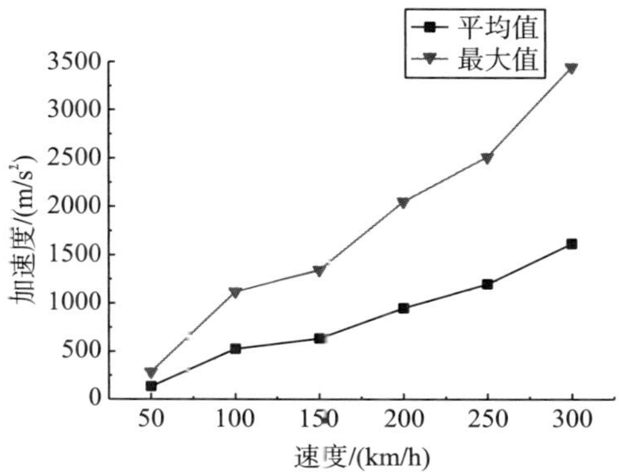

(b)加速度

图 3-52　管片衬砌各分析点峰值速度和峰值加速度统计值与速度的关系

表 3-15　不同撞击速度下管片衬砌各分析点峰值应力、位移、速度和加速度统计

速度/(km/h)	统计	MISES 应力/MPa	位移/mm	速度/(m/s)	加速度/(m/s²)
50	平均值	4.176 879	0.784 585	0.154 834	134.149 5
	最大值	9.817 33	1.382 68	0.313 831	285.072
100	平均值	5.509 127	1.389 495	0.288 131	526.873 2
	最大值	15.229 3	2.553 59	0.610 004	1 118.94
150	平均值	5.918 182	1.626 38	0.383 198	633.499 4
	最大值	17.095 3	3.036 06	0.818 312	1 345.39
200	平均值	7.304 146	2.115 852	0.540 488	949.009 3
	最大值	21.786	4.129 16	1.159 65	2 052.48
250	平均值	9.255 329	2.841 029	0.667 79	1 198.614
	最大值	25.908 9	5.616 47	1.416 64	2 515.74
300	平均值	10.318 61	3.361 886	0.854 038	1 618.086
	最大值	30.070 7	6.677 89	1.843 58	3 450.58

图 3-53 为不同撞击速度下管片衬砌受压受拉损伤平均值、最大值和损伤面积与撞击速度的关系。由图可以看出受压损伤面积在 50~100km/h 速度区间内较为敏感，当撞击速度从 50km/h 增大到 100km/h 时，受压损伤面积急剧增长，100~300km/h 速度区间内受压损伤面积增长不明显，受压损伤值则随速度增长表现为平稳增长；而受拉损伤值在 50~100km/h 速度区间对撞击速度较敏感，速度从 50km/h 增大到 100km/h 时，受拉损伤平均值和最大值均急剧增大，100 ~300km/h 增长不明显，受拉损伤面积则随着撞击速度增大表现为平稳增长。管片衬砌损伤演化与撞击速度的关系总结如下：受压损伤值和受拉损伤面积会因撞击力增长而迅速发展到一定水平，而受压损伤面积和受拉损伤值则随撞击力增长较平缓地上升，与 3.3.6 节中得到的撞击过程中管片衬砌损伤演化规律本质相同。表 3-16 为不同撞击速度下管片衬砌拉压损伤平均值、损伤面积和损伤最大值。

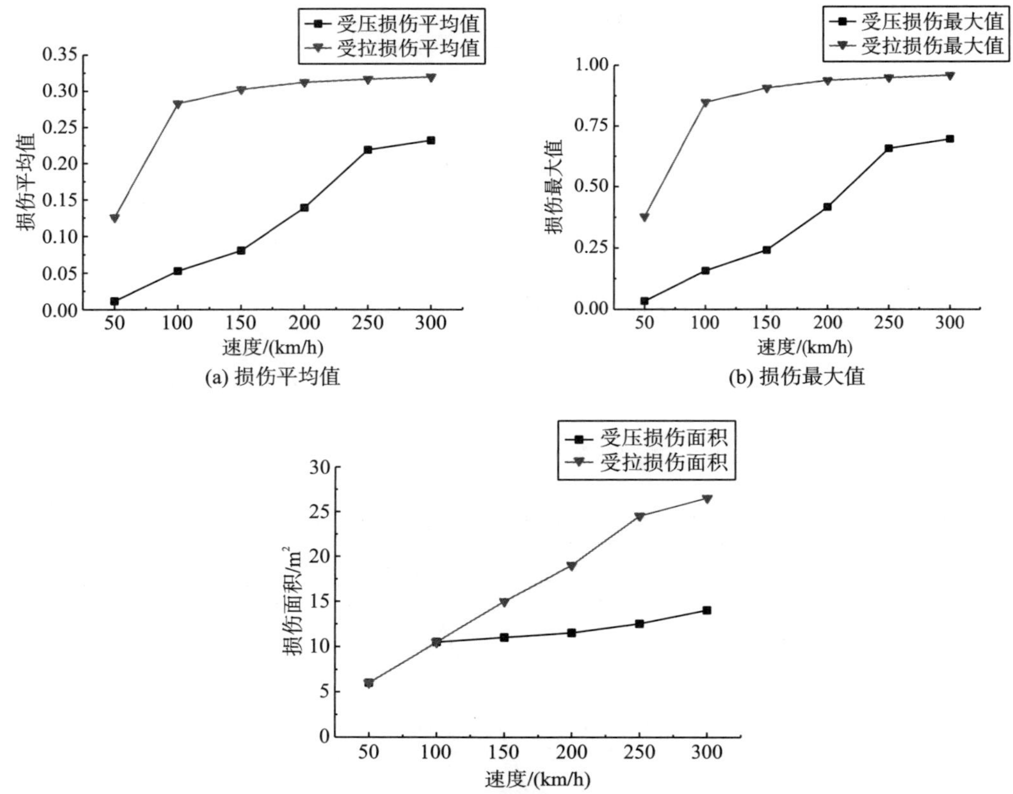

(a) 损伤平均值

(b) 损伤最大值

(c) 损伤面积

图 3-53　管片衬砌拉压损伤与速度的关系

表 3-16　不同撞击速度下管片衬砌拉压损伤平均值、损伤面积和损伤最大值

速度/(km/h)	受压损伤平均值	受压损伤面积/m²	受压损伤最大值	受拉损伤平均值	受拉损伤面积/m²	受拉损伤最大值
50	0.011 49	6	0.034 47	0.125 9	6	0.377 8
100	0.052 41	10.5	0.157 2	0.282 8	10.5	0.848 4
150	0.080 27	11	0.240 8	0.302 2	15	0.906 7
200	0.138 6	11.5	0.415 8	0.312 0	19	0.937 3
250	0.218 5	12.5	0.655 6	0.316 2	24.5	0.948 6
300	0.231 5	14	0.694 4	0.319 2	26.5	0.957 7

3.4.3　不同撞击角度

由图 3-45 和图 3-46 对比发现，200km/h 速度下各撞击角度的撞击力与 12.5° 撞击角度下各撞击速度撞击力两组撞击力时程特点基本一致，所以不同撞击角度撞击力作用下管片衬砌的动力响应特点与 3.4.2 节不同撞击速度撞击力作用下基本相同。

图 3-54～图 3-57 为不同撞击角度下管片衬砌各分析点峰值应力、峰值位移、峰值速度和峰值加速度以及各自的统计值与撞击速度的关系，图 3-58 为不同撞击角度下管片衬

砌拉压损伤平均值、损伤面积和损伤最大值与撞击角度的关系，表 3-17 为不同撞击角度下管片衬砌各分析点峰值应力、峰值位移、峰值速度和峰值加速度统计，表 3-18 为不同撞击角度下管片衬砌拉压损伤平均值、损伤面积和损伤最大值。

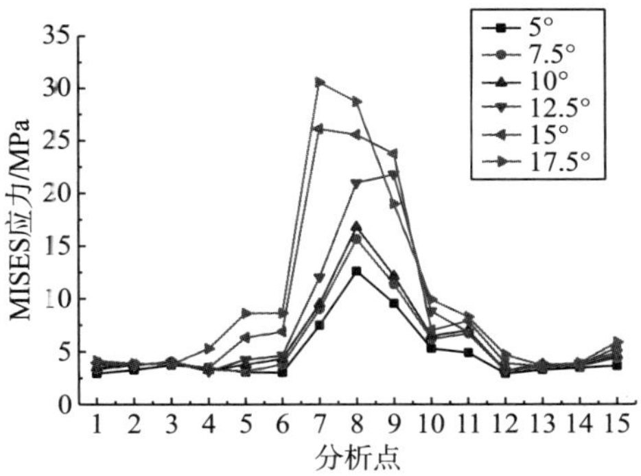

(a) MISES应力

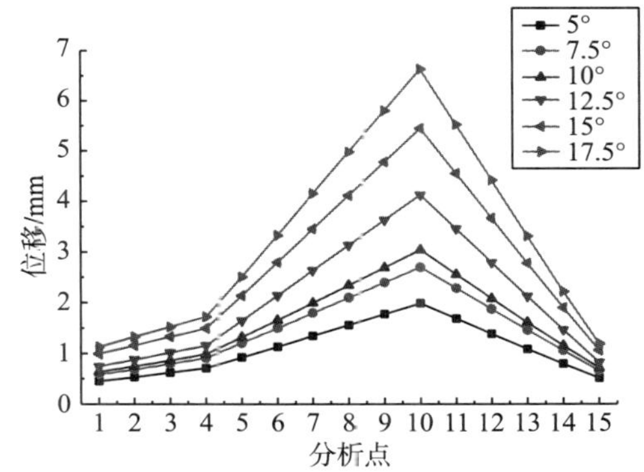

(b) 位移

图 3-54　不同撞击角度下管片衬砌各分析点峰值应力和峰值位移

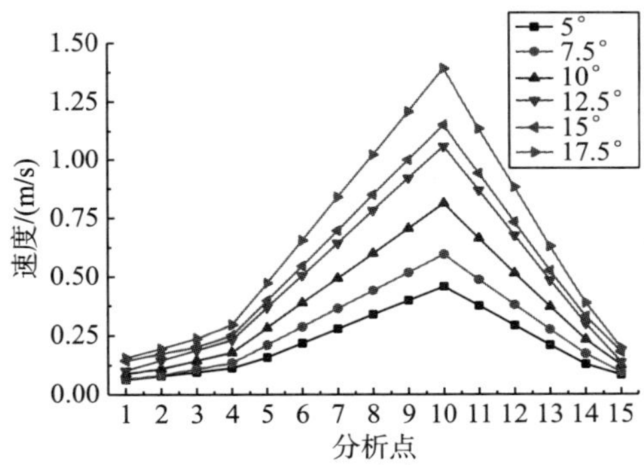

(a) 速度

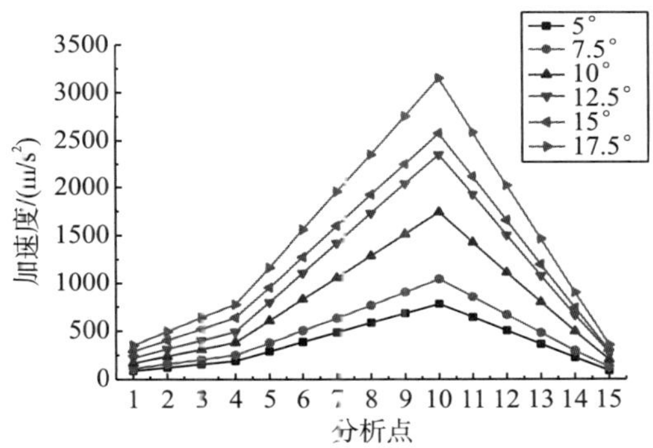

(b) 加速度

图 3-55　不同撞击角度下管片衬砌各分析点峰值速度和峰值加速度

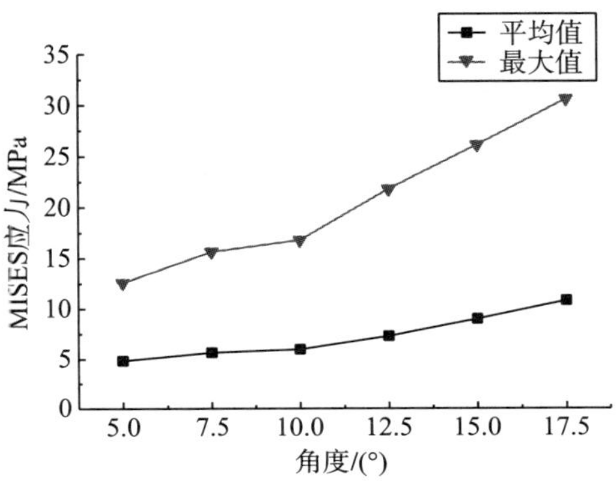

(a) MISES应力

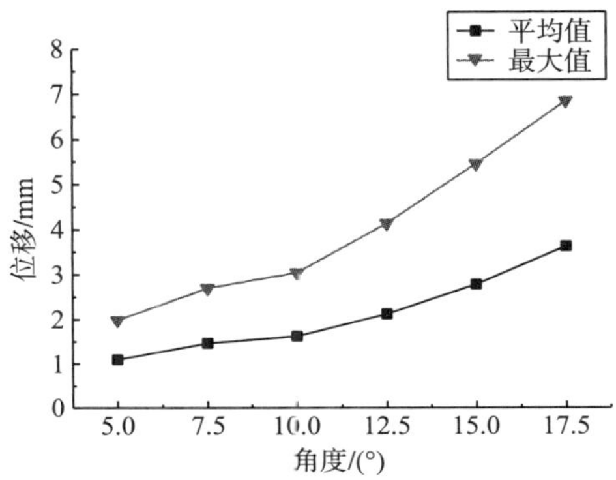

(b) 位移

图 3-56　管片衬砌各分析点峰值应力和峰值位移统计值与角度的关系

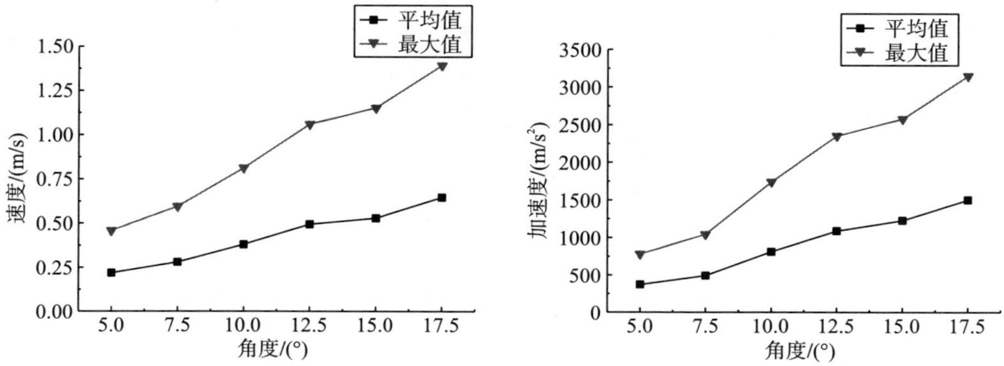

(a) 速度　　(b) 加速度

图 3-57　管片衬砌各分析点峰值速度和峰值加速度统计值与角度的关系

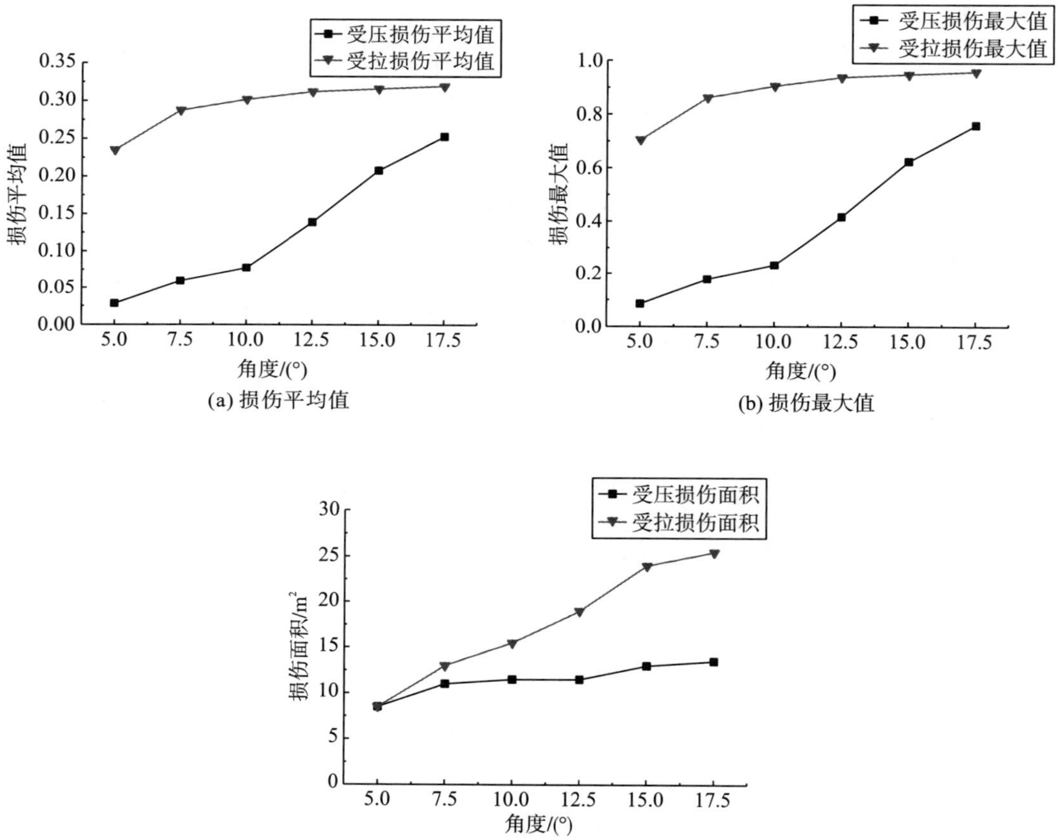

(a) 损伤平均值　　(b) 损伤最大值

(c)损伤面积

图 3-58　管片衬砌拉压损伤与角度的关系

表 3-17　不同撞击角度下管片衬砌各分析点峰值应力、位移、速度和加速度统计

角度/(°)	统计	MISES 应力/MPa	位移/mm	速度/(m/s)	加速度/(m/s²)
5	平均值	4.838 473	1.097 078	0.218 759	371.706 4
	最大值	12.597 1	1.984 33	0.457 893	780.143
7.5	平均值	5.657 131	1.463 999	0.280 605	491.153 7
	最大值	15.636	2.698 53	0.596 033	1 044.57
10	平均值	5.984 365	1.623 363	0.380 494	810.628 9
	最大值	16.788 8	3.040 58	0.812 429	1 741.16
12.5	平均值	7.304 146	2.115 852	0.493 888	1 088.009
	最大值	21.786	4.129 16	1.059 65	2 352.48
15	平均值	9.011 505	2.776 009	0.528 564	1 227.64
	最大值	26.107 3	5.448 99	1.151 244	2 577.27
17.5	平均值	9.928 302	3.317 79	0.646 32	1 500.985
	最大值	30.588 5	6.635 64	1.391 75	3 150.38

表 3-18　不同撞击角度下管片衬砌拉压损伤平均值、损伤面积和损伤最大值

角度/(°)	受压损伤平均值	受压损伤面积/m²	受压损伤最大值	受拉损伤平均值	受拉损伤面积/m²	受拉损伤最大值
5	0.028 2	8.5	0.084 8	0.234 9	8.5	0.704 8
7.5	0.059 0	11	0.177 1	0.287 3	13	0.861 8
10	0.077 1	11.5	0.231 3	0.301 6	15.5	0.904 8
12.5	0.138 6	11.5	0.415 8	0.312 0	19	0.937 3
15	0.207 8	13	0.623 5	0.315 8	24	0.947 4
17.5	0.252 7	13.5	0.758 2	0.319 2	25.5	0.957 6

3.5　本 章 小 结

(1) 依托沪通铁路黄浦江隧道工程建立了单层管片衬砌和双层衬砌盾构隧道模型，为了分析隧道受撞击作用时管片衬砌的损伤演化过程，应用第 2 章中基于《混凝土结构设计规范》(GB50010—2002) 推导的损伤演化方程计算得出 C50 混凝土的损伤演化参数，结合 ABAQUS 混凝土塑性损伤理论建立了管片衬砌塑性损伤本构模型，并应用黏弹性人工边界实现了无限岩体的模拟。

(2) 撞击所造成的 MISES 应力影响主要分布在撞击点附近，应力集中现象明显，应力响应迅速，基本没有滞后效应；二次衬砌对各分析点峰值 MISES 应力的最大值影响较小，但宏观上看，施设二次衬砌后，其对管片衬砌撞击点周边区域峰值 MISES 应力的平均值有约 20%的消减效果；管片衬砌位移响应主要体现在管片衬砌横断面径向位移和沿管片衬砌纵向位移上，位移分布形态以各分析点峰值位移的最大值点为中心非对

称分布，最大位移出现位置相对撞击点有一定偏移，位移响应程度相对撞击力的大小程度有所滞后，施设二次衬砌后，管片衬砌各分析点峰值位移的平均值和最大值相对单层管片衬砌的相应数值有约 30%左右的消减效果。总体上看，应力和位移的最大值均在撞击力第二峰值区间里出现。

(3) 管片衬砌速度响应和加速度响应基本相似，并在撞击力第一峰值作用下出现最大值；施设二次衬砌后，管片衬砌各分析点峰值速度的平均值和最大值相对单层管片衬砌相应值有约 30%的减弱效果；管片衬砌各分析点峰值加速度的平均值和最大值相对单层管片衬砌相应值有约 20%的消减效果。

(4) 管片衬砌受压损伤面积在撞击后快速发展并迅速完成，管片衬砌受压损伤值则随撞击力变化而分段增长；管片衬砌受拉损伤则相反，其损伤面积呈现分阶段增长，而受拉损伤值却快速发展完成。二次衬砌对管片衬砌损伤保护效果主要体现在对其损伤面积的控制上，施设二次衬砌后，管片衬砌受压损伤和受拉损伤面积相对单层管片衬砌相应值有约 30%的消减作用。从防撞角度讲，双层衬砌结构强度高，能把冲击力相对均匀地分配到外侧管片衬砌上，从而提高盾构隧道的整体抗撞击能力。

(5) 管片衬砌的应力、位移、速度和加速度响应随着撞击速度和撞击角度的增大而基本保持线性关系，这与撞击力与撞击速度和撞击角度的关系一致。管片衬砌应力和位移响应主要受撞击力第二峰值区间的影响，而速度和加速度响应主要受撞击力第一峰值的影响。管片衬砌受压损伤面积在撞击速度 50~100km/h 和角度 0°～7.5° 区间范围内非常敏感，之后区间范围内受其影响变化不大；管片衬砌受拉损伤值与上述受压损伤面积相对撞击速度和撞击角度表现出的规律基本一致。

(6) 在列车撞击这种偶然荷载作用下，处在地质较软地层中的盾构隧道仅靠管片衬砌可能造成隧道坍塌破坏，难以达到隧道安全性标准，而双层衬砌结构形式整体上提高了衬砌的厚度，增加了结构的刚度，能把冲击力相对均匀地分配到外侧的管片衬砌上，保护了管片衬砌接头等抗撞击的薄弱部位，提高了隧道整体的抗撞击能力，有效地改善了列车行驶过程中的安全性，提高了在不可预料荷载作用下的可靠度。从防撞这一点上本章验证了双层衬砌结构强度高，耐久性好，受荷能力明显优于单层管片衬砌，其适用于软质地层中的重要隧道。

第 4 章　基于列车撞击荷载的单层衬砌开裂力学行为

本章主要基于单层衬砌结构形式，通过建立考虑动力边界条件、管片实体接头、管片衬砌三维接触、管片衬砌非线性开裂耦合模型，对管片衬砌施加开裂准则，采用扩展有限元法模拟衬砌裂纹的扩展形式和捕捉动态裂纹的扩展路径。并着重分析单层隧道结构在受到撞击荷载后，管片裂缝的分布和发展规律以及撞击荷载对不同部位裂缝张开度的影响。

4.1　衬砌裂缝扩展的力学理论

4.1.1　衬砌开裂模型

1. 分离裂缝模型

分离裂缝模型的基本思想是，假定裂缝尖端附近存在黏聚力，并把裂缝当成单元边界，出现裂缝后调整结点位置或增加新的结点，相邻单元变成了不连续，网格的结点编号也发生相应变化。这种方法对网格存在一定的依赖性，加密裂缝尖端的网格，会使尖端产生明显的应力集中，以致于过早出现裂缝，为了解决这个问题，可以采用虚拟裂缝模型。Hillerborg 提出了分离式虚拟裂缝模型，该模型超出了线弹性力学范围，有效地描述了混凝土结构的非线性力学行为。分离式虚拟裂缝模型将宏观裂缝前的损伤区定义为断裂过程区，认为混凝土出现微裂缝后混凝土骨料之间仍存在黏结效应阻碍裂缝的扩展，并将所有的微裂缝等效为一条虚拟裂缝。因此分离式虚拟裂缝分解为两部分：真实裂缝区和虚拟裂缝区，其中前者表示宏观裂缝，且裂缝上不传递任何应力，后者通过虚拟裂缝表征微裂缝区的力学性能。将断裂过程区简化成一条线状的分离虚拟裂缝，如图 4-1(a)所示，通过裂缝面黏聚力-张开度关系曲线表征断裂过程区的软化特性。图 4.1(b)为黏聚力-张开度关系曲线，此曲线采用简单的单线性、双线性或指数形式，并且软化曲线以下的面积大致等于损伤微裂缝到宏观裂缝所耗散的断裂能。

在实际工程中混凝土结构经常承受拉剪或压剪复杂荷载作用，传统的分离虚拟裂缝不能满足需求，通过对虚拟裂缝模型的修正，提出了合理描述复杂荷载条件下混凝土断裂的黏聚裂缝模型。黏聚裂缝模型消除了裂缝尖端的应力奇异性且避免了网格敏感性，能较好地模拟裂缝的扩展行为，有效地描述混凝土结构中宏观裂缝扩展的深度和张开度。但黏聚裂缝模型数值上仍属分离裂缝，在模拟裂缝扩展过程中需预设裂缝或采用网格重剖分技术，如图 4-2 和图 4-3 所示。

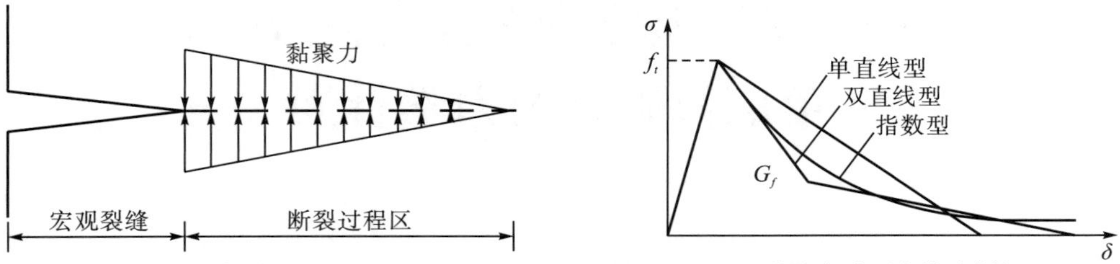

(a) 断裂过程区　　(b) 黏聚力-张开度关系曲线

图 4-1　分离式虚拟裂缝模型

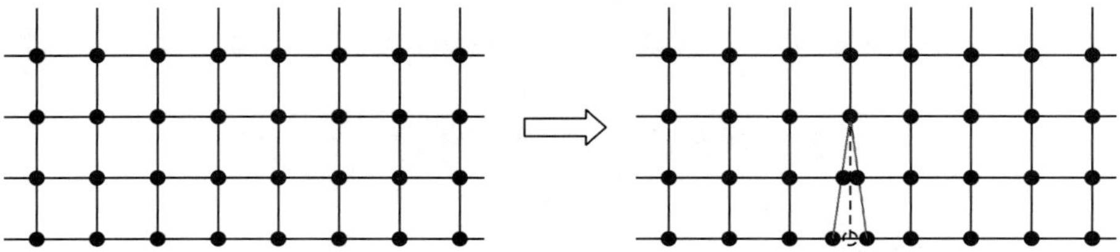

图 4-2　分离裂缝模型预设裂缝扩展

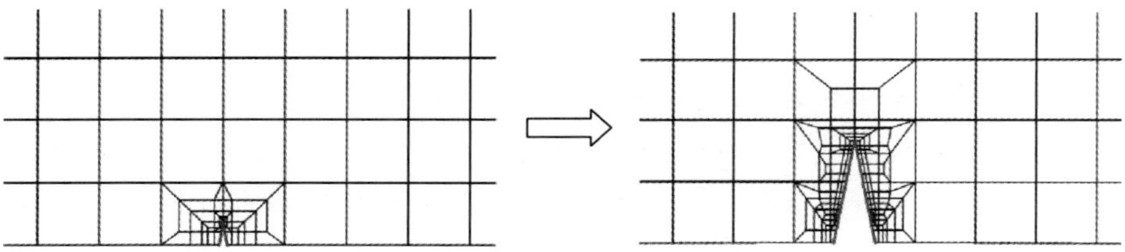

图 4-3　分离裂缝模型裂缝扩展的网格重剖分

分离裂缝模型采用单元边界模拟裂缝，因此对网格有一定的依赖性，随着裂缝的出现和发展，需要不断调整单元网格，这是一项非常繁杂的工作，将会消耗大量的计算资源，同时也是阻碍分离裂缝模型推广的最主要原因。此外，实际混凝土结构存在大量微观裂缝，显然网格重划分不太现实，因此分离裂缝经常被用于分析素混凝土或少筋混凝土的一条裂缝或几条关键裂缝。

2. 弥散裂缝模型

弥散裂缝模型又被称为分布裂缝模型，最早由 Rashid 在 1968 年提出。该模型将线状裂缝转化为无数平行的微裂缝均匀地弥散在单元中，如图 4-4 所示，发生单元损伤时，通过调整单元本构矩阵描述开裂引起的混凝土力学性能的退化。当混凝土某个单元的应力超过开裂应力时，仅需要将其本构矩阵加以调整，避免了改变单元形式或再次划分单元网格，方便有限元程序的实现。

此模型假设当单元承受的最大主应力达到混凝土抗拉强度时，就会形成无数条相互平行的微裂缝且垂直于单元最大主应力方向。此裂缝模型假定垂直于裂缝面的应力在单元开裂后就会全部释放，裂纹面垂直方向抵抗拉应力与裂纹面切线方向抵抗剪应力的能力趋近于零，而其他方向的刚度保持不变。后来人们意识到混凝土开裂后，由于裂纹面颗粒与颗粒之间相互咬合，裂纹面的抗拉能力并不马上降低为零，而是具有一定的抗剪能力，且有明显的软化阶段，因此定义混凝土本构关系要考虑剪力因子和受拉软化。在此基础上 Bazant 等[57]提出钝带裂缝模型，通过引入裂缝带、断裂能的概念，将断裂力学更好地引入到弥散裂缝模型，促进了弥散裂缝模型进一步发展。

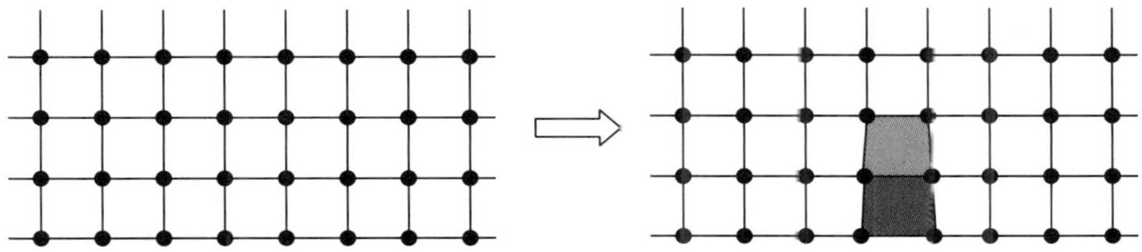

图 4-4　弥散裂缝模型裂缝扩展

总之，弥散裂缝模型可形成新的裂缝，而不必改变网格图，且能表示任何方向的裂缝。在应用上比分离虚拟裂缝模型更方便，不需要在计算过程中重化网络，减轻了计算机的工作量。弥散裂缝模型是用连续介质力学来描述本质上是非连续的断裂问题，因此弥散裂缝存在不能描述宏观的大裂缝的局限性。

4.1.2　基于扩展有限元法的裂缝模拟技术

弥散式和分离式裂缝模型基于有限元法进行混凝土的开裂过程模拟，采用有限元法模拟裂缝扩展需要预设裂缝或进行网格重剖分，对网格要求较高，计算工作量较大，分析动态裂纹问题能力不强。美国西北大学 Belytschko 于 1999 年提出了在常规有限元框架内求解不连续问题的扩展有限元法(XFEM)，如图 4-5 所示，其基于局部单位分解思想，在有限元位移模式中加进跳跃函数与裂尖渐近位移场，以达到反映裂纹的存在，此后，扩展有限元法得到了快速发展和广泛应用。

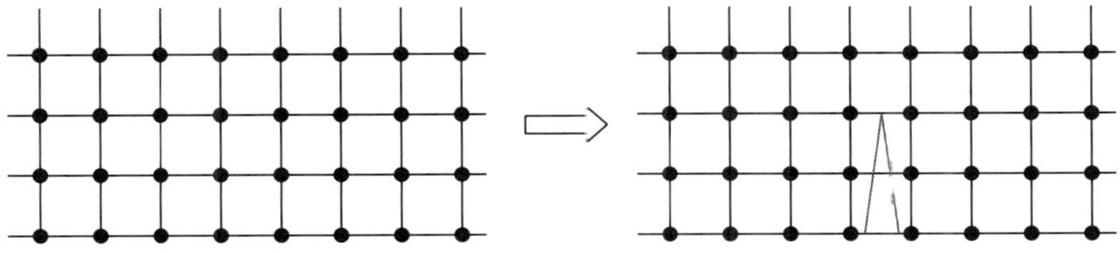

图 4-5　XFEM 模型裂缝扩展

扩展有限元法是一种处理不连续开裂问题的数值分析方法。该方法解决了传统有限元法计算混凝土断裂问题时对计算网格的依赖性，XFEM 在模拟裂纹扩展问题时，不需要对网格进行重划分，可有效地提高计算效率。因此，在分析处理裂纹扩展、摩擦接触、动力开裂等不连续问题时具有明显的优势，受到了国内外学者的青睐和关注。

1. 控制方程

图 4-6 为含裂纹平面区域，如图所示二维平面内部有一个不连续位移场，有边界 Γ，其中 Γ 包含 Γ_t、Γ_u 和 Γ_d 三个边界。在 Γ_u 上存在位移 $\overline{u}$，Γ_t 上存在拉力 $\bar{t}$，内部边界上是自由表面，Ω 是内部自由表面。

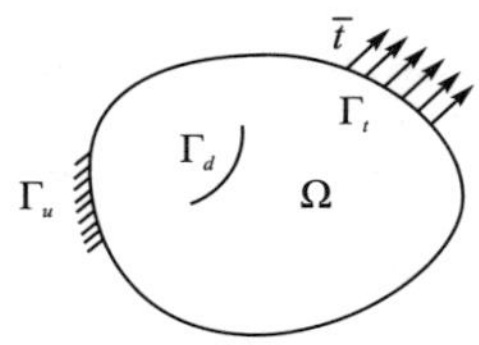

图 4-6　含裂纹平面区域

平衡方程和边界条件为

$$\nabla \cdot \ddot{\sigma} + b = 0 \quad 在\,\Omega\,内 \tag{4-1}$$

$$\ddot{\sigma} \cdot \bar{n} = \bar{t} \quad 在\,\Gamma_t\,内 \tag{4-2}$$

$$\ddot{\sigma} \cdot \bar{n} = 0 \quad 在\,\Gamma_d\,内 \tag{4-3}$$

其中，$\bar{n}$ 是外法线矢量；$\ddot{\sigma}$ 是柯西应力张量；b 是体力密度。

考虑在小变形下，几何方程为

$$\varepsilon = \varepsilon(x) = \nabla_s \bar{u} \tag{4-4}$$

式中，∇_s 是梯度算子的对称部分，边界条件为

$$u = \bar{u} \qquad 在\,\Gamma_u\,内 \tag{4-5}$$

本构关系为 $\sigma = C \cdot \varepsilon$，其中 C 是胡克张量。

2. 单位分解法

单位分解法是由 Melenk、Babuska、Duarte 在 1997 年先后提出的，其基本思想是任意函数都可以用域内的一组局部函数来表示，即

$$\psi(x) = \sum_I [N_I(x)\phi_I(X)] \tag{4-6}$$

其中，N_I 为插值形函数，它形成一个单位分解，即在域内任意一点 x，插值形函数应该满足：

$$\sum_I N_I(x) = 1 \tag{4-7}$$

单位分解函数从构造方法上看，其着眼点在于先分片，并尽可能将局部函数逼近真实

函数，再将各片“粘合”，从而形成对函数的全局逼近。单位分解法是局部到整体的分析，不存在非协调问题，解决了传统有限元在模拟裂纹时单元之间存在的不协调性。扩展有限元法就是基于单位分解的思想而发展起来的一种分析不连续问题的数值方法，采用单位分解法思想，在扩展有限元中，位移近似解可以写为

$$u^h(x)=\sum_{I=1}^{N}N_I(x)\left(\sum_{a=1}^{M}\psi_a(x)a_I^a\right) \tag{4-8}$$

其中，N_I 为形函数，$\psi_a(x)$ 为改进函数，形函数仍然构成一个单位分解：$\sum_I N_I(x)=1$。

3. 位移模式

XFEM 的位移模式是在常规有限元的基础上，引入反映裂纹面的跳跃函数和裂尖渐近位移场函数：

$$u(x)=\sum_{i\in N}N_i(x)\,u_i+\sum_{j\in N^{dis}}N_j H(x)\,a_j+\sum_{k\in N^{asy}}N_k\sum_{\alpha=1}^{4}\varphi_\alpha(x)b_k^\alpha \tag{4-9}$$

式中，i 是所有结点的集合；j 是被裂纹完全贯穿单元的结点集合(图 4-7 中“□”表示)；k 为含有裂尖单元的结点集合(图 4-7 中“○”表示)；N_i, N_j, N_k 分别是相应结点的形函数；u_i, a_j, b_k^α 分别为相应结点的位移。

$H(x)$ 为跳跃函数，反映裂纹面位移的不连续性：

$$H(x)=\begin{cases}+1, & \text{裂纹上方}\\ -1, & \text{裂纹下方}\end{cases} \tag{4-10}$$

b_k^α 是裂尖渐近位移场函数，反映裂尖应力的奇异性：

$$b_k^\alpha=\left(\sqrt{r}\sin\frac{\theta}{2},\sqrt{r}\cos\frac{\theta}{2},\sqrt{r}\sin\theta\sin\frac{\theta}{2},\sqrt{r}\sin\theta\cos\frac{\theta}{2}\right) \tag{4-11}$$

(r,θ) 为以裂纹尖端作为坐标原点的极坐标系。

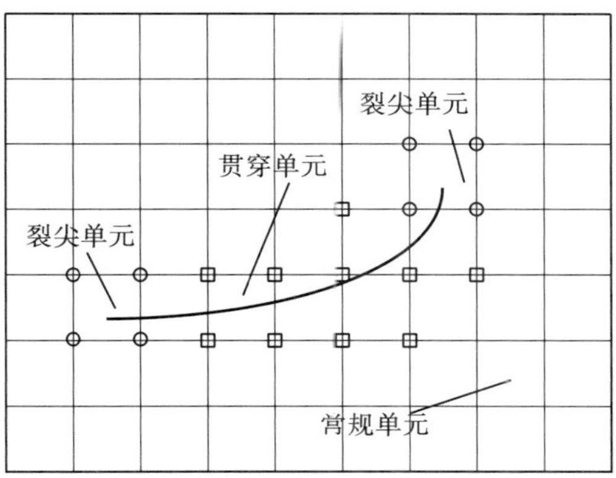

图 4-7　附加函数的加强结点

4. 水平集法

水平集法[124]是一种确定界面位置与追踪界面移动的数值计算技术。此方法的思想是，界面采用比界面维数高一维的函数 $\phi(X(t),t)$ 的水平集来表示，界面的变化方程可以写成有关于 ϕ 的方程。移动界面 $r(t)\subset R^2$ 可用函数 $\phi(X(t),t)$ 的水平集曲线表示：$R^2\times R\rightarrow R$，其中，

$$r(t)=\left\{X\in R^2:\phi(X,t)=0\right\} \tag{4-12}$$

$r(t)$ 的移动可由 ϕ 的演化方程得到：

$$\begin{cases}\phi+F\|\nabla\phi\|=0\\ \phi(X,0)\quad 给定\end{cases} \tag{4-13}$$

其中，F 代表界面上点 $X\in r(t)$ 沿界面外法线方向上所具有的速度。水平集法通常取下列符号距离函数来描述裂纹，即

$$\phi(X,t)=\pm\min_{X_y\in y(t)}\left\|X-X_y\right\| \tag{4-14}$$

若 X 位于 $y(t)$ 定义裂纹上侧，上式取正，否则取负，如图 4-8 所示。

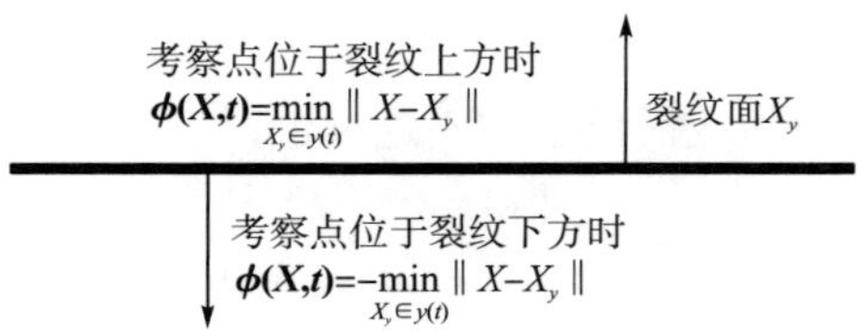

图 4-8 裂纹考察点处的水平集函数

4.1.3 基于扩展有限元法裂缝仿真的 ABAQUS 实现

大型通用有限元软件 ABAQUS 能够利用扩展有限元方法实现裂缝扩展的问题。扩展有限元不需要指定裂缝扩展的路径，裂缝根据计算值进行扩展，用扩展有限元法可对裂缝四周单元进行富集，因此在裂缝扩展过程中不需要对开裂模型进行网格的重划分。针对现有的 ABAQUS6.12，可以计算两类开裂问题：裂纹静止不动或裂缝在无指定路径下进行开裂扩展，如图 4-9 所示(其中菱形结点表示富集跳跃方程的结点，圆形结点表示富集跳跃方程和裂尖奇异方程的结点，方形结点表示富集裂尖奇异方程的结点)。

1. 初始裂缝

对于初始裂纹的萌生，ABAQUS 通过两种方式进行判定：第一种用户指定初始裂缝位置，第二种通过计算最大主应力判定裂缝的位置。对于指定裂缝问题，ABAQUS 可以使用线单元(T2D2 或 T2D3)或面单元(S4 或 S4R)模拟已存在的裂缝。对于第二种裂缝的

萌生，可引入新的单元——黏性单元，并通过黏性单元的拉伸-分离准则来判断初始裂缝的位置。

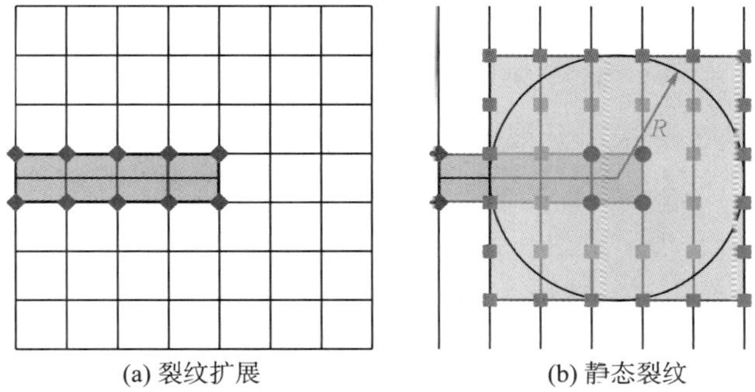

图 4-9　ABAQUS 标准模块下 XFEM 的两种应用

黏性单元最早由 Dugdale[125]和 Barenblatt 等[126]提出，他们认为裂缝的开裂过程分为两个区域，分别为无应力区域 I 和受到特定黏着力的区域 II，如图 4-10 所示。

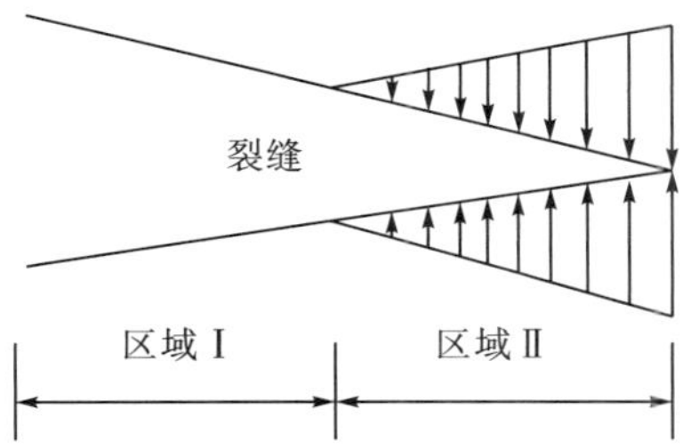

图 4-10　黏性单元区域

在计算机的模拟过程中，使用牵引力-分离法则定义黏性单元失效。引入方程 $T(\delta)$ 用来定义力-分离方法：

$$\Gamma_0 = \int_0^{\delta_0} T(\delta)\mathrm{d}\delta \tag{4-15}$$

黏性模型只是现象模型，T 方程没有明确的公式进行定义，假定这个因素就是一个独立于材料的模型值，通过试验进行拟定，得到 T 方程由最大主应力和断裂能 (G_f) 两个因素决定。

ABAQUS 模拟裂纹扩展除了黏性单元法，还有一种运用于脆性单元的虚拟裂纹闭合技术，此方法通过应变最大释放率 (G_f) 来判断单元是否开裂，需要应用虚拟结点来呈现裂缝。没进行加载前，每个虚拟结点和相应真实结点叠加在一起，当荷载施加在单元时，单元被分离为两部分，沿着裂缝开展的方向，每个分离单元都包含真实结点和虚拟结点，且随着裂缝的产生，虚拟结点和相对应的真实结点分离。

2. 裂纹初始判定准则

判定材料是否达到开裂扩展的程度，需要引入一些判定准则。大部分判定裂缝初始扩展理论都是基于应力或应变理论，裂缝扩展后，基于断裂力学的扩展有限元方法判定裂缝开展的情况。ABAQUS 中裂缝开展准则主要有以下几种：最大主应力法则、最大主应变法则、最大名义应力法则、最大名义应变法则等。当断裂准则 f 达到或超过值 1(人为规定的值)，裂缝将进行开展。通过引入容忍率，提高计算收敛率，软件中容忍率的默认值为 0.05，调高容忍率的值可改善模型的收敛性。

(1) 最大主应力法则：

$$f=\left\{\frac{\langle\sigma_{\max}\rangle}{\sigma_{\max}^{0}}\right\} \tag{4-16}$$

其中，$\sigma_{\max}^{0}$ 为最大允许主应力，符号 $\langle\ \rangle$ 代表 Macaulay 括号，也就是当 $\sigma_{\max}\geqslant0$，$\langle\sigma_{\max}\rangle=\sigma_{\max}$；当 $\sigma_{\max}<0$，$\sigma_{\max}=0$，Macaulay 括号表示断裂准则只考虑拉应力。初始裂缝会在开裂准则 f 达到 1 时开始萌生。

(2) 最大主应变法则：

$$f=\left\{\frac{\langle\varepsilon_{\max}\rangle}{\varepsilon_{\max}^{0}}\right\} \tag{4-17}$$

其中，$\varepsilon_{\max}^{0}$ 为最大允许主应力，Macaulay 括号表示断裂准则只考虑拉应变。初始裂缝会在开裂准则 f 达到 1 时开始萌生。

(3) 最大名义应力法则：

$$f=\max\left\{\frac{\langle t_n\rangle}{t_n^0},\frac{\langle t_s\rangle}{t_s^0},\frac{\langle t_t\rangle}{t_t^0}\right\} \tag{4-18}$$

其中，t 表明为名义拉应力向量，它在二维计算中包含两个分向量(在三维计算中包含三个分向量)；t_n 是垂直于裂缝表面的分向量；t_s,t_t 分别是处在裂缝表面的剪力分向量；t_n^0,t_s^0,t_t^0 是名义应力的峰值，当最大名义应力的比值达到 1 时，初始裂缝开始扩展。

(4) 最大名义应变法则：

$$f=\max\left\{\frac{\langle\varepsilon_n\rangle}{\varepsilon_n^0},\frac{\langle\varepsilon_s\rangle}{\varepsilon_s^0},\frac{\langle\varepsilon_t\rangle}{\varepsilon_t^0}\right\} \tag{4-19}$$

其中，ε 表明为名义应变，当最大名义应变率达到 1 时，初始裂缝开始扩展。

3. 裂纹的扩展

分析裂缝扩展距离及扩展方向，通过应力强度因子决定扩展的路径，下式为每步裂缝扩展的长度：

$$\Delta a=\int_{\Delta N}C\left(\Delta K-\Delta K_{\mathrm{th}}\right)^{M}\mathrm{d}N \tag{4-20}$$

其中，C 和 M 为断裂参量；ΔK_{th} 为材料的应力强度因子临界值；ΔK 是应力强度因子；$\mathrm{d}N$ 为每步荷载所增加的外力值。每步迭代中，通过循环计算确定裂缝开展的长度，可以增加计算的精度，但增长了计算时间，为此提出一种裂纹扩展长度的方法。

假定计算过程中裂缝扩展的长度是个固定值，当每步能量达到裂纹扩展所需要的最低能量时，裂缝就会扩展一个用户指定的长度，指定的长度由下面的公式决定：

$$l = 1.5 l_c \tag{4-21}$$

$$l_c = \sqrt{A_E} \tag{4-22}$$

其中，A_E 为有限元单元的平均面积；l 为用户指定的长度。

4.2　单层衬砌开裂分析模型

4.2.1　材料参数

假定土体本构为各向同性的理想弹塑性本构，初始地应力只考虑土体自重的影响，初始地应力平衡后再进行应力释放模拟盾构开挖。模型中的地层参数参照地勘报告取值，本章依托的是沪通铁路跨黄浦江隧道的地层参数。

围岩采用 Mohr-Coulomb 弹塑性本构模型，根据实际隧道的工程资料，隧道穿越的土体主要为砂性土层和风化泥质粉砂地层，管片衬砌混凝土强度取 C50。管片衬砌采用混凝土弹塑性本构模型，混凝土应力应变关系依照文献[127]进行选取，断裂能 $G_f^{\mathrm{I}} = G_f^{\mathrm{II}} = G_f^{\mathrm{III}}$ =80N/m，材料参数如表 4-1 所示。

表 4-1　基本材料参数

材料	密度/(kg/m³)	弹性模量/MPa	泊松比	摩擦角/(°)	黏聚力/MPa
砂性土层	2 000	25	0.35	28	0
风化泥质粉砂	2 500	35	0.35	38	8
管片衬砌	2 500	34 500	0.2	—	—
二次衬砌	2 500	31 000	0.2	—	—
螺栓(M27)	7 850	206 000	0.167	—	#

4.2.2　分析模型

由于地下盾构隧道处于地下有限的封闭环境内，为了较好地模拟撞击作用下盾构隧道的动力响应，采用 ABAQUS/Standard 动力有限元模块进行动力分析，参考沪通跨黄浦江盾构隧道的工程资料，建立单层管片衬砌盾构隧道模型，管片衬砌内半径为 4.67m，外半径为 5.15m，厚度为 0.48m，模型的长×宽×高为 90m×60m×60m，见图 4-11。隧道围岩、衬砌以及管片接头中，网格划分均采用 ABAQUS 中的三维六面体八结点缩减积分单元(C3D8R)。该单元具有更高的分析精度，划分较少数量的单元可以达到与大量四面体单元相同的效果。

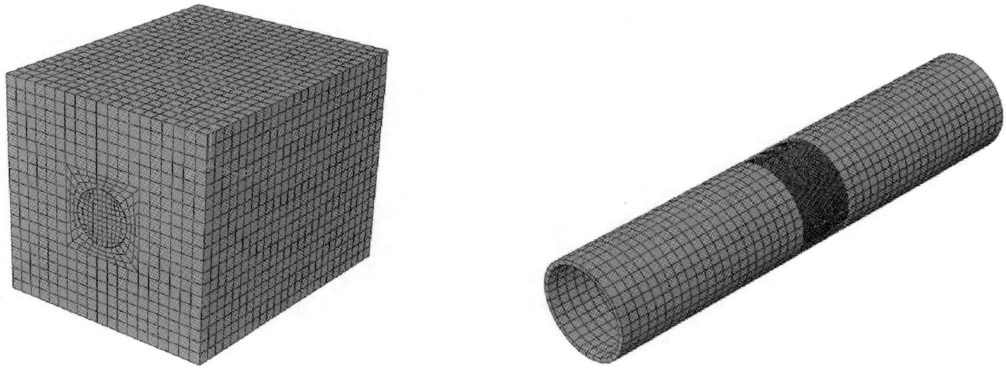

(a) 围岩网格图　　(b) 管片衬砌网格图

图 4-11　有限元三维模型网格图

为提高计算速度及计算的收敛性，将管片接头建模适当简化，以便成功划分网格。模型简化，首先只将撞击目标环及其相邻两环(中间三环)进行分块，其次忽略螺栓孔对管片的削弱作用，忽略接头间橡胶衬垫等次要部件的影响，并将其余管片衬砌环间接头通过弱化该位置混凝土，满足抗弯刚度等效的方式进行模拟。管片衬砌环由 5 块标准块 B1~B5(49.09°)，2 块邻接块 L1、L2(49.09°)和 1 块封顶块 F(16.36°)组成，见图 4-12。衬砌环幅宽 2.0m，中间三环的管片衬砌见图 4-13(a)，单环管片衬砌见图 4-13(b)，分块管片网络见图 4-14。衬砌环的接缝连接包括 16 个环向弯螺栓(M27)和 15 个纵向直螺栓(M27)，见图 4-15。图 4-16 为螺栓在管片衬砌的位置分布图，每环纵向接头由两个弯螺栓连接，环与环每一块管片由两个直螺栓进行连接。

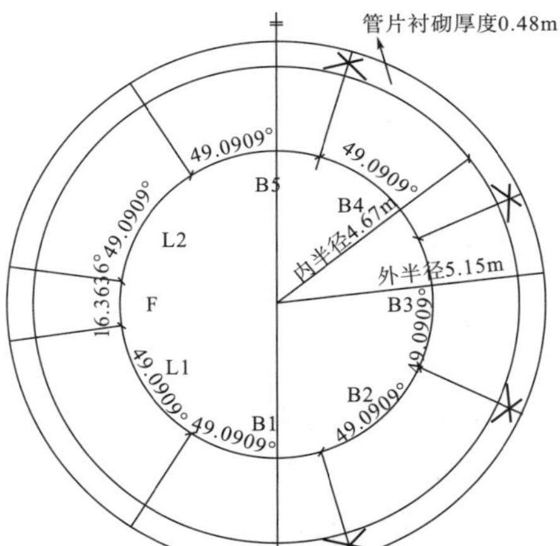

图 4-12　单层衬砌盾构隧道衬砌断面

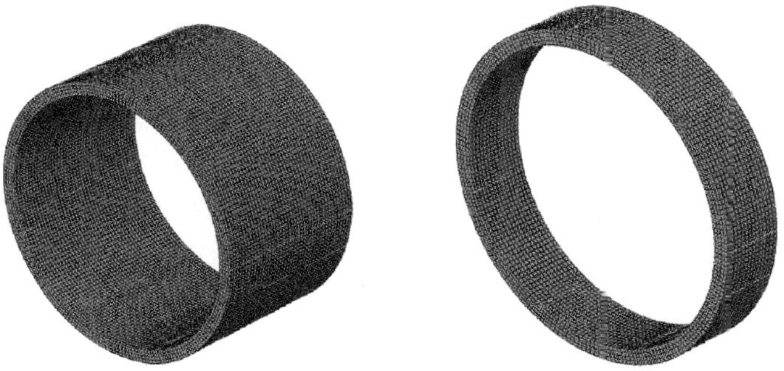

(a) 中间三环的管片衬砌　　(b)单环管片衬砌

图 4-13　分块管片网络图

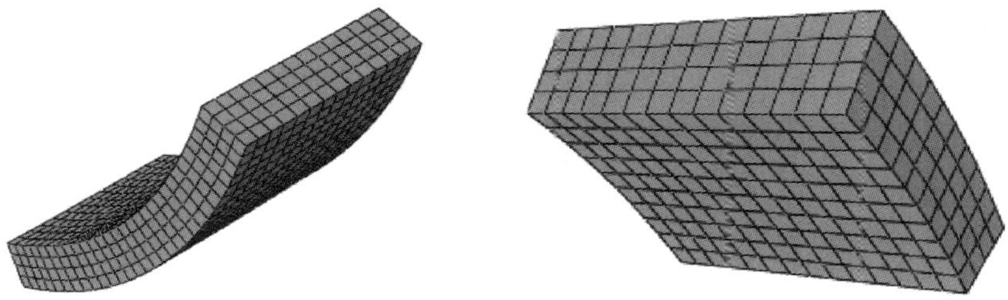

(a) 标准块B　　(b) 封顶块F

图 4-14　分块管片网络图

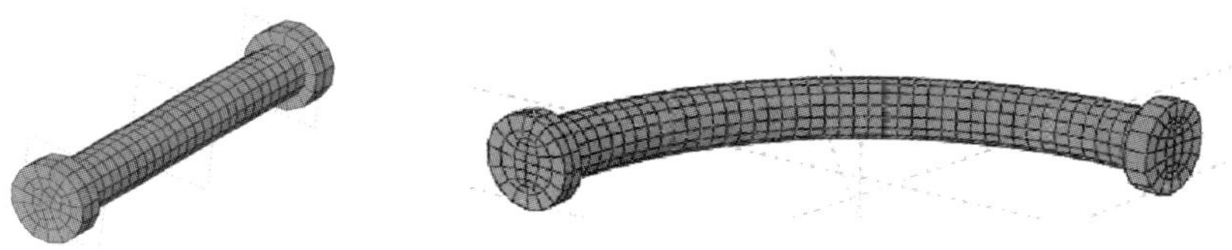

(a) 直螺栓　　(b) 弯螺栓

图 4-15　螺栓网络图

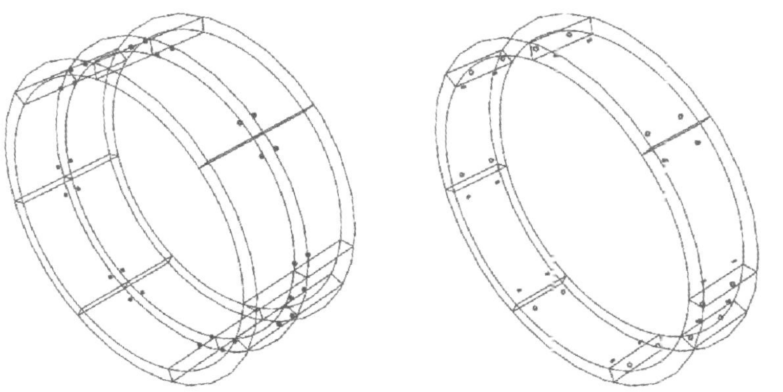

(a) 直螺栓　　(b) 弯螺栓

图 4-16　螺栓在管片衬砌的位置分布图

4.2.3 三维接触

三维非连续接触模型中管片-围岩的接触关系如图 4-17 所示，主要包括同一环上管片与管片的纵向接头接触、管片与围岩的面面接触、管片环之间环向接头接触以及螺栓与管片的接触。纵向接头接触和环向接头接触的建立采用接触搜寻算法，且接触搜寻算法均采用主从接触面算法[128]，可以有效地缩短模型中大量接触的处理时间。

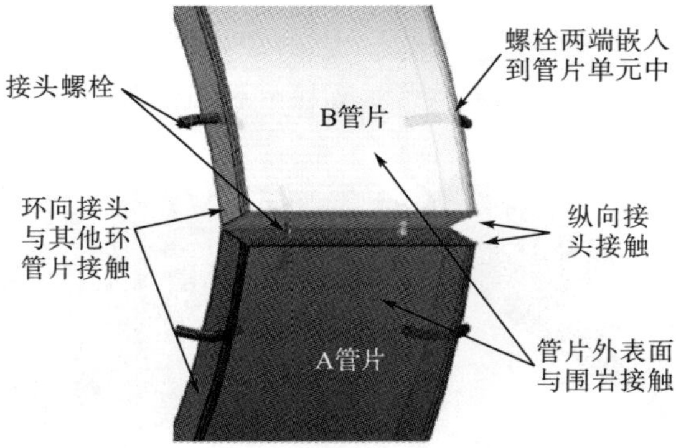

图 4-17 管片-围岩的三维接触关系

接头螺栓两端分别嵌入在(embeded)相应的管片单元中，既能模拟接头的抗拉、抗压、剪切力学性质，也能表现接头在各受力条件下的变形状态。中间三环管片衬砌和两侧的管片衬砌采用绑定约束(tie)，将从属表面的结点绑定到主控表面，两侧管片衬砌和中间三环衬砌不发生任何相对位移，共同受力变形，可以更好地研究接头螺栓在撞击荷载下的动力响应。

将同一环上管片与邻近管片之间的接触定义为管片衬砌的纵向接头接触，环与环管片之间的接触定义为环向接头接触，纵向与环向接头接触属性[129]，法向为“硬接触”(hard contact)：接触面与接触面之间传递接触压力的大小不受限制，一旦接触压力变为零或负值时，两个接触面分离，此时去掉相对应结点的接触约束，在切向方向，采用库仑摩擦，公式(4-23)为库仑摩擦的公式：

$$\tau_{\text{crit}} = \mu P \tag{4-23}$$

式中，τ_{crit} 是临界切应力；μ 是摩擦系数；P 是法向接触压强。管片与管片间的摩擦系数 μ 取 0.6，且在切向应力达到临界切应力之后，摩擦面之间发生相对滑移。

管片与围岩之间的接触属性，在法向采用惩罚刚度模型[130]。

$$\begin{cases} F = 0, & (\Delta l < 0) \\ F > 0, & (\Delta l = 0) \\ F = f(k_{in}, \Delta l), & (\Delta l > 0) \end{cases} \tag{4-24}$$

式中，F 为接触法向力；Δl 为嵌入量；k_{in} 为接触面嵌入惩罚刚度；f 为惩罚函数。对于切向作用，仍采用库仑摩擦，摩擦系数取 0.8。

4.2.4　管片衬砌编号

为便于后续分析，将管片衬砌中间三环按照列车行进的方向编为①号管片、②号管片、③号管片，见图 4-18(a)。对管片环的纵向接头，自拱顶封顶块起顺时针进行#1 接头至#8 接头的编号，见图 4-18(b)。为了方便研究接头螺栓在撞击荷载下所起的作用，分别对纵向直螺栓和环向弯螺栓进行编号，其中环向弯螺栓偶数编号为前侧，奇数编号为后侧(沿列车行进的方向)，如图 4-19 所示。

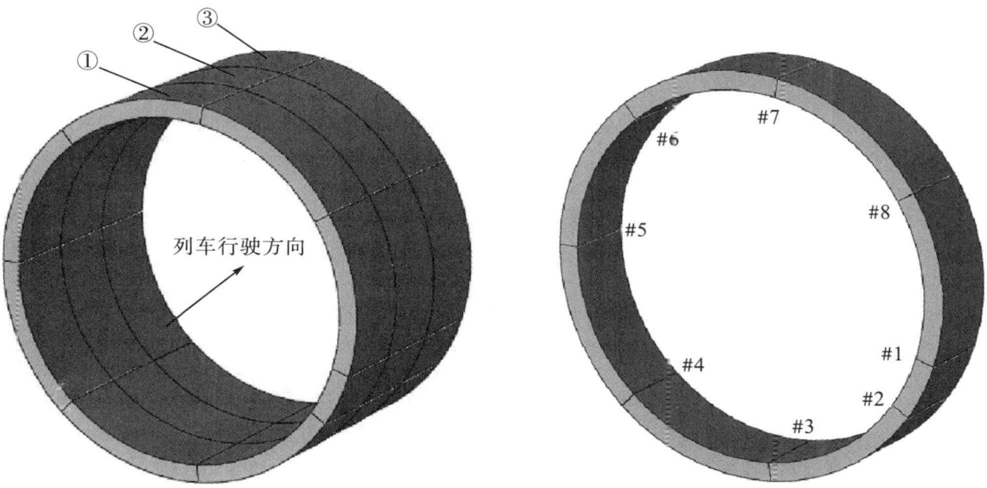

(a) 中间三环管片　　(b) 单环管片纵向接头

图 4-18　中间单环管片衬砌编号

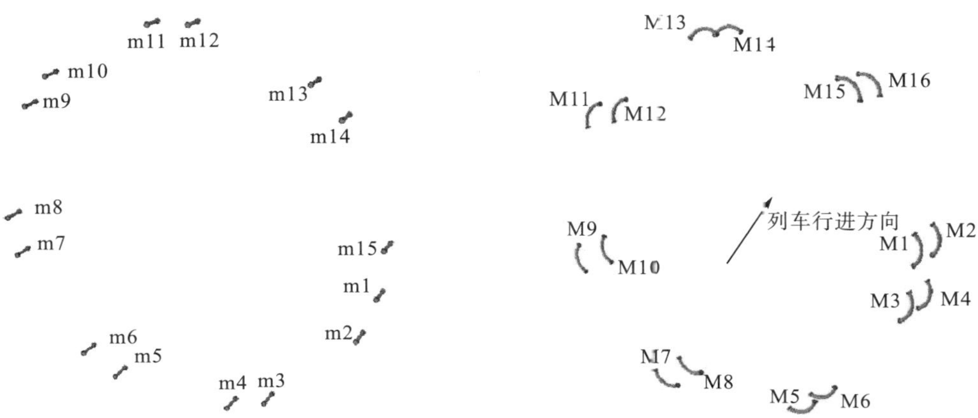

(a) 纵向直螺栓编号　　(b) 环向弯螺栓编号

图 4-19　接头螺栓编号

4.2.5 撞击荷载施加

将第一特征时程曲线按实际撞击位置和作用范围以平均面力的近似形式施加在管片衬砌内侧，将列车撞击荷载按隧道的轴向、竖直方向、径向三个方向分解，即将撞击力分解为 F_x, F_y, F_z 三个分量，如图 4-20 所示。

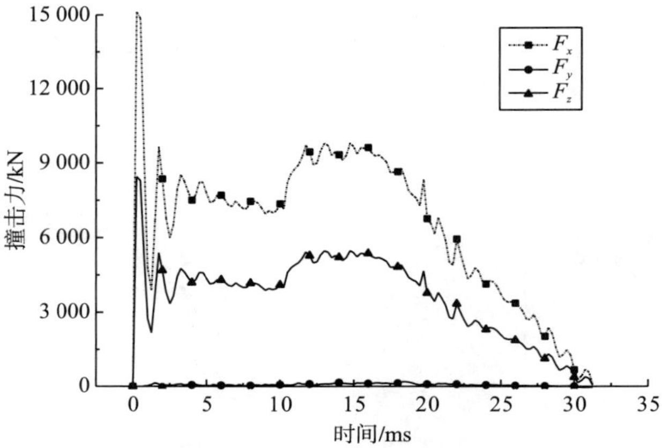

图 4-20 列车撞击荷载分量的时程曲线

其中，撞击区域中心对应②环管片衬砌接头 2 与接头 3 之间的管片，且在此管片偏上位置紧邻封顶块，如图 4-21 所示，列车从左至右行驶撞击在隧道上。

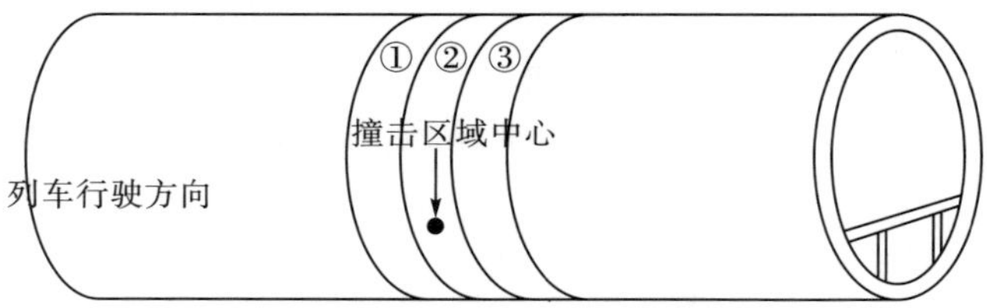

图 4-21 撞击区域示意图

4.3 单层管片衬砌开裂

4.3.1 裂缝扩展

在第一特征曲线荷载下，发生开裂的主要位置集中在管片②撞击荷载的加载区域，①、②、③号管片#1 和#3 接头处，见图 4-22、图 4-23（彩图见附录）。为了更好地展开后续的分析，将管片②撞击荷载的加载区域的裂缝命名为主裂缝，将①、②、③号管片#1 接头处的裂缝命名为#1 裂缝，将①、②、③号管片#3 接头处的裂缝命名为#3 裂缝。变量 STATUSXFEM 是用来可视化裂纹的扩展的参量，其数值从 0 到 1 变化，0 代表单元没有发生裂纹扩展，1 代表单元已经完全发生了开裂。

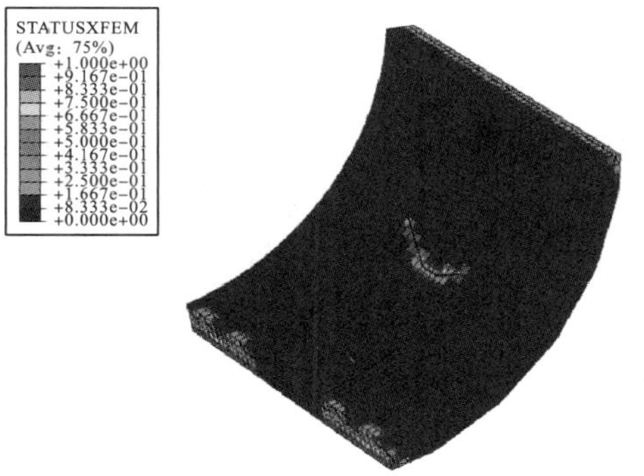

图 4-22　管片内侧裂缝的主要开展区域

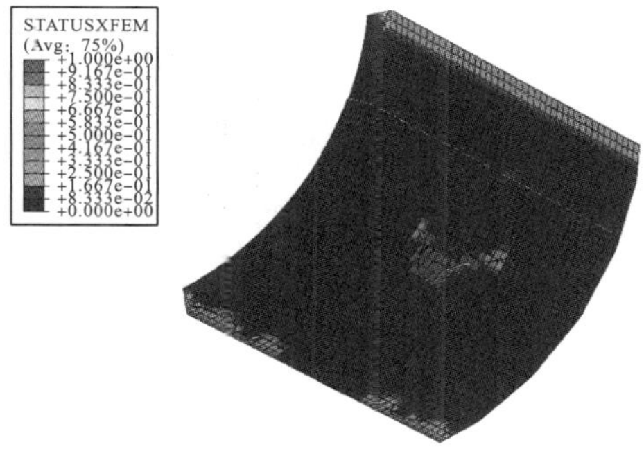

图 4-23　管片外侧裂缝的主要开展区域

图 4-24(彩图见附录)为撞击荷载下管片衬砌内侧主裂缝的开裂过程，从图中可以看出，施加撞击荷载后，在 1.47×10^{-2}ms 管片衬砌内侧先产生一个 0.143m 的横向裂缝，在 1.62×10^{-2}ms 横向裂缝向两侧开展，各延伸 0.143m；由于列车在撞击的瞬间，并且撞击力有竖直方向的分力，内侧主裂缝在 3.73×10^{-2}ms 斜向上开展；由于列车沿行进方向斜向撞击到管片衬砌，在 0.160ms 时衬砌内侧主裂缝后侧裂缝(列车行驶方向)停止开裂，后侧裂缝总长度为 0.808m，主裂缝的前侧裂缝持续开裂到 0.311ms 停止开裂，前侧裂缝总长度为 1.414m；由撞击力第一特征曲线可知，撞击力的最大值发生在撞击瞬间，与之相对应内侧主裂缝的开展在撞击瞬间完成，整个开裂过程主要集中于 1.47×10^{-2}ms 到 0.311ms，裂缝总长度为 2.648m；由加载曲线可知，撞击荷载的最大撞击力远大于后续的震荡荷载，其次由于环向接头螺栓的作用，衬砌内表面主裂缝在 0.311ms 后不再进行内侧扩展；裂缝所经过单元在后续荷载下持续破坏，在 8.30ms 时撞击中心两侧率先出现完全开裂的裂缝单元，30ms 时完全开裂的单元持续增加，主要原因为撞击中心两侧单元主要受拉造成。

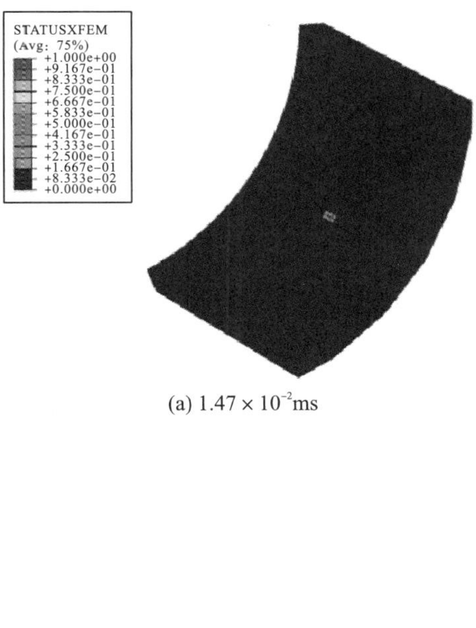

(a) 1.47×10^{-2}ms

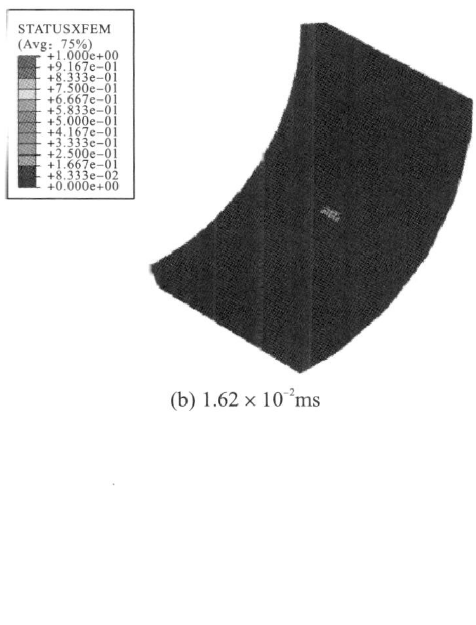

(b) 1.62×10^{-2}ms

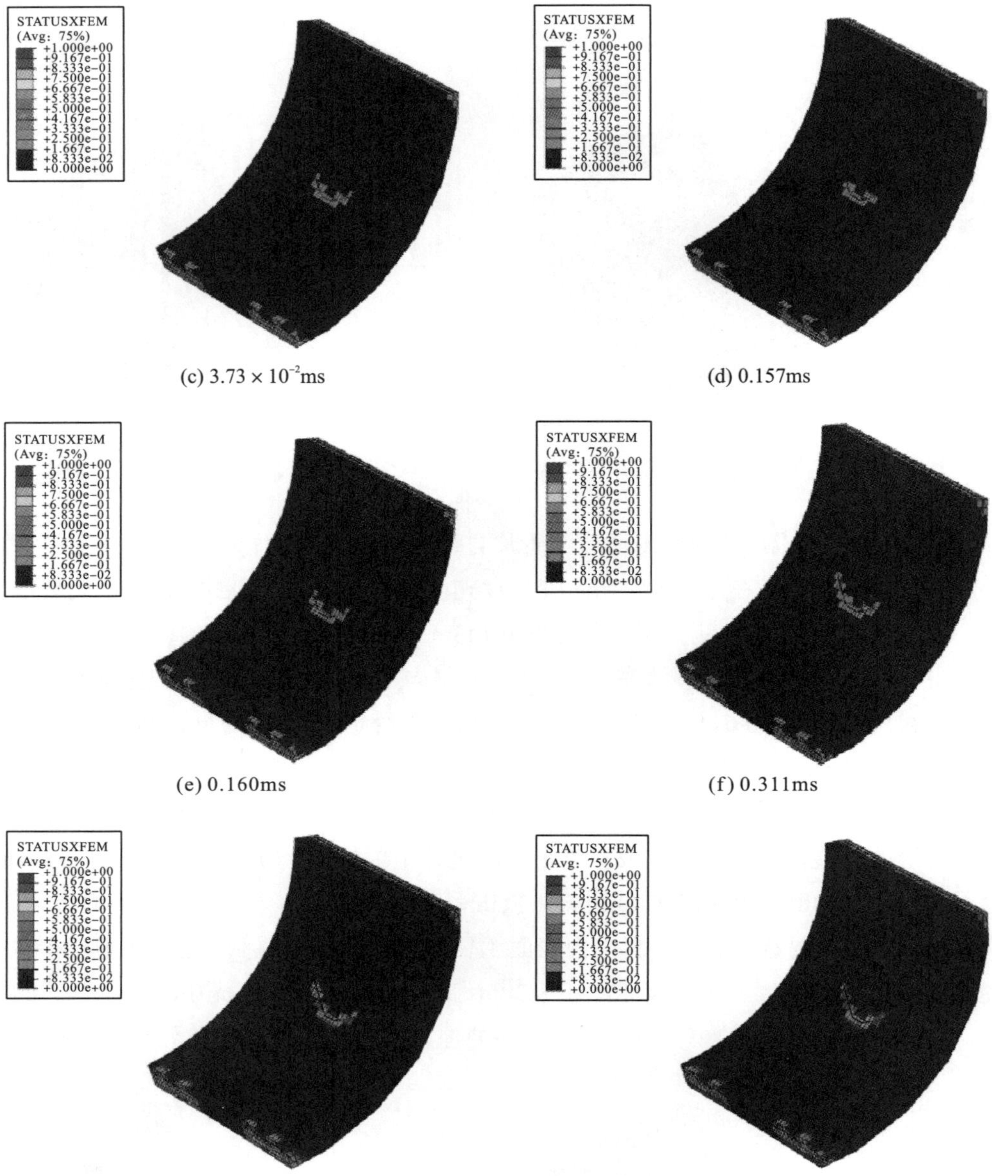

(c) 3.73×10^{-2}ms (d) 0.157ms

(e) 0.160ms (f) 0.311ms

(g) 8.30ms (f) 30ms

图 4-24 撞击荷载下管片衬砌内侧主裂缝的开裂过程

图 4-25 为 30ms 内侧主裂缝撞击区域中心的局部放大图，从图可知撞击区域中心的裂缝开度较大，综上所述可得：管片衬砌内侧主裂缝在撞击瞬间完成开裂过程，持续时间为 0.3ms，前侧裂缝扩展长度大于后侧裂缝扩展长度，主裂缝总长度为 2.648m；裂缝扩展结束后在后续的震荡荷载持续作用下，撞击区域中心两侧裂缝单元由于受拉完全开裂，撞击区域中心裂缝单元因为受压没有达到完全开裂状态。

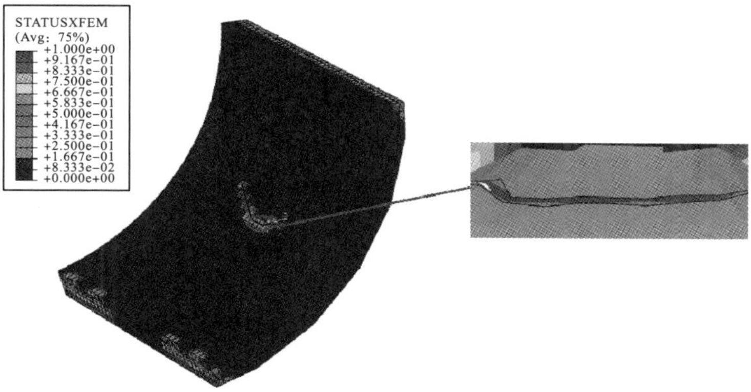

图 4-25　30ms 内侧主裂缝撞击区域中心的局部放大图(放大系数 25)

图 4-26 为撞击荷载下管片衬砌外侧主裂缝的开裂起始位置。为了更好地表现衬砌外侧的开裂起始位置，将②环单独提取出来，从图中可知，外侧主裂缝先从管片①与②环向接触的位置即 m2 直螺栓处发生开裂。图 4-27 显示撞击荷载下管片衬砌外侧主裂缝的开裂过程。由于在 m2 直螺栓处发生了开裂，在 0.150ms 时，①与②环向接触位置先出现贯穿整个衬砌管片的裂缝，长度为 0.302m；由于列车斜向撞击，在 0.169ms 时管片中心偏前侧(沿列车前进方向)先出现贯穿裂缝，并斜向上发展持续到 0.172ms，直到管片②与③环向接触的位置停止，前侧裂缝总长度为 1.010m；在 0.214ms 后侧的贯穿裂缝沿斜向下的方向扩展，在 0.423ms 时与前侧裂缝相连，后侧裂缝扩展长度为 1.477m；在 0.423ms 裂缝已贯穿整个衬砌管片，外侧裂缝总长度为 2.789m；此时撞击尚未结束，裂缝处的单元在震荡荷载下持续开裂，其撞击区域中心裂缝单元在管片外侧主要受拉，所以发生衬砌完全开裂，撞击区域中心两侧的裂缝单元在管片外侧主要受压，没有完全开裂。

由此可得出以下结论：管片衬砌外侧主裂缝的开裂起始位置位于 m2 直螺栓处；由于撞击荷载在衬砌传播中的时间滞后效应，外侧主裂缝开裂开始时间为 0.150ms，滞后于内侧主裂缝的开裂；由于列车的斜向撞击，衬砌②管片中心偏后侧先出现贯穿裂缝，随后斜向上扩展，扩展长度为 1.010m；在 0.214ms 时，前侧裂缝斜向下扩展，长度为 1.477m，此处的裂缝扩展属于贯穿裂缝的扩展；在 0.423ms，管片衬砌后侧裂缝停止扩展，外侧裂缝总长度为 2.789m，内侧裂缝实现了全部贯穿，整个管片的裂缝扩展停止；在管片衬砌外侧，撞击区域中心的裂缝单元受拉完全开裂，撞击区域中心两侧的裂缝单元由于受压没有完全开裂。

结合图 4-24、图 4-27 可得出衬砌主裂缝的扩展全过程：施加撞击荷载后，在 1.47×10^{-2}ms 时内侧主裂缝先发生开裂并进行扩展，由于撞击荷载的时间滞后作用，在 0.150ms 时管片①与②环处 m2 螺栓产生裂缝，并贯穿整个衬砌管片；由于列车斜向撞击的作用，在 0.169ms 时②管片中心偏后侧先出现贯穿裂缝，并斜向扩展；在 0.311ms 时，衬砌内侧主裂缝的扩展停止，在 0.423ms 时外侧主裂缝停止扩展，表明裂缝贯穿了整个衬砌管片；外侧主裂缝长度大于内侧主裂缝长度；主裂缝扩展的时间在 0.4ms 左右，说明裂缝的扩展发生在撞击的瞬间，在后续的撞击震荡荷载下，衬砌裂缝单元持续开裂，内侧撞击区域受压没有完全开裂，两侧受拉完全开裂，外侧与之相反。

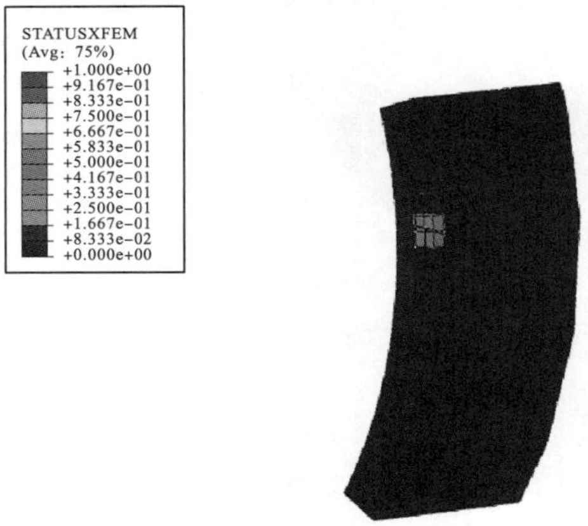

图 4-26 撞击荷载下管片衬砌外侧主裂缝的开裂起始位置

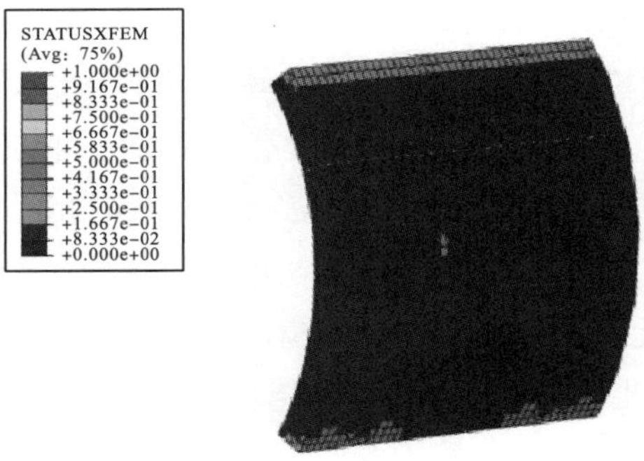

(a) 0.150ms

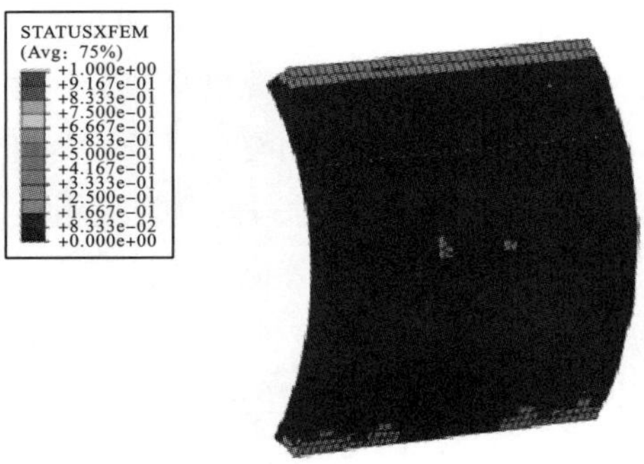

(b) 0.169ms

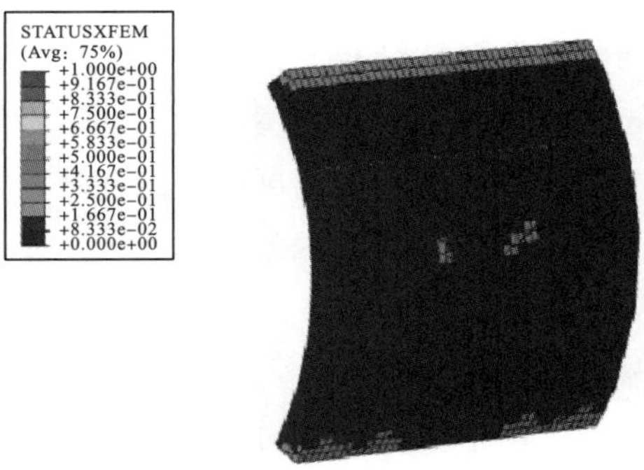

(c) 0.172ms

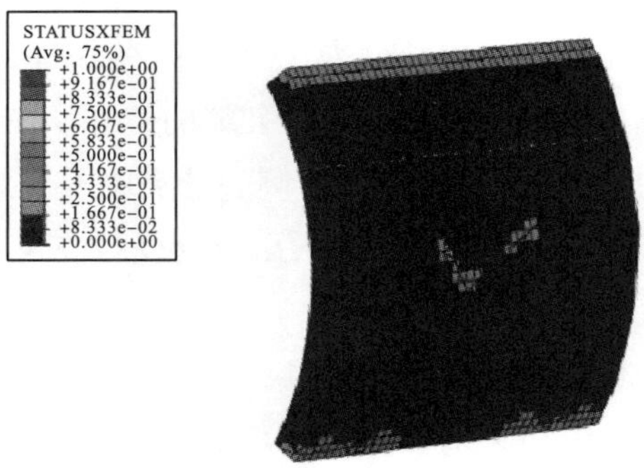

(d) 0.214ms

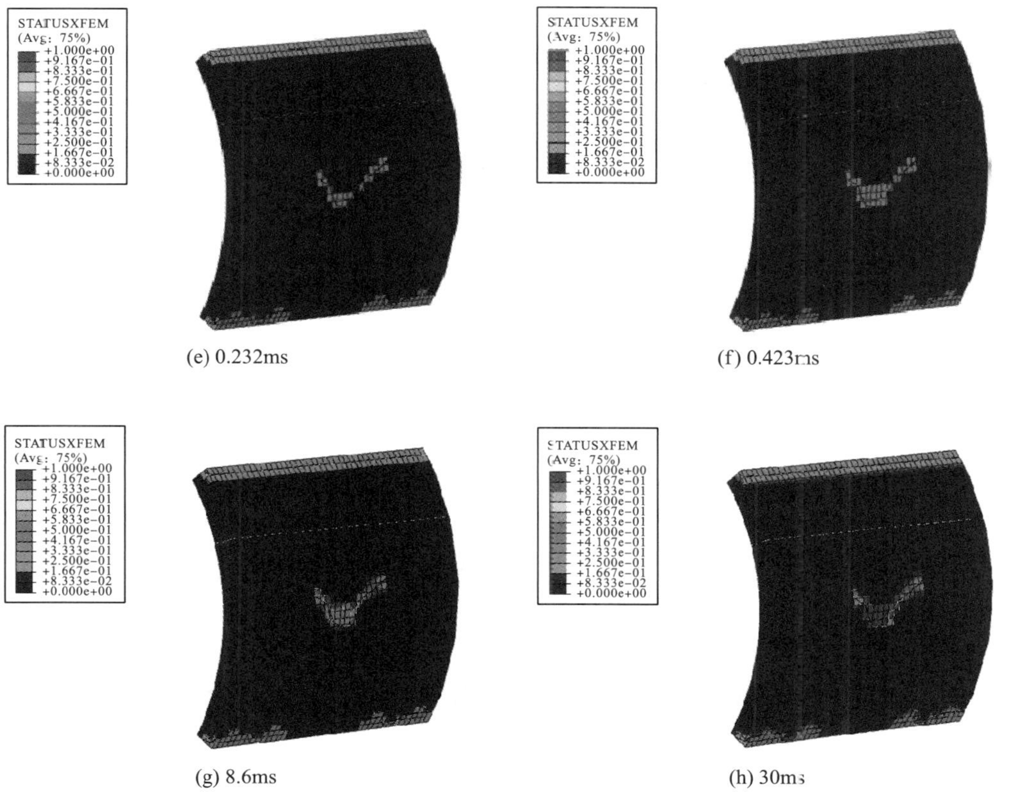

图 4-27　撞击荷载下管片衬砌外侧主裂缝的开裂过程

图 4-28 为撞击荷载下管片衬砌接头#1 裂缝。从图中可知#1 裂缝发生开裂的单元主要有三条：内侧开裂的单元、中间开裂的单元、外侧开裂的单元。图 4-30(彩图见附录)为撞击荷载下管片衬砌#1 裂缝的开裂过程。施加撞击荷载后，纵向接头#1 裂缝在 1.86×10^{-2}ms 时开始出现开裂，出现开裂的三个位置是①、②、③环管片的 M2 环向弯螺栓处；从图中可以看出裂缝单元向两侧进行扩展，在 1.96×10^{-2}ms 时，由于环向管片接触的作用，裂缝向前侧扩展停止；裂缝持续向后侧扩展，在 2.53×10^{-2}ms 时扩展到管片边界，并与之前的前侧裂缝闭合，至此#1 裂缝的中间开裂的单元开裂完成。#1 裂缝内侧开裂的单元在②环管片的 M1、M2 处率先开裂，开裂起始时间为 6.05×10^{-2}ms，随后在 6.34×10^{-2}ms 时#1 裂缝内侧裂缝在①、③管片的 M1、M2 处发生开裂；#1 裂缝外侧开裂的单元在 6.34×10^{-2}ms 也发生开裂，出现开裂的位置为①、②管片环向接触处以及②、③管片的环向接触处，由中间向两侧进行扩展，直到 9.69×10^{-2}ms #1 裂缝外侧裂缝开裂完成；#1 裂缝的内侧开裂的单元开裂完成时间为 0.119ms；由于撞击荷载后续的震荡荷载，裂缝单元持续开裂，在 2.866ms 时#1 裂缝内侧裂缝出现完全破坏的裂缝单元，最后加载完成后，完全开裂的裂缝单元主要集中在#1 裂缝内侧裂缝，且弯螺栓所处位置的裂缝单元未发生完全开裂。原因为接头#1 处的裂缝位于荷载加载管片之上的封顶块，接头#1 处的中间开裂的单元主要受压，在撞击荷载的持续作用下，纵向接头#1 处产生张开角度，导致#1 裂缝的中间开裂的

单元所处的位置受到挤压，主要承担压应力，而#1 裂缝的内侧裂缝处于受拉状态，所以#1 裂缝的内侧裂缝的裂缝单元完全开裂，由于弯螺栓的抗拉作用，弯螺栓处的裂缝单元未发生完全破坏。图 4-29 为②环管片中间裂缝的局部放大图，由图可知外侧裂缝开度大于内侧裂缝，且由于螺栓的作用，接头#1 内侧裂缝的扩展不是直线的形式。

由此可得以下结论：#1 裂缝发生开裂的单元主要有三条，即内侧开裂的单元、中间开裂的单元、外侧开裂的单元，成形的#1 裂缝主要有两条：内侧裂缝以及外侧裂缝，并实现贯穿，裂缝单环长度 2m；中间开裂的单元开裂起始时间为 $1.96\times10^{-2}\sim2.53\times10^{-2}$ms，裂缝单元从 M2 弯螺栓处向两侧开裂；内侧裂缝开裂的起始时间为 $6.05\times10^{-2}\sim0.119$ms，开裂的起点为各环管片的 M1、M2 处，方向向两侧扩展，其中②环管片先进行开裂；外侧裂缝开裂起始时间为 $6.34\times10^{-2}\sim9.69\times10^{-2}$ms，率先出现开裂的位置为①、②管片环向接触处以及②、③管片的环向接触处，由中间向两侧进行扩展；结合主裂缝的开裂时间，可知#1 裂缝完全扩展的完成时间要早于主裂缝的完成时间；由于撞击荷载后续的震荡荷载，裂缝单元持续开裂，完全开裂的裂缝单元主要集中在#1 裂缝内侧的裂缝，且弯螺栓所处位置的裂缝单元未发生完全开裂。

图 4-28 撞击荷载下管片衬砌接头#1 裂缝

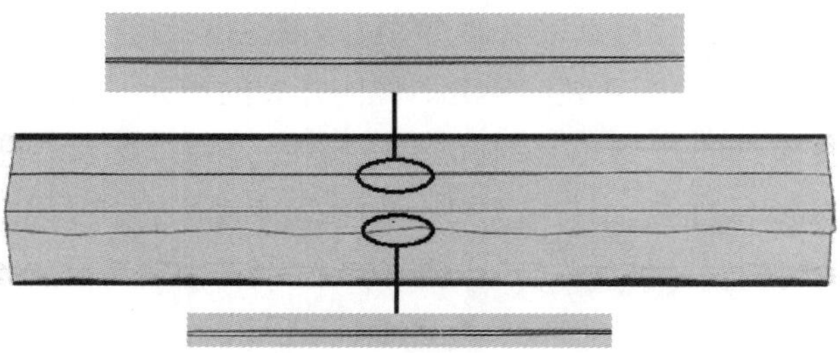

图 4-29 ②环管片中间裂缝的局部放大图(放大倍数 35)

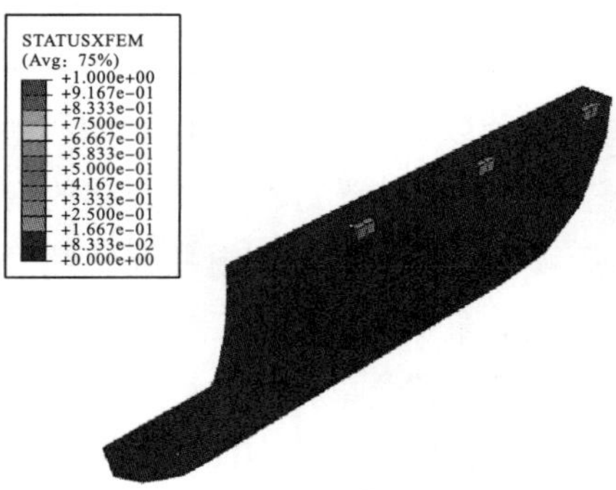

(a) 1.86×10^{-2}ms

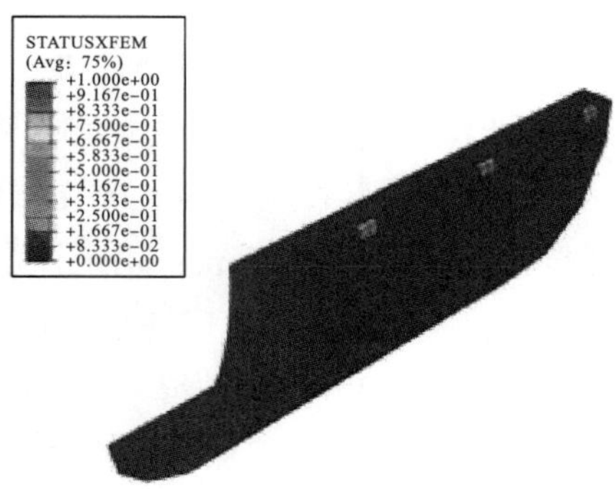

(b) 1.96×10^{-2}ms

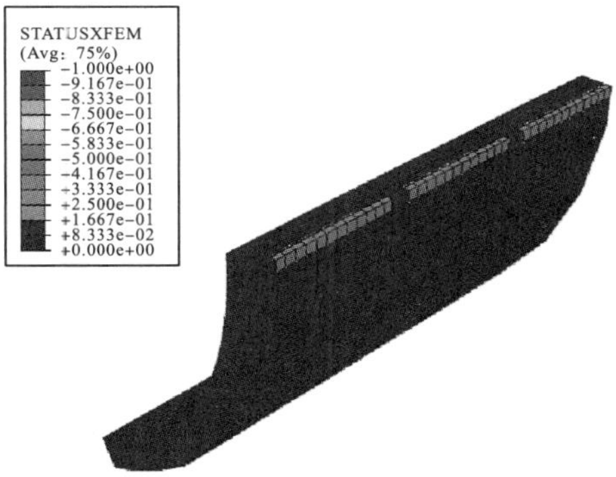

(c) 2.31×10^{-2}ms

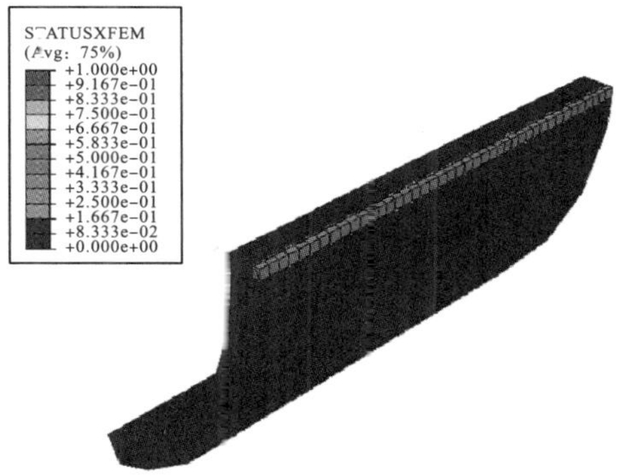

(d) 2.53×10^{-2}ms

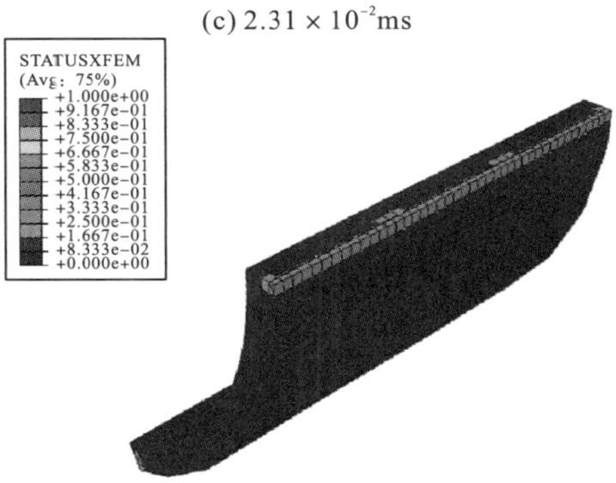

(e) 6.05×10^{-2}ms

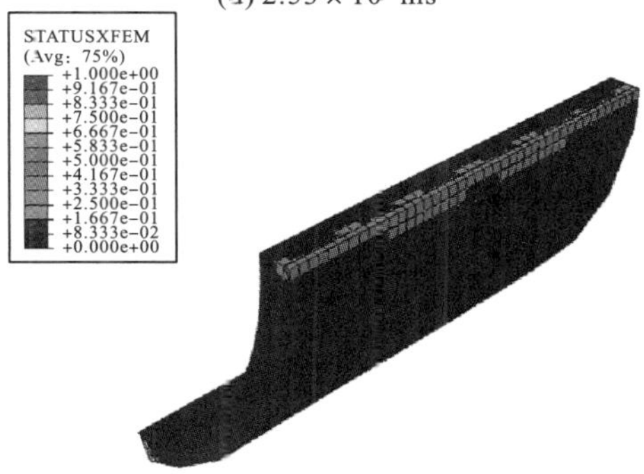

(f) 6.34×10^{-2}ms

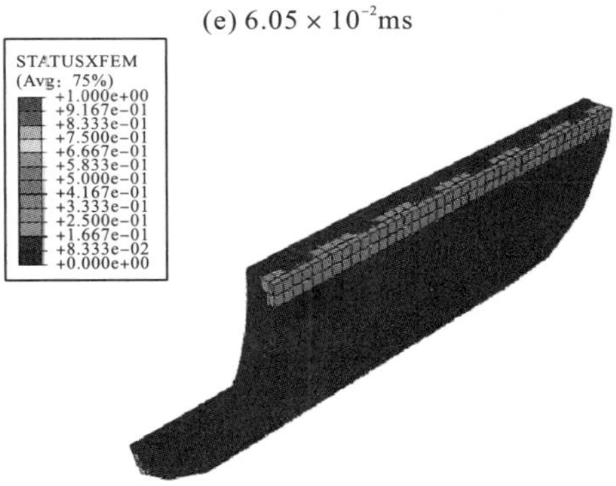

(g) 9.69×10^{-2}ms

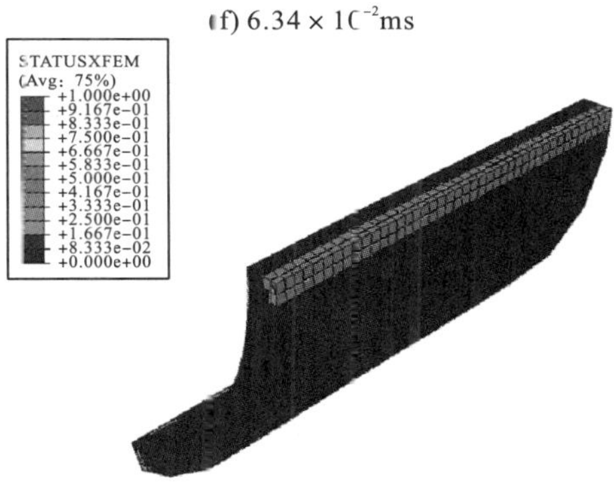

(h)0.119ms

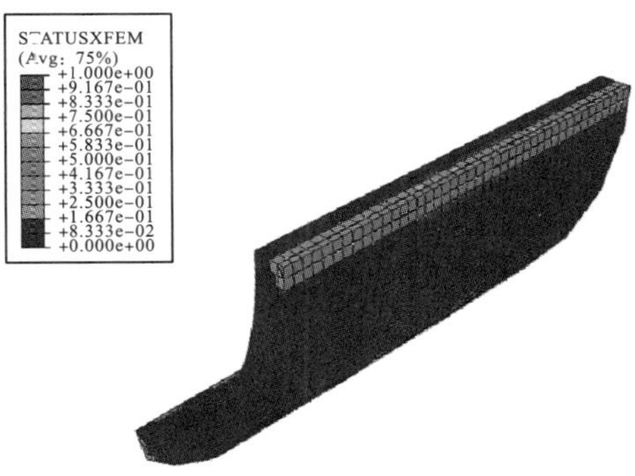

(i) 2.866ms

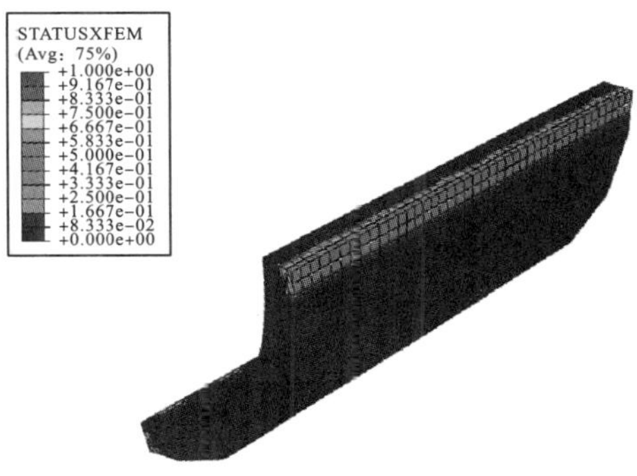

(j) 30ms

图 4-30　撞击荷载下管片衬砌#1 裂缝的开裂过程

图 4-31 为撞击荷载下管片衬砌接头#3 裂缝，从图中可知#3 裂缝处发生开裂的单元主要有三条：内侧开裂的单元、中间开裂的单元、外侧开裂的单元。图 4-33 为撞击荷载下管片衬砌#3 裂缝的开裂过程，施加列车撞击荷载后，纵向接头#3 裂缝在 2.62×10^{-2}ms 时开始出现开裂，出现开裂的位置是①、③环管片的 M5、M6 环向弯螺栓处；在①、③环管片，开裂由开裂起始位置向两侧扩展，在 3.69×10^{-2}ms 时接头#3 裂缝的内侧裂缝扩展到各管片边界处，此时各管片裂缝总长度为 1.143m；在 5.66×10^{-2}ms 时，①、③环管片中间开裂的单元由两侧向中间扩展，并在 6.12×10^{-2}ms 时完成扩展，各管片裂缝单元扩展长度为 2m；在 6.24×10^{-2}ms 时，①、③环管片外侧开裂的单元由两侧向中间扩展，并在 6.51×10^{-2}ms 时停止扩展，各管片裂缝总长度为 2.286m；在 0.103ms 时，内侧裂缝开始在 M5、M6 处斜向上发展，在 0.112ms 时发生闭合，各管片扩展的裂缝长度为 1.212m，此时内侧裂缝总长度为 2.355m；由于撞击荷载后续的震荡荷载，裂缝单元持续开裂，在 5.69ms 时#3 裂缝中间裂缝的中间位置出现完全开裂的裂缝单元，最后加载完成后，完全开裂的裂缝单元主要集中在#3 裂缝中间开裂的单元；因为接头#3 处的裂缝位于列车撞击目标管片上，接头#3 处的中间开裂的单元主要承受拉力，所以#3 裂缝的中间开裂的单元完全开裂。图 4-32 为①环管片#3 裂缝的局部放大图，由图可知外侧裂缝开度大于内侧裂缝。

图 4-31 撞击荷载下管片衬砌接头#3 裂缝

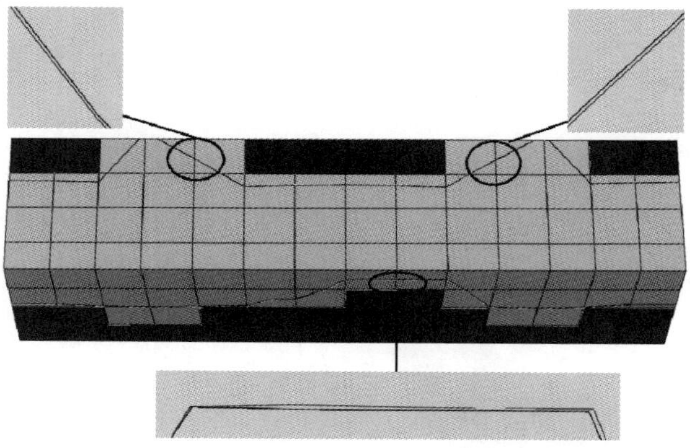

图 4-32 ①环管片#3 裂缝的局部放大图(放大倍数 35)

由此可得到以下结论：#3 裂缝处发生开裂的单元主要有三条：内侧开裂的单元、中间开裂的单元、外侧开裂的单元；成形裂缝的主要有两条：内侧裂缝和外侧裂缝，并实现了贯穿管片衬砌；内侧裂缝开裂的起始时间为 3.69×10^{-2}～0.112ms，开裂起点为①、③环管片的 M5、M6 环向弯螺栓处，方向向两侧扩展，各管片环的内侧裂缝总扩展长度为

2.355m；中间开裂的单元开裂的起始时间为 5.66×10^{-2}～6.12×10^{-2}ms，开裂由两侧向中间扩展，各管片裂缝单元总长度为管片幅宽 2m；外侧裂缝开裂的起始时间为 6.24×10^{-2}～6.51×10^{-2}ms，外侧裂缝由各管片两侧向中间扩展，各管片裂缝总长度为 2.586m；结合主裂缝的开裂时间可知，#3 裂缝完全扩展的完成时间要早于主裂缝的完成时间；由于撞击荷载后续的震荡荷载，裂缝单元持续开裂，完全开裂的裂缝单元主要集中在#3 裂缝中间开裂的单元。

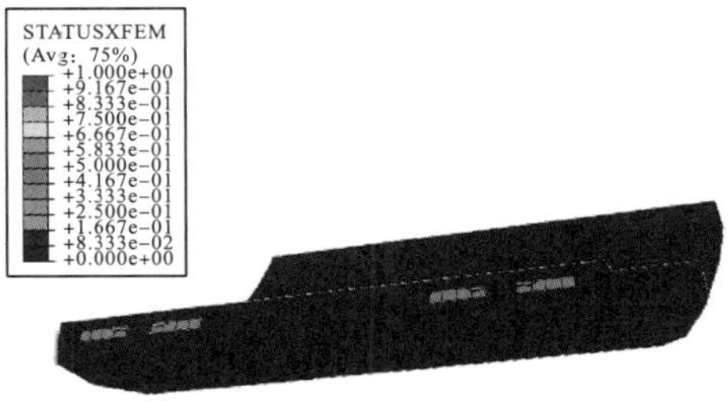

(a) 2.62×10^{-2}ms

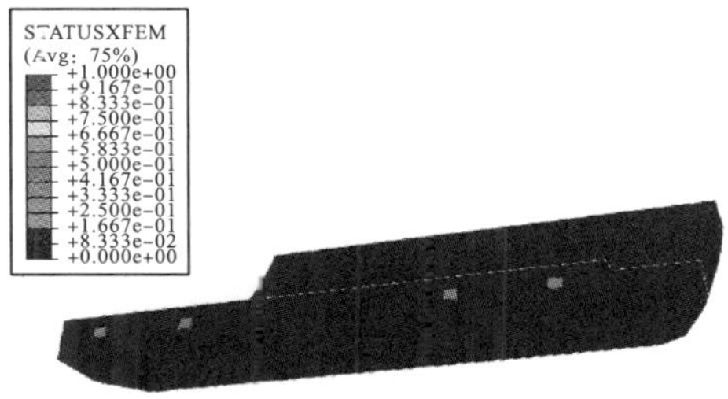

(b) 3.59×10^{-2}ms

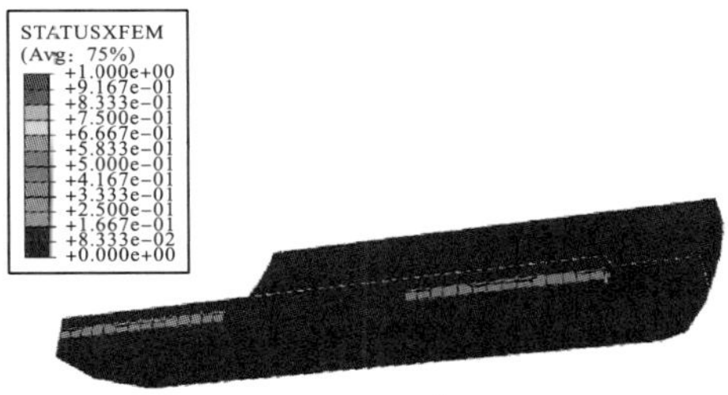

(c) 3.69×10^{-2}ms

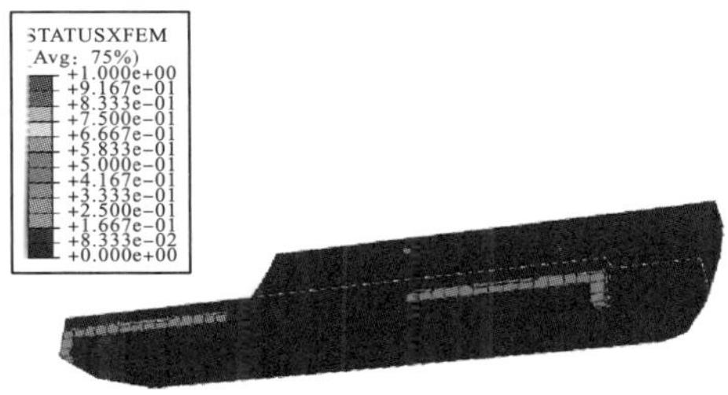

(d) 5.66×10^{-2}ms

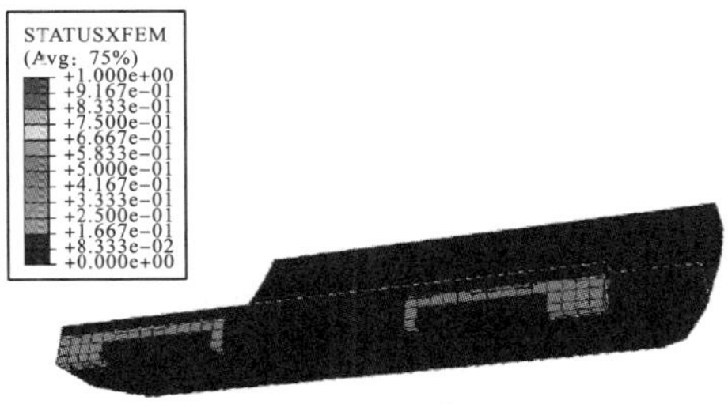

(e) 5.84×10^{-2}ms

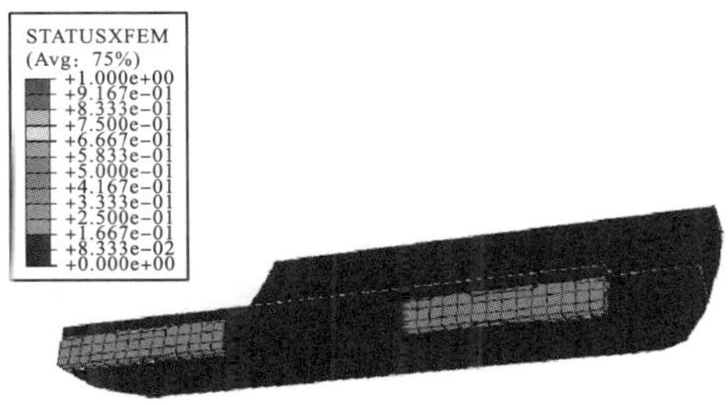

(f) 6.12×10^{-2}ms

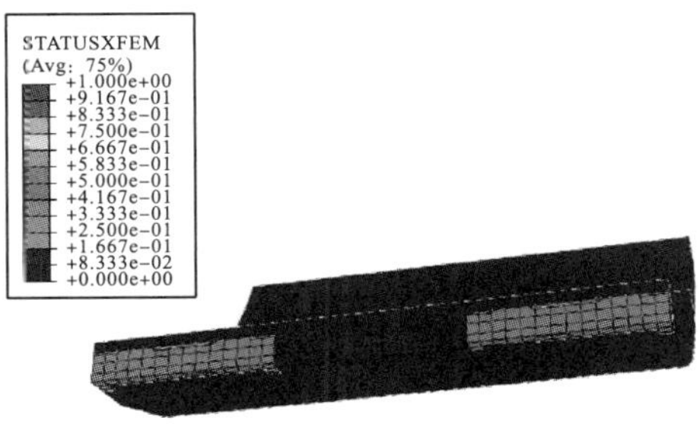

(g) 6.24×10^{-2}ms

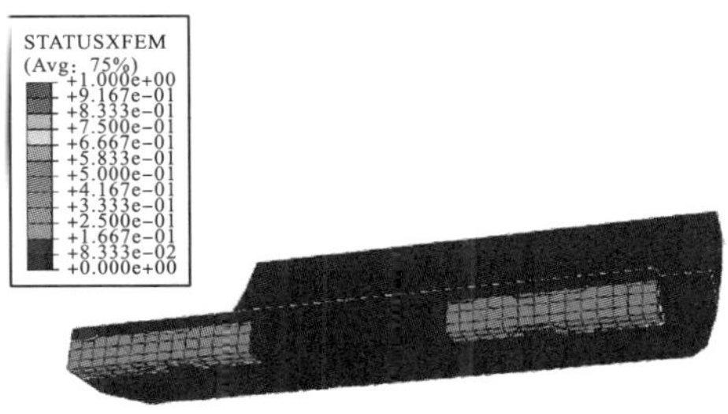

(h) 6.51×10^{-2}ms

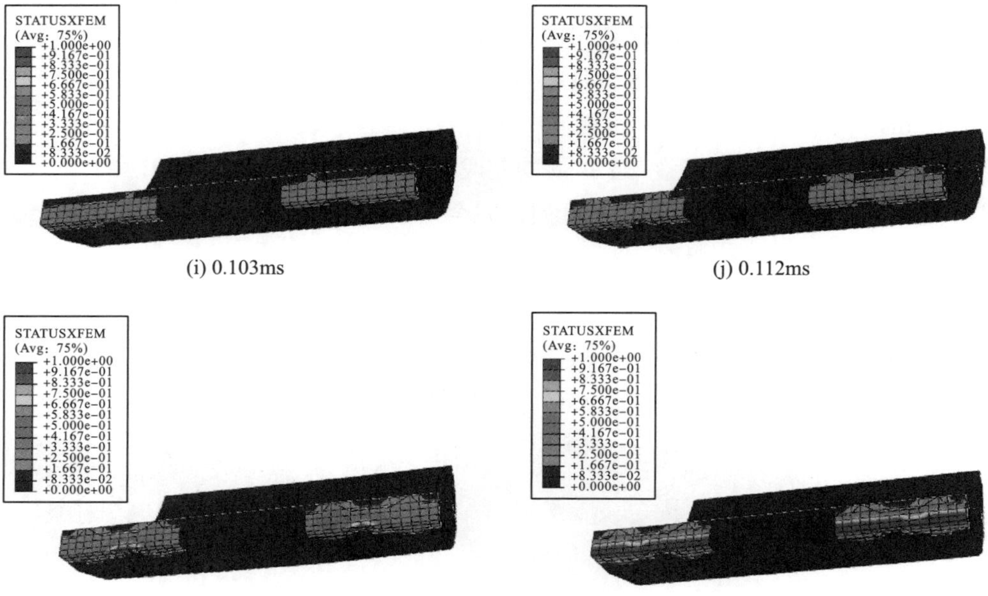

(i) 0.103ms (j) 0.112ms

(k) 5.69ms (l) 30ms

图 4-33 撞击荷载下管片衬砌#3 裂缝的开裂过程

4.3.2 裂缝开度

1. 内侧主裂缝开度分析

图 4-34 为荷载下管片衬砌内侧主裂缝的控制点分布图，沿列车行进方向，在内侧主裂缝依次布置 A1、A2、A3、A4、A5、A6 六个控制点。其中 A2、A4 离撞击中心最近，A3 次之，A1 和 A5 再次之，A6 最远。外侧主裂缝主要为内侧裂缝在衬砌内扩展后的贯通裂缝形成，开裂时间较晚，规律性不强，因此，暂不把外侧主裂缝的开度作为分析对象。

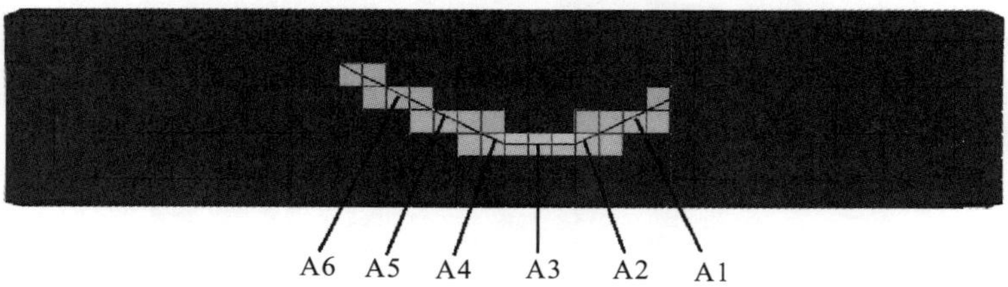

图 4-34 管片衬砌内侧主裂缝的控制点分布图

图 4-35 为管片衬砌内侧主裂缝各控制点开度时程曲线，从图可知 A2、A3、A4 控制点的开度时程曲线整体变化规律相似，A1 与 A5、A6 相似；因为 A2、A3、A4 控制点分布在撞击区域中心周围的裂缝上，撞击力在衬砌管片上的传递时间极短，力传递的滞后效应几乎可以忽略，所以 A2、A3、A4 控制点的开度时程曲线整体变化规律相似；反观 A1 与 A5、A6 距撞击中心较远，结合图 4-24 可知，此处裂缝产生的时间为 0.100ms 之后，

可知撞击力在衬砌中的传递滞后效应明显，所以这三个控制点的开度时程曲线相似。

图 4-35(c)为主裂缝控制点 A3 开度时程曲线，结合撞击力第一特征曲线可知，裂缝的峰值开度在撞击的瞬间产生；结合图 4-24 可知，撞击开度的最大值处出现的时间与内侧主裂缝开裂的完成时间相差约为 0.3ms；裂缝的峰值开度约为 3.568cm，且峰值开度主要受撞击力的第一峰值影响；在产生峰值开度后，随着撞击力的变小，裂缝有闭合的趋势，主要因为在撞击力减小后，未破坏的衬砌在围岩的作用下出现回弹现象，造成了裂缝的闭合；结合撞击力第一特征曲线，在撞击震荡荷载(第二峰值荷载)持续作用下，裂缝开度产生第二个峰值开度，大致为 2.761cm；随着撞击力的消散，A3 控制点开度的最终值为 0.615cm。图 4-36 为内侧主裂缝控制点 A3 处单元开度示意图，进一步印证了在撞击荷载持续作用下，裂缝存在张开与闭合的现象；从图中还可得出，裂缝将一个单元切开，上下部分有明显的错开现象，在开度最大时裂缝单元错开现象最明显。

图 4-35(a)为主裂缝控制点 A1 开度时程曲线，结合撞击力第一特征时程曲线可知，裂缝的峰值开度在撞击的持续作用下产生，大致在 19.413ms，主要由撞击的后续震荡荷载引起；控制点 A1 的开度在撞击的瞬间也产生一处峰值，可知，A1 处的裂缝开裂时间在 0.10ms 之后，有明显的滞后效应，可知撞击力瞬间产生的第一峰值对其影响较小；随后 A1 控制点的开度有扩张也有闭合，原因和 A3 控制点裂缝的闭合原因相似；A1 控制点的峰值开度为 0.770cm，发生时间在 19.413ms，主要由撞击力后续的震荡荷载引起，随着撞击力的消散，A1 控制点开度的最终值为 0.438cm。

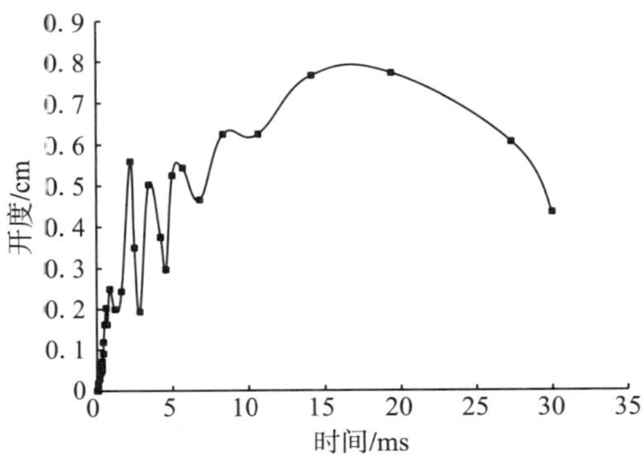

(a) 主裂缝控制点 A1 开度时程曲线

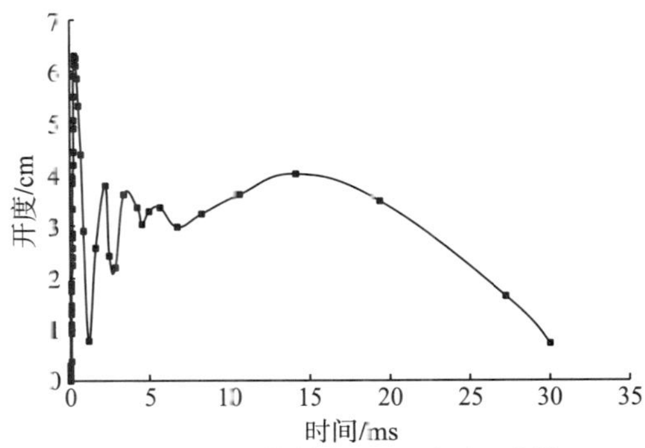

(b) 主裂缝控制点 A2 开度时程曲线

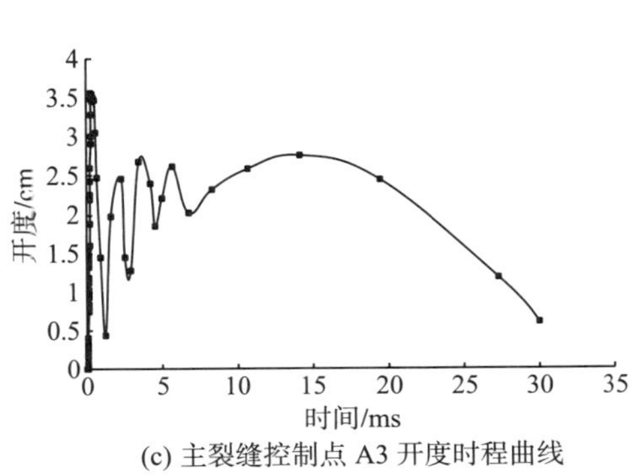

(c) 主裂缝控制点 A3 开度时程曲线

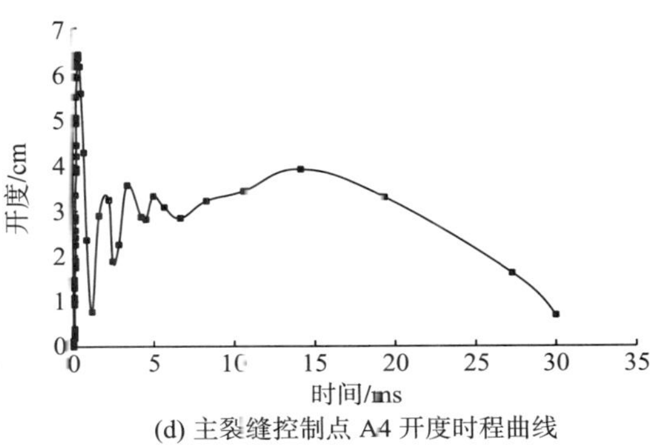

(d) 主裂缝控制点 A4 开度时程曲线

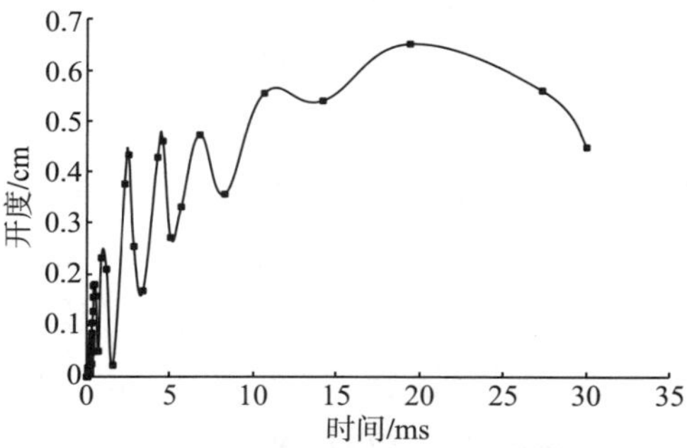

(e)主裂缝控制点 A5 开度时程曲线

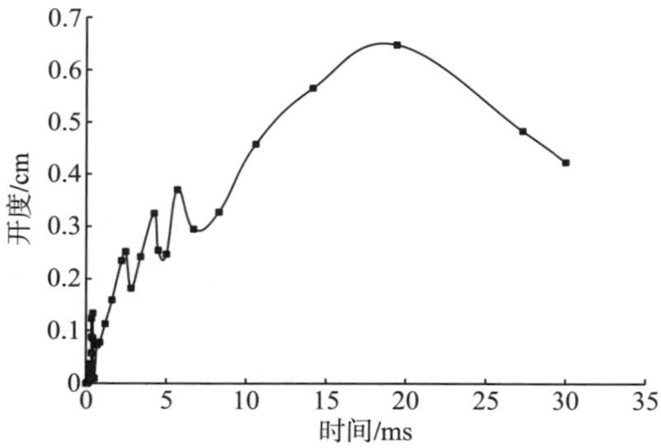

(f) 主裂缝控制点 A6 开度时程曲线

图 4-35 管片衬砌内侧主裂缝各控制点开度时程曲线

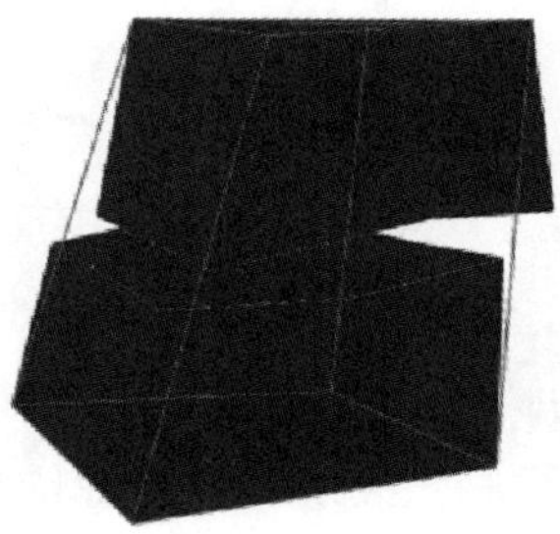

最大开度

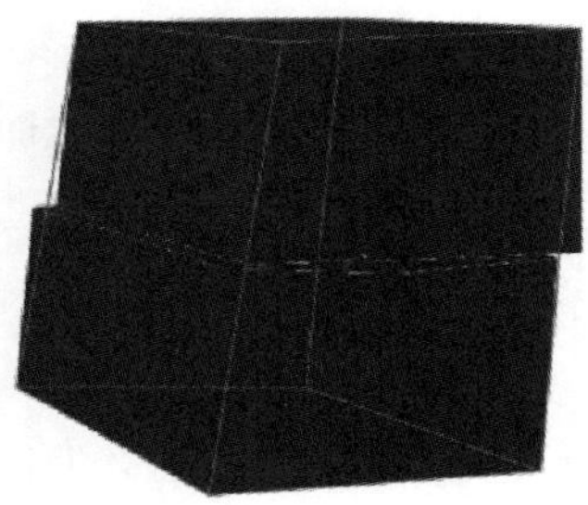

最终开度

图 4-36 内侧主裂缝控制点 A3 处单元开度示意图

表 4-2 为内侧主裂缝各控制点的开度表，从表中可得知离撞击区域最近的内侧主裂缝控制点 A2、A4 的峰值开度和最终开度较大，离撞击区域较远的控制点峰值开度较小；因为列车沿斜向撞到管片衬砌上，控制点 A4 的峰值开度和最终开度略大于 A2；控制点 A2、A3、A4 出现峰值开度的时间大致相同，都在 0.35ms 左右，A1、A5、A6 出现峰值开度的时间都在 19.413ms。

表 4-2 内侧主裂缝各控制点的开度表

	A1	A2	A3	A4	A5	A6
出现最大开度的时间/ms	19.4133	0.3430	0.3159	0.3852	19.4133	19.4133
峰值开度/cm	0.7730	6.3001	3.5682	6.4055	0.6510	0.6479
最终开度/cm	0.4359	0.7270	0.6150	0.7314	0.4469	0.4232

总之，由于撞击力在管片衬砌传递的滞后效应和消散作用，主裂缝控制点 A2、A3、A4 的开度时程曲线相似，A1、A5、A6 的开度时程曲线相似，距离撞击区域中心最近的 A2、A4 峰值开度较大，离撞击区域较远的控制点峰值开度较小；由于列车的斜向撞击，A4 控制点的峰值开度最大，最大为 6.4cm；控制点 A2、A3、A4 出现峰值开度的时间大致相同，都在 0.35ms 左右，A1、A5、A6 出现峰值开度的时间都在 19.413ms。

通过内侧主裂缝控制点 A3 开度时程曲线可得知，控制点 A3 的裂缝的峰值开度在撞击的瞬间产生，具体出现的时间与内侧主裂缝开裂的完成时间相似，约为 0.3ms，峰值开度约为 3.568cm，且主要受撞击力的第一峰值影响；随着撞击力荷载的变小，裂缝有闭合的趋势；在撞击震荡荷载(第二峰值荷载)持续作用下，裂缝开度产生第二个峰值开度，大致为 2.761cm；随着撞击力的消散，A3 控制点开度的最终值为 0.615cm。

通过内侧主裂缝控制点 A1 开度时程曲线，裂缝的峰值开度在撞击的持续作用下产生，具体出现的时间为 19.413ms，峰值开度约为 0.770cm，主要受撞击震荡荷载影响；随着撞击力的消散，A1 控制点开度的最终值为 0.438cm；裂缝将一个单元切开，单元上下部分有明显的错开现象，在开度最大时裂缝单元错开现象最明显。

2. 衬砌接头#1 裂缝的开度分析

图 4-37 为接头#1 裂缝的控制点分布图，沿列车行进方向，在#1 裂缝内侧的裂缝依次布置 B1、B2、B3 三个控制点，控制点位于各环管片中间；在#1 裂缝外侧的裂缝依次布置 B4、B5、B6 三个控制点，控制点位于各环管片中间。

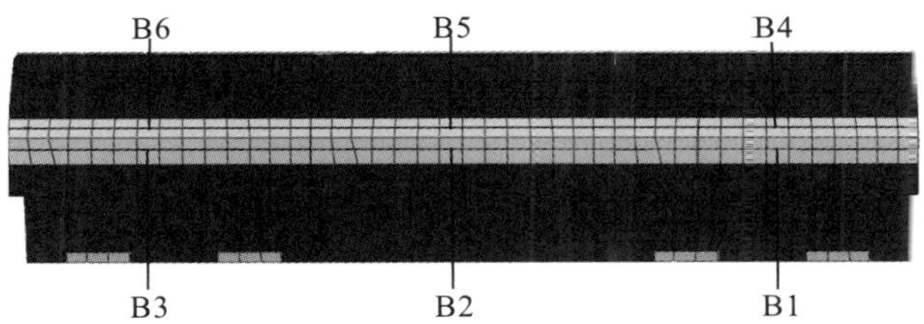

图 4-37　接头#1 裂缝的控制点分布图

图 4-38 为接头#1 裂缝各控制点的开度时程曲线，从图可知位于内侧裂缝的 B1、B2、B3 三个控制点的开度时程曲线整体变化规律相似；位于外侧裂缝的 B4、B5、B6 三个控制点的开度时程曲线一致；内、外侧裂缝控制点的开度时程曲线差别不是很大，具体表现为在撞击力的持续作用下，开度都逐渐增大，且都在撞击的震荡荷载处产生峰值开度。

图 4-38(b)为#1 裂缝内侧的裂缝控制点 B2 开度时程曲线，从整体演变规律分析，随时间的不断增加，开度不断增大，在加载快要结束时，产生峰值开度，此后有小范围的闭合现象；B2 点在 27ms 时产生最大开度，开度为 0.6594cm；B2 点的开度是不断加载的过程，逐渐积累达到最大，主要由撞击力的震荡荷载控制；其中出现的裂缝闭合现象，主要因为撞击时程曲线上的撞击力不是逐渐增大的，在撞击力减小到一定程度，未破坏的衬砌在围岩的作用下出现回弹现象造成了裂缝的闭合。

图 4-38(e)为#1 裂缝外侧的裂缝控制点 B5 开度时程曲线，从整体演变规律分析，外侧裂缝的开度时程曲线与内侧裂缝的开度时程曲线一致，随着撞击力的持续加载，开度不断增大，在 19.4133ms 时产生峰值开度，峰值开度为 1.224cm；结合所加载的撞击力第一

特征曲线可知，产生的峰值开度主要由撞击力的震荡荷载引起。

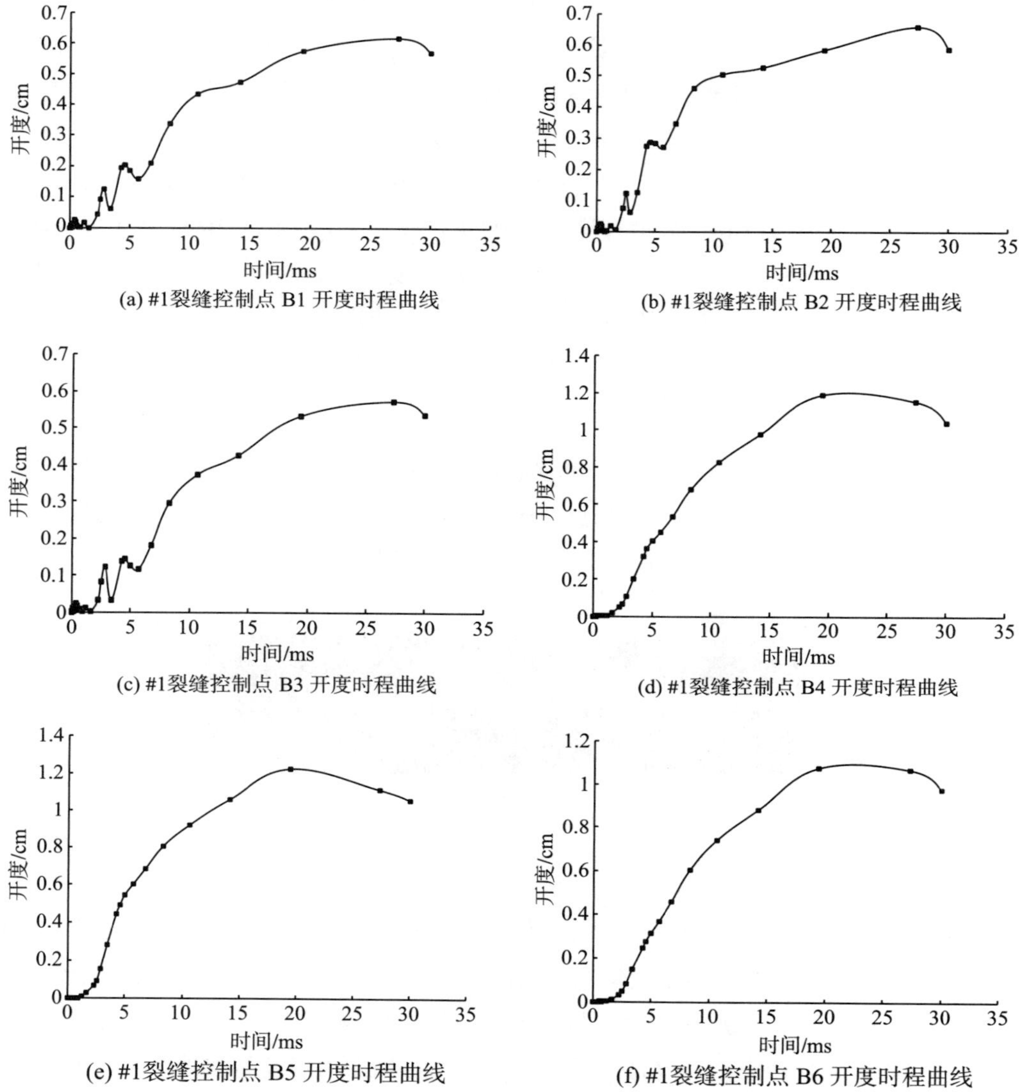

(a) #1裂缝控制点 B1 开度时程曲线

(b) #1裂缝控制点 B2 开度时程曲线

(c) #1裂缝控制点 B3 开度时程曲线

(d) #1裂缝控制点 B4 开度时程曲线

(e) #1裂缝控制点 B5 开度时程曲线

(f) #1裂缝控制点 B6 开度时程曲线

图 4-38　接头#1 裂缝各控制点开度时程曲线

表 4-3 为#1 裂缝各控制点的开度表，从表中可得知内侧裂缝控制点 B1、B2、B3 出现峰值开度的时间大致相同，都在 27.31ms 左右，外侧裂缝控制点 B4、B5、B6 出现峰值开度的时间都在 19.413ms；#1 裂缝的峰值开度最大值点 B5 位于②环管片即加载管片；对比同侧的裂缝控制点，可得出裂缝的峰值开度和最终开度相差不大，对比同一管片环上的不同侧裂缝开度，可得出外侧裂缝的峰值开度和最终开度都大于内侧裂缝峰值开度和最终开度。

表 4-3　#1 裂缝各控制点的开度表

	B1	B2	B3	B4	B5	B6
出现最大开度的时间/ms	27.3106	27.3106	27.3106	19.4133	19.4133	19.4133
峰值开度/cm	0.6165	0.6594	0.5716	1.1882	1.224	1.0765
最终开度/cm	0.568	0.5863	0.5349	1.0356	1.0535	0.9773

内侧裂缝的 B1、B2、B3 三个控制点的开度时程曲线整体变化规律相似，出现峰值开度的时间都为 27.31ms，且峰值开度相差不大；从整体演变规律分析，位于外侧裂缝的 B4、B5、B6 三个控制点的开度时程曲线的变化规律和内侧裂缝一致，都表现为，随着撞击力的持续加载，开度不断增大，且都主要由撞击震荡荷载控制；#1 裂缝的峰值开度的最大值出现在②环管片，即加载管片，其值为 1.224cm；同侧的裂缝控制点的峰值开度和最终开度相差不大，外侧裂缝的峰值开度和最终开度大于内侧。

3. 衬砌接头#3 裂缝的开度分析

由图 4-31 可知接头#3 裂缝主要集中在①、③管片环，且裂缝分布大致相同，选取③管片的裂缝进行开度分析。图 4-39 为接头#3 裂缝控制点分布图，在 M3、M4 处以及管片中心处依次布置控制点 C1、C2、C3，在外侧相对的位置依次布置 C4、C5、C6。

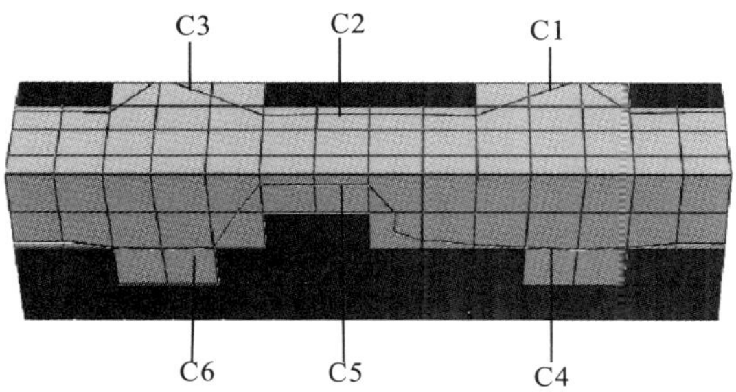

图 4-39　接头#3 裂缝控制点分布图

图 4-40 为接头#3 裂缝各控制点的开度时程曲线，从图可知位于内侧裂缝的 C1、C2、C3 三个控制点的开度时程曲线与位于外侧裂缝的 C4、C5、C6 三个控制点的开度时程曲线大致相同；随着荷载的增大，其开度演化的整体规律呈现为持续增大。

图 4-40(a)为#3 裂缝的内侧裂缝控制点 C1 开度时程曲线，从图中可知，在 1.5ms 处会出现一个峰值，此后在 3ms 之后开度随时间不断增大，在加载快要结束时产生最大开度，此后裂缝有小范围的闭合现象，在 27ms 时产生最大开度，开度为 0.669cm；C1 点的开度是在不断加载的过程中逐渐积累达到最大，主要是由撞击震荡荷载控制；其中出现的裂缝闭合现象，产生原因主要是撞击时程曲线上的撞击力不是逐渐增大的，在撞击力减小到一定程度，未破坏的衬砌在围岩的作用下出现回弹现象造成了裂缝的闭合。

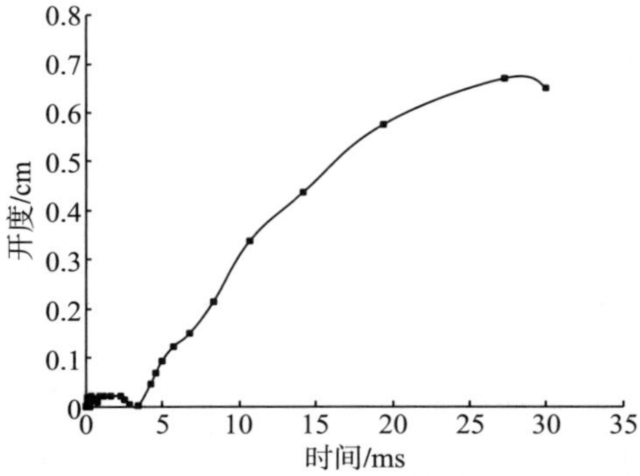

(a) #3裂缝控制点 C1 开度时程曲线

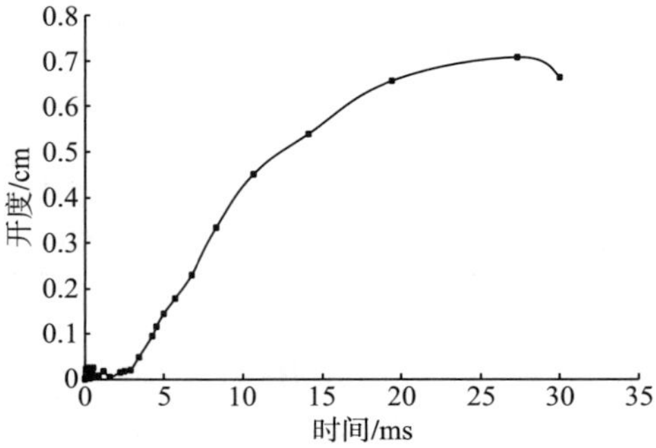

(b) #3裂缝控制点 C2 开度时程曲线

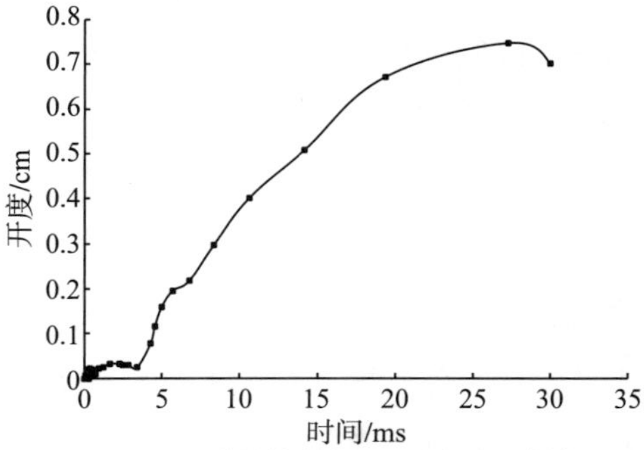

(c) #3裂缝控制点 C3 开度时程曲线

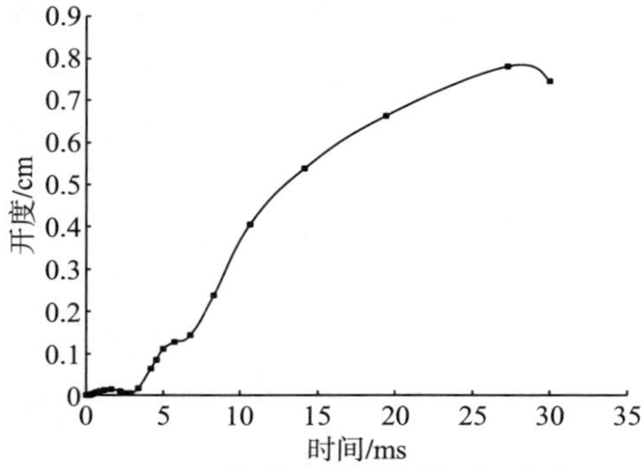

(d) #3裂缝控制点C4 开度时程曲线

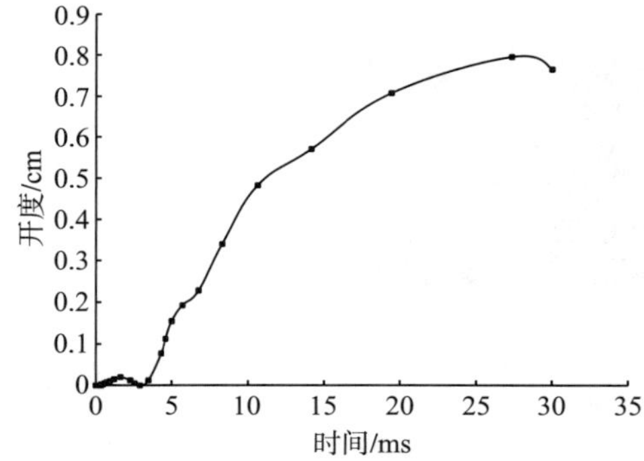

(e) #3裂缝控制点 C5 开度时程曲线

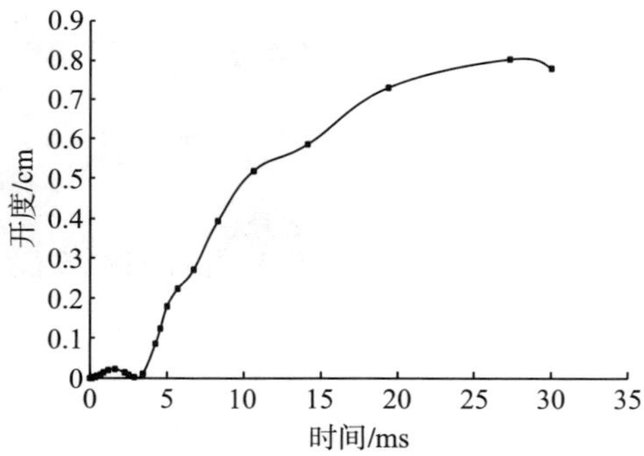

(f) #3裂缝控制点 C6 开度时程曲线

图 4-40 #3 裂缝各控制点开度时程曲线

表 4-4 为#3 裂缝各控制点的开度表，从表中可得知内侧裂缝控制点 C1、C2、C3 出现峰值开度的时间与外侧裂缝控制点 C4、C5、C6 出现峰值开度的时间一致，为 27.31ms；#3 裂缝的峰值开度和最终开度在内外侧裂缝上沿撞击方向不断增大，峰值开度的最大值出现在 C6，峰值开度的最小值出现在 C1；对比同侧的裂缝控制点，可得出裂缝的峰值开度和最终开度相差不大，对比同一管片环上的不同侧裂缝开度，可得出外侧裂缝的峰值开度和最终开度都大于内侧裂缝峰值开度和最终开度。

表 4-4　#3 裂缝各控制点的开度表

	C1	C2	C3	C4	C5	C6
出现最大开度的时间/ms	27.3106	27.3106	27.3106	27.3106	27.3106	27.3106
峰值开度/cm	0.6698	0.7089	0.7470	0.7807	0.7955	0.8017
最终开度/cm	0.6496	0.6647	0.6998	0.7457	0.7653	0.7790

总之，#3 裂缝的内侧裂缝与外侧裂缝各控制点的开度时程曲线的变化规律相似，都表现为在 1.5ms 处会出现一个峰值，此后在 3ms 之后开度随时间不断增大，出现峰值开度的时间为 27.31ms，且峰值开度主要由撞击震荡荷载控制；#3 裂缝的峰值开度和最终开度在内外侧裂缝上沿撞击方向不断增大；同侧的裂缝控制点的峰值开度和最终开度相差不大，外侧裂缝的峰值开度和最终开度大于内侧。

4.4　本 章 小 结

本章通过建立列车模型，获得列车脱轨荷载，并建立考虑动力边界条件、管片实体接头、管片三维接触、管片衬砌非线性开裂的盾构隧道单层衬砌开裂耦合模型，通过扩展有限元分析方法(XFEM)模拟衬砌裂纹的扩展形式，捕捉动态裂纹的扩展路径，并得到以下主要结论：

(1) 列车斜向撞击荷载时程呈现两类特征曲线形式，第一类特征曲线中撞击力最大值出现在发生撞击作用的瞬间，并可用高斯多峰拟合公式进行拟合。

(2) 在第一类特征曲线荷载下，有三个区域产生裂缝，主裂缝即管片②撞击荷载的加载区域主裂缝，以及①、②、③号管片#1 接头处的裂缝和#3 接头处的裂缝；主裂缝分为内侧和外侧主裂缝，内、外侧主裂缝的长度为 2.648m、2.789m，主裂缝的扩展持续时间为 0.4ms，说明裂缝的扩展发生在撞击的瞬间，在后续的撞击震荡荷载下，衬砌裂缝单元持续开裂直至完全开裂。

#1 裂缝处开裂的单元主要有三条：内侧开裂的单元、中间开裂的单元、外侧开裂的单元，形成的接头#1 裂缝主要有两条：内侧裂缝以及外侧裂缝并实现贯穿，且各环的裂缝长度为 2m，内侧裂缝开裂起点为各环管片的 M1、M2 处，方向向两侧扩展，其中②环管片先进行开裂；外侧裂缝开裂的位置在①、②管片环向接触处以及②、③管片的环向接触处，由中间向两侧进行扩展；#1 裂缝完全扩展的完成时间要早于主裂缝的完成时间；由于撞击荷载后续的震荡荷载，裂缝单元持续开裂，完全开裂的裂缝单元主要集中在#1 裂缝内侧裂缝，且弯螺栓所处位置的裂缝单元未发生完全开裂。

#3 裂缝处开裂的单元主要有三条：内侧开裂的单元、中间开裂的单元、外侧开裂的单元；形成裂缝主要有两条：内侧裂缝和外侧裂缝并实现了贯穿管片衬砌；内侧裂缝开裂起点为①、③环管片的 M5、M6 纵向弯螺栓处，方向向两侧扩展，各管片环的内侧裂缝

总扩展长度为 2.355m；外侧裂缝开裂为各管片两侧向中间扩展，各管片裂缝总长度为 2.586m；#3 裂缝完全扩展的完成时间要早于主裂缝的完成时间；由于撞击荷载后续的震荡荷载，裂缝单元持续开裂，完全开裂的裂缝单元主要集中在#3 裂缝中间开裂的单元。

(3) 主裂缝控制点 A2、A3、A4 的开度时程曲线相似，A1、A5、A6 的开度时程曲线相似，距离撞击区域中心最近的 A2、A4 峰值开度较大，离撞击区域较远的控制点峰值开度较小；由于列车的斜向撞击，A4 控制点的峰值开度最大，最大为 6.4cm；控制点 A2、A3、A4 出现峰值开度的时间大致相同，都在 0.35ms 左右，A1、A5、A6 出现峰值开度的时间都在 19.413ms；其中，控制点 A3 的裂缝的开度最大值在撞击的瞬间产生，具体出现的时间与内侧主裂缝开裂的完成时间相似，约为 0.3ms，主要受撞击力的第一峰值影响，随着撞击力荷载的变小，裂缝有闭合的趋势，在撞击力的震荡荷载(第二峰值荷载)持续作用下，裂缝开度产生第二个峰值开度；控制点 A1 裂缝的开度最大值在撞击的持续作用下产生，具体出现的时间为 19.413ms，主要受撞击力的震荡荷载影响；裂缝单元上下部分有明显的错开现象，在开度最大时裂缝单元错开现象最明显。

内侧裂缝的 B1、B2、B3 三个控制点的开度时程曲线整体变化规律相似，出现峰值开度的时间一致，都为 27.31ms，且峰值开度相差不大；从整体上的演变规律分析，位于外侧裂缝的 B4、B5、B6 三个控制点的开度时程曲线的变化规律和内侧裂缝一致，都表现为，随着撞击力的持续加载，开度不断增大，且都主要由撞击力的震荡荷载控制；#1 裂缝的峰值开度的最大值出现在②环管片即加载管片，其值为 1.224cm；同侧的裂缝控制点的峰值开度和最终开度相差不大，外侧裂缝的峰值开度和最终开度大于内侧。

#3 裂缝的内侧裂缝与外侧裂缝各控制点的开度时程曲线的变化规律相似，都表现为在 1.5ms 处会出现一个峰值，此后在 3ms 之后开度随时间不断增大，出现峰值开度的时间为 27.31ms，且峰值开度主要由撞击力的震荡荷载控制；#3 裂缝的峰值开度和最终开度在内外侧裂缝上沿撞击方向不断增大；同侧的裂缝控制点的峰值开度和最终开度相差不大，外侧裂缝的峰值开度和最终开度大于内侧。

第 5 章　基于列车撞击荷载的双层衬砌开裂力学行为

由于对盾构隧道抗撞击能力及其他因素的考虑，目前国内在广深港客运专线狮子洋隧道、杭长客运专线钱塘江隧道、沪通铁路黄浦江隧道以及论证中的琼州海峡跨海隧道等隧道工程中都局部或者全长采用了在管片衬砌内部增设二次衬砌的双层衬砌结构形式，因此有必要对双层衬砌盾构隧道的动力开裂行为进行研究。本章在第 4 章研究的基础上，建立双层衬砌盾构隧道模型，分析二次衬砌在撞击荷载下的开裂演化以及开度时程曲线，对比分析两种形式下的盾构隧道管片衬砌的开裂演化以及接头螺栓的动力响应，研究二次衬砌对管片衬砌的保护作用以及在限制管片衬砌开裂过程中所起的作用。

5.1　双层衬砌盾构隧道开裂模型

采用双层衬砌结构形式，隧道的外半径为 5.15m，内半径为 4.37m，二次衬砌厚度为 0.3m，管片衬砌的厚度为 0.48m，幅宽为 2.0m，双层衬砌盾构隧道的地层围岩以及管片衬砌的组成与第 4 章的单层管片衬砌模型相同，双层衬砌盾构隧道衬砌断面如图 5-1 所示。隧道围岩、动力边界、材料参数也与第 4 章一致，二次衬砌采用 C30 混凝土。图 5-2 为双层衬砌盾构隧道的三维有限元网格图，为了与单层管片衬砌中间分块的三环管片相对应，对二次衬砌的中间部分也进行加密处理。

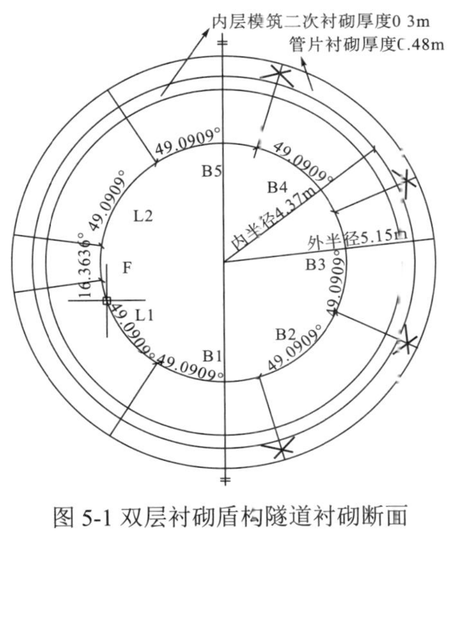

图 5-1 双层衬砌盾构隧道衬砌断面

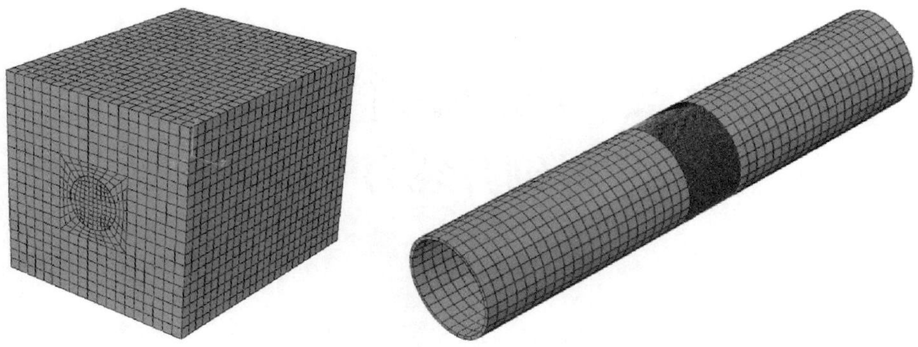

(a) 围岩网格图　　　　(b) 二次衬砌网格图

图 5-2　双层衬砌盾构隧道的三维有限元网格图

本章主要通过对比分析同一撞击力荷载作用下单层管片衬砌和双层衬砌两种形式盾构隧道管片衬砌开裂行为的特点，揭示二次衬砌在保护管片衬砌受撞击荷载开裂时所起到的作用。撞击力选取第一特征时程曲线进行计算，F_x, F_y, F_z 时程曲线如图 5-3 所示，且将撞击力时程曲线按实际撞击位置和作用范围以平均面力的近似形式施加在二次衬砌内侧[131]，这与第 4 章的撞击荷载一致。

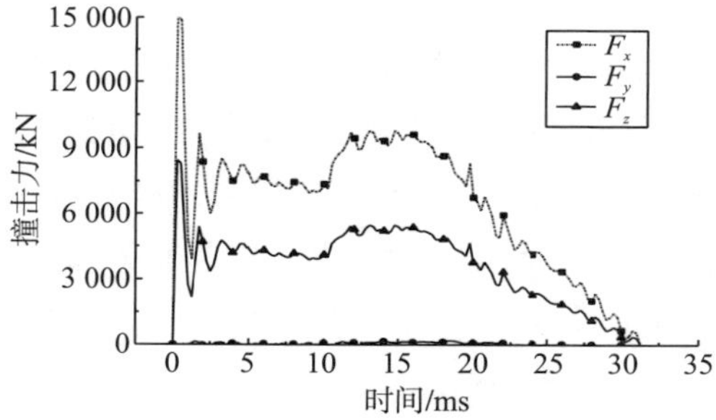

图 5-3　第一特征时程曲线的分量时程曲线

5.2　二次衬砌开裂

5.2.1　裂缝扩展

图 5-4(彩图见附录)为二次衬砌主裂缝的开展区域，由图可知在第一特征曲线荷载下，发生开裂的位置主要集中在撞击区域中心，内侧主裂缝主要有上下两条，外侧主裂缝主要有左右两条，为便于后续分析，将内侧主裂缝的上下两条主裂缝命名为内-1、内-2，外侧主裂缝的左右两条主裂缝命名为外-1、外-2。

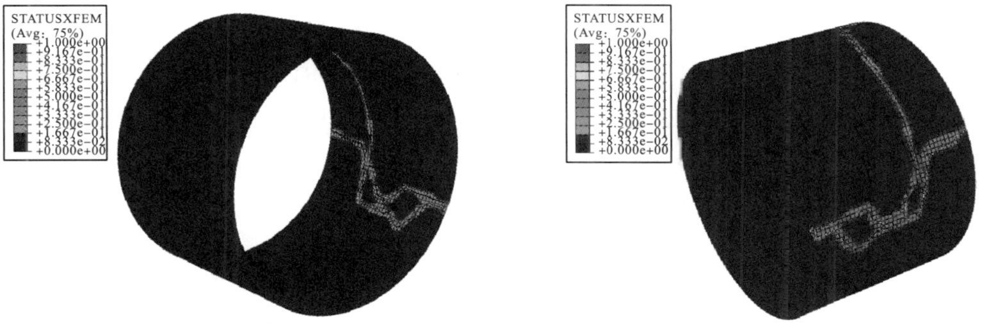

(a) 二次衬砌内侧裂缝的主要开展区域　　(b) 二次衬砌外侧裂缝的主要开展区域

图 5-4　二次衬砌主裂缝的主要开展区域

图 5-5(彩图见附录)为撞击荷载下二次衬砌内侧主裂缝的开裂过程，从图中可以看出，施加撞击荷载后，内侧主裂缝的上侧裂缝即内-1 在 1.47×10^{-2}ms 时产生一个 0.45m 的横向裂缝，由于列车在撞击的瞬间，撞击力有竖直方向的分力，在 1.78×10^{-2}ms 时内-1 横向裂缝斜向上扩展，各延伸 0.212m；在 0.1188ms 时，内侧主裂缝的下侧裂缝即内-2 开始开裂并向两侧扩展，起始裂缝的长度为 0.3621m，此时内-1 继续斜向两侧开展，左侧(沿列车前进方向的前侧)斜向上扩展 0.6364m，右侧(沿列车前进方向的后侧)斜向上扩展 0.4243m；0.2753 ms 时，内-2 右侧裂缝开始向下扩展，内-2 裂缝左侧扩展 0.874m，右侧扩展 0.9364m，此时内-1 继续斜向两侧开展，左侧扩展 0.212m，右侧扩展 0.424m；0.3145ms 时，内-2 左侧裂缝开始斜向上扩展，内-2 裂缝左侧扩展 0.212m，右侧扩展 0.15m，此时内-1 左侧裂缝斜向上开展，左侧扩展 0.4992m，右侧没进行扩展；在 0.3690ms 时，内-1 右侧裂缝横向扩展，扩展长度为 0.8121m，左侧裂缝继续斜向上扩展，扩展长度为 0.15m，此时，内-2 裂缝左侧斜向上扩展 0.212m，右侧扩展 0.30m。

在 0.4082ms 时，内-1 裂缝的右侧扩展完成，扩展长度为 1.2m，左侧没进行扩展，内-2 裂缝左侧斜向上扩展 0.7864m，右侧扩展 0.8485m；在 0.4511ms 时，内-2 右侧裂缝扩展完成，扩展长度为 1.024m，左侧扩展 2.305m，内-1 裂缝左侧继续斜向上扩展 2.5578m；在 0.4944ms 时，内-2 裂缝的左侧扩展完成，扩展长度为 0.3m，内-1 裂缝左侧继续斜向上扩展 0.3m；在 1.6933ms 时，内-1 裂缝的左侧扩展完成，扩展长度为 5.0447m；由加载曲线可知，撞击荷载的最大撞击力远大于后续的震荡荷载，衬砌内表面主裂缝在 1.6933ms 后不再进行内侧扩展，裂缝所经过单元在后续荷载下持续开裂，在 10.1410ms 时撞击中心两侧率先完全开裂，30ms 时完全开裂的单元增加很少，施加二次衬砌将撞击力平均分配到衬砌环上，有效地减小了应力集中现象，相比单层管片衬砌减少了完全开裂的单元数目。图 5-6 为 30ms 内侧主裂缝撞击区域中心的局部放大图，由图可知内-1 裂缝宽度大于内-2 裂缝宽度。

由此可以得出以下结论：二次衬砌的内侧主裂缝的开裂主要有上下两条，上侧主裂缝内-1 的开裂起止时间为 1.47×10^{-2}～1.6933ms，开裂总长度为 13.1345m，下侧主裂缝内-2

的起止时间为 0.1188～0.4944ms，开裂总长度为 8.3104m；主裂缝的下侧开裂在撞击的瞬间完成，在 0.4944ms 后上侧裂缝的左侧持续斜向上增长到 1.6933ms，此阶段主要因为二次衬砌受斜向上的撞击；相比单层管片衬砌而言，没有螺栓的约束作用，二次衬砌的主裂缝有两条，且长度较大；在后期的持续震荡荷载下，由于撞击力平均分散到二次衬砌上，故二次衬砌相比单层管片衬砌完全开裂的单元数目减少。

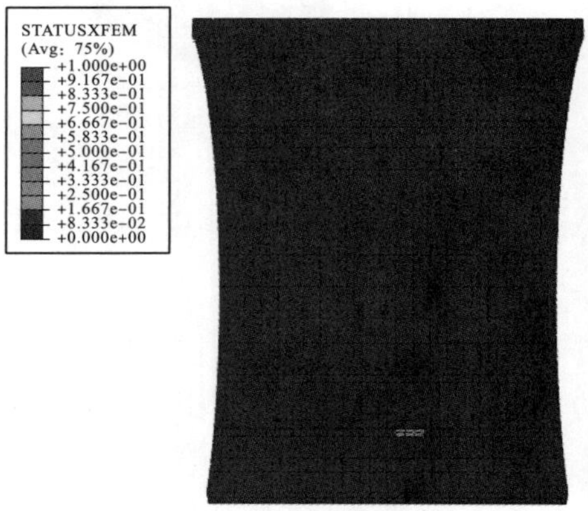

(a) 1.47×10^{-2}ms

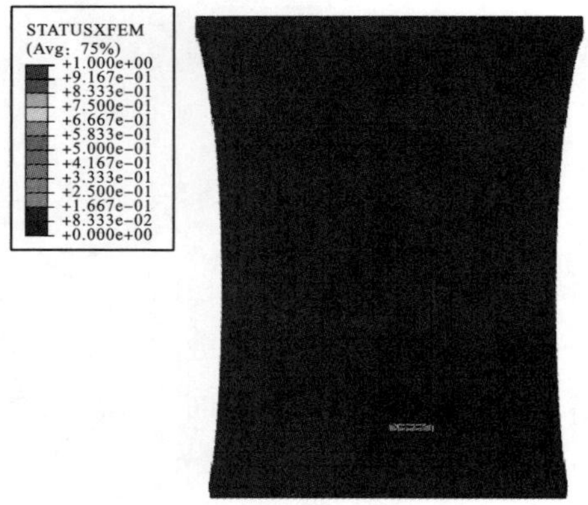

(b) 1.78×10^{-2}ms

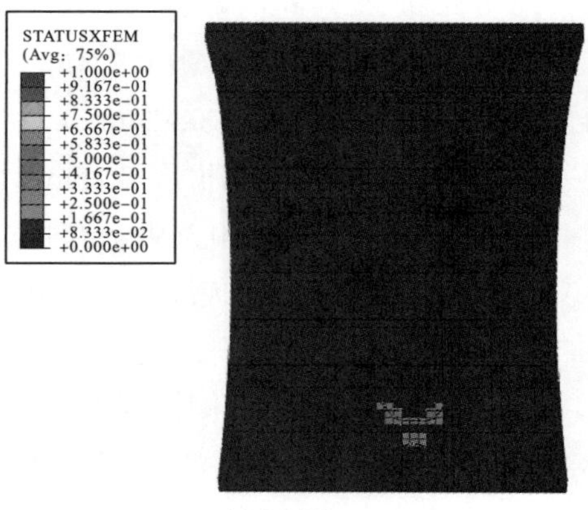

(c) 0.1188ms

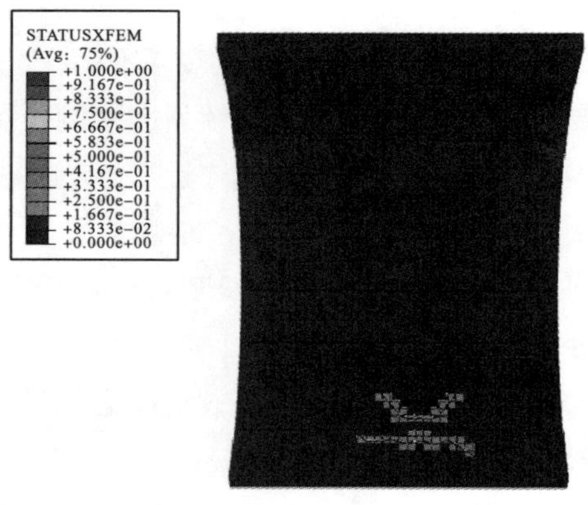

(d) 0.2753ms

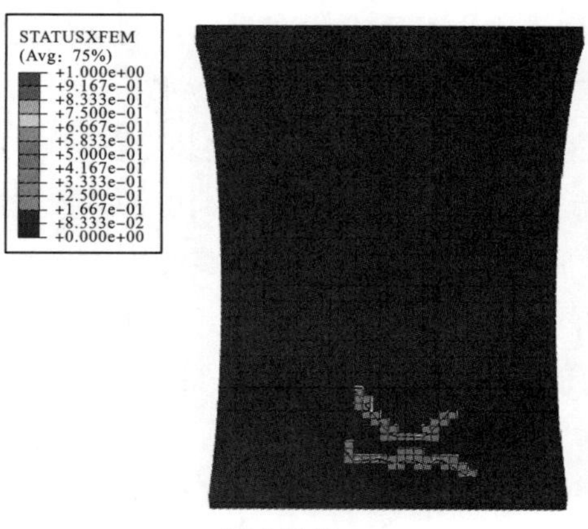

(e) 0.3145ms

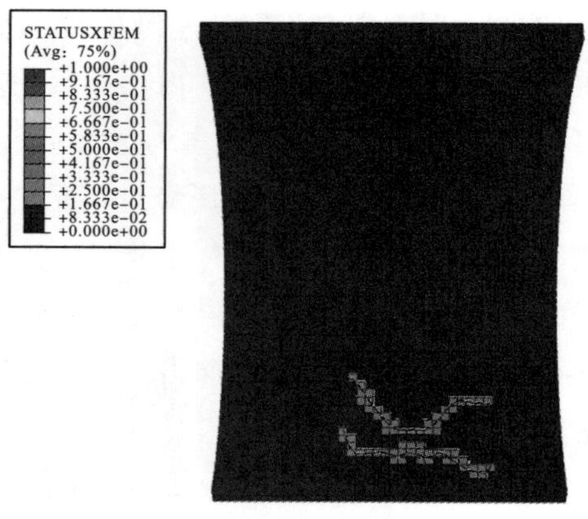

(f) 0.3690ms

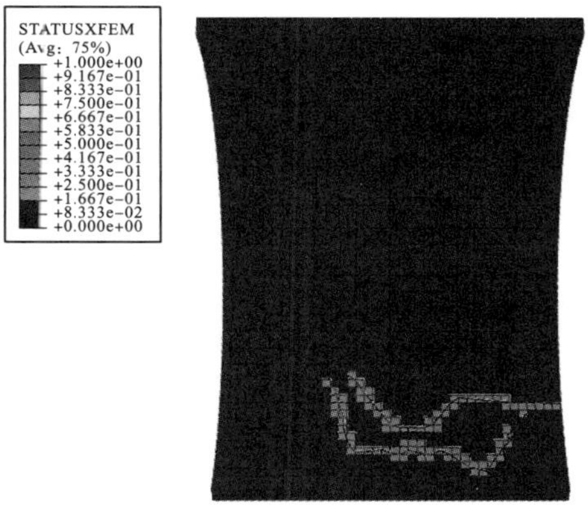

(g) 0.4082ms

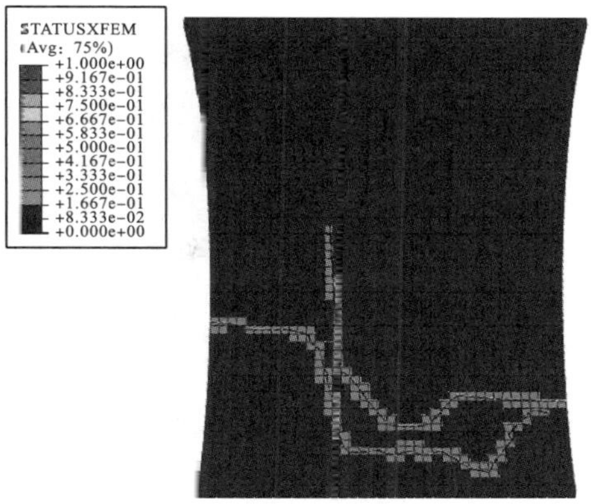

(h) 0.4511ms

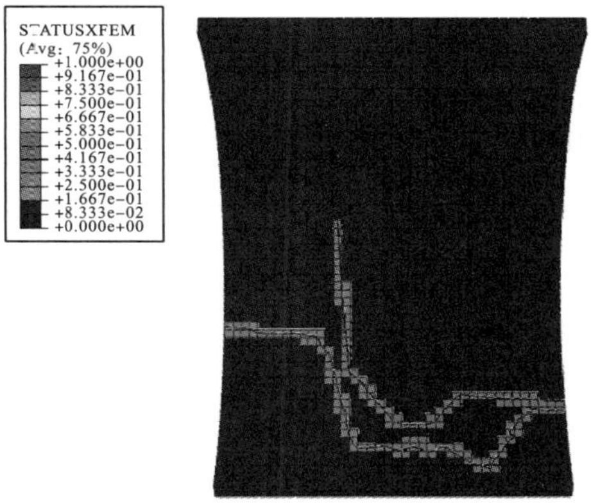

(i) 0.4944ms

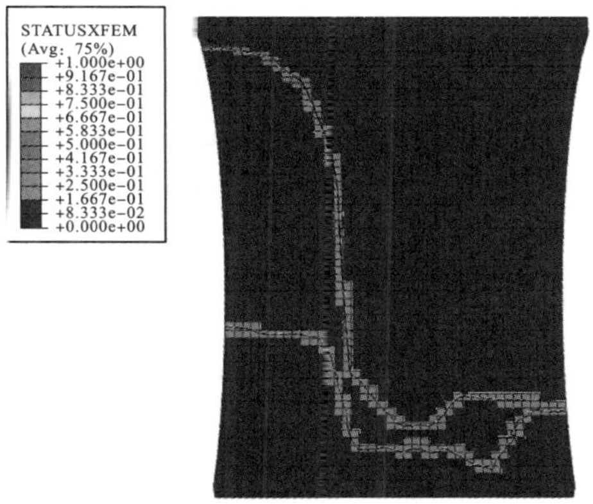

(j) 1.6923ms

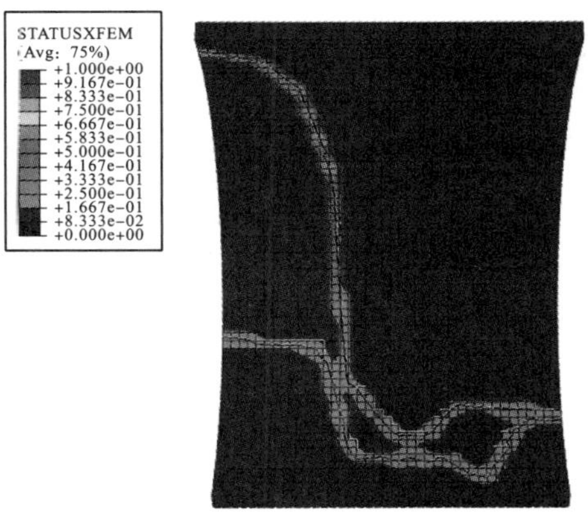

(k) 10.1410ms

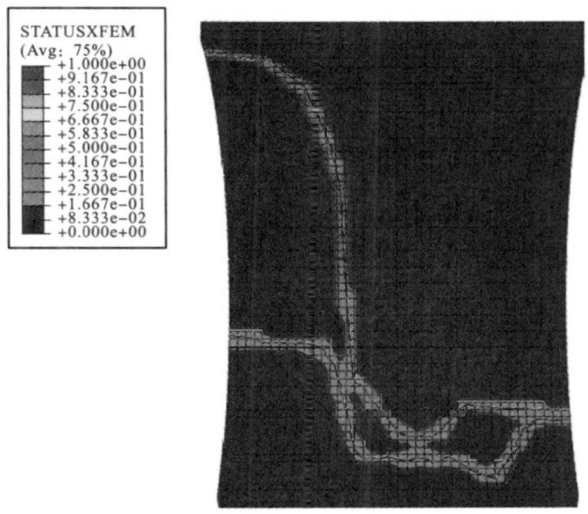

(l) 30ms

图 5-5 撞击荷载下二次衬砌内侧主裂缝的开裂过程

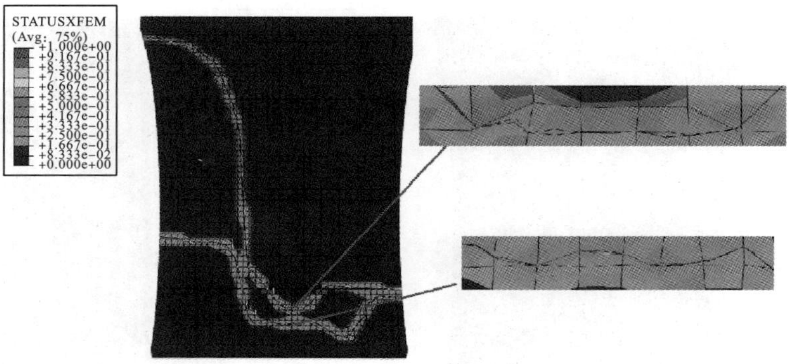

图 5-6 30ms 内侧主裂缝撞击区域中心的局部放大图(放大系数 25)

图 5-7 为撞击荷载下二次衬砌外侧主裂缝的开裂过程，从图中可以看出，施加撞击荷载后，在 0.1281ms，外侧主裂缝左右两侧产生一个起始裂缝，左侧裂缝(沿列车前进方向的后侧)即外-1 的起始长度为 0.3354m，右侧裂缝(沿列车前进方向的前侧)即外-2 的起始长度为 0.7548m，由于列车的斜向撞击作用，外-2 的起始裂缝长度大于外-1；在 0.1508ms 时，外-1 上侧裂缝垂直向上扩展，扩展长度为 0.45m，外-1 下侧裂缝先向右下扩展，然后向左扩展，扩展长度为 0.525m，外-2 上侧裂缝没进行扩展，外-2 下侧裂缝斜向下扩展，扩展长度为 0.3354m；在 0.2484ms 时，外-1 上侧裂缝停止扩展，外-1 下侧裂缝斜向下扩展，扩展长度为 0.4802m，外-2 上侧裂缝停止扩展，外-2 下侧裂缝沿列车行进方向水平扩展，扩展长度为 0.3m；在 0.2924ms 时，只有外-2 下侧裂缝向右上扩展，扩展长度为 0.7581m；在 0.3269ms 时，外-1 上侧裂缝向左扩展，扩展长度为 0.5847m，外-1 下侧裂缝向右下扩展，扩展长度为 0.1403m，外-2 下侧裂缝停止扩展，外-2 上侧裂缝斜向上扩展，扩展长度为 0.750m；在 0.4284ms 时，外-1 上侧裂缝沿列车行进的相反方向水平扩展，扩展长度为 1.3521m，此时外-1 上侧的裂缝扩展完成，外-1 下侧裂缝向右上扩展，扩展长度为 1.1945m，外-2 上下侧裂缝都没进行扩展。

在 0.4702ms 时，外-1 下侧裂缝沿列车行进的相反方向水平扩展，扩展长度为 0.8121m，此时外-1 下侧裂缝扩展完成，即主裂缝外-1 扩展完成，外-2 上侧裂缝向上进行扩展，扩展长度为 1.9597m，外-2 下侧裂缝先斜向上进行扩展，然后水平扩展，扩展长度为 2.4352m；在 0.5141ms 时，外-2 下侧主裂缝水平向右扩展，扩展长度为 0.4562，此时外-2 下侧主裂缝扩展完成，外-2 上侧主裂缝继续向上扩展，扩展长度为 0.7513m；在 1.435ms 时，外-2 上侧主裂缝继续向上扩展，扩展长度为 1.9019m；在 1.7116ms 时，外-2 上侧主裂缝斜向上扩展，扩展长度为 2.7177m，此时主裂缝外-2 扩展完成；由加载曲线可知，撞击荷载的最大撞击力远大于后续的震荡荷载，衬砌内表面主裂缝在 1.837ms 后不再进行外侧扩展，裂缝所经过单元在后续荷载下持续开裂，在 3.399 ms 时撞击中心两侧率先完全开裂，30ms 时完全开裂的单元增加较少，施加二次衬砌将撞击力平均分配到衬砌环上，有效地减小了撞击区域的应力集中现象，相比单层管片衬砌减少了完全开裂的单元数目。

图 5-8(彩图见附录)为 30ms 外侧主裂缝撞击区域中心的局部放大图(放大系数 25)，从图中可以看出在撞击完成时，①裂缝开度大于②裂缝，距离撞击点距离相同的位置，由于列车的斜向撞击，①处裂缝最终开度大于②处最终开度。

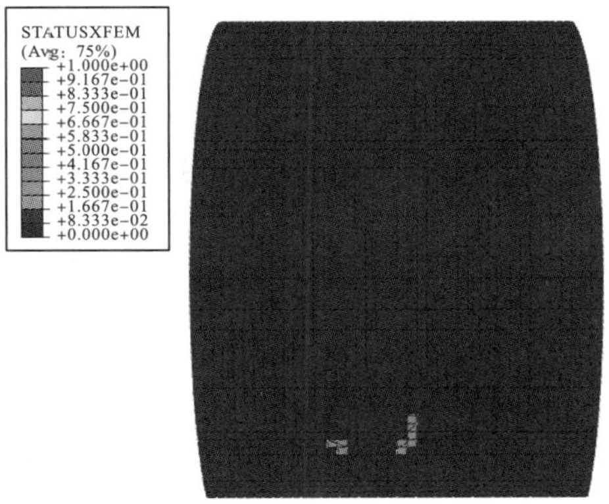

(a) 0.1281ms

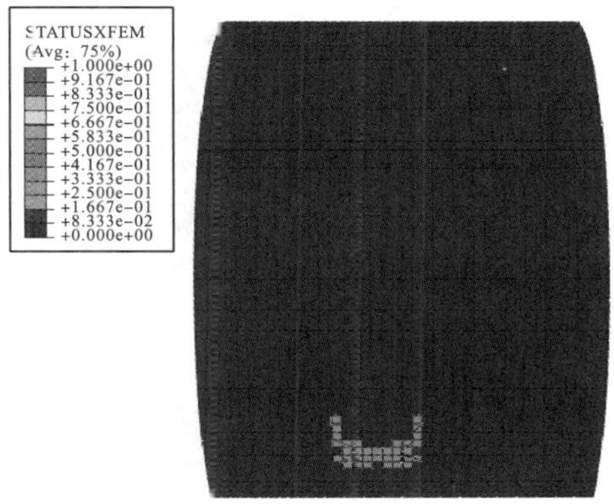

(b) 0.1508ms

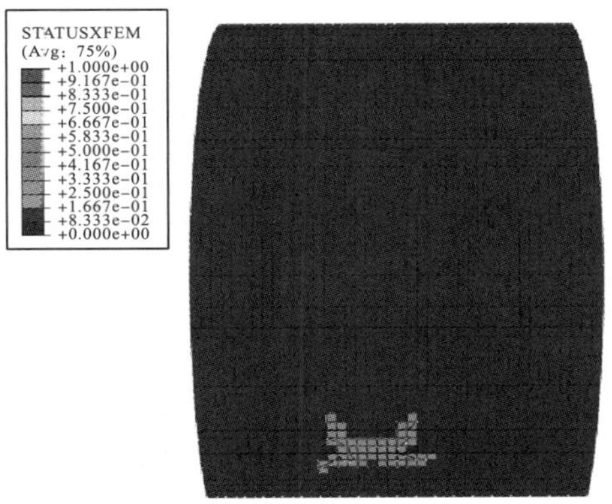

(c) 0.2484ms

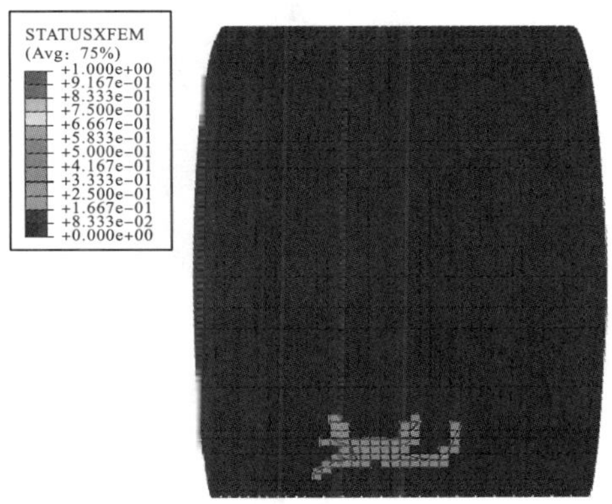

(d) 0.2924ms

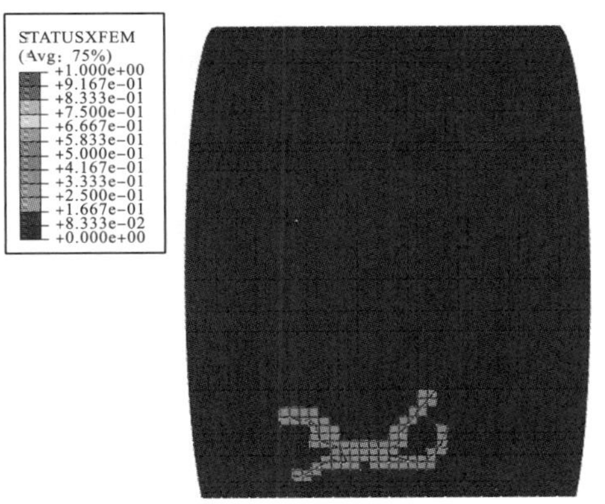

(e) 0.3269ms

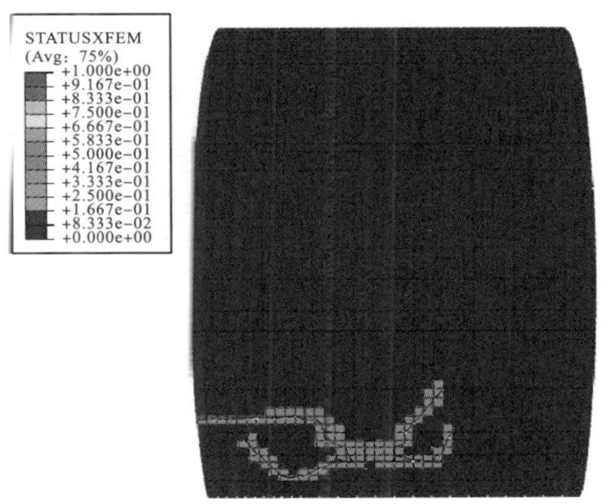

(f) 0.4284ms

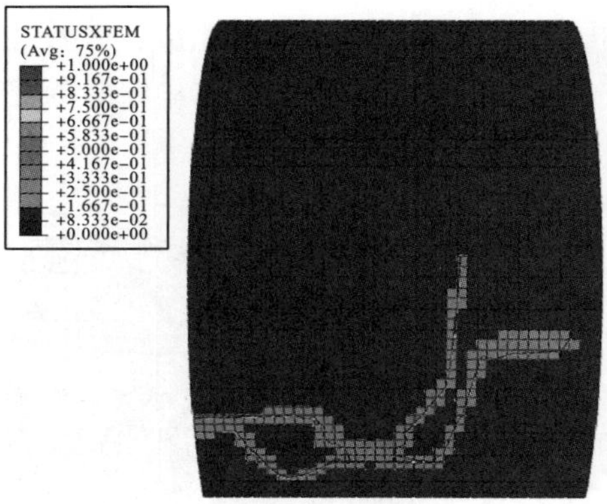

(g) 0.4702ms

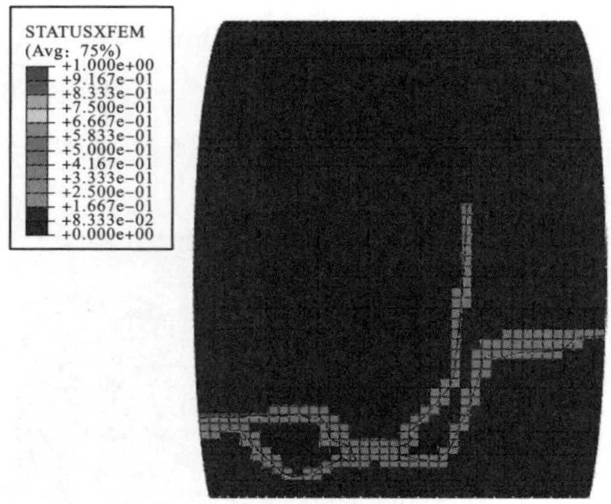

(h) 0.5141ms

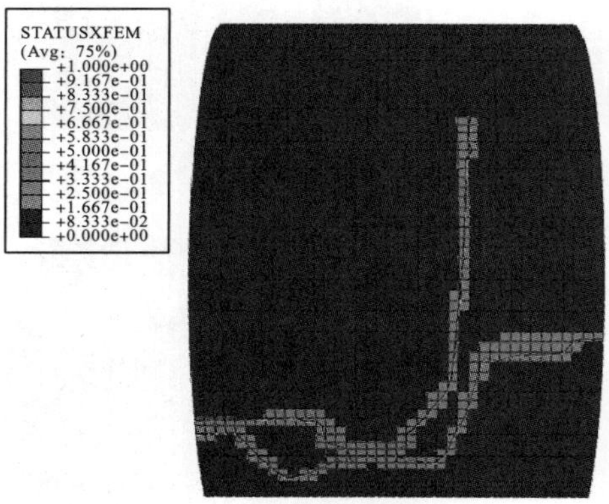

(i) 1.435ms

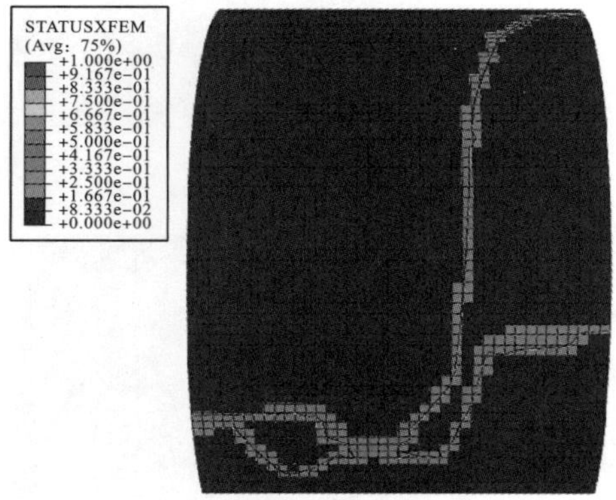

(j) 1.7116ms

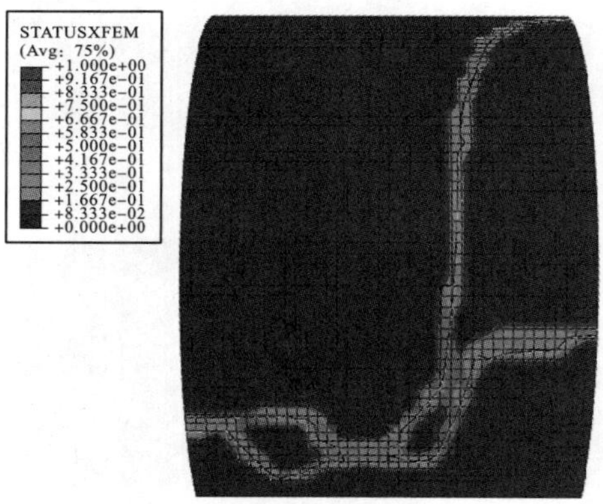

(k) 3.399ms

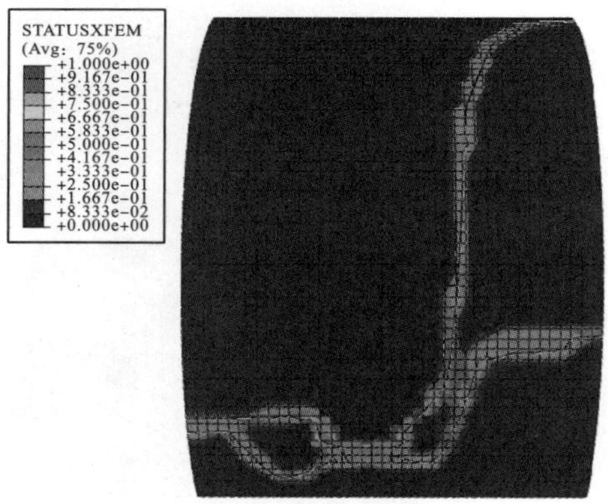

(l) 30ms

图 5-7 撞击荷载下二次衬砌外侧主裂缝的开裂过程

由此可得出以下结论：二次衬砌的外侧主裂缝主要有左右两条，左侧主裂缝外-1 的开裂起止时间为 0.1281~0.4702ms，开裂总长度为 5.8742m，右侧主裂缝内-2 的起止时间为 0.1281~1.7116ms，开裂总长度为 13.1203m；主裂缝的左侧开裂在撞击的瞬间完成，在 0.4702ms 后右侧主裂缝的上侧持续斜向上增长到 1.7116ms，此阶段主要因为二次衬砌受斜向上的撞击；相比单层管片衬砌而言，没有螺栓的约束作用，二次衬砌的外主裂缝有两条，并且长度较大；在后期的持续震荡荷载下，由于撞击力平均分散到二次衬砌上，故二次衬砌相比单层管片衬砌完全开裂的单元数目减少。

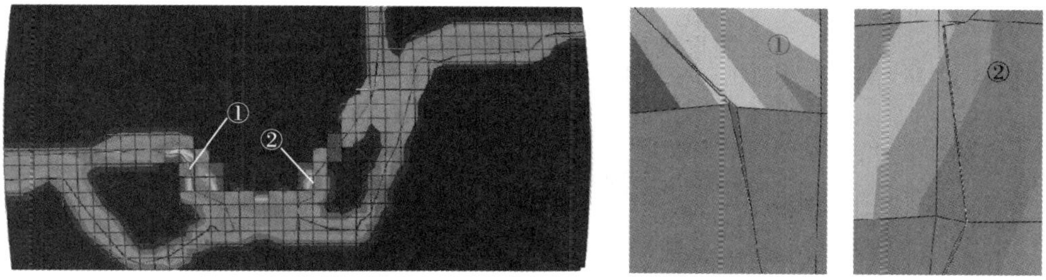

图 5-8　30ms 外侧主裂缝撞击区域中心的局部放大图(放大系数 25)

结合图 5-5、图 5-7 以及图 5-9(彩图见附录)可得出二次衬砌主裂缝的扩展全过程：施加撞击荷载后，在 1.47×10^{-2}ms 时内侧主裂缝内-1 先发生开裂并进行扩展，在 0.1188ms 时内-2 发生开裂并进行扩展，由于撞击荷载的时间滞后作用，在 0.1281ms 时，外侧左右两条主裂缝开始开裂；内侧主裂缝内-1 的左半段与外侧主裂缝外-2 上半段形状相似、长度相近，同样的内-1 右半段与外-1 上半段形状相似，内-2 左半段与外-2 下半段形状相似，内-2 右半段与外-1 下半段形状相似。表 5-1 是内外侧主裂缝各段对比表，可知内-1 的左半段与外-2 上半段、内-1 右半段与外-1 上半段、内-2 左半段与外-2 下半段、内-2 右半段与外-1 下半段裂缝开裂趋势一致；内侧主裂缝开裂的终止时间大于相对应的外侧主裂缝的终止时间，大约为 0.02ms，且开裂长度略大于外侧裂缝的开裂长度，可得出外侧主裂缝是内侧主裂缝的贯穿裂缝；相比单层管片衬砌而言，没有螺栓的约束作用，二次衬砌的外侧主裂缝有两条，且长度较大；在后期的持续震荡荷载下，由于撞击力平均分散到二次衬砌上，故二次衬砌相比单层管片衬砌完全开裂的单元数目减少。

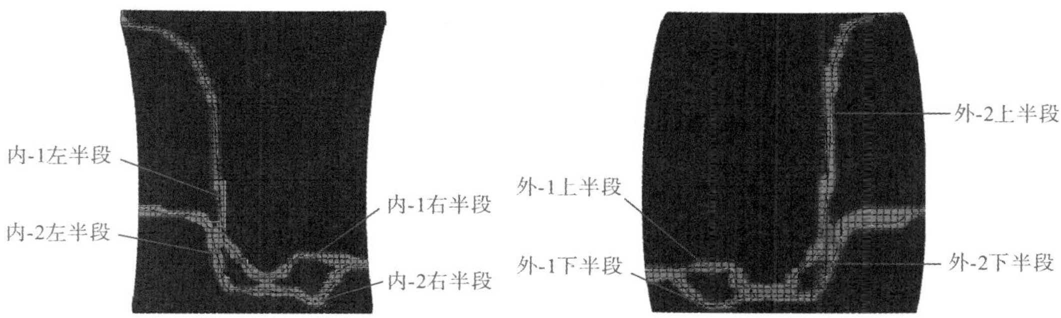

(a) 内侧裂缝　(b) 外侧裂缝

图 5-9　双层衬砌内外侧主裂缝各段分布图

表 5-1　双层衬砌内外侧主裂缝各段对比表

各段	开始时间/ms	终止时间/ms	开裂长度/m	开裂趋势
内-1 左半段	1.47×10^{-2}	1.6933	9.6121	左上
外-2 上半段	0.1281	1.7116	8.0806	右上
内-1 右半段	1.47×10^{-2}	0.4082	3.0724	右上—水平向右
外-1 上半段	0.1281	0.4284	2.3868	左上—水平向左
内-2 左半段	0.1188	0.4944	4.6894	左上—水平向左
外-2 下半段	0.1281	0.5141	4.2894	右上—水平向右
内-2 右半段	0.1188	0.4511	3.2589	右下—右上
外-1 下半段	0.1281	0.4702	3.152	左下—左上

5.2.2　裂缝开度

图 5-10 为荷载下二次衬砌内侧主裂缝的控制点分布图，沿列车行进方向，在内-1 侧主裂缝依次布置 A1、A2、A3、A4、A5、A6 六个控制点，在内-2 侧主裂缝依次布置 a1、a2、a3、a4、a5、a6 六个控制点，由二次衬砌的裂缝扩展分析可知，外侧主裂缝主要为内侧裂缝在衬砌内扩展后的贯通裂缝形成，规律和内侧裂缝的开裂相似，因此，不再考虑外侧主裂缝的开度。

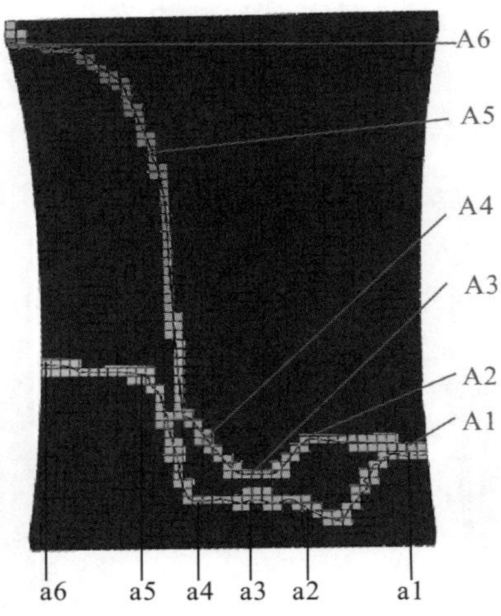

图 5-10　二次衬砌内侧主裂缝控制点分布图

1. 二次衬砌内-1 主裂缝开度分析

图 5-11 为双层衬砌内-1 主裂缝各控制点开度时程曲线，从图可知 A3、A4 控制点的开度时程曲线整体变化规律相似，裂缝开度的最大值出现在撞击的瞬间，因为 A3、A4 控制点分布在撞击区域中心周围的裂缝上，撞击力在衬砌管片上的传递时间极短，力传递的

滞后效应几乎可以忽略，所以 A3、A4 控制点的开度时程曲线整体变化规律相似；控制点 A1、A2 的开度时程曲线相似且与 A3 相近，裂缝开度的最大值要略微滞后于控制点 A3；控制点 A5、A6 的开度时程曲线与 A3 相差很大，结合图 5-5 可知，控制点 A5、A6 离撞击区域较远，裂缝的产生时间在 0.5ms 之后，可知撞击力在衬砌中的传递滞后效应明显，所以在整体规律上控制点 A5、A6 的开度时程曲线与 A3 相差较大。

图 5-11(c)为内-1 主裂缝控制点 A3 开度时程曲线，结合撞击力第一特征曲线可知，裂缝的开度最大值在撞击的瞬间产生，大致在 0.45ms 左右，峰值开度为 4.4cm，且峰值主要受撞击力的第一峰值影响；在产生开度最大值后，随着撞击力荷载的变小，裂缝有闭合的趋势，主要因为在撞击力减小后，未破坏的衬砌在围岩的作用下出现回弹现象造成了裂缝的闭合；结合撞击力第一特征曲线，随着撞击力震荡荷载持续作用，在 14.5ms 时，裂缝开度产生第二个峰值开度，大致为 2.609cm。随着撞击力的消散，A3 控制点开度的最终值为 0.2623cm。图 5-12 为内-1 主裂缝控制点 A3 处单元开度示意图，进一步印证了在撞击荷载持续作用下，裂缝存在张开与闭合的现象；单层管片衬砌内侧主裂缝存在裂缝错开现象，二次衬砌内侧主裂缝错开现象不明显。

图 5-11(a)为内-1 主裂缝控制点 A1 开度时程曲线，在撞击的瞬间，呈现震荡的趋势，在 2 ms 出现开度的最大值，其值为 0.0694cm，且峰值开度主要受撞击力的第二峰值影响；在产生峰值开度后，随着撞击力荷载的变小，裂缝有闭合的趋势，主要是未破坏的衬砌在围岩的作用下出现回弹现象造成了裂缝的闭合；在撞击力震荡荷载持续作用下，裂缝开度产生第二个峰值，大致为 0.0468cm；随着撞击力的消散，A1 控制点开度的最终值为 0.0062cm。

图 5-11(e)、(f)为内-1 主裂缝控制点 A5、A6 开度时程曲线，大体上一致，都表现为在撞击的瞬间，开度非常小，在 4.5ms 时先出现一个峰值，在 14.5ms 出现另一个峰值，第一个峰值主要受撞击力第二峰值影响，第二个峰值主要受撞击力的震荡荷载影响；控制点 A5 第一个峰值为开度最大值，其值为 0.1784cm，控制点 A6 第二个峰值为开度最大值，其值为 0.0508cm。

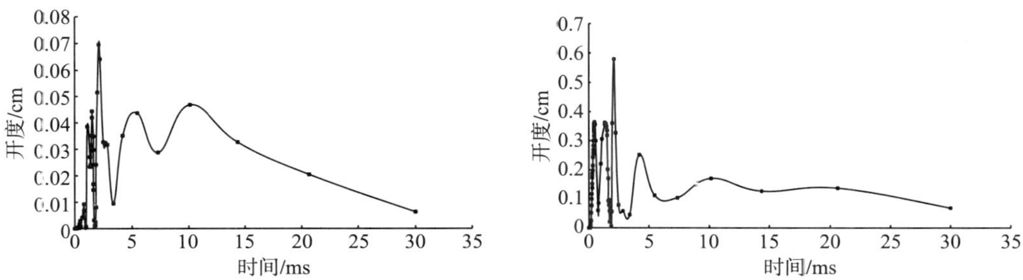

(a) 内-1裂缝控制点 A1 开度时程曲线　　(b) 内-1裂缝控制点 A2 开度时程曲线

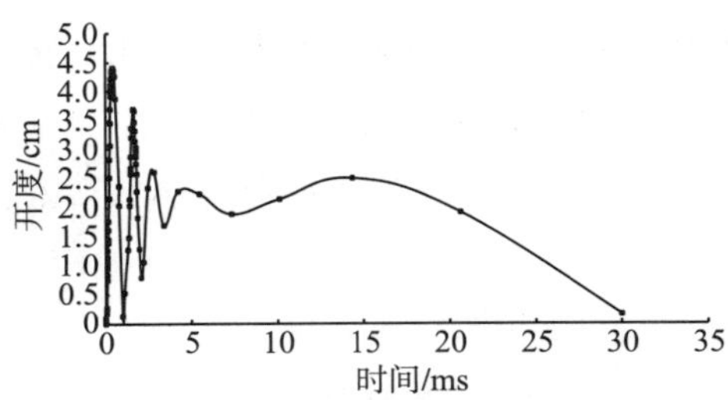

(c) 内-1裂缝控制点 A3 开度时程曲线

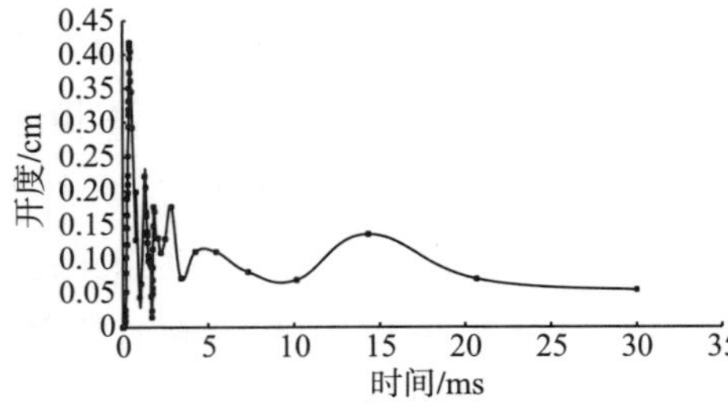

(d) 内-1裂缝控制点 A4 开度时程曲线

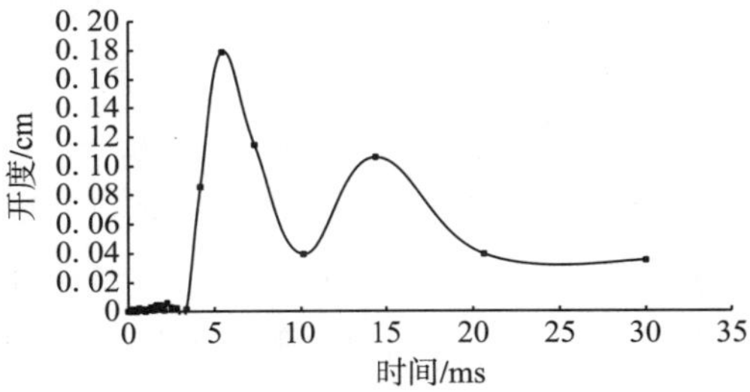

(e) 内-1裂缝控制点 A5 开度时程曲线

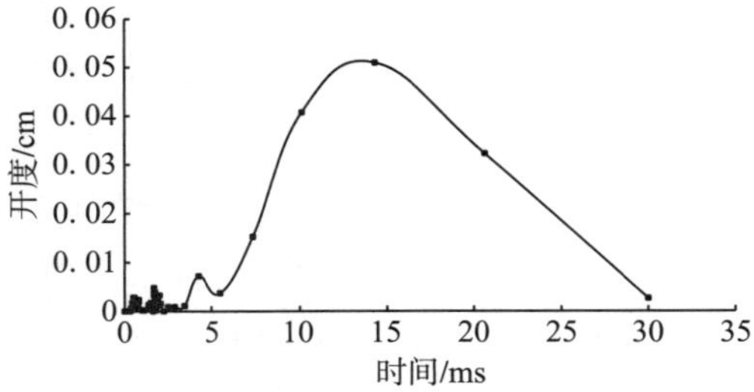

(f) 内-1裂缝控制点 A6 开度时程曲线

图 5-11 双层衬砌内-1 主裂缝各控制点开度时程曲线

(a) 最大开度

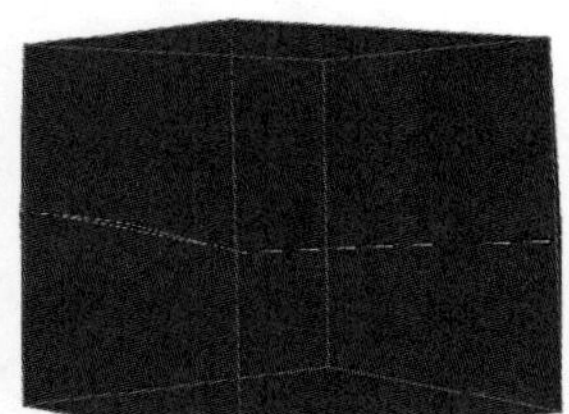

(b) 最终开度

图 5-12 二次衬砌内-1 主裂缝控制点 A3 处单元开度示意图

表 5-2 为内-1 主裂缝各控制点的开度表，从表中可得知离撞击区域最近的内侧主裂缝控制点 A3 的峰值和最终开度较大，距离撞击区域最远的控制点 A6 峰值开度最小，主要因为撞击力在二次衬砌传递的过程中，不断地损耗，在内-1 主裂缝的最末端 A6 达到最小，从而产生的裂缝宽度最小。

表 5-2 二次衬砌内-1 主裂缝各控制点的开度表

	A1	A2	A3	A4	A5	A6
出现最大开度的时间/ms	2.0679	2.0679	0.4329	0.4444	5.4738	14.3413
峰值开度/cm	0.0694	0.5788	4.4075	0.4167	0.1784	0.0508
最终开度/cm	0.0062	0.0691	0.2623	0.055	0.0348	0.0027

2. 二次衬砌内-2 主裂缝开度分析

图 5-13 为双层衬砌内-2 主裂缝各控制点开度时程曲线，从图可知 a4、a5、a6 控制点的开度时程曲线整体变化规律相似，裂缝开度的最大值出现在撞击的后续震荡荷载期间；控制点 a1、a2 的开度时程曲线相似且与 a3 相近，但裂缝开度的最大值要略微滞后于控制点 a3；控制点 a4、a5、a6 的开度时程曲线与 a3 相差很大，结合图 5-7 可知，控制点 a5、a6 离撞击区域较远，裂缝的产生时间在 0.3ms 之后，可知撞击力在衬砌中传递的滞后效应明显，所以在整体规律上控制点 a4、a5、a6 的开度时程曲线与 a3 相差较大。

图 5-13(c)为内-2 主裂缝控制点 a3 开度时程曲线，结合撞击力第一特征曲线可知，裂缝的开度最大值在撞击的瞬间产生，在 0.5ms 左右，峰值为 1.9227cm，且最大值主要受撞击力的第一峰值影响；在产生开度最大值后，随着撞击力荷载的变小，裂缝有闭合的趋势，主要因为在撞击力减小后，未破坏的衬砌在围岩的作用下回弹造成了裂缝的闭合；结合撞击力第一特征曲线，随着撞击震荡荷载持续作用，在 14.5ms 时，裂缝开度产生第二个峰值开度，大致为 0.8167cm；随着撞击力的消散，a3 控制点开度的最终值为 0.2275cm。

图 5-13(b)为内-2 主裂缝控制点 a2 开度时程曲线，在撞击的瞬间，呈现震荡的状态，在 2.8ms 出现开度的最大值，其值为 0.79137cm，且开度最大值主要受撞击力的第二峰值影响；在产生峰值开度后，随着撞击力荷载的变小，裂缝有闭合的趋势，主要是未破坏的衬砌在围岩的作用下出现回弹现象造成了裂缝的闭合；在撞击力震荡荷载持续作用下，裂缝开度产生第二个峰值开度，大致为 0.6627cm；随着撞击力的消散，a2 控制点开度的最终值为 0.1455cm。

图 5-13(e)为内-2 主裂缝控制点 a5 开度时程曲线，结合撞击力第一特征时程曲线可知，裂缝的峰值开度在撞击的持续作用下产生，大致在 14.5ms，主要由撞击力的后续震荡荷载引起；控制点 a5 的开度在撞击的瞬间也产生一处峰值，大致在 2.5ms 处，且此处的峰值开度主要受撞击力第二峰值影响；a5 控制点的开度有扩张也有闭合，原因和 a3 控制点裂缝的闭合原因基本相同；a5 控制点的峰值开度为 0.68529cm，发生时间为 14.5ms，主要由撞击力后续的震荡荷载引起，随着撞击力的消散，a5 控制点开度的最终值为 0.1521cm。

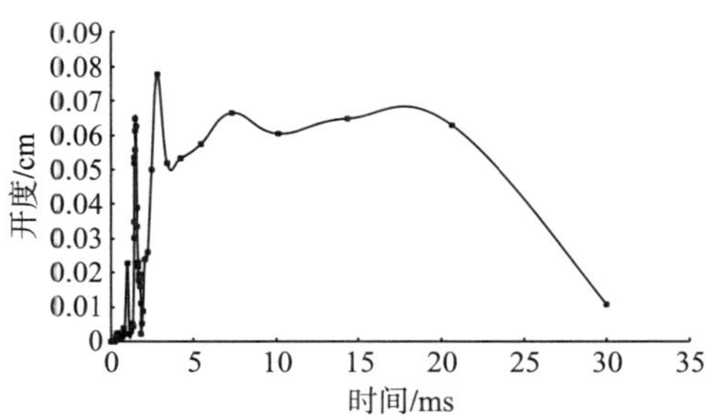

(a) 内-2裂缝控制点 a1 开度时程曲线

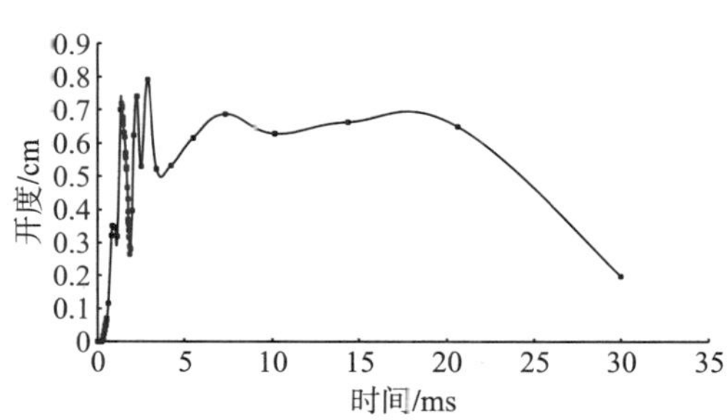

(b) 内-2裂缝控制点 a2 开度时程曲线

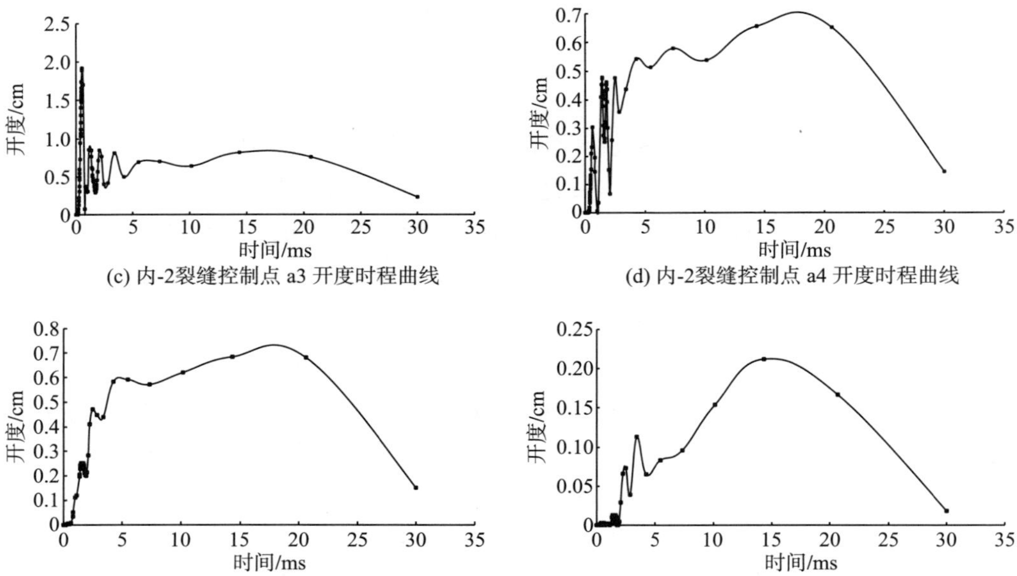

(c) 内-2裂缝控制点 a3 开度时程曲线

(d) 内-2裂缝控制点 a4 开度时程曲线

(e)内-2裂缝控制点 a5 开度时程曲线

(f) 内-2裂缝控制点 a6 开度时程曲线

图 5-13 双层衬砌内-2 主裂缝各控制点开度时程曲线

表 5-3 为内-2 主裂缝各控制点的开度表，从表中可知离撞击区域最近的内侧主裂缝控制点 a3 的峰值开度和最终开度较大，距离撞击区域最远的控制点 a1 峰值开度最小。

表 5-3 二次衬砌内-2 主裂缝各控制点的开度表

	a1	a2	a3	a4	a5	a6
出现最大开度的时间/ms	2.8464	2.8464	0.5193	14.3413	14.3413	14.3413
峰值开度/cm	0.0920	0.7914	1.9227	0.6564	0.6853	0.2119
最终开度/cm	0.0109	0.1979	0.2275	0.1455	0.1521	0.0188

对比内-1 与内-2 各控制点时程曲线得到以下结论：由于撞击力在管片衬砌中传递的滞后效应和消散作用，内-1 控制点 A3、A4 与内-2 控制点 a3 的开度时程曲线相似，A3、A4 在撞击的瞬间 0.45ms 产生开度的最大值，a3 略微滞后，在 0.5ms 产生最大值，在 14.5ms 左右产生开度的第二峰值，分别受撞击力第一峰值和震荡荷载影响；A1、A2、a1、a2 的开度时程曲线相似，在撞击的瞬间产生震荡趋势，A1、A2 在 2.0ms 产生开度的最大值，a1、a2 略微滞后，在 2.8ms 产生最大值，在 14.5ms 左右产生开度的第二峰值，分别受撞击力第二峰值和震荡荷载影响；a4、a5、a6 开度时程曲线相似，在 2.5ms 产生开度的第一峰值开度，在 14.5ms 左右产生开度的最大值，分别受撞击力第二峰值和震荡荷载影响；A5、A6 开度时程曲线趋势大体上一致，都表现为在撞击的瞬间，开度非常小，在 4.5ms 时先出现一个峰值开度，在 14.5ms 出现另一个峰值开度，第一个峰值开度主要受撞击力第二峰值影响，第二个峰值开度主要受撞击力的震荡荷载影响；距离撞击区域中心较近的

控制点峰值开度和最终开度较大，离撞击区域较远的控制点峰值开度和最终开度较小，控制点 A3 峰值开度和最终开度最大，控制点 A6 峰值开度和最终开度最小。

5.3　单双层衬砌下管片衬砌的开裂对比

5.3.1　管片衬砌开裂区域

图 5-14（彩图见附录）为 30ms 时单层管片衬砌和双层衬砌的管片衬砌主裂缝的主要开展区域，由图可知，由于二次衬砌能够减缓撞击力的作用，并能将撞击力相对均匀地分配到管片衬砌上，双层衬砌的管片衬砌在撞击区域中心没有产生裂缝。图 5-15（彩图见附录）为 30ms 单层管片衬砌和双层衬砌的管片衬砌接头#1 裂缝的主要开展区域，由图可知双层衬砌的管片衬砌接头#1 裂缝开展区域与单层管片衬砌相似，由于二次衬砌的保护作用，双层衬砌管片#1 裂缝处没有出现完全开裂的裂缝单元。图 5-16（彩图见附录）为 30ms 单层管片衬砌和双层衬砌的管片衬砌接头#3 裂缝的主要开展区域，单双层衬砌的#3 裂缝相似，不同之处在于双层衬砌的管片衬砌在撞击块的#3 接头处出现裂缝，此外#3 裂缝处没有出现完全开裂的裂缝单元。

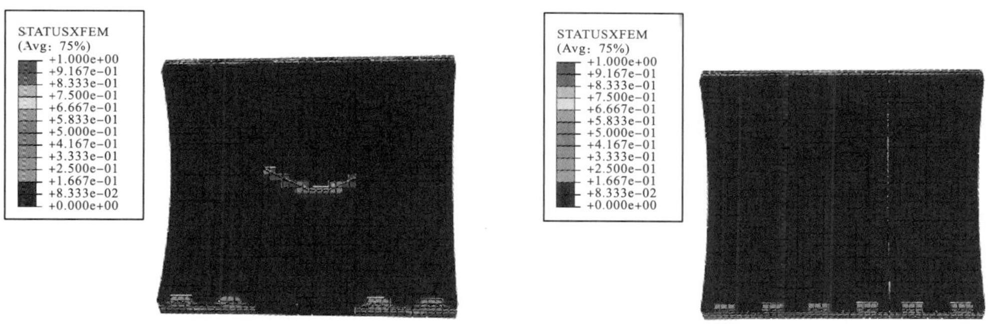

(a) 单层管片衬砌　　(b) 双层衬砌

图 5-14　30ms 单层管片衬砌和双层衬砌的管片衬砌主裂缝的主要开展区域

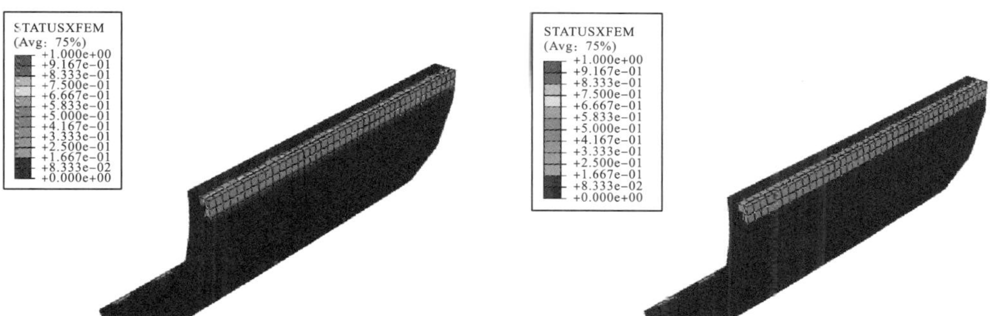

(a) 单层管片衬砌　　(b) 双层衬砌

图 5-15　30ms 单层管片衬砌和双层衬砌的管片衬砌接头#1 裂缝的主要开展区域

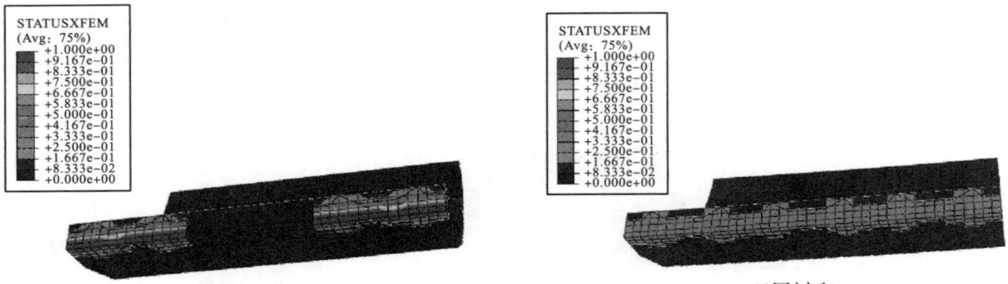

(a) 单层管片衬砌　　(b) 双层衬砌

图 5-16　30ms 单层管片衬砌和双层衬砌的管片衬砌接头#3 裂缝的主要开展区域

5.3.2　管片衬砌裂缝开度

1. 管片接头#1 裂缝的开度对比分析

通过对比单双层衬砌的管片衬砌主要开裂区域，对单双层衬砌的管片衬砌接头#1、#3 裂缝的开度进行对比分析，得到二次衬砌在限制裂缝开度中所起的作用。

图 5-17 为单双层衬砌接头#1 裂缝各控制点的开度时程曲线，从图中可知单双层衬砌位于内侧裂缝的 B1、B2、B3 三个控制点的开度时程曲线整体变化规律相似，位于外侧裂缝的 B4、B5、B6 三个控制点的开度时程曲线大致相似；内外侧裂缝控制点的开度时程曲线差别不是太大，具体表现为在撞击力的持续作用下，开度都逐渐增大，且都随着撞击力的持续加载，在震荡荷载期间产生开度最大值，此后发生小范围的闭合现象；在整个撞击加载过程中，双层衬砌形式下控制点 B1、B2、B3 裂缝开度时程曲线比单层管片衬砌形式下的开度时程曲线整体偏小；在 8ms 之前，双层衬砌形式下控制点 B4、B5、B6 裂缝开度时程曲线略高于单层管片衬砌形式下的开度时程曲线，8ms 之后双层衬砌形式下控制点 B4、B5、B6 裂缝开度时程曲线远小于单层管片衬砌形式下的开度时程曲线。

表 5-4 为管片衬砌接头#1 裂缝各控制点的开度统计表，单双层衬砌接头#1 裂缝的峰值开度和最终开度的最大值都出现在 B5，且位于②环管片，即加载管片；对比同侧的裂缝控制点，可得出裂缝的峰值开度和最终开度相差不大，对比同一管片环上的不同侧裂缝开度，可得出外侧裂缝的峰值开度和最终开度大于内侧裂缝峰值开度和最终开度；双层衬砌形式下管片衬砌各分析点峰值开度和最终开度相比单层管片衬砌形式下的相应值明显降低，最终开度的降幅大于相应的峰值开度的降幅；对比同侧的裂缝控制点，可得出裂缝的峰值开度、最终开度的降低百分比相差不大，对比同一管片环上的不同侧裂缝开度的降低百分比，可得出外侧裂缝的峰值开度、最终开度降低百分比小于内侧裂缝峰值开度、最终开度降低百分比；接头内侧控制点峰值开度、最终开度降低幅度大致在 70%、80%，接头外侧控制点峰值开度、最终开度降低幅度大致在 20%、40%。

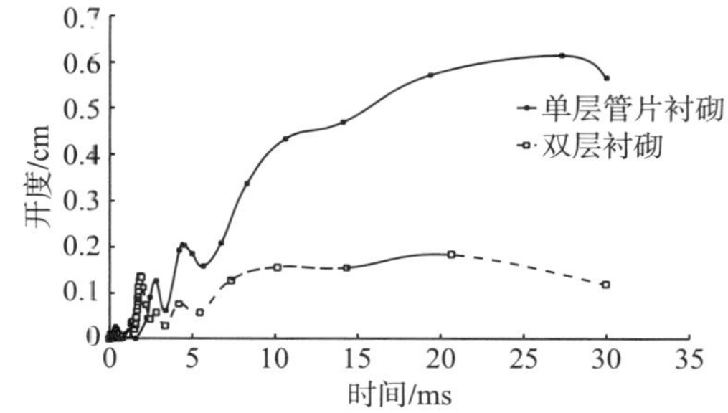

(a) #1裂缝控制点 B1 开度时程曲线

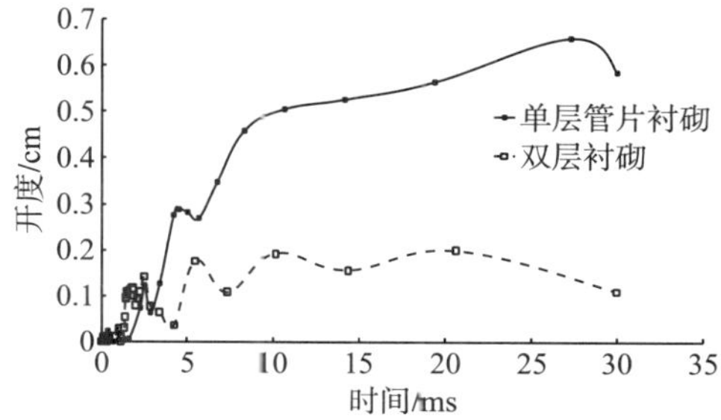

(b) #1裂缝控制点 B2 开度时程曲线

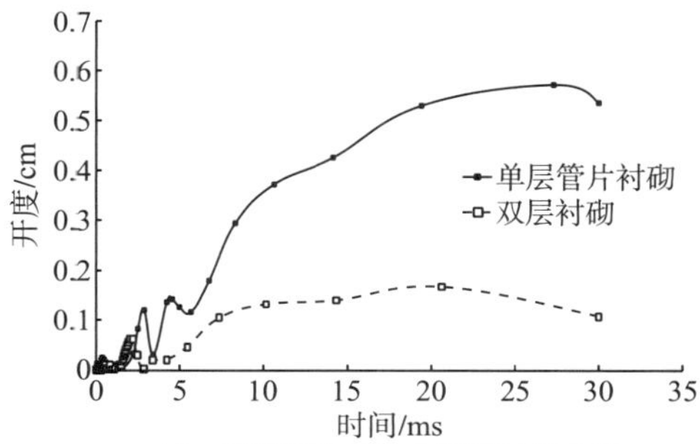

(c) #1裂缝控制点 B3 开度时程曲线

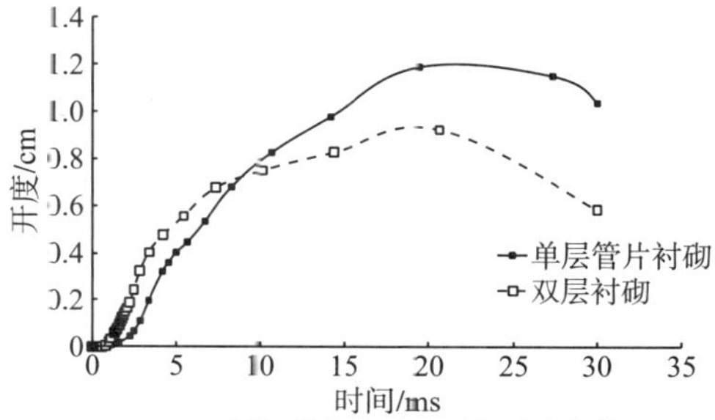

(d) #1裂缝控制点 B4 开度时程曲线

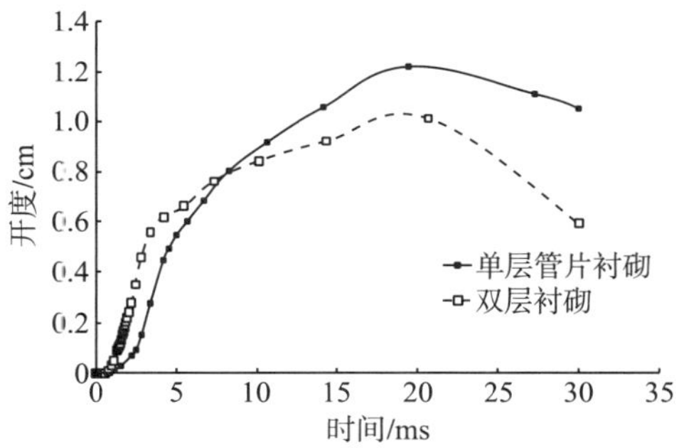

(e) #1裂缝控制点 B5 开度时程曲线

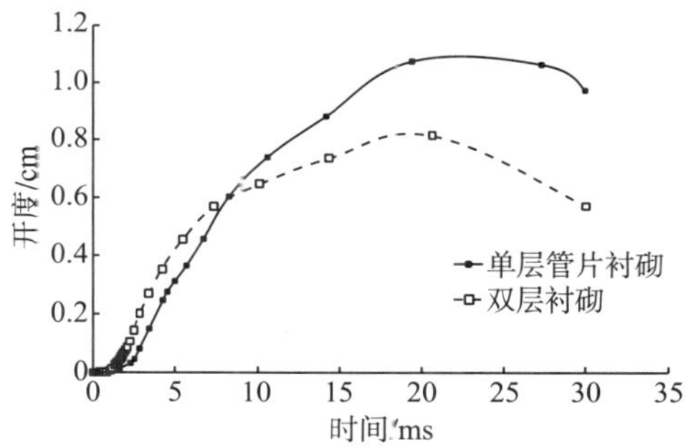

(f) #1裂缝控制点 B6 开度时程曲线

图 5-17　单双层衬砌接头#1 裂缝各控制点开度时程曲线

表 5-4　管片衬砌接头#1 裂缝各控制点的开度统计表

		B1	B2	B3	B4	B5	B6
单层管片衬砌	峰值开度/cm	0.617	0.659	0.572	1.188	1.224	1.077
	最终开度/cm	0.568	0.586	0.535	1.036	1.054	0.977
双层衬砌	峰值开度/cm	0.184	0.201	0.168	0.924	1.013	0.817
	最终开度/cm	0.119	0.110	0.108	0.583	0.593	0.572
降低幅度	峰值开度/cm	0.433	0.458	0.404	0.264	0.211	0.260
	最终开度/cm	0.449	0.476	0.427	0.452	0.460	0.406
降低百分比	峰值开度/%	70.02	69.50	70.63	22.61	17.24	24.14
	最终开度/%	79.00	81.17	79.75	43.68	43.68	41.49

注：表口数据进行过舍入修约处理，故加减结果稍有偏差。

2. 接头#3 裂缝的开度对比分析

图 5-18 为单双层衬砌接头#3 裂缝各控制点的开度时程曲线，从图可知单双层衬砌位于内侧裂缝的 C1、C2、C3 三个控制点的开度时程曲线整体变化规律相似，位于外侧裂缝的 C4、C5、C6 三个控制点的开度时程曲线一致；内外侧裂缝控制点的开度时程曲线一致，具体表现为在撞击力的持续作用下，开度都逐渐增大，且都随着撞击力的持续加载，在震荡荷载处产生开度最大值，此后发生小范围的闭合现象；在整个撞击加载过程中，双层衬砌形式下管片衬砌控制点裂缝开度时程曲线比单层管片衬砌形式下的开度时程曲线整体偏小。

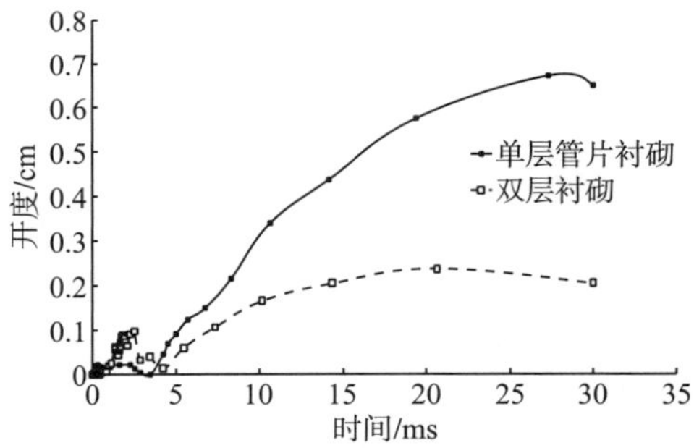

(a) #3裂缝控制点 C1 开度时程曲线

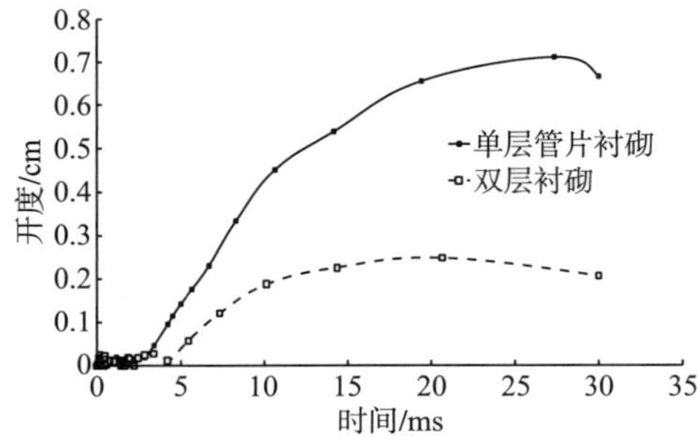

(b) #3裂缝控制点 C2 开度时程曲线

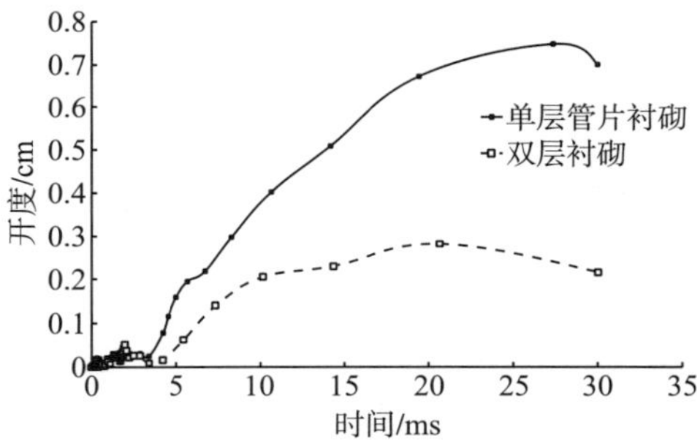

(c) #3裂缝控制点 C3 开度时程曲线

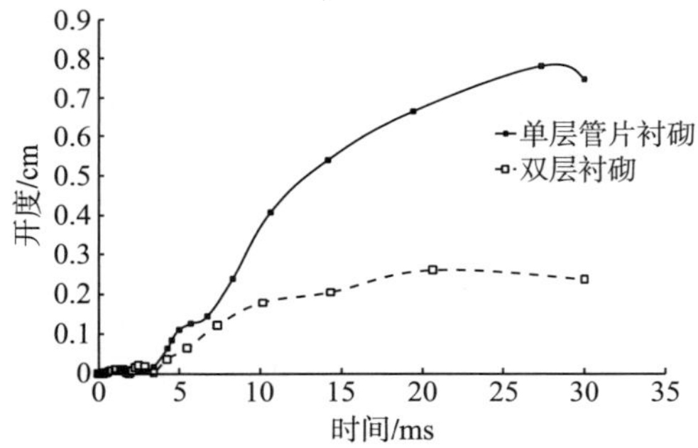

(d) #3裂缝控制点 C4 开度时程曲线

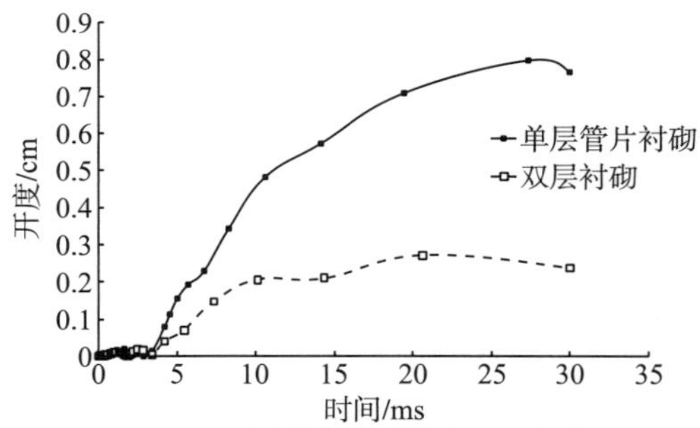

(e) #3裂缝控制点C5开度时程曲线

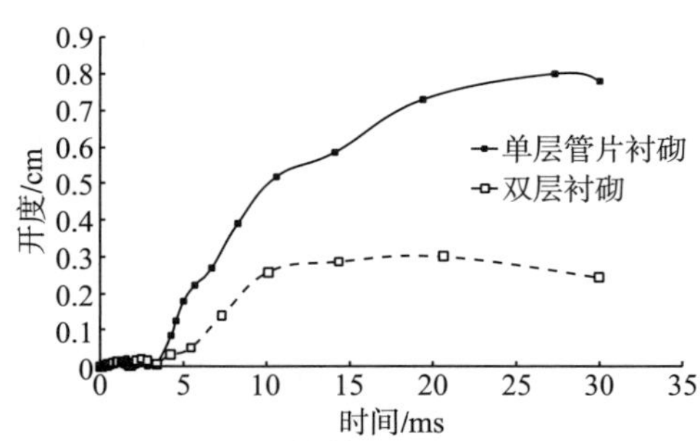

(f) #3裂缝控制点 C6 开度时程曲线

图 5-18　单双层衬砌接头#3 裂缝各控制点开度时程曲线

表 5-5 为管片衬砌接头#3 裂缝各控制点的开度统计表，由表可知单双层衬砌接头#3 裂缝的峰值开度和最终开度在内外侧裂缝上沿撞击方向不断增大，峰值开度的最大值出现在 C6，峰值开度的最小值出现在 C1；对比同侧的裂缝控制点，可得出裂缝的峰值开度和最终开度相差不大，对比不同侧裂缝开度，可得出外侧裂缝的峰值开度和最终开度大于内侧裂缝峰值开度和最终开度；双层衬砌形式下管片衬砌各分析点峰值开度和最终开度相比单层管片衬砌形式下的对应值明显降低；对比同侧和不同侧的裂缝控制点，可得出裂缝的峰值开度、最终开度的降低百分比大致相同，峰值开度降低百分比大约为 65%，最终开度降低百分比大约为 68%。

表 5-5　管片衬砌接头#3 裂缝各控制点的开度统计表

		C1	C2	C3	C4	C5	C6
单层管片衬砌	峰值开度/cm	0.670	0.709	0.747	0.781	0.796	0.802
	最终开度/cm	0.650	0.665	0.700	0.746	0.765	0.779
双层衬砌	峰值开度/cm	0.237	0.248	0.281	0.260	0.270	0.301
	最终开度/cm	0.206	0.207	0.216	0.236	0.237	0.244
降低幅度	峰值开度/cm	0.433	0.461	0.466	0.521	0.525	0.501
	最终开度/cm	0.444	0.458	0.484	0.510	0.528	0.535
降低百分比	峰值开度%	64.63	65.02	62.38	66.71	65.95	62.47
	最终开度%	68.31	68.87	69.14	68.36	69.02	68.68

注：表中数据进行过舍入修约处理，故加减结果稍有偏差。

5.4　本章小结

本章建立双层衬砌盾构隧道模型，分析二次衬砌在撞击荷载下的开裂演化以及开度时程曲线，对比分析两种形式下的盾构隧道管片衬砌的开裂演化以及动力响应，研究二次衬砌对管片衬砌的保护作用以及在限制管片衬砌开裂中所起的作用，并得到以下结论：

(1) 相比单层管片衬砌而言，没有螺栓的约束作用，二次衬砌的内侧主裂缝有两条，且长度较大，上侧主裂缝内-1 的开裂总长度为 13.1345m，下侧主裂缝内-2 的开裂总长度为 8.3104m，外侧主裂缝主要有左右两条，左侧主裂缝外-1 的开裂总长度为 5.8742m，右侧主裂缝的开裂总长度为 13.1203m；在外侧主裂缝可找到与内侧主裂缝在形状以及扩展趋势相同的裂缝，可得出外侧主裂缝是内侧主裂缝的贯穿裂缝；在后期的持续震荡荷载下，由于撞击力平均分散到二次衬砌上，故二次衬砌相比单层管片衬砌完全开裂的单元数目减少。

(2) 内-1 控制点 A3、A4 与内-2 控制点 a3 的开度时程曲线相似，A1、A2、a1、a2 的开度时程曲线相似，a4、a5、a6 开度时程曲线相似，A5、A6 开度时程曲线趋势大体上一致；在撞击区域中心附近的控制点峰值开度和最终开度较大，离撞击区域较远的控制点峰值开度和最终开度较小，控制点A3峰值开度和最终开度最大，分别为4.4075cm、0.2623cm，控制点A6峰值开度和最终开度最小，分别为0.0508cm、0.0027cm。

(3) 由于二次衬砌能够将撞击力相对均匀地分配到管片衬砌上，双层衬砌的管片衬砌在撞击区域中心没有产生裂缝，管片衬砌接头#1 和接头#3 的裂缝开展区域与单层管片衬砌相似，由于二次衬砌的保护作用，接头#1 和接头#3 裂缝处没有出现完全开裂的裂缝单元。

(4) 对于接头#1 处各控制点裂缝开度时程曲线，整个撞击加载过程中，双层衬砌形式下内侧各控制点开度时程曲线比单层管片衬砌形式下的开度时程整体偏小，双层衬砌形式下外侧各控制点裂缝开度时程曲线在8ms之前略高于单层管片衬砌，8ms之后则远高于单层管片衬砌；对于接头#3 处各控制点裂缝开度时程曲线，整个撞击加载过程中，双层衬砌形式下内外侧各控制点开度时程曲线比单层管片衬砌形式下的开度时程整体偏小；接头#1 同侧的裂缝控制点的峰值开度、最终开度的降低百分比相差不大，外侧裂缝的峰值开度、最终开度降低百分比小于内侧裂缝峰值开度、最终开度降低百分比；接头#3 同侧和不同侧的裂缝控制点的峰值开度、最终开度的降低百分比相差不大，峰值开度降低百分比大约为65%，最终开度降低百分比大约为68%。

第 6 章　盾构隧道接头螺栓开裂及其对管片衬砌开裂的影响

盾构隧道是由接头螺栓将预制混凝土管片连接而成的一种拼装式隧道衬砌结构形式，相对于整体现浇结构，其结构整体刚度和承载能力相对较弱。当盾构隧道出现列车撞击事故时，列车与混凝土管片衬砌发生剧烈撞击，在引起管片衬砌损伤和变形的同时，还可能会导致接头螺栓损伤失效，诱发诸如隧道结构错动失稳和隧道渗漏水等灾害。因此，关注和研究列车脱轨撞击盾构隧道时引起的管片接头螺栓失效特性及其影响，对于管片衬砌防撞设计和接头螺栓优化设计具有极其重要的意义。

基于第 4 章单层管片衬砌开裂分析，本章将接头螺栓非线性开裂引入模型，探究接头螺栓在撞击作用下的开裂规律，以及接头螺栓开裂对管片衬砌开裂的影响。本章模型仍沿用第 4 章的数值模型，对撞击管片四周螺栓施加开裂准则，采用扩展有限元法模拟螺栓的开裂，分析撞击荷载作用下环向与纵向螺栓的开裂特性，以及螺栓开裂对管片衬砌的开裂有何和影响。

6.1　接头螺栓开裂

6.1.1　环向弯螺栓

图 6-1(彩图见附录)为撞击荷载下弯螺栓 M1 裂缝的开裂过程，从图中可以看出，施加撞击荷载后，在 4.113×10^{-3}ms，弯螺栓的中间即接头#1 所在位置产生一个水平裂缝，裂缝长度 0.04m；随后裂缝向两侧扩展，到 4.529×10^{-3}ms 时，裂缝向右侧扩展停止，扩展长度为 0.04m，左侧扩展 0.04m；裂缝继续向左侧扩展，到 8.788×10^{-2}ms 时，裂缝扩展长度 0.081m；在 9.549×10^{-2}ms，裂缝向左侧扩展并与右侧实现贯通，裂缝长度为 0.05m，至此裂缝扩展结束；弯螺栓 M1 的开裂在撞击的瞬间产生，裂缝扩展的持续时间为 9.13779×10^{-2}ms，裂缝的总长度为 0.331m。

图 6-2(彩图见附录)为 30ms 弯螺栓 M1 裂缝的局部放大图，在撞击力作用下，螺栓中间位置发生贯穿裂缝，且后侧裂缝开度大于前侧，为此在前后侧中间位置各取一个控制点，研究螺栓处裂缝的开度时程变化。

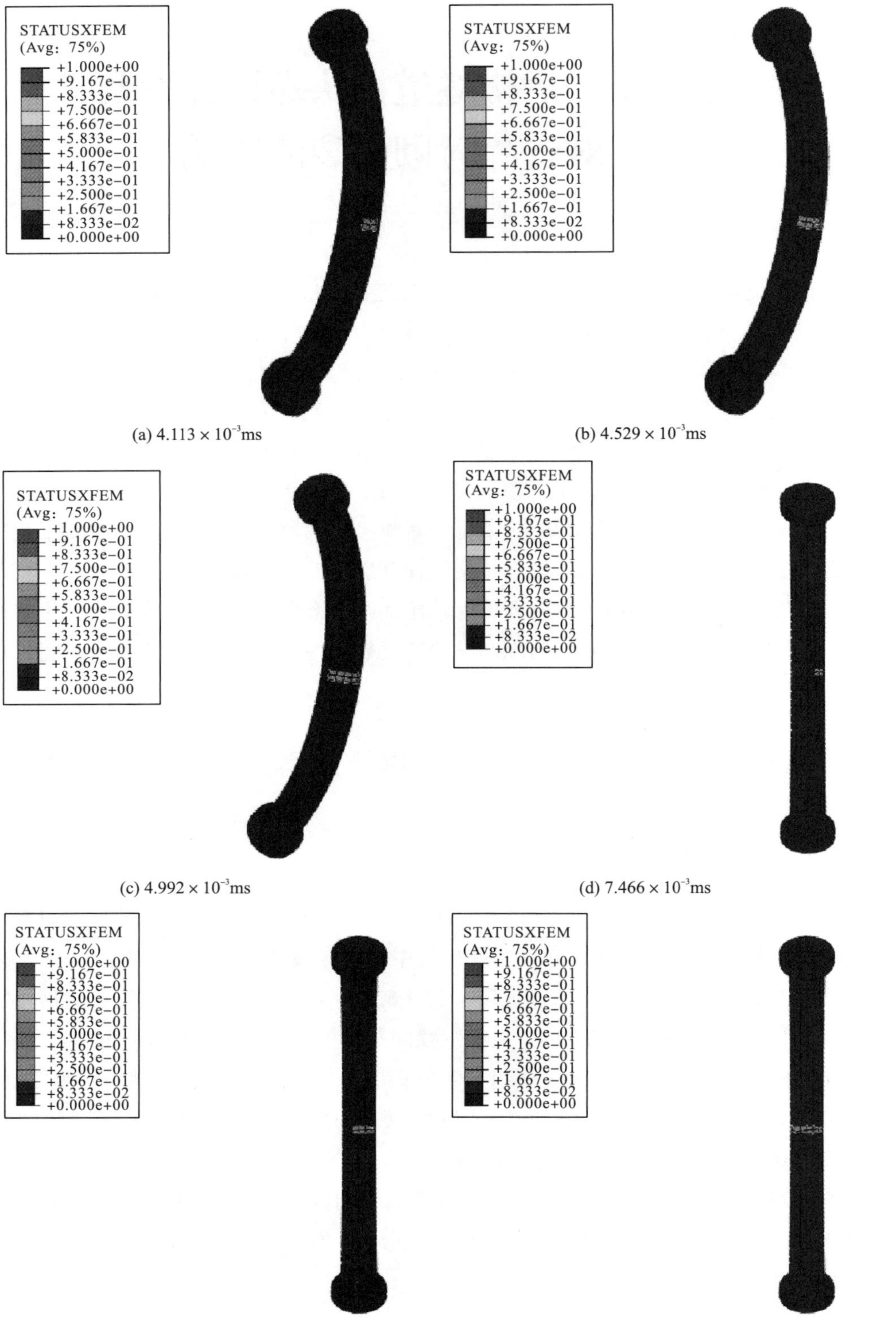

(a) 4.113×10^{-3}ms (b) 4.529×10^{-3}ms (c) 4.992×10^{-3}ms (d) 7.466×10^{-3}ms (e) 8.788×10^{-2}ms (f) 9.549×10^{-2}ms

图 6-1 撞击荷载下弯螺栓 M1 裂缝的开裂过程

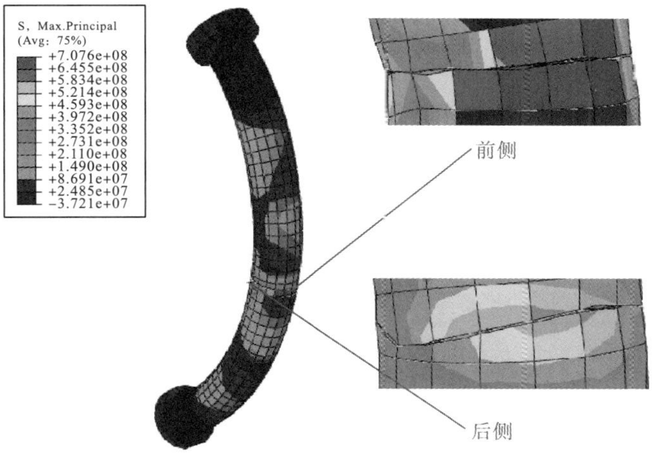

图 6-2　30ms 弯螺栓 M1 裂缝的局部放大图(放大系数 50)

图 6-3 为弯螺栓 M1 前后侧开度时程曲线，由图可知弯螺栓前后侧裂缝开度时程曲线整体变化规律相似，都表现为在 2.5ms 之前两侧裂缝的开度相差较小，2.5ms 之后开度急剧上升，直至 5ms 后开度的增度陡然变小，裂缝开度缓慢上升并在 20ms 左右达到最大值，此后开度发生小范围的闭合现象；在 11ms 之前，后侧开度时程曲线高于前侧开度时程曲线，11ms 之后，前侧开度时程曲线高于后侧开度时程曲线，前侧开度的最大值为 0.1981cm，后侧开度的最大值为 0.175cm，因为螺栓后侧主要受拉。

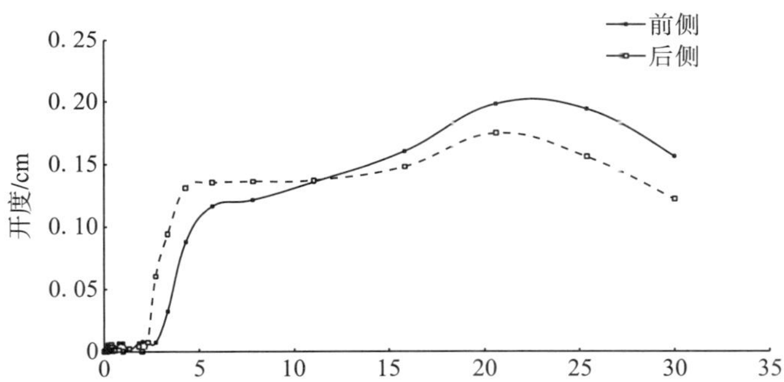

图 6-3　弯螺栓 M1 前后两侧裂缝开度时程曲线

6.1.2　纵向直螺栓

图 6-4 为撞击荷载下直螺栓 m2 裂缝的开裂过程，从图中可以看出，施加撞击荷载后，在 0.2618ms，直螺栓下侧螺帽的中间位置先产生一个水平裂缝，裂缝长度 0.02m；随后裂缝向两侧扩展，在 0.2773ms，向两侧各扩展了 0.02m，到 0.3056ms 时，裂缝在左侧沿列车前进方向扩展，扩展长度为 0.1956m；在 0.3134ms 时，直螺栓中间处右侧出现 0.0458m 的水平裂缝，此时左侧扩展长度为 0.1805m；左右两侧裂缝继续沿列车行进方向扩展，到 0.3289ms 时，左侧扩展了 0.1709m，右侧扩展了 0.15m；在 0.4193ms 时，左侧停止扩展，

右侧沿列车相反方向扩展，扩展长度为 0.2m；在 0.8197ms 时，螺帽处裂缝出现闭合，右侧裂缝扩展长度为 0.0847m；在 0.9189ms 时，左右两侧裂缝在前侧出现闭合，左侧扩展 0.0483m，右侧扩展 0.0978m，至此直螺栓裂缝的开裂扩展完成；直螺栓 m2 的开裂在撞击的瞬间产生，裂缝扩展的持续时间为 0.6571ms，裂缝的总长度为 1.2336m。

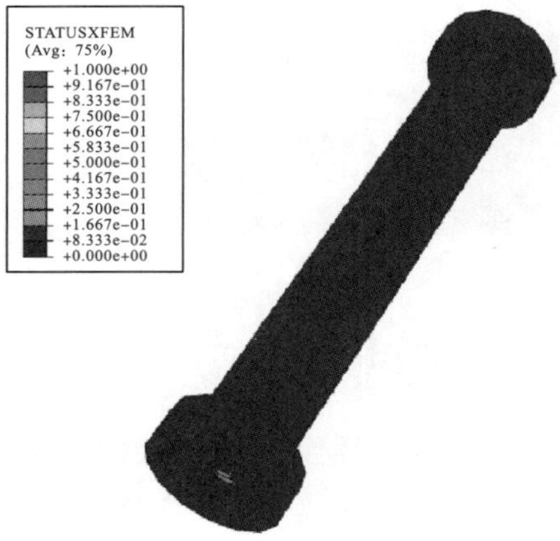

(a) 0.2618ms

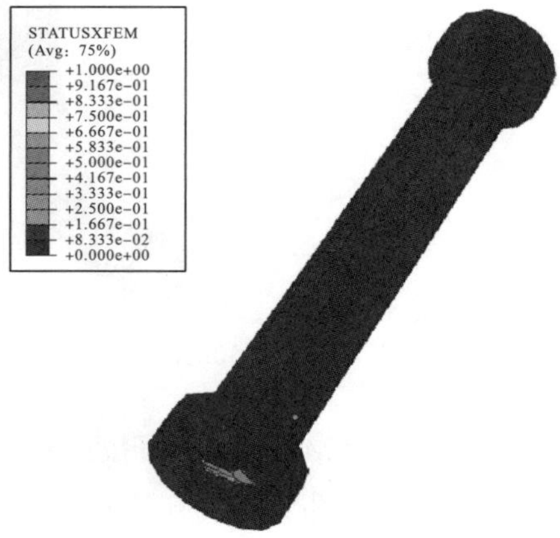

(b) 0.2773ms

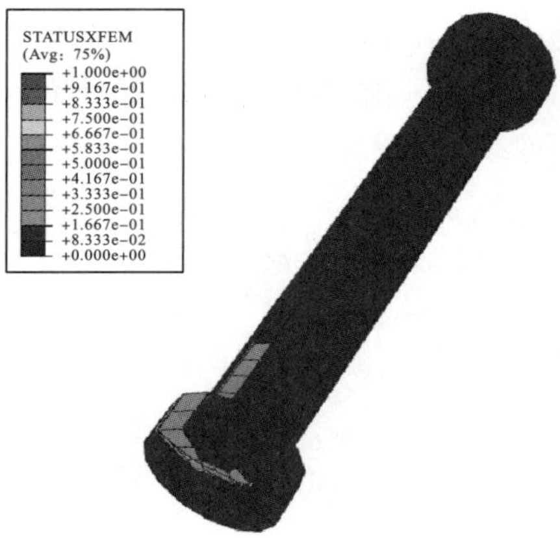

(c) 0.3056ms

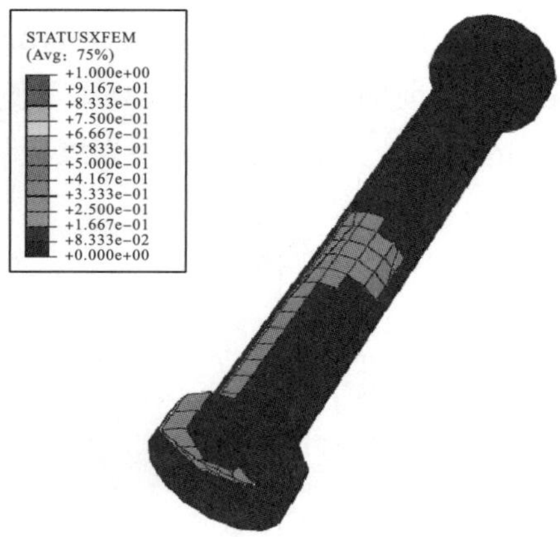

(d) 0.3134ms

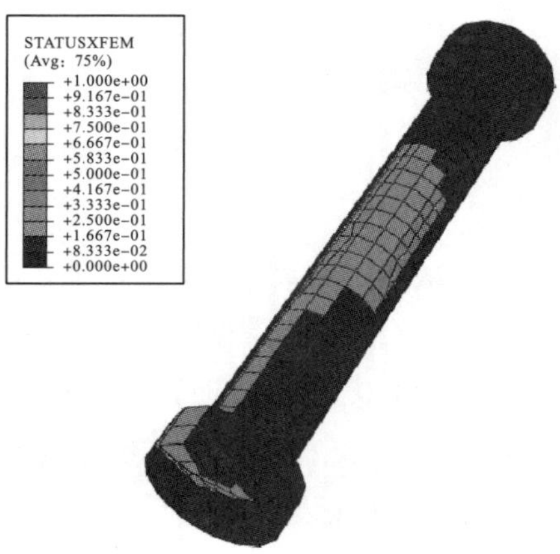

(e) 0.3167ms

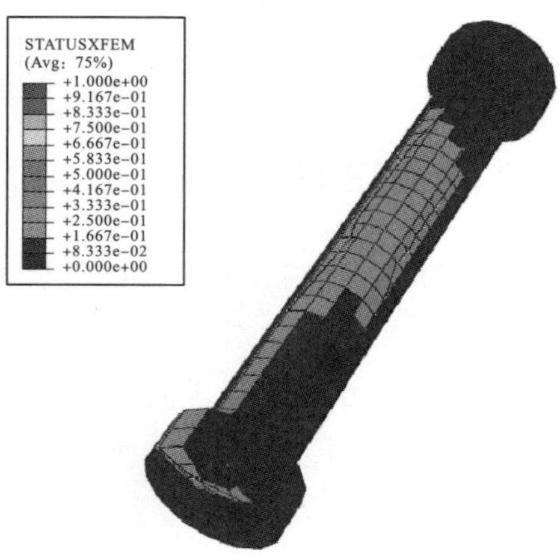

(f) 0.3289ms

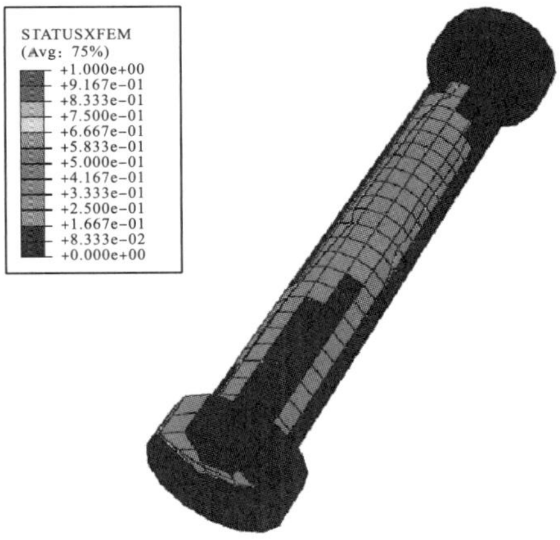

(g) 0.4193ms

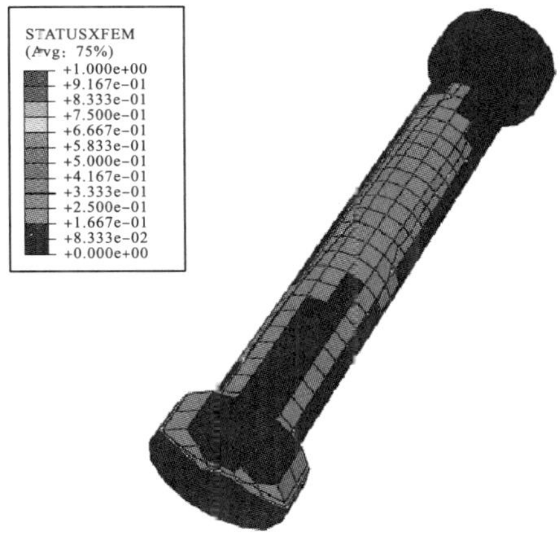

(h) 0.8197ms

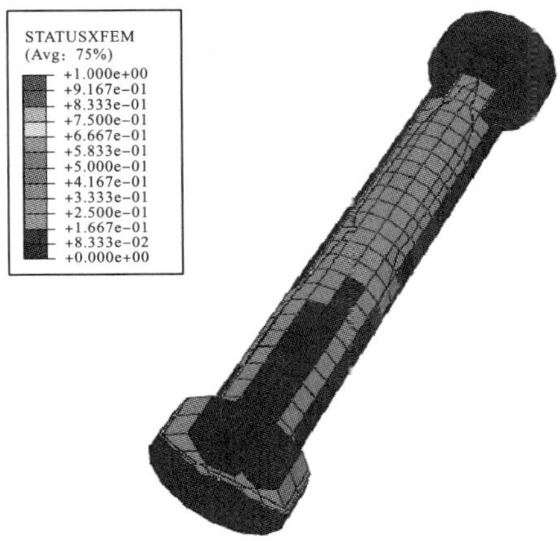

(i) 0.9189ms

图 6-4　撞击荷载下直螺栓 m2 裂缝的开裂过程

图 6-5 为 30ms 直螺栓 m2 裂缝局部放大图，由放大图可知，左右两侧裂缝实现贯穿，在中间位置各取一个控制点，研究螺栓裂缝处开度的时程变化。

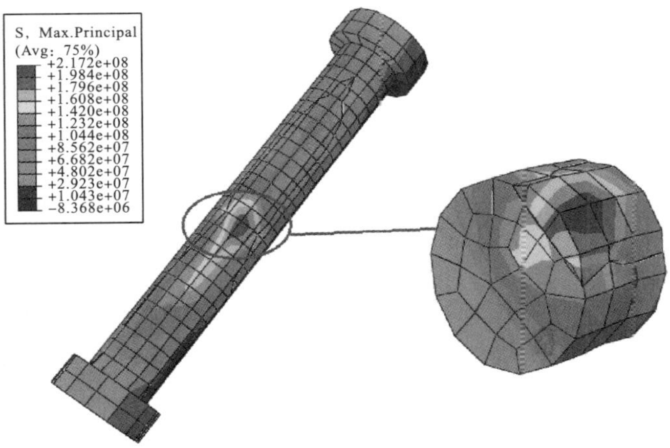

图 6-5　30ms 直螺栓 m2 裂缝局部放大图(放大系数 50)

图 6-6 为直螺栓 m2 左右两侧裂缝开度时程曲线，由图可知在撞击的瞬间，右侧裂缝的开度小于左侧，这是由于直螺栓的右侧裂缝是由左侧裂缝贯穿得到的，所以存在明显的滞后效应，2.5ms 之后，右侧裂缝开度时程曲线高于左侧，并且右侧裂缝的开度时程曲线表现为急剧上升，直至 5ms 后，裂缝开度缓慢上升并在 20ms 左右达到最大值，此后开度出现小范围的闭合现象，开度最大值为 0.1006cm；2.5ms 之后，左侧裂缝的开度时程曲线表现为阶梯式的增长，在 25ms 达到最大值并在加载后期产生小范围的闭合现象，开度最大值为 0.0642cm。

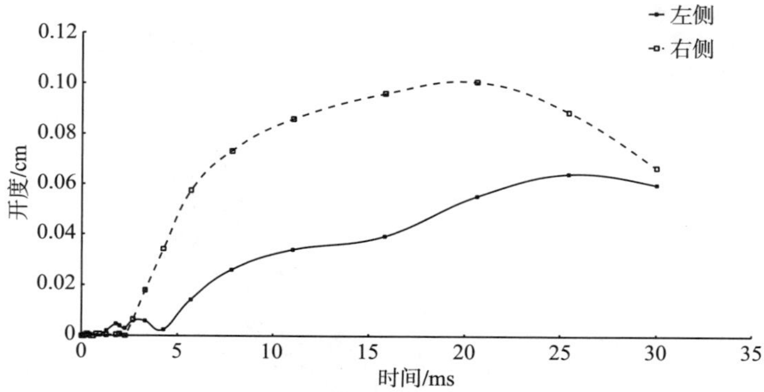

图 6-6　直螺栓 m2 左右两侧裂缝开度时程曲线

6.2　管片衬砌的开裂

6.2.1　管片衬砌开裂区域

为了便于后续的分析，将不考虑接头开裂的衬砌开裂分析定为工况 1，将考虑接头开裂的衬砌开裂分析定为工况 2。图 6-7～图 6-9(彩图见附录)为 30ms 工况 1 和工况 2 的管片衬砌主裂缝与接头裂缝的主要开展区域，由图可知，工况 1 和工况 2 管片衬砌主裂缝与接头裂缝的主要开展区域相似；相比于工况 1，工况 2 中主裂缝和接头裂缝中没有出现完全开裂的裂缝单元，由于接头螺栓发生开裂，衬砌管片失去接头螺栓的约束作用，管片衬砌上撞击力消散效果明显，因此，完全开裂的裂缝单元减少。

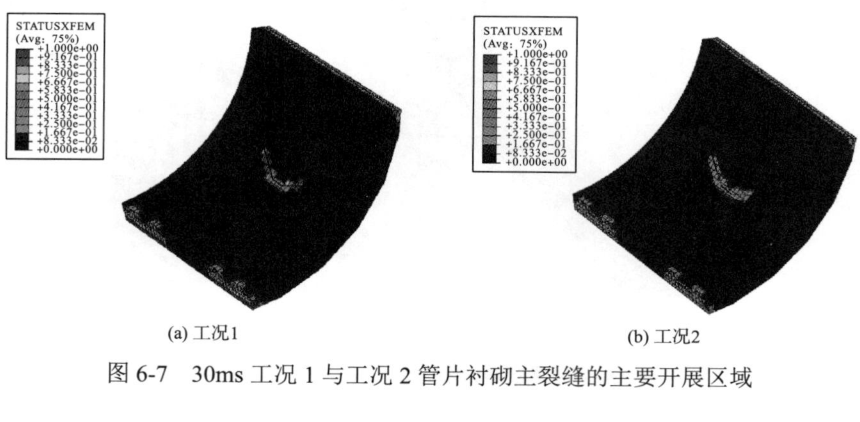

图 6-7　30ms 工况 1 与工况 2 管片衬砌主裂缝的主要开展区域

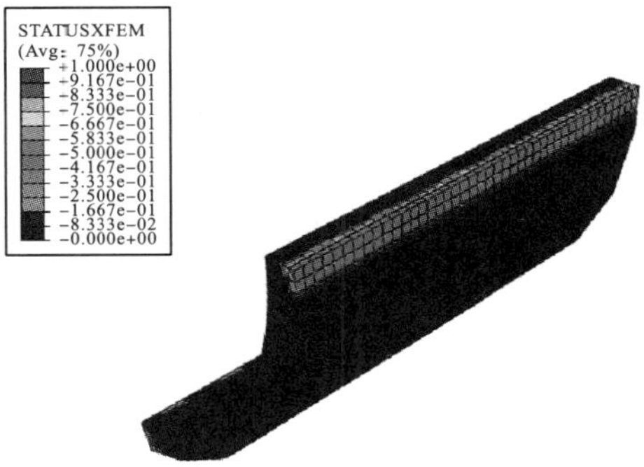

(a) 工况1

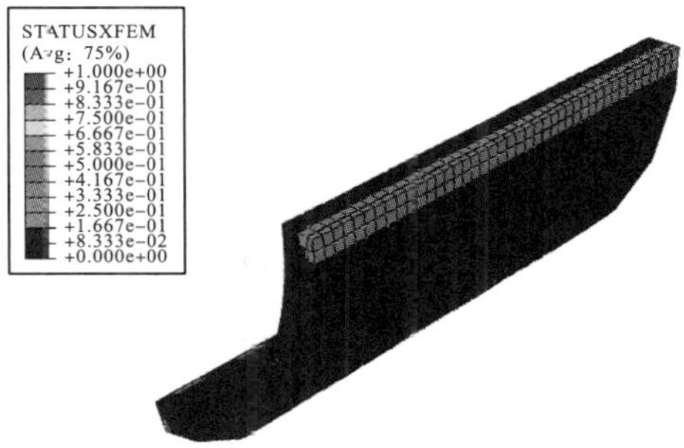

(b) 工况2

图 6-8　30ms 工况 1 与工况 2 管片衬砌接头#1 裂缝的主要开展区域

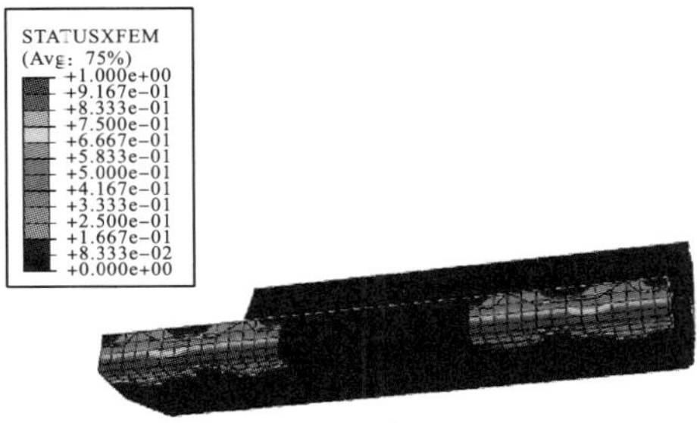

(a) 工况1

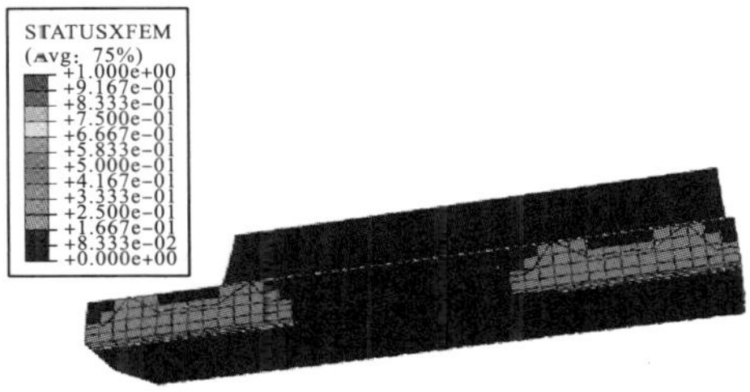

(b) 工况2

图 6-9　30ms 工况 1 与工况 2 管片衬砌接头#3 裂缝的主要开展区域

6.2.2　管片衬砌裂缝开度

1. 主裂缝的开度对比分析

图 6-10 为两种工况下管片衬砌内侧主裂缝各控制点开度时程曲线，从图中可知两种工况下的 A2、A3、A4 控制点的开度时程曲线整体变化规律相似，A1、A5、A6 相似；在撞击全过程中，A2、A3、A4 裂缝开度最大值在撞击的瞬间产生，时间约为 0.3ms，随着撞击力荷载的变小，裂缝有闭合的趋势，主要因为在撞击力减小后，未破坏的衬砌在围岩的作用下出现回弹现象造成了裂缝的闭合，在撞击震荡荷载持续作用下，裂缝开度产生第二个峰值开度，随着撞击力的消散，裂缝开度随之减小；在加载的整个过程中，A2、A3、A4 裂缝开度在撞击的瞬间产生一系列的震荡，随着荷载的持续施加，在撞击力的震荡荷载下，约 20ms 左右，达到开度的最大值，随后开度有一定程度的闭合。

引入螺栓开裂后，在大约 5ms 之前，A2、A3、A4 控制点的开度时程曲线略高于未引入螺栓开裂的工况 1，5ms 之后，未引入螺栓开裂 A2、A3、A4 控制点的开度时程曲线高于引入螺栓开裂的工况 2；引入螺栓开裂后，在大约 6ms 之前，A1、A5、A6 控制点的开度时程曲线与未引入螺栓开裂的工况基本一致，6ms 之后，未引入螺栓开裂 A2、A3、A4 控制点的开度时程曲线远高于引入螺栓开裂的工况 2；在撞击的瞬间，各控制点受螺栓开裂的影响较小，随着荷载的持续施加，螺栓的开裂持续增大，破坏程度增大，螺栓开裂减小了对管片衬砌的约束作用，导致作用在管片衬砌的撞击力消散较大，所以在加载的后期未引入螺栓开裂各控制点的开度时程曲线略高于引入螺栓开裂的工况 2；在撞击的后期，A1、A5、A6 控制点的时程曲线幅度变化大于 A2、A3、A4 控制点的开度时程曲线，因为 A1、A5、A6 控制点离接头螺栓较近且主要受后期震荡荷载的影响，造成 A1、A5、A6 控制点的时程曲线受螺栓开裂影响较大。

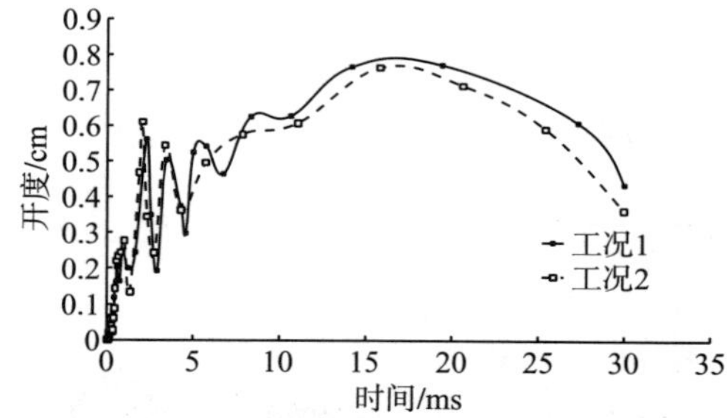

(a) 主裂缝控制点 A1 开度时程曲线

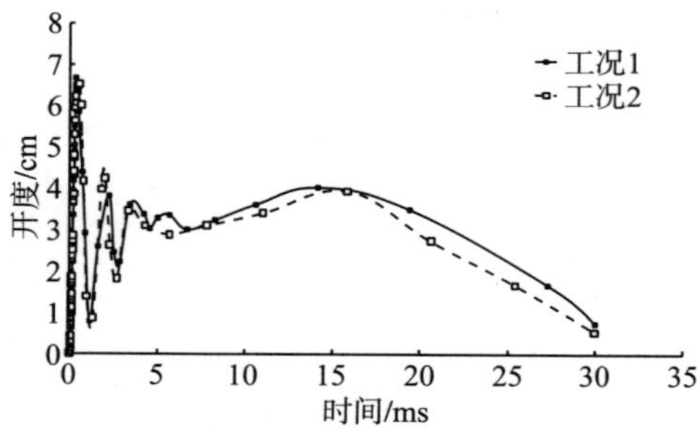

(b) 主裂缝控制点 A2 开度时程曲线

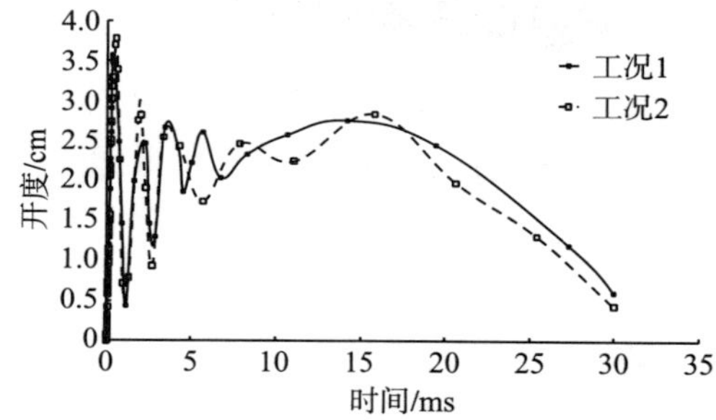

(c) 主裂缝控制点 A3 开度时程曲线

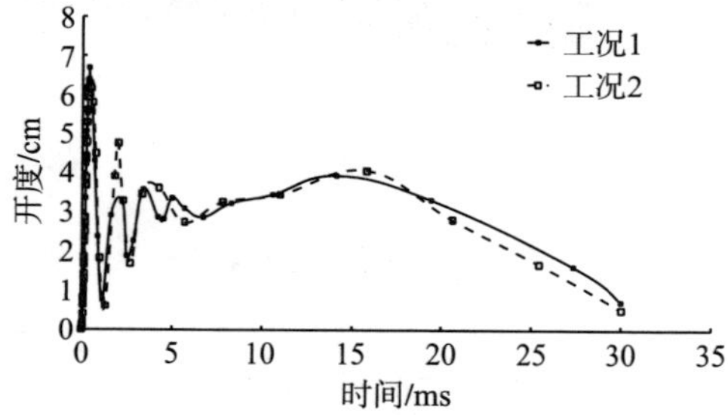

(d) 主裂缝控制点 A4 开度时程曲线

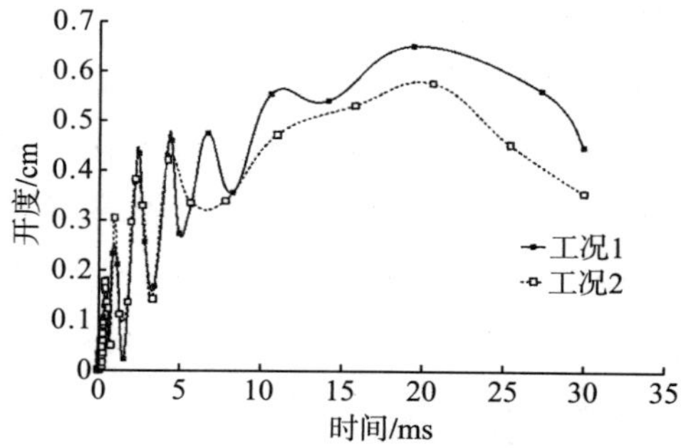

(e) 主裂缝控制点 A5 开度时程曲线

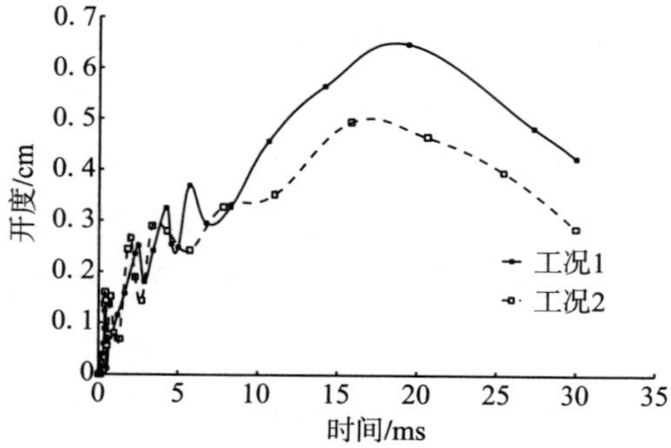

(f) 主裂缝控制点 A6 开度时程曲线

图 6-10 两种工况下管片衬砌内侧主裂缝各控制点开度时程曲线

表 6-1 为两种工况下内侧主裂缝各控制点的统计表，从表中可得知，两种工况下，离撞击区域最近的内侧主裂缝控制点 A2、A4 的峰值和最终开度较大，离撞击区域较远的控制点峰值开度较小；引入螺栓开裂后，各控制点的最终开度减小，控制点 A6 出现最大降低百分比 32.52%；A2、A3、A4 控制点的开度最大值出现在撞击的瞬间，造成了峰值开度在引入螺栓开裂后出现 5.60%左右的增幅。

表 6-1　两种工况下内侧主裂缝各控制点的统计表

开度/cm		A1	A5	A6		A2	A3	A4
峰值开度	工况 1	0.770	0.651	0.648	工况 1	6.300	3.568	6.405
最终开度		0.436	0.447	0.423		0.727	0.615	0.731
峰值开度	工况 2	0.763	0.575	0.494	工况 2	6.675	3.776	6.791
最终开度		0.362	0.355	0.286		0.521	0.443	0.524
峰值开度	降低幅度	0.007	0.076	0.154	增大幅度	0.375	0.208	0.386
最终开度		0.074	0.092	0.137	降低幅度	0.206	0.172	0.207
峰值开度	降低百分比	0.91%	11.67%	23.77%	增大百分比	5.95%	5.83%	8.18%
最终开度		16.97%	20.58%	32.39%	降低百分比	28.34%	27.97%	28.32%

2. 接头#1 裂缝的开度对比分析

图 6-11 为两种工况下衬砌接头#1 裂缝各控制点的开度时程曲线，由图可知两种工况下位于内侧裂缝的 B1、B2、B3 三个控制点的开度时程曲线整体变化规律相似，位于外侧裂缝的 B4、B5、B6 三个控制点的开度时程曲线的趋势大致相似；内外侧裂缝控制点的开度时程曲线差别不是很大，具体表现为在撞击力的持续作用下，开度都逐渐增大，且都随着撞击力的持续加载，在震荡荷载处产生开度最大值，此后出现小范围的闭合现象。

在 25ms 之前，引入螺栓开裂的工况 2 的 B1、B2、B3 控制点开度时程曲线略高于工况 1，在 25ms 之后，引入螺栓开裂的工况 2 的控制点开度时程曲线低于工况 1，在撞击的前期，螺栓开裂较小且不稳定，处于螺栓位置的内侧各控制点开度变化不大，在撞击的后期，螺栓的开裂稳定后，由于螺栓失去对衬砌的约束作用，裂缝开度相对工况 1 变小；在整个撞击过程中，引入螺栓开裂，外侧控制点 B4、B5、B6 裂缝开度时程曲线远高于工况 1 的开度时程曲线，主要因为弯螺栓的开裂造成衬砌接头外侧张开，由于接头处的接触作用，外侧控制点 B4、B5、B6 裂缝开度要远大于未引入螺栓开裂的工况 1。

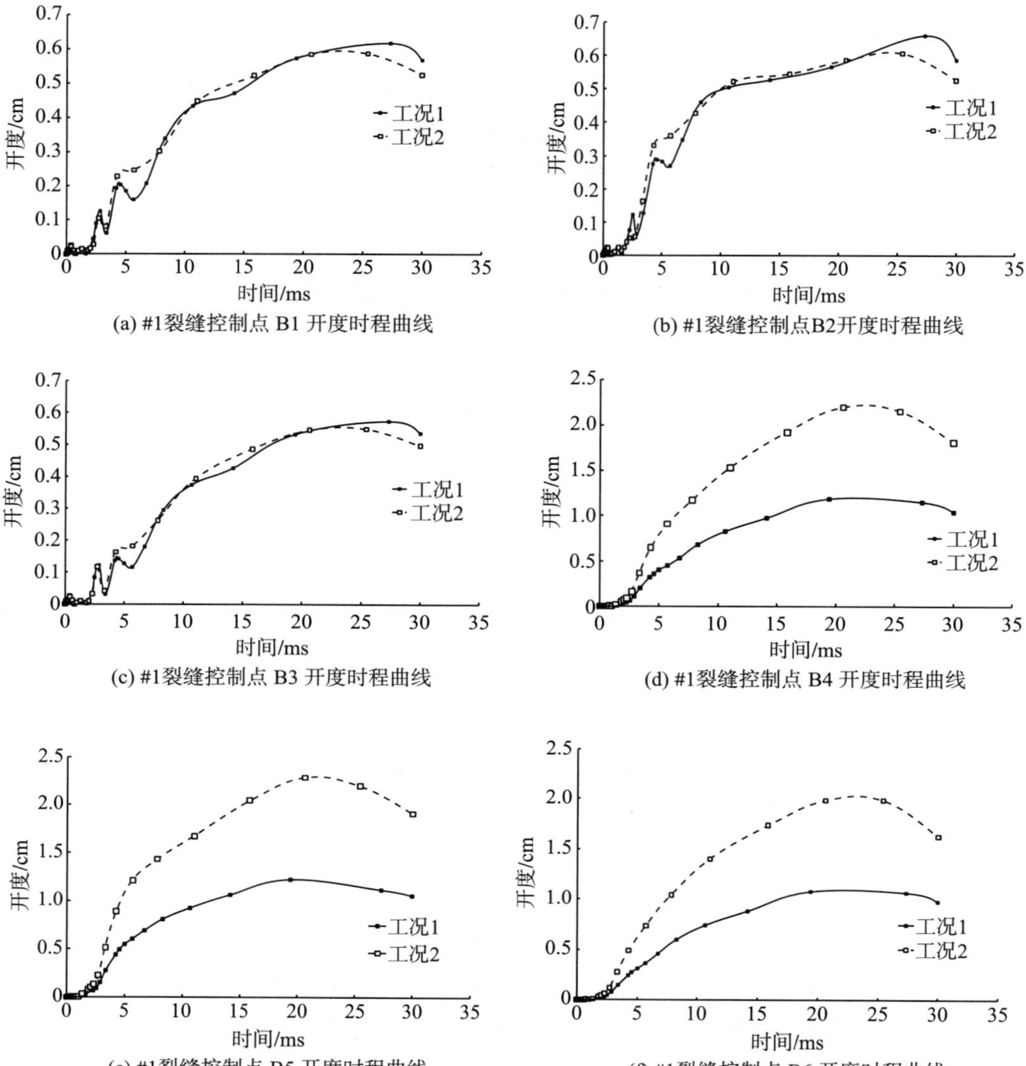

(a) #1裂缝控制点 B1 开度时程曲线

(b) #1裂缝控制点B2开度时程曲线

(c) #1裂缝控制点 B3 开度时程曲线

(d) #1裂缝控制点 B4 开度时程曲线

(e) #1裂缝控制点 B5 开度时程曲线

(f) #1裂缝控制点 B6 开度时程曲线

图 6-11 两种工况下接头#1 裂缝各控制点开度时程曲线

表 6-2 为两种工况下管片衬砌#1 裂缝各控制点的开度统计表，两种工况下接头#1 裂缝的峰值开度和最终开度的最大值都出现在 B5，且位于②环管片，即加载管片；同侧的裂缝控制点的峰值开度和最终开度相差不大，外侧裂缝的峰值开度和最终开度大于内侧；引入螺栓开裂，内侧裂缝各控制点的峰值开度和最终开度有所减小，且减小的幅度较小，外侧裂缝各控制点的峰值开度和最终开度增大，且增大的幅度较大；对比同侧的裂缝控制点，可得出裂缝的峰值开度、最终开度的变化幅度相差不大，且同侧幅度变化最大的控制点位于②环管片。

表 6-2　两种工况下管片衬砌#1 裂缝各控制点的开度统计表

开度/cm		B1	B2	B3		B4	B5	B6
峰值开度	工况 1	0.617	0.659	0.572	工况 1	1.188	1.224	1.077
最终开度		0.568	0.586	0.535		1.036	1.054	0.977
峰值开度	工况 2	0.587	0.606	0.548	工况 2	2.198	2.285	1.980
最终开度		0.525	0.526	0.496		1.805	1.904	1.625
峰值开度	降低幅度	0.030	0.054	0.024	增大幅度	1.010	1.061	0.903
最终开度		0.043	0.060	0.039		0.769	0.850	0.648
峰值开度	降低百分比	4.86%	8.20%	4.20%	增大百分比	85.02%	86.68%	83.84%
最终开度		7.57%	10.24%	7.29%		74.22%	80.65%	66.33%

3. 接头#3 裂缝的开度对比分析

图 6-12 为两种工况下衬砌接头#3 裂缝各控制点的开度时程曲线，由图可知位于内侧裂缝的 C1、C2、C3 三个控制点的开度时程曲线整体变化规律相似，位于外侧裂缝的 C4、C5、C6 三个控制点的开度时程曲线一致；内外侧裂缝控制点的开度时程曲线一致，具体表现为在撞击力的持续作用下，开度都逐渐增大，且都随着撞击力的持续加载，在震荡荷载期间产生开度最大值，此后出现小范围的闭合现象。

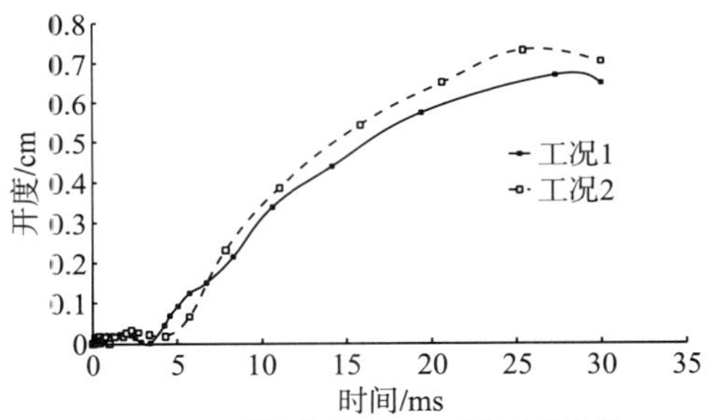

(a) #3裂缝控制点 C1 开度时程曲线

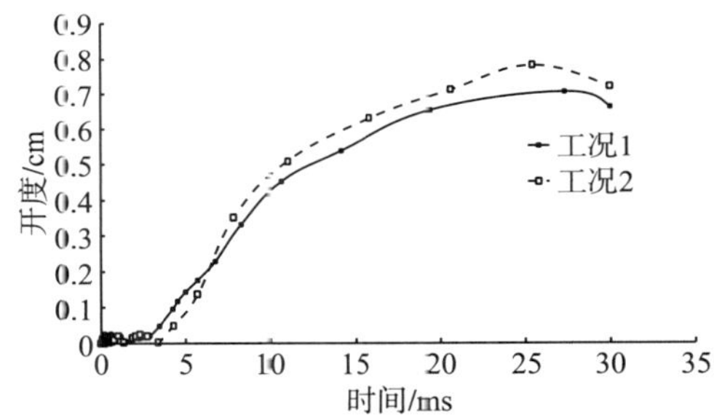

(b) #3裂缝控制点 C2 开度时程曲线

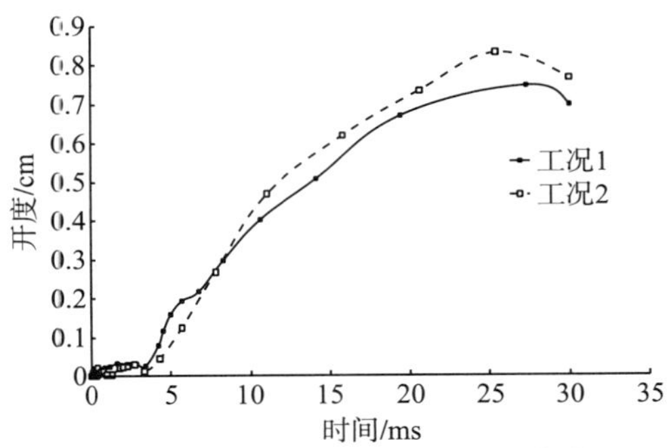

(c) #3裂缝控制点 C3 开度时程曲线

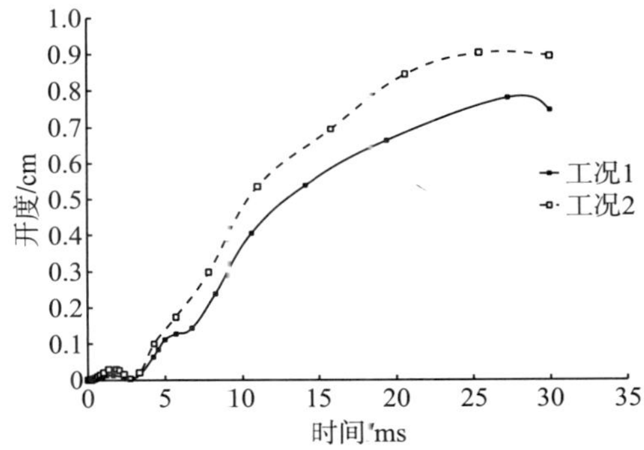

(d) #3裂缝控制点 C4 开度时程曲线

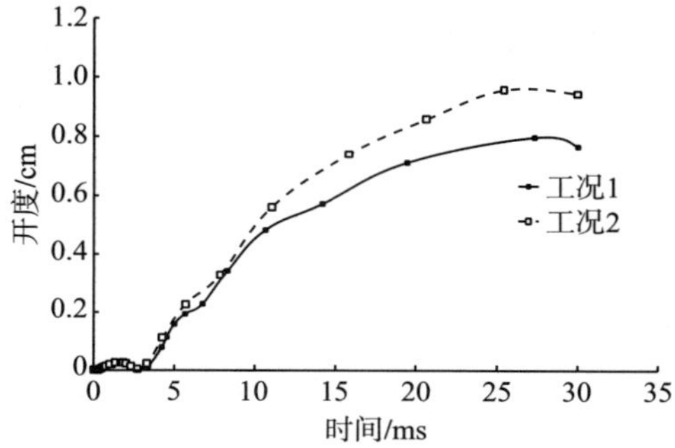

(e) #3裂缝控制点 C5 开度时程曲线

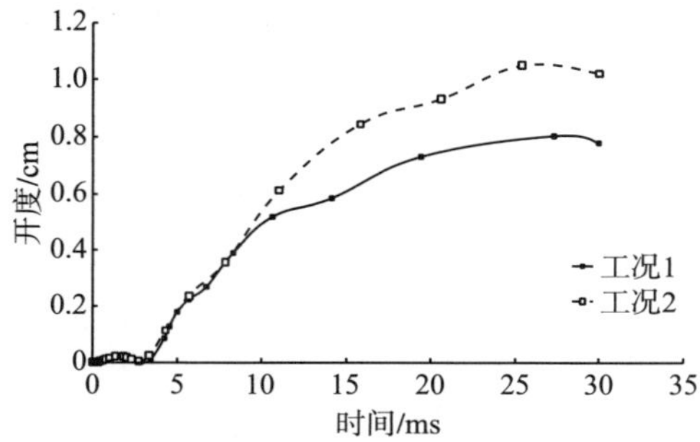

(f) #3裂缝控制点 C6 开度时程曲线

图 6-12 两种工况下衬砌接头#3 裂缝各控制点开度时程曲线

在 7ms 之前，引入螺栓开裂的工况 2 的 C1、C2、C3 控制点开度时程曲线略低于工况 1，在 7ms 之后，引入螺栓开裂的工况 2 的控制点开度时程曲线高于工况 1，在撞击瞬间，螺栓开裂较小且不稳定，处于螺栓位置的内侧各控制点开度变化不大，由于接头#3 位于加载环上，随着荷载的施加，螺栓的开裂造成内侧控制点开度时程曲线高于工况 1；在整个撞击过程中，引入螺栓开裂，外侧控制点 C4、C5、C6 裂缝开度时程曲线远高于工况 1 的开度时程曲线，主要因为弯螺栓的开裂造成衬砌接头外侧张开，由于接头处的接触作用，外侧控制点 C4、C5、C6 裂缝开度要远大于未引入螺栓开裂的工况 1。

表 6-3 为两种工况下管片衬砌#3 裂缝各控制点的开度统计表，两种工况下衬砌接头#3 裂缝的峰值开度和最终开度在内外侧裂缝上沿撞击方向不断增大，峰值开度的最大值出现在 C6，峰值开度的最小值出现在 C1；同侧的裂缝控制点的峰值开度和最终开度相差不大，外侧裂缝的峰值开度和最终开度大于内侧；引入螺栓开裂，内外侧裂缝各控制点的峰值开度和最终开度增大，且外侧增大幅度大于内侧相应值的增大幅度；对比同侧裂缝控制点，可得出裂缝的峰值开度、最终开度的增大百分比沿撞击方向不断增大，各控制点峰值开度与最终开度增大百分比的最大值分别为 23.68%、23.76%，且都位于控制点 C6。

表 6-3 两种工况下管片衬砌#3 裂缝各控制点的开度统计表

	开度/cm	C1	C2	C3	C4	C5	C6
工况 1	峰值开度	0.670	0.709	0.747	0.781	0.796	0.802
	最终开度	0.650	0.665	0.700	0.746	0.765	0.779
工况 2	峰值开度	0.732	0.783	0.832	0.903	0.956	1.050
	最终开度	0.704	0.723	0.767	0.894	0.943	1.022
增大幅度	峰值开度	0.062	0.074	0.085	0.122	0.161	0.249
	最终开度	0.054	0.058	0.068	0.149	0.178	0.243
增大百分比	峰值开度	9.25%	10.44%	11.38%	15.62%	20.23%	31.05%
	最终开度	8.31%	8.72%	9.71%	19.97%	23.27%	31.19%

6.3　本 章 小 结

本章将接头螺栓非线性开裂引入第 4 章分析模型，对接头螺栓施加开裂准则，采用扩展有限元法模拟螺栓的开裂，得到以下结论：

(1) 纵向接头弯螺栓、环向接头直螺栓的开裂在撞击的瞬间产生，且弯螺栓开裂完成后直螺栓才进行开裂，直螺栓的开裂持续时间大于弯螺栓；直螺栓的裂缝扩展形态呈长条状，弯螺栓的裂缝扩展为环状，位于弯螺栓中部，且直螺栓的裂缝总长度 1.2336m 远大于弯螺栓 0.331m。

(2) 弯螺栓的开度时程曲线表现为在 2.5ms 之前，裂缝的开度较小，2.5ms 之后开度急剧上升，直至 5ms 后，裂缝开度缓慢上升并在 20ms 左右达到最大值，此后开度发生小范围的闭合现象，裂缝前侧开度最大值大于后侧；直螺栓的开度时程曲线表现为在 2.5ms 之前，裂缝开度较小，在 2.5ms 之后，右侧裂缝表现为开度急剧上升，直至 5ms 后，缓慢上升并在 20ms 左右达到最大值，此后开度发生小范围的闭合现象，左侧裂缝在 2.5ms 表现为阶梯式的增长，在 25ms 达到最大值并在加载后期产生小范围的闭合现象，直螺栓右侧开度时程曲线大于左侧。

(3) 主裂缝各控制点的开度时程曲线。在加载的前期，有无螺栓开裂各控制点开度时程曲线相差不是太大，在加载后期 6ms 之后，未引入螺栓开裂各控制点的开度时程曲线略高于引入螺栓开裂的工况，且 A1、A5、A6 控制点的开度时程曲线幅度变化大于 A2、A3、A4 控制点的开度时程曲线。

(4) 接头#1 裂缝内侧各控制点的开度时程曲线。在撞击的前期，开度变化不大，在撞击的后期 20ms 之后，螺栓的开裂稳定后，裂缝开度相对未引入螺栓开裂的工况变小，外侧各控制点的开度时程曲线在引入螺栓开裂后，在整个撞击过程中远高于未引入螺栓开裂的外侧各控制点的时程曲线，且外侧各控制点的开度时程曲线变化幅度大于内侧。

(5) 接头#3 裂缝内侧各控制点的开度时程曲线。在撞击的前期 7ms 之前，引入螺栓开裂内侧控制点开度时程曲线略低于未引入螺栓开裂的工况，在 7ms 之后，引入螺栓开裂内侧各控制点开度时程曲线高于未引入螺栓开裂的工况，外侧各控制点的开度时程曲线在引入螺栓开裂后，在整个撞击过程中远高于未引入螺栓开裂的外侧各控制点的开度时程曲线，且外侧各控制点的开度时程曲线变化幅度大于内侧。

第 7 章　基于列车撞击荷载的盾构隧道接头螺栓失效特性及影响

本章采用有限元软件 ABAQUS 建立盾构隧道三维模型，通过设置具有抗拉、抗剪、抗弯三种刚度组合，能表征螺栓失效状态的连接单元，近似模拟螺栓连接效应，开展在列车撞击荷载作用下各连接螺栓的损伤失效情况研究，同时分析不同撞击荷载和不同接头螺栓参数对螺栓失效的影响，从而为衬砌防撞设计及接头螺栓优化设计提供参考。

7.1　撞击数值模型

7.1.1　有限元模型

以沪通跨黄浦江盾构隧道为依托对象建立列车脱轨撞击下盾构隧道接头螺栓失效分析模型，管片采用 C50 钢筋混凝土，衬砌环内径 9.80m，外径 10.80m，厚度 50cm，幅宽 2.00m。管片衬砌环采用“7+1”分块方式，封顶块(F)对应圆心角为 16.36°，邻接块(L)和标准块(B)所对应的圆心角均为 49.09°。衬砌环接缝的连接包括 16 颗环向螺栓和 15 颗纵向螺栓。管片衬砌断面如图 7-1 所示。

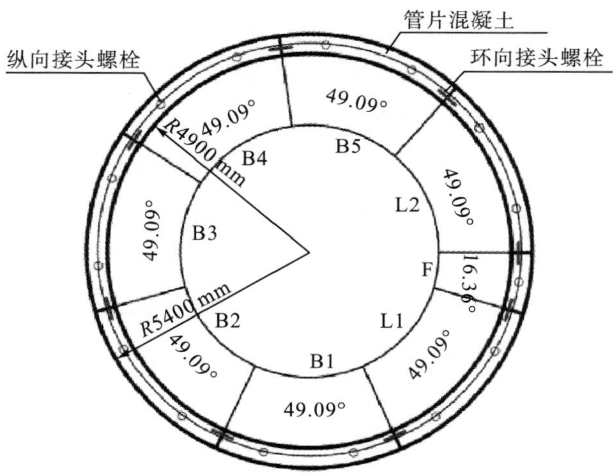

图 7-1　管片衬砌环构造图

利用 ABAQUS 软件建立如图 7-2 所示长、宽、高分别为 80m、80m、40m 的盾构隧道数值分析模型。通过设置可以实现原场位移为零，并用能很好地反映地基辐射效应的无限单元(CIN3D8)来模拟模型中的动力边界。模型中围岩和衬砌管片均采用有限元实体单元(C3D8R)。在揭示被撞区域螺栓失效特性的同时，为了不因接缝模拟太多而影响计算成本，本章仅仅对撞击区域邻近的三环管片进行通缝拼装式模拟，隧道其余区域均采用抗弯刚度等效的原则，通过弱化弹性模量的方式来近似反映管片衬砌接头效应。

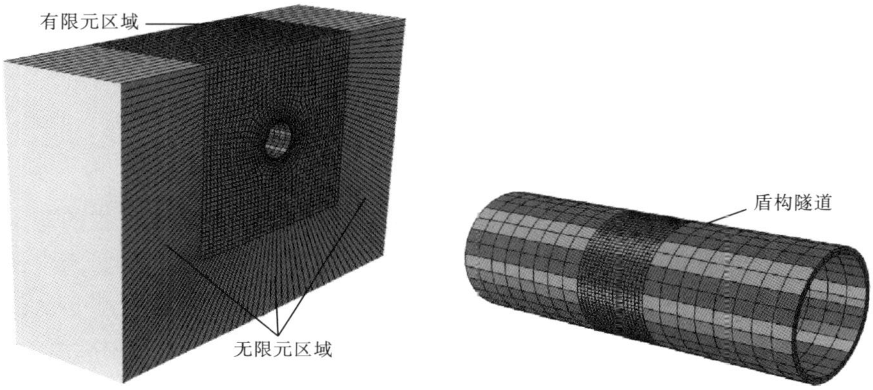

(a) 地层围岩　(b) 隧道衬砌

图 7-2　有限元模型

中间三环管片衬砌示意图如图 7-3 所示。为便于分析，在被撞击块以及与被撞击块纵向相连的两个管片上设置数值观测点。各管片每隔 0.5m 设置一个观测点，并沿列车行进方向对观测点依次编号为 1,2,3,…,15，其中观测点 8 为撞击中心点。观测点具体位置及编号见图 7-4。

图 7-3　管片衬砌示意

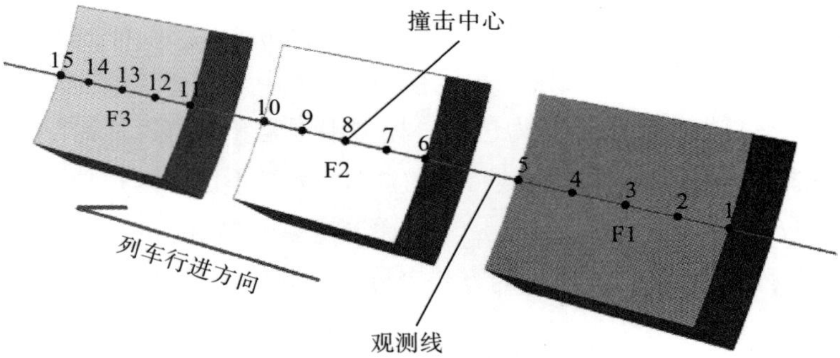

图 7-4　观测点编号及其位置

7.1.2　基本材料参数

本章地层参数参照沪通跨黄浦江盾构隧道地勘资料取值，将自重产生的初始地应力平衡后，再模拟盾构隧道开挖进程。围岩采用 Mohr-Coulomb 弹塑性本构；为反映撞击作用下管片破坏特性，管片衬砌均采用混凝土塑性损伤本构，具体数值见 3.2.2 节，混凝土管片强度标号为 C50。围岩、衬砌和接头螺栓等材料的基本参数如表 7-1 所示。

表 7-1　基本材料参数

材料名称	弹性模量/MPa	泊松比	密度/(kg/m³)	黏聚力/MPa	摩擦角/(°)
砂性土层	25.0	0.35	2000.0	0	28
风化泥质粉砂	35.0	0.35	2500.0	8	38
管片衬砌	34 500.0	0.20	2500.0	—	—
接头螺栓	206 000.0	0.17	7850.0	—	—

7.1.3　连接单元失效准则

ABAQUS 提供了全面的动力学行为来模拟连接单元的行为，其中包含弹簧、阻尼器、摩擦、塑性作用、损伤以及失效等。

连接行为包括相对运动中力与位移的线性或者非线性关系，也包括复杂的损伤机制和各种损伤演化规律等。如果连接单元的内力超过了临界值，连接单元将开始发生不可逆的损伤(退化)。当持续加载时，进一步的损伤演化将导致最终的失效。如果损伤发生，连接单元力的响应一般将按照以下的形式变化：

$$F_i = (1 - d_i) F_{eff_i}, \quad 0 \leqslant d_i \leqslant 1 \tag{7-1}$$

式中，d_i 是损伤变量的标量；F_{eff_i} 是当损伤未发生时相对运动的有效响应。

定义一个连接单元损伤机制，需要指定一个损伤开始的标准和损伤变量发展的损伤演化规律。损伤开始前，$d = 0$。如果指定了损伤演化，一旦损伤开始，损伤变量将单调递增至最大值 1，当 $d = 1$ 时，损伤演化将停止，连接单元完全失效，连接单元也将从网格中删除。

连接单元的损伤失效准则可用图 7-5 所示的力-位移响应本构关系加以说明，图中，E 为连接单元弹性模量，U_I、U_M 分别为 I 点、M 点对应本构关系中的位移，F_I 为 I 点对应本构关系中力的响应。若指定损伤，假设在 I 点损伤开始，在这一点相应的本构关系是 u_0，如果持续加载，相应的本构关系将增加至 u_C，在 C 点，连接力的响应变成 F_C，与无损伤的线弹性响应相比，C 点力的响应减小，此时 $F_C=(1-d)F_{eff_i}$。如果在 C 点发生卸载，卸载的坡度曲线为 $(1-d)E$。只要本构关系不超过 u_C，损伤变量 d 将保持为 C 点第一次达到的常数。如果继续加载，损伤将会进一步开展，直到达到最终失效状态 u_f。若连接单元不考虑发生损伤，则连接响应为线弹性，在力和位移本构关系上表现为 OA 直线；若考虑连接单元发生渐进损伤失效，在力和位移本构关系上表现为折线 $O\to I\to M$；若考虑连接单元发生瞬时完全损伤失效，在力和位移本构关系上表现为折线 $O\to I\to D$。当位移到达 I 点初始损伤点时，本构关系中的位移 u_L 不再增加，损伤变量瞬间从 0 变为 1，连接单元力 F_I 的响应降为 0，此时连接单元瞬间发生失效。由于列车撞击盾构隧道是一个瞬间过程，本章接头螺栓连接单元的失效模式采用瞬时完全损伤失效。当连接螺栓拉力数值和剪力数值中有一个达到相应的临界值(极限承载力)，螺栓立即发生失效，此时，ABAQUS 软件将自动删除已失效的连接单元。

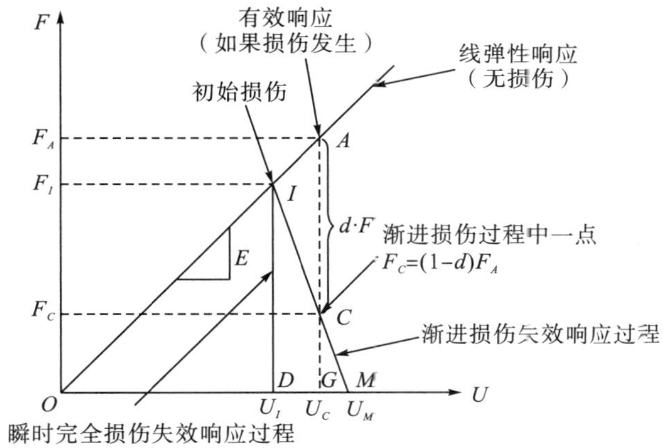

图 7-5　连接单元损伤演化规律

7.2　接头螺栓断裂失效特性

7.2.1　计算分析工况

本节对行驶速度为 200km/h 的列车以 12.5°角度斜向撞击盾构隧道时接头螺栓的失效特性进行分析，其中螺栓采用 M36 型 8.8 级螺栓。在 ABAQUS 软件中，由于实际工程中螺栓受力发生弯曲失效的机制十分复杂，本章只对螺栓的拉伸失效和剪切失效进行研究。螺栓失效时所对应的极限承载力为螺栓相应极限强度与有效截面面积的乘积。其中 M36

型 8.8 级螺栓的极限抗拉强度 σ_t 可取为 800MPa，极限抗剪强度 τ 可取为 586.40MPa，则可计算出螺栓的抗拉、抗剪、抗弯刚度以及螺栓极限拉力和剪力。螺栓的物理力学参数见表 7-2，根据现成的构件刚度计算公式得到的螺栓的抗拉、抗剪和抗弯刚度如表 7-3 所示。

表 7-2 螺栓物理力学参数

级别	密度/(kg/m^3)	弹性模量/GPa	泊松比	极限拉力/kN	极限剪力/kN
8.8	7800	206	0.3	652.8	478.5

表 7-3 螺栓刚度

级别	直径	抗拉刚度/MN	抗剪刚度/MN	抗弯刚度/(N·m^2)	有效截面面积/mm^2
8.8	M36	168.1	64.7	16 975.7	816

国内外学者对于列车撞击荷载的研究大多是采用数值仿真进行的。第 2 章获得了列车撞击隧道结构的近似荷载曲线，并对行驶速度、碰撞斜角、列车类型、编组数量等主体因素对撞击荷载的影响进行了分析。本章在研究列车撞击问题时，直接采用第 2 章所得出的列车撞击荷载。图 7-6 所示为 200km/h 的列车以 12.5°斜向撞击刚性墙所获得的撞击荷载，为便于施加撞击荷载，将其沿隧道横向（X）、纵向（Z）、竖向（Y）进行分解，然后按照实际撞击位置以平均面力的形式近似施加在隧道内侧。

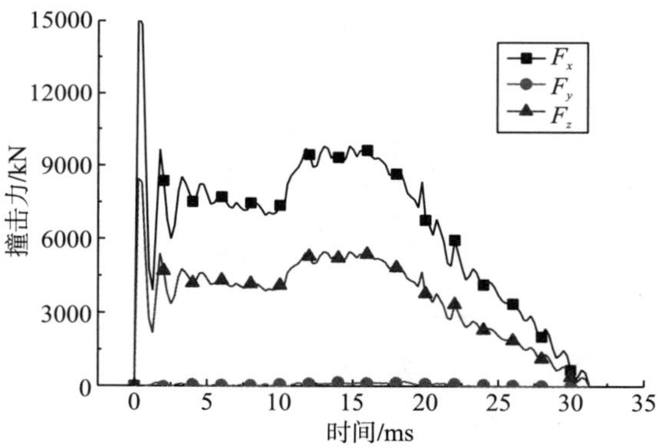

图 7-6 所选撞击力分量时程曲线

7.2.2 螺栓失效力学特性

通过 ABAQUS 软件计算，发现三环管片共 108 颗接头螺栓中有 8 颗螺栓发生失效（损伤变量 d 在某时刻达到 1），下面以这 8 颗螺栓为对象进行分析。8 颗失效螺栓分别为：与被撞击块-封顶块（F2）相连的 2 颗纵向螺栓（A、G）和 4 颗环向螺栓（B、C、E、F），与 F3 相连的两颗环向螺栓（D、H）。失效螺栓具体位置及其编号如图 7-7 所示。由图 7-7 可知，在列车撞击作用下，失效螺栓位置集中分布在被撞击块 F2 周边。

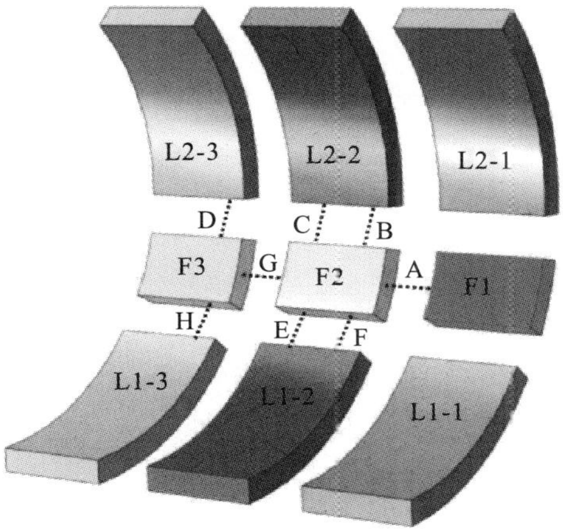

图 7-7　失效螺栓位置及其编号

各失效螺栓损伤变量（d）时程变化曲线如图 7-8 所示，从左到右依次为 A→F→B→E→C→G→D→H。各失效螺栓具体位置不同，螺栓损伤失效时间也不相同。螺栓 A 最先出现失效，失效发生在撞击过程中 4.02ms 时，其损伤变量 d 在该时刻从 0 突增至 1。根据损伤变量 d 的变化，可给出各螺栓的失效时间和失效顺序，见表 7-4。

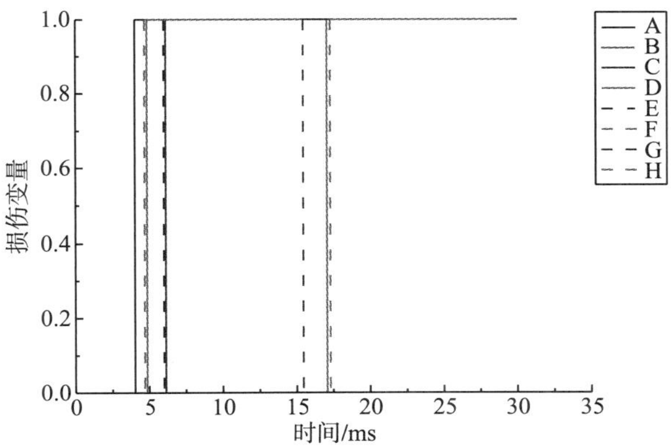

图 7-8　失效螺栓损伤变量时程曲线

表 7-4　螺栓失效时刻和顺序

失效次序	1	2	3	4	5	6	7	8
螺栓编号	A	F	B	E	C	G	D	H
时间/ms	4.02	4.68	4.85	6.01	6.14	15.45	17.09	17.31

从表 7-4 可见：列车脱轨撞击作用下，盾构隧道管片衬砌螺栓失效大致沿列车行进方向相继失效的规律发生；较早失效的 5 颗螺栓都与被撞击块（F2）相连，失效时间集中出现在 4.02～6.14ms 范围内；较后失效的 3 颗螺栓都与 F3 相连，失效时间集中在 15.45～

17.31ms，相对较早失效的螺栓，其失效的发生整体落后约 9.0ms。

失效螺栓拉力和剪力随撞击时间的变化曲线如图 7-9、图 7-10 所示。从图 7-9、图 7-10 可见，C、D、G 螺栓在失效前未出现拉力，表明这些螺栓所处的接缝部位管片混凝土始终互相挤压。随着撞击的进行，上述两颗螺栓出现剪切失效，在螺栓失效发生后，模拟螺栓的单元从网格中删除，即不再承受任何荷载。同时螺栓 G 的剪力在撞击开始的前 9ms 也始终为 0，而后发生突增，直到达到剪切极限发生剪切失效。产生上述情况的原因可能是螺栓 G 所在位置的混凝土接缝面在撞击开始后首先受到剪切作用，但由于其受到的切向力未达到管片混凝土间相对摩擦力的极限，此时螺栓不承受剪力。而随着撞击的进行，接缝面混凝土自身摩擦力已不足以抵抗由于巨大的撞击荷载所产生的剪切作用，接缝面开始滑动，此时超出的剪切力由螺栓承担，从而导致螺栓 D 的剪力在后期发生突增直至失效。由于螺栓 B 和 F 相对撞击中心对称，所以二者的剪力随时间变化曲线形态大体相似，且其失效时间相近，同样的特点也出现在 C 和 E、D 和 H 等相对撞击中心对称分布的螺栓上。

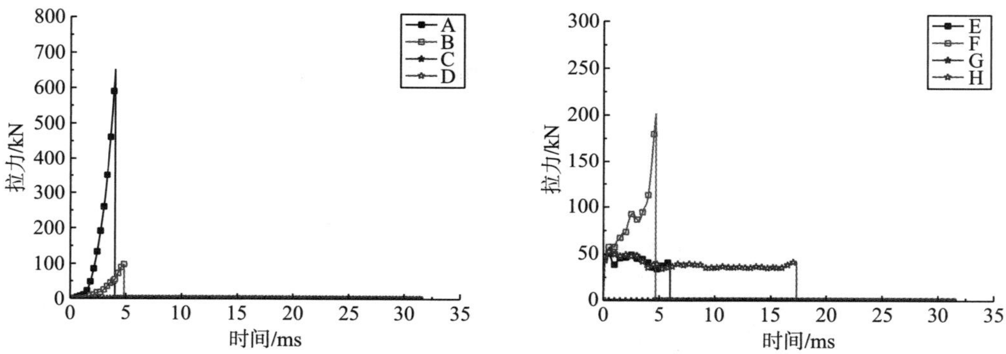

(a)A、B、C、D螺栓　　(b) E、F、G、H螺栓

图 7-9　螺栓拉力时程曲线(考虑失效)

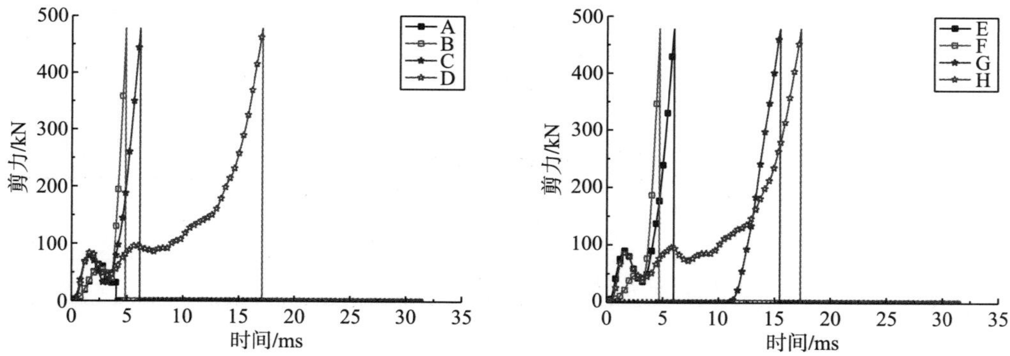

(a) A、B、C、D螺栓　　(b) E、F、G、H螺栓

图 7-10　螺栓剪力时程曲线(考虑失效)

通过分析图7-9、图7-10中的拉力和剪力时程曲线，可获得螺栓在撞击过程中出现的最大拉力值和最大剪力值以及各自对应的时间，并结合极限拉力和极限剪力判据，可判断各颗螺栓的失效类型，见表7-5。从表7-5可见，螺栓失效时，螺栓的最大拉力或最大剪力即为所对应的极限拉力或极限剪力，而发生拉伸失效所对应的最大剪力值和发生剪切失效所对应的最大拉力值均小于各自的极限值。

表7-5 螺栓最大拉力、剪力值以及失效类型

螺栓编号	A	B	C	D	E	F	G	H
最大拉力/kN	652.8	97.6	0.0	0.0	50.5	202.7	0.0	57.6
最大拉力发生时间/ms	4.02	4.85	—	—	0.52	4.68	—	0.72
最大剪力/kN	65.51	478.5	478.5	478.5	478.5	478.5	478.5	478.5
最大剪力发生时间/ms	2.60	4.85	6.14	17.09	6.01	4.68	15.45	17.31
失效类型	拉伸	剪切	剪切	剪切	剪切	剪切	剪切	剪切

为进一步揭示考虑螺栓失效与否对螺栓受力特性的影响，建立了不考虑螺栓失效的数值模型予以分析和对比。上述8颗螺栓在不考虑螺栓失效条件下的拉力、剪力随撞击时间的变化曲线如图7-11、图7-12所示。从图可见，0～4.02ms时间范围内，未考虑失效时的所有8颗螺栓的拉力、剪力数值与考虑螺栓失效时完全一致。螺栓C、D、G在整个撞击过程中拉力值始终为0。B和F螺栓两者之间的剪力变化曲线大致相似，C和E、D和H螺栓呈现相同的规律。

表7-6为螺栓在撞击过程中最大拉力值和最大剪力值及其分别对应的时间。从表7-6可见，在不考虑螺栓失效模型中，8颗螺栓出现的最大拉力为3422.7kN，是螺栓极限拉力(652.8kN)的5.24倍；螺栓最大剪力为1624.4kN，是螺栓极限剪力(478.5kN)的3.39倍，均远远超过螺栓的极限承载能力。说明未考虑螺栓失效数值模型获得的接缝部位的力学分析结果与实际结构的受力性态有较大差异。

表7-6 螺栓最大拉力、剪力值(未考虑失效)

螺栓编号	A	B	C	D	E	F	G	H
最大拉力/kN	3422.7	105.8	0.0	0.0	175.8	222.8	0.0	57.6
最大拉力发生时间/ms	19.22	5.14	—	—	21.33	5.30	—	0.72
最大剪力/kN	1438.2	1468.4	1541.8	536.3	1624.4	1512.1	627.3	464.3
最大剪力发生时间/ms	20.81	8.63	21.87	23.09	21.97	8.24	22.08	22.89

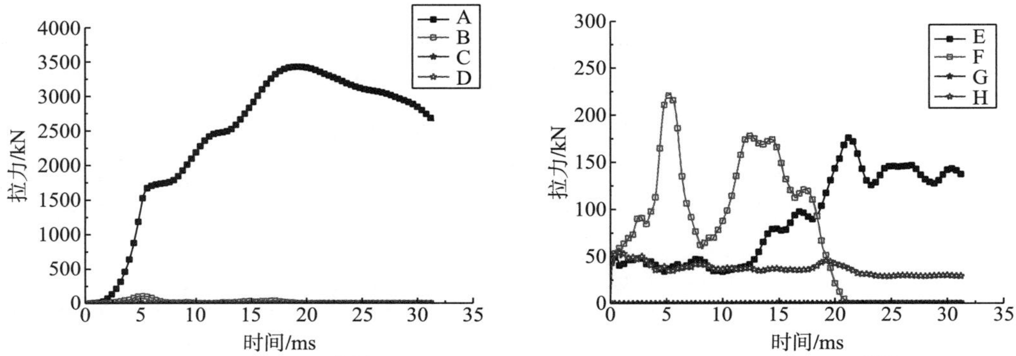

(a) A、B、C、D螺栓　　(b) E、F、G、H螺栓

图 7-11　螺栓拉力时程曲线(未考虑失效)

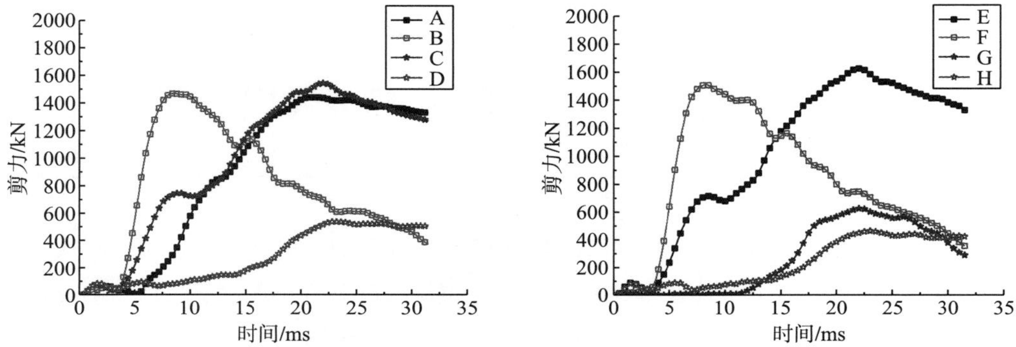

(a) A、B、C、D螺栓　　(b) E、F、G、H螺栓

图 7-12　螺栓剪力时程曲线(未考虑失效)

7.2.3　螺栓失效对衬砌的影响

1. 对管片损伤的影响

为揭示螺栓失效对混凝土管片衬砌的影响，利用 ABAQUS 软件对比了考虑螺栓失效与否两种情况对管片损伤和位移的影响。分析对象管片衬砌混凝土强度为 C50，弹性模量为 34.5GPa，泊松比为 0.2。

由于管片在撞击过程中主要受到列车的撞击压缩作用，因此下面主要分析管片衬砌内表面的压缩损伤。考虑螺栓失效与未考虑螺栓失效时管片内表面的压缩损伤云图如图 7-13(彩图见附录)所示。由图可见：撞击损伤区域主要分布在被撞击块及其附近相邻块，对距离较远的管片影响较小，损伤区域在管片纵向的分布范围大于管片环向；在 200km/h 列车撞击速度下，考虑螺栓失效时的管片混凝土压缩损伤最大值为 0.9869，而未考虑螺栓失效时的管片混凝土压缩损伤最大值为 0.9776，二者有差别但不大。然而两种情况下管片内表面压缩损伤面积有明显差异，考虑螺栓失效时管片内表面损伤面积为 7.98m^2，而未考虑螺栓失效时的损伤面积为 10.36m^2，相对于前者，管片压缩损伤面积增大了 29.82%。

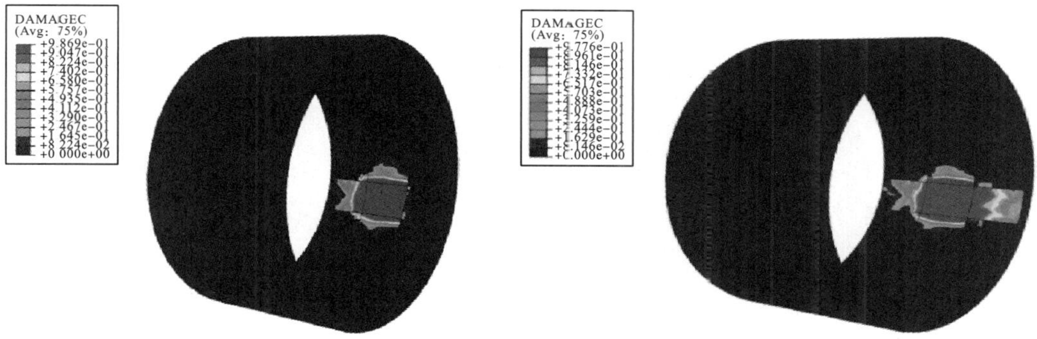

(a) 考虑螺栓失效　　(b) 未考虑螺栓失效

图 7-13　管片内表面压缩损伤云图

进一步，提取两种情况下各数值观测点的压缩损伤值，如图 7-14 所示。由图可见，是否考虑螺栓失效对撞击中心前后各 1m 范围内的数值观测点压缩损伤值影响较小，该范围是损伤破坏最为明显的区域，损伤值大都在 0.9 附近。但在该范围外损伤破坏程度相对较小的区域，考虑螺栓失效和不考虑螺栓失效两种情况下数值观测点的损伤值差异较大，如观测点 1～5 和 12～13。上述表明，考虑接头螺栓失效主要影响管片损伤的分布面积，而对管片损伤的最大程度影响较小。

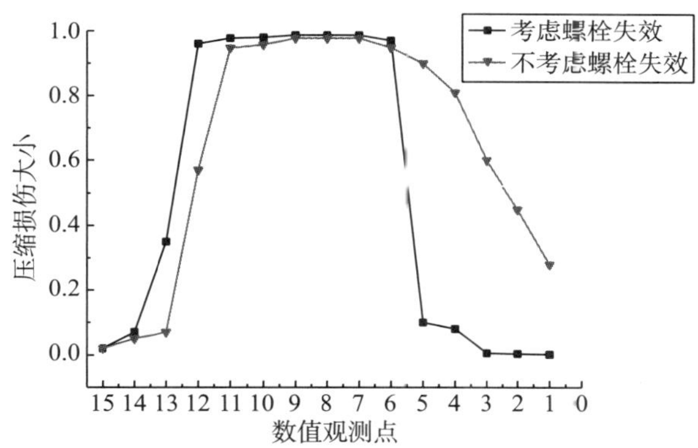

图 7-14　观测点压缩损伤值

2. 对管片位移的影响

考虑螺栓失效与否两种情况下的管片位移云图如图 7-15(彩图见附录)所示。由图可见，在列车撞击作用下，管片的最大位移主要出现在被撞击块及其邻近块区域，且该区域的分布范围呈现纵向大于环向的特点；考虑螺栓失效时管片最终位移的最大值为 6.206cm，而不考虑螺栓失效时的管片最终位移的最大值为 4.135cm，相对于前者减小了 33.37%。可能原因是考虑螺栓失效时，螺栓失效后对管片位移发展的阻滞作用将消失。

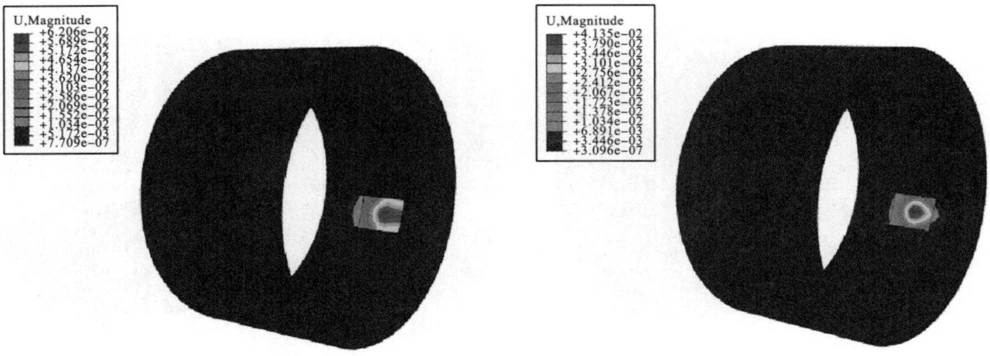

(a) 考虑螺栓失效　　(b) 未考虑螺栓失效

图 7-15　管片内表面撞击位移云图(m)

提取两种情况下各数值观测点的最终位移如图 7-16 所示。由图可见，两种情况下各观测点位移值均在撞击中心(观测点 8)处最大，距离撞击中心越远，观测点的位移值越小；相对于列车行进方向，考虑螺栓失效情况的撞击中心前方所有观测点和撞击中心后方一定范围内观测点的位移大于不考虑螺栓失效情况，且在撞击区域中心附近观测点，这一特点表现尤为明显；但在撞击区域中心后方一定距离外的观测点，如 1～5 数值观测点，考虑螺栓失效时的最终位移反而小于不考虑螺栓失效时相应观测点的位移，原因可能是螺栓失效后，被撞击块(F2)遭受的撞击力不能有效地通过螺栓传递到后方管片(F1)的缘故。

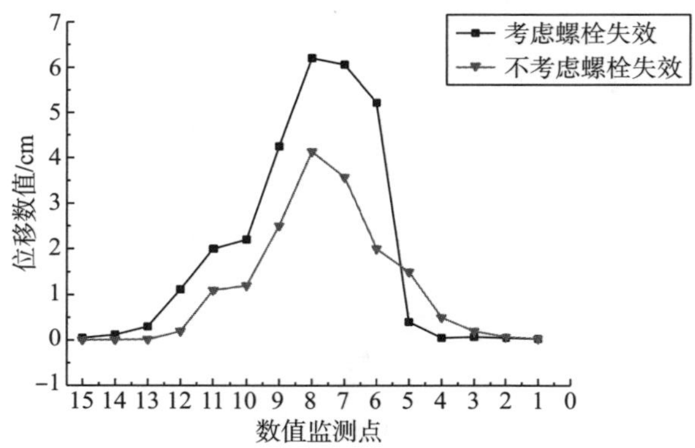

图 7-16　各观测点处的位移图

7.3　撞击速度对螺栓失效的影响

提高列车运行速度在提升人们出行便捷性的同时也大大增加了列车发生脱轨的概率。在不同运行速度的列车脱轨撞击作用下，接头螺栓可能将发生不同程度的失效破坏。因此，本节在 7.2 节的基础上，对三种列车速度对应的撞击荷载作用下接头螺栓失效的差异性展开相应研究，以揭示列车撞击速度对螺栓失效的影响。

7.3.1　撞击速度分析工况

由于撞击速度在撞击问题中是一个极其重要的指标，本节考虑列车以 200km/h、250km/h、300km/h 速度斜向 12.5°撞击刚性墙获得撞击荷载时程曲线，如图 7-17 所示，其中 250km/h 分析模型总时间为 33.75ms，300km/h 分析模型总时间为 34.50ms。由于在列车撞击作用下，被撞管片块直接承受撞击荷载，所以下面主要把与被撞管片块 F2 相连的 6 颗螺栓(A、B、C、E、F、G)作为研究对象。

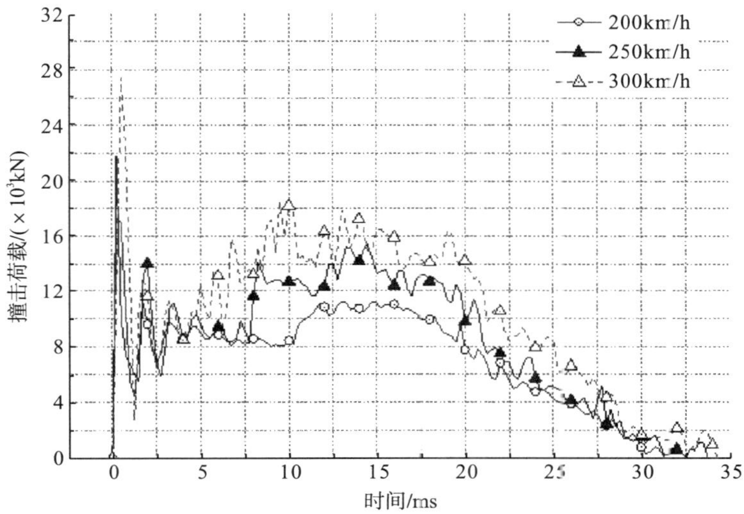

图 7-17　列车撞击力时程曲线

7.3.2　不同撞击速度下螺栓失效特性

在列车撞击作用下，被撞击管片块 F2 直接承受撞击荷载，因此为更好地揭示撞击过程中接头螺栓的动力响应，本节以与被撞击块相连的 6 颗螺栓为研究对象，6 颗螺栓具体位置及编号如图 7-7 所示。

通过 ABAQUS 软件分析得到 200km/h、250km /h、300km/h 三种速度的列车脱轨撞击荷载作用下各螺栓拉力和剪力时程曲线，如图 7-18 和图 7-19 所示。

由图 7-18 和图 7-19 可见，三种撞击速度下，同一编号螺栓的拉力、剪力时程曲线变化趋势大致相似，由于在 7.2 节已经介绍了 200km/h 撞击速度下各螺栓拉力、剪力变化趋势，这里不过多赘述。在三种撞击速度下，被撞击块周边 6 颗螺栓均发生失效，并且同一编号螺栓失效类型一致，其中螺栓 A 发生拉伸失效，而螺栓 B、C、E、F、G 发生剪切失效。这说明撞击速度的变化并不影响螺栓失效类型和拉力、剪力变化趋势。但从图中可见，虽然螺栓拉力、剪力变化趋势并不随撞击速度而改变，但螺栓失效时间对撞击速度较为敏感。不同撞击速度下各螺栓失效具体情况如表 7-7 所示。

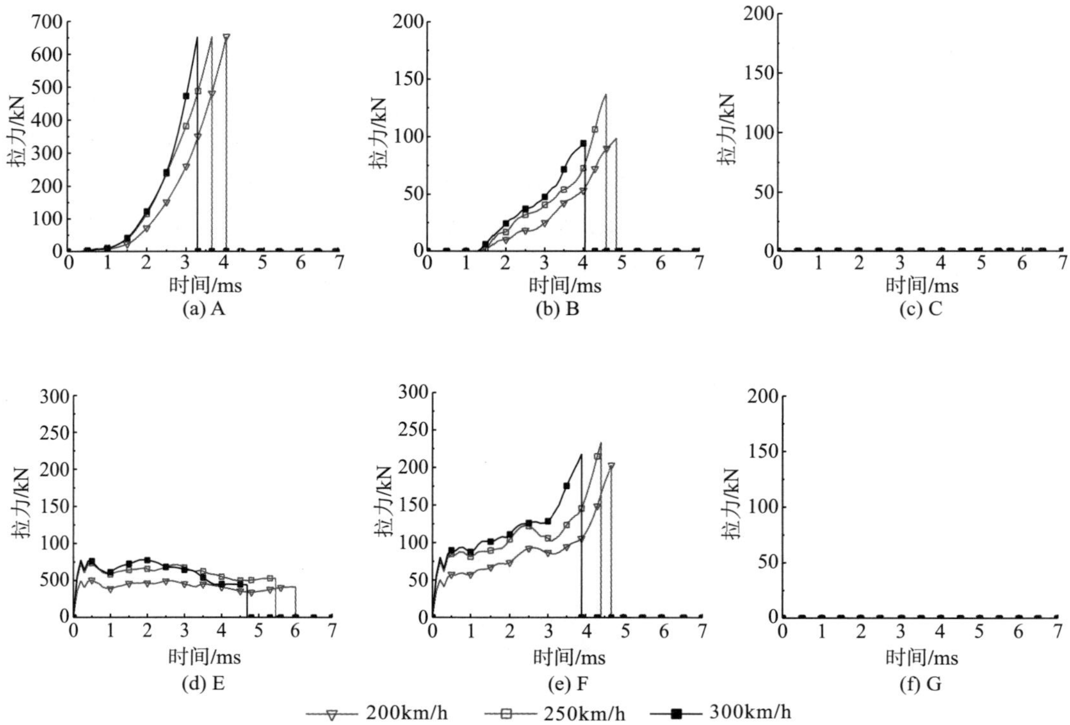

图 7-18 螺栓 A、B、C、E、F、G 拉力曲线

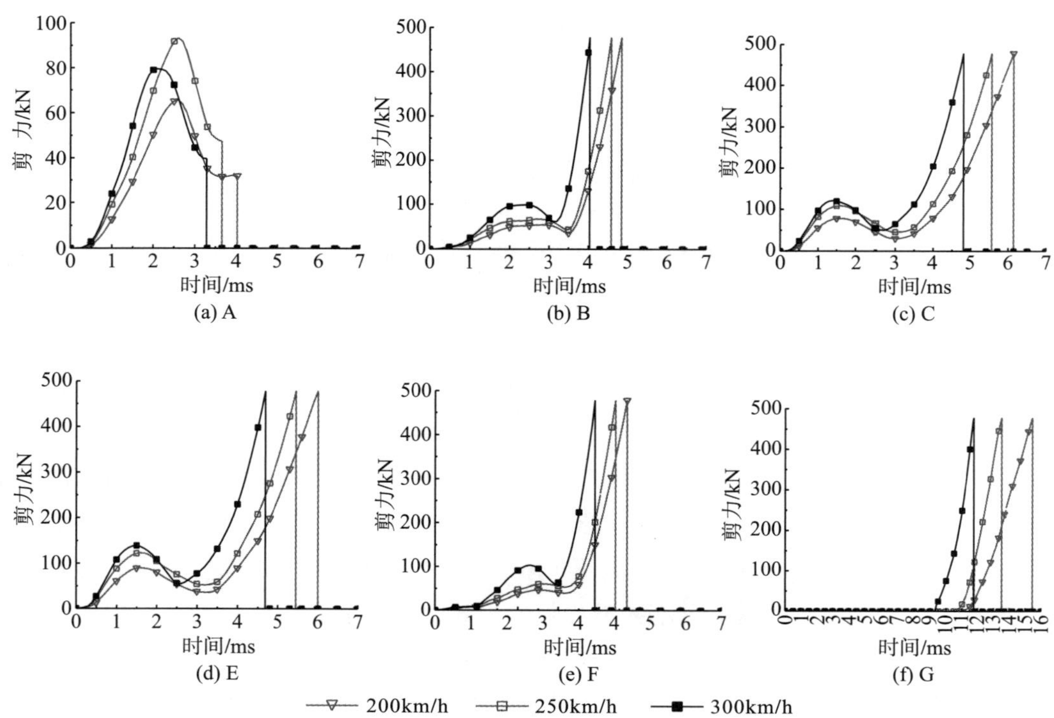

图 7-19 螺栓 A、B、C、E、F、G 剪力曲线

表 7-7　不同撞击速度下螺栓失效情况

接头螺栓编号	失效类型			失效时间/ms			失效次序		
	200 km/h	250 km/h	300 km/h	200 km/h	250 km/h	300 km/h	200 km/h	250 km/h	300 km/h
A	拉伸	拉伸	拉伸	4.02	3.65	3.28	1	1	1
B	剪切	剪切	剪切	4.85	4.59	4.04	3	3	3
C	剪切	剪切	剪切	6.14	5.56	4.79	5	5	5
E	剪切	剪切	剪切	6.01	5.46	4.69	4	4	4
F	剪切	剪切	剪切	4.68	4.40	3.89	2	2	2
G	剪切	剪切	剪切	15.45	13.52	11.75	6	6	6
平均失效时间				6.86	6.20	5.41			

由表 7-7 可见 6 颗螺栓在不同撞击荷载作用下，失效时间不一致，但总体集中在两个时间区间：螺栓 A、B、C、E、F 在 3.28～6.14ms 时间范围内发生失效，而螺栓 G 在 11.75～15.45ms 时间范围内发生失效，先失效的 5 颗螺栓发生失效的时间相比于后失效的螺栓大约提前了 9ms。并且在三种撞击速度下，螺栓失效次序一致，均按照 A、F、B、E、C、G 的次序相继发生失效，这说明撞击速度的变化也不影响螺栓的失效次序。为更加直观地体现不同运行速度的列车撞击盾构隧道对螺栓失效时间的影响，根据表 7-7 中数据得到的各螺栓失效时间柱状图如图 7-20 所示。结合表 7-7 和图 7-20 可见，随着列车撞击速度的提高，编号相同的螺栓发生失效的时间均有所提前。其中 300km/h 撞击速度下最先发生失效，200km/h 撞击速度下最后发生失效，250km/h 撞击速度下螺栓失效的时间介于两者之间。在 200km/h、250km/h、300km/h 撞击荷载下，螺栓平均失效时间分别为 6.86ms、6.20ms、5.41ms，相对于 200km/h，250km/h、300km/h 螺栓平均失效时间分别提前了 0.66ms、1.45ms。这说明，当发生列车脱轨撞击隧道事故时，随着列车速度的提高，被撞击块周围螺栓将更容易也更快发生失效。

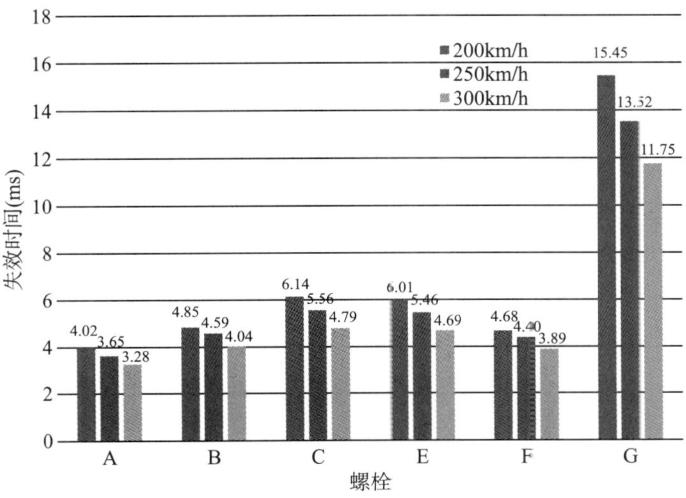

图 7-20　各螺栓失效时间柱状图

7.4 螺栓参数对螺栓失效的影响

不同螺栓参数(包括螺栓强度等级、直径大小等)下螺栓表现出的力学特性差距十分明显。因此，为探究接头螺栓参数对螺栓失效的影响，本节对不同螺栓参数下接头螺栓的失效特性进行对比分析，以期从螺栓参数的角度为工程中管片衬砌和接头螺栓的防撞优化设计提供参考。

7.4.1 螺栓参数分析工况

为反映不同螺栓参数对螺栓失效特性的影响，本节选取最具代表性的两种螺栓参数：螺栓强度级别和螺栓直径作为分析对象。表 7-8 所示为计算工况及其所对应的螺栓物理力学参数。

表 7-8 分析工况及相应螺栓物理力学参数

分析工况	型号	直径/cm	强度级别	弹性模量/GPa	泊松比	抗拉刚度/MN	抗剪刚度/MN	抗弯刚度/(N·m^2)	截面积/mm^2	极限抗拉强度/MPa	极限抗剪强度/MPa	极限拉力/kN	极限剪力/kN
工况 1	M24	24.0	8.8	206.0	0.3	72.7	28.0	3 353.2	353.0	800.0	586.4	282.4	207.0
工况 2	M30	30.0	8.8	206.0	0.3	115.4	44.4	8 186.6	560.0	800.0	586.4	448.0	328.4
工况 3	M36	36.0	8.8	206.0	0.3	168.1	64.7	16 975.7	816.0	800.0	586.4	652.8	478.5
工况 4	M36	36.0	6.8	206.0	0.3	168.1	64.7	16 975.7	816.0	600.0	439.8	489.6	358.9
工况 5	M36	36.0	5.6	206.0	0.3	168.1	64.7	16 975.7	816.0	500.0	336.5	408.0	299.1

7.4.2 不同螺栓直径下螺栓失效特性

图 7-21 为在列车撞击荷载作用下，工况 1、2、3 所列同一强度级别(8.8 级)不同直径(24mm、30mm、36mm)螺栓的拉力、剪力时程曲线。

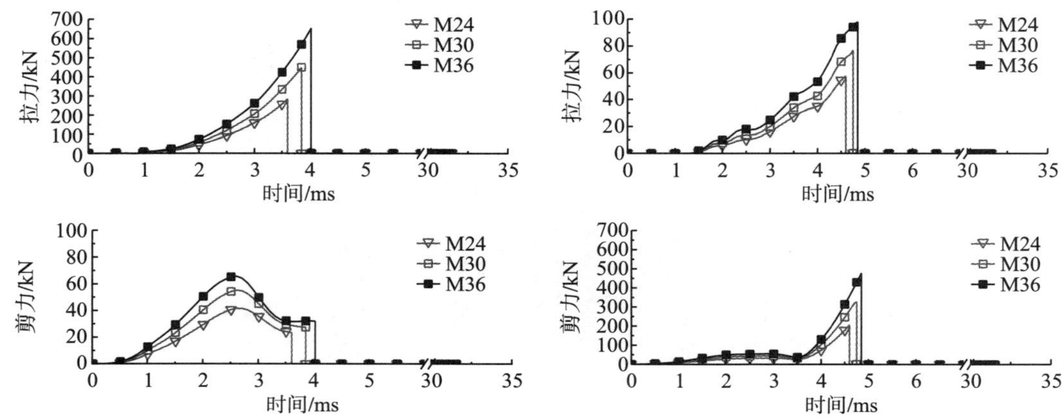

(a) A (b) B

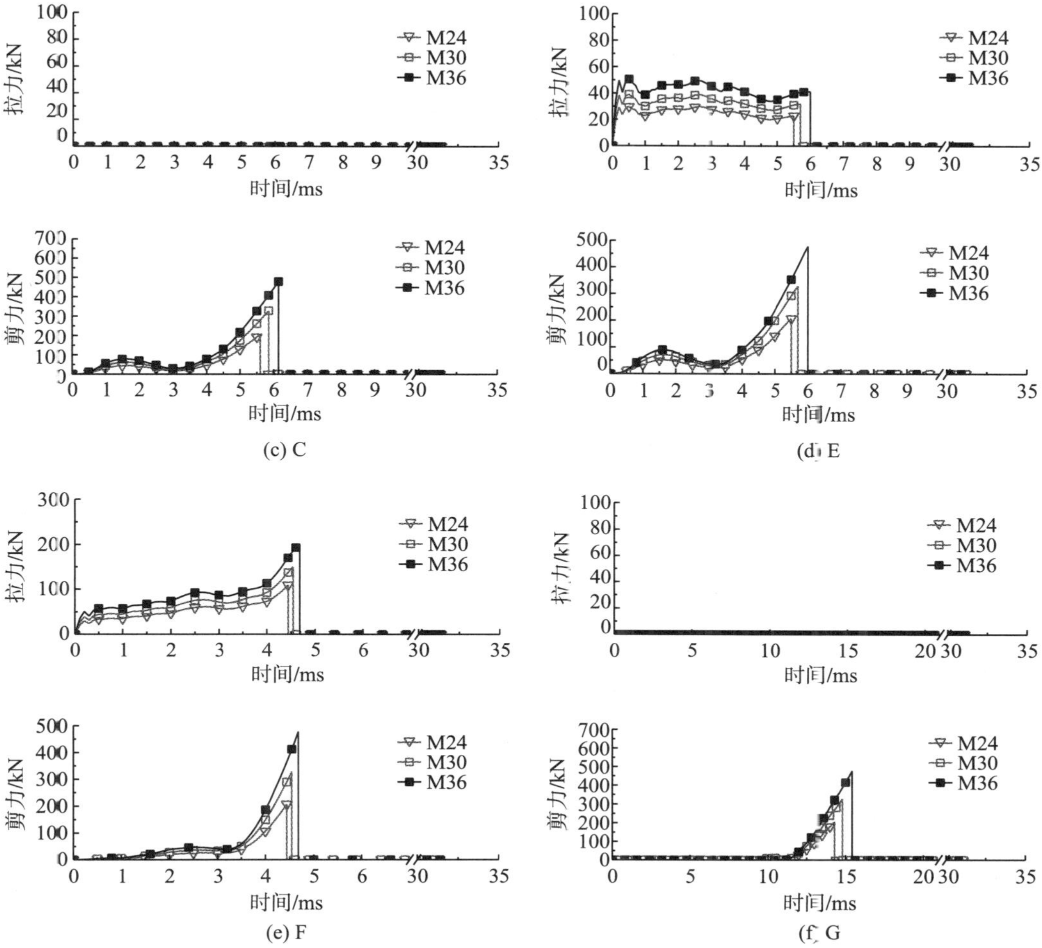

图 7-21　8.8 级螺栓在不同直径下的拉力、剪力时程曲线

由图 7-21 可见，三种直径工况下各螺栓的拉力剪力时程曲线变化趋势大体一致，并未表现出不同的变化规律。而由于三种工况螺栓的极限承载力及其对应的螺栓刚度均不相同，不同直径下同位置螺栓的拉力剪力时程曲线在螺栓失效前不重合，随着螺栓直径的增大，同时刻螺栓的拉力和剪力也相应增大。

为更清晰地展示螺栓直径对各螺栓失效特性的影响，表 7-9 中列出了三种工况下与被撞管片块相连的 6 颗螺栓的失效情况。由表 7-9 可见，螺栓失效类型和失效次序并不随螺栓直径的改变而发生变化，其中，螺栓 A 全部为拉伸失效，其余螺栓均为剪切失效。同时，三种工况下 6 颗螺栓均依次按照 A、F、B、E、C、G 的顺序相继失效。此外，随着螺栓直径的增大，各螺栓失效时间有所延后。虽然螺栓直径的改变对螺栓失效时间有一定程度的影响，但延后时间基本控制在 1ms 以内。因此，结合前述分析可见，单纯改变螺栓直径对于控制螺栓失效并无明显影响。

表 7-9 8.8 级螺栓在不同直径下的失效情况

螺栓编号	失效类型			失效时间/ms			失效次序		
	M24	M30	M36	M24	M30	M36	M24	M30	M36
A	拉伸	拉伸	拉伸	3.59	3.85	4.02	1	1	1
B	剪切	剪切	剪切	4.60	4.75	4.85	3	3	3
C	剪切	剪切	剪切	5.60	5.84	6.14	5	5	5
E	剪切	剪切	剪切	5.49	5.71	6.01	4	4	4
F	剪切	剪切	剪切	4.42	4.53	4.68	2	2	2
G	剪切	剪切	剪切	14.28	14.8	15.45	6	6	6

7.4.3 不同螺栓强度下螺栓失效特性

图 7-22 为在列车撞击荷载作用下，工况 4、5、6 所列同一直径(M36)不同强度级别 5.6 级、6.8 级、8.8 级下与被撞管片块相连的 6 颗螺栓的拉力、剪力时程变化曲线。

由图 7-22 可见，三种工况下各螺栓的拉力剪力时程曲线变化趋势大体一致，并未表现出不同的变化规律。虽然工况 4、5、6 所对应的螺栓强度级别不同，但由于螺栓直径和弹性模量均一致，故其在弹性范围内所对应的螺栓抗拉、抗弯、抗剪刚度也完全相同，因此，由图可见，同位置螺栓在失效前拉力和剪力曲线相互重合。但由于不同强度级别螺栓所对应的极限承载力不同，所以三种工况下同位置螺栓在失效的瞬间对应的受力大小和失效发生时间均不相同。

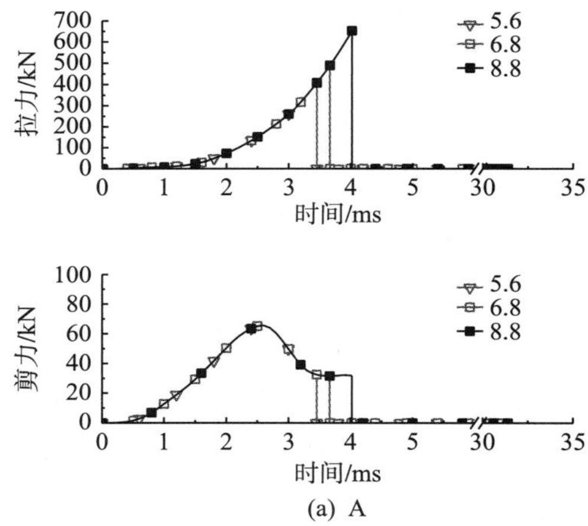

(a) A

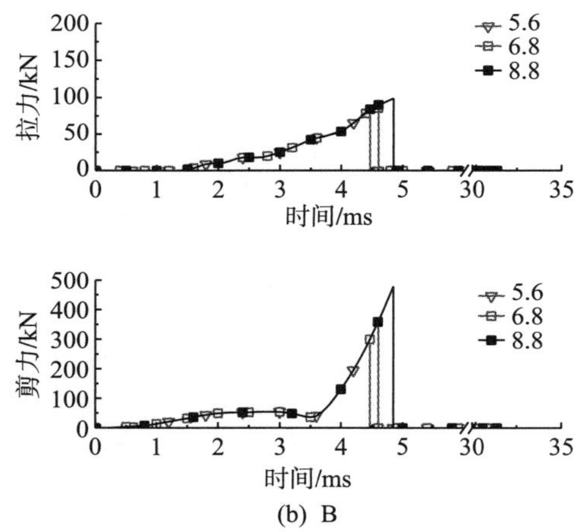

(b) B

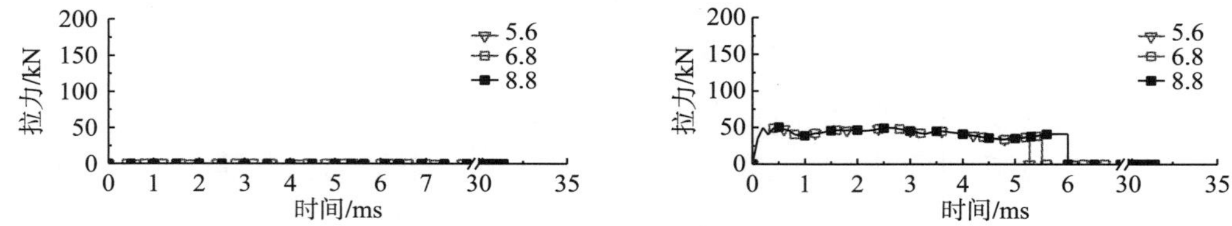

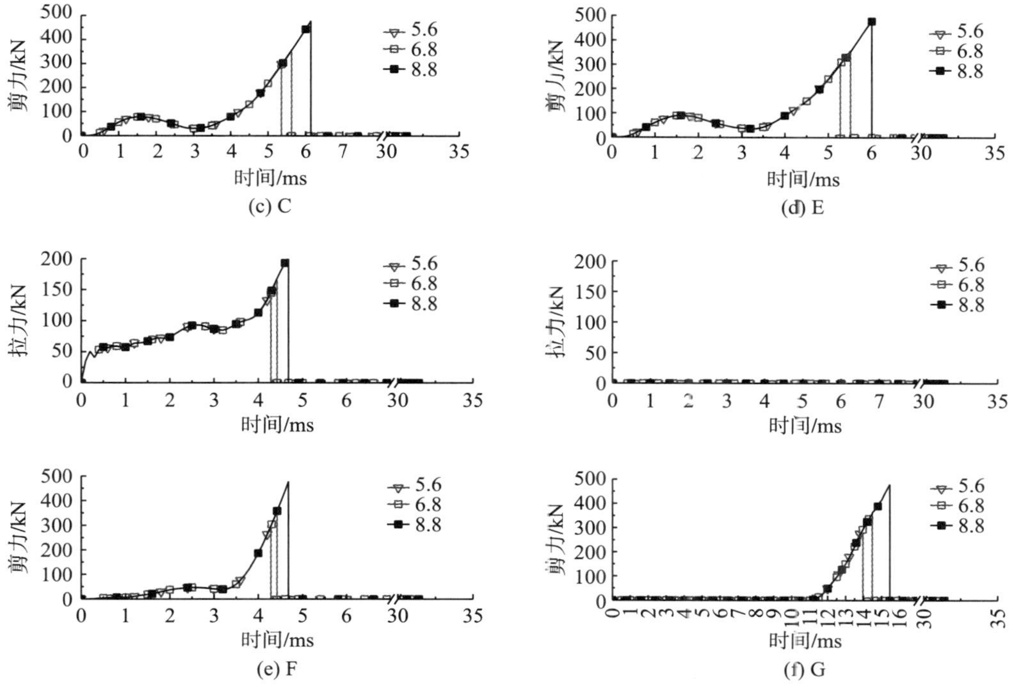

图 7-22　M36 螺栓在不同强度级别下的拉力、剪力时程曲线

为更清晰地展示螺栓强度级别对各螺栓失效特性的影响，表 7-10 中列出了三种工况下与被撞管片块相连的 6 颗螺栓的失效情况。由表 7-10 可知，螺栓失效类型和失效次序也不随螺栓强度级别的改变而发生变化，其中，螺栓 A 全部为拉伸失效，其余螺栓均为剪切失效。并且 6 颗螺栓失效次序仍按照 A、F、B、E、C、G 的规律进行。虽然螺栓强度级别的改变对螺栓失效时间有一定程度的影响，总体来说随着螺栓强度级别的增大，螺栓失效时间也有一定程度的延后，但在不同强度级别下同位置螺栓发生失效的时间差距也基本控制在 1ms 以内。因此，单纯改变螺栓强度对于控制螺栓失效仍不会有显著的影响。

表 7-10　M36 螺栓在不同强度级别下的失效情况

螺栓编号	失效类型			失效时间/ms			失效次序		
	5.6 级	6.8 级	8.8 级	5.6 级	6.8 级	8.8 级	5.6 级	6.8 级	8.8 级
A	拉伸	拉伸	拉伸	3.46	3.67	4.02	1	1	1
B	剪切	剪切	剪切	4.47	4.61	4.85	3	3	3
C	剪切	剪切	剪切	5.36	5.63	6.14	5	5	5
E	剪切	剪切	剪切	5.27	5.51	6.01	4	4	4
F	剪切	剪切	剪切	4.29	4.43	4.58	2	2	2
G	剪切	剪切	剪切	13.96	14.48	15.45	6	6	6

7.5 本 章 小 结

本章采用有限元软件 ABAQUS 建立盾构隧道三维数值模型，通过设置具有抗拉、抗剪、抗弯三种刚度组合，并能表征螺栓失效状态的连接单元，近似模拟了接头螺栓连接效应和失效效应，研究了连接螺栓在渐进损伤失效和瞬间完全损伤失效两种模式下，接头螺栓的失效范围、失效模式、失效顺序；分析了不同撞击速度和不同螺栓力学参数对接头螺栓失效的影响，获得了以下结论：

(1) 列车撞击荷载作用下，螺栓失效首先出现在被撞击块周边的连接螺栓上，间隔一定时刻后，邻近管片的部分连接螺栓才发生失效，并且螺栓失效大致是按照沿着列车行进方向向前相继失效的规律进行；被撞击块周边连接螺栓的失效类型主要分为拉伸失效和剪切失效两种。通常，相对于列车行进方向，与被撞击管片块纵向连接的后方螺栓将出现拉伸失效，而被撞击块环向连接的螺栓及其前方的纵向螺栓将发生剪切失效。

(2) 若不考虑螺栓失效，螺栓承受的拉力或剪力将大大超过其极限承载能力，并可能高达 3.0~6.0 倍，这将导致分析结果与实际结构的接缝力学效应有较大差异；考虑螺栓失效时，管片混凝土内侧的压缩损伤程度与不考虑螺栓失效时基本一致，但其压缩损伤面积差异较大。通常，不考虑螺栓失效时其压缩损伤面积比考虑螺栓失效时的对应面积大 30.0%左右。

(3) 相对列车行进方向，考虑螺栓失效时被撞击块及其前方管片的位移要大于不考虑螺栓失效时相应管片的位移，而被撞击块后方管片的位移则相反。可能原因是螺栓失效后解除了螺栓对管片的约束以及对力的传递效应。撞击压缩损伤区域主要分布在被撞击块及其附近相邻块，同时损伤区域在管片纵向的分布范围大于环向；考虑螺栓失效时，管片混凝土内侧的压缩损伤程度与不考虑螺栓失效时基本一致，但其压缩损伤面积差异较大。通常，不考虑螺栓失效时其压缩损伤面积比考虑螺栓失效时的对应面积大 30.0%左右。

(4) 列车脱轨撞击荷载作用下，与被撞块相连的所有螺栓都将失效，螺栓直径和强度的变化一般不会改变同一位置螺栓的失效类型和失效次序。相同螺栓强度下，同一位置螺栓在不同螺栓直径下的拉力和剪力时程曲线呈现出相同的变化规律，但失效前曲线不重合；相同螺栓直径下，同一位置螺栓在不同强度等级下的拉力和剪力时程曲线呈现出近似的变化规律且在失效前曲线重合。在列车撞击荷载作用下，无论是不同螺栓强度还是不同螺栓直径，螺栓失效时的极限承载力和失效时间均有所差别；与被撞块相连各螺栓发生失效的时间均随着接头螺栓强度级别的提高或螺栓直径的增大有所延后。虽然螺栓参数的改变对螺栓失效时间有一定程度的影响，但在不同参数下相同位置螺栓发生失效的时间差距基本控制在 1ms 以内。因此，从整体上看，单纯改变螺栓参数对于控制螺栓失效并无明显影响。

第8章　基于车隧耦合系统动态接触撞击的车体与盾构隧道损伤特性

列车脱轨事故不仅会造成大量人员伤亡，而且还将对铁路基础设施造成重大破坏，尤其是当脱轨事故发生在长大水下盾构隧道中时，列车撞击盾构隧道导致的隧道结构破坏极易诱发水灾等二次灾害，增加救援难度和人员伤亡率。尽管中国高速铁路的运营安全整体是可靠的，但出现高速列车脱轨撞击盾构隧道的小概率事件也需引起高度重视。在高速列车撞击作用下，盾构隧道结构体系极易出现管片损伤以及衬砌环垮塌等破坏，严重威胁隧道运营安全。前面几章主要采用施加撞击荷载的近似形式对螺栓失效特性等进行研究，但在实际列车撞击过程中，列车与隧道的撞击接触作用往往十分复杂。因此为更真实地反映列车撞击盾构隧道力学行为，本章通过构建车-隧-围岩非线性接触耦合模型，研究在高速列车直接撞击作用下列车动力响应和盾构隧道结构动力损伤破坏特性，以期为水下盾构隧道管片衬砌防撞和结构优化设计提供一定指导。

8.1　动态接触理论

列车撞击问题既涉及物理几何非线性和材料非线性，同时还兼有接触界面非线性。在撞击过程中，撞击个体间的接触特性不仅仅依赖于时间的变化，同时还伴随着系统几何非线性和材料非线性的演化。此外，接触界面间的动力学特性和接触界面的形态也十分复杂。在撞击过程中接触界面形态大小和所在区域均不是完全固定的，而是随时间不断变化的动态变量。本节对接触系统约束条件和动态接触平衡方程进行相应的阐述，然后对现有几种接触界面算法基本原理和各自适用性进行系统的总结，最后选取基于增广 Lagrange 乘子法的动态接触算法对列车-隧道接触界面进行有限元求解。

8.1.1　接触系统约束条件

假设物体 A 和物体 B 或者一个物体的两个不同部分在 t_1 时刻的体积分别为 V^A 和 V^B(图 8-1 中虚线部分)。在时间 $t=t_2$ 时，A 和 B 的状态已发生一定程度的变化，A 和 B 间将发生相应的接触(图 8-1 中实线部分)[132,133]。

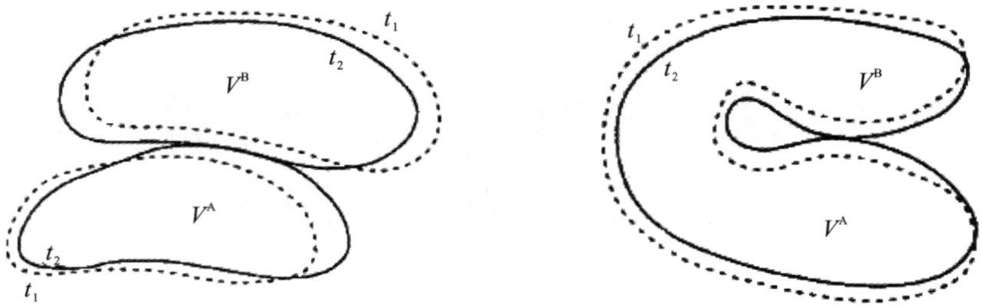

(a)两物体间接触　　(b)同一物体不同部分接触

图 8-1　不同时刻接触系统的状态变化

通过贯入状态、边界条件以及接触作用力的相互关系来对接触系统约束条件进行描述。

无贯入条件：

$$V^{A}\cap(V^{B}-S^{B})=\phi \tag{8-1}$$

边界条件：

$$S^{A}\cap S^{B}\neq\phi \tag{8-2}$$

接触作用力的相互关系：

$$f^{A}+f^{B}=0 \tag{8-3}$$

法向接触力只能为受压状态：

$$f^{a}\cdot n^{a}\leqslant 0,\qquad a=\mathrm{A,B} \tag{8-4}$$

切向接触力满足库仑-摩擦定律：

$$\left|f_t^{\,a}\right|\leqslant\mu\left|f_n^{\,a}\right|,\qquad a=\mathrm{A,B}\ \text{（无滑动状态）} \tag{8-5}$$

上述关系中，S^{A} 和 S^{B} 为物体 A、B 接触面的面积；f^{A} 和 f^{B} 分别为物体 A、B 的接触作用力；$f_t^{\,a}$ 和 $f_n^{\,a}$ 分别为切向接触力和法向接触力。

8.1.2　动态接触平衡方程

根据虚位移力学原理，将系统 t 时刻的动态接触用下式表示[134,135]：

$$\begin{aligned}\int_{^tV}[\delta_t e]^{\mathrm{T}}\,{}^t\tau\mathrm{d}V&=\int_{^tV}[\delta\,{}^tu]^{\mathrm{T}}b\mathrm{d}V+\int_{^tS}[\delta\,{}^tu]^{\mathrm{T}}t\mathrm{d}S\\&\quad-\int_{^tV}[\delta\,{}^tu]^{\mathrm{T}}\rho^t\ddot{u}\mathrm{d}V+\int_{^tS_c}\delta\left([\,{}^tu_c]^{\mathrm{T}}\,{}^tf_c\right)\mathrm{d}S\end{aligned} \tag{8-6}$$

式中，$\delta\,{}^tu$ 为虚位移，是现时位移分量 ${}^tu$ 的变分；$\delta_t e$ 为无穷小应变的变分；${}^t\tau$ 为系统 Cauchy 应力；b 为体力；t 为物体表面作用的面力；ρ^t 为相应材料的密度；$\ddot{u}$ 为系统加速度；f_c 为系统接触界面的接触作用力；${}^tu_c$ 为两物体在接触面间的贯入度；上标 T 表示向量转置；V 和 S 为系统的总体积和表面积；S_c 为接触界面面积。

式(8-6)右边第四项是与接触条件相关联的泛函数，若假设界面的接触作用力 f_c 和接触面间的贯入度 u_c 相互独立，则式(8-6)第四项可分解为

$$\int_{^tS_c}\delta\left([^tu_c]^{\mathrm{T}}\ {}^tf_c\right)\mathrm{d}S=\int_{^tS_c}\left(\delta[^tu_c]^{\mathrm{T}}\right){}^tf_c\mathrm{d}S+\int_{^tS_c}[^tu_c]^{\mathrm{T}}\delta\ {}^tf_c\mathrm{d}S \tag{8-7}$$

假设界面的接触作用力 f_c 与接触面间的贯入度 u_c 表现为相互依赖关系，则式(8-6)第四项可表示为

$$\int_{^tS_c}\delta\left([^tu_c]^{\mathrm{T}}\ {}^tf_c\right)\mathrm{d}S=\int_{^tS_c}\left(\delta[^tu_c]^{\mathrm{T}}\right){}^tf_c\mathrm{d}S \tag{8-8}$$

由于接触系统在 t 时刻的构形和状态是一个未知的变量，因此在求解上式时，采用了完全拉格朗日(Total Lagrange)格式，并参考了接触系统 t=0 时刻的构形状态：

$$\begin{aligned}\int_{^0V}[\delta_0^t\varepsilon]^{\mathrm{T}}\ {}_0^tS\mathrm{d}V=&\int_{^0V}[\delta^tu]^{\mathrm{T}}b\mathrm{d}V+\int_{^0S}[\delta^tu]^{\mathrm{T}}t\mathrm{d}S\\&-\int_{^0V}[\delta^tu]^{\mathrm{T}}\rho^t\ddot{u}\mathrm{d}V+\int_{^0S_c}\delta\left([^tu_c]^{\mathrm{T}}\ {}^tf_c\right)\mathrm{d}S\end{aligned} \tag{8-9}$$

式中，${}_0^tS$ 和 ${}_0^t\varepsilon$ 分别为参考了接触系统 t=0 时刻构形的第二类 Piola-Kirchhoff 应力和 Green 应变。

8.1.3　接触界面计算方法

20 世纪 70 年代开始，相关学者就对接触问题的算法做了大量研究工作[136-139]。而随着有限元技术的迅猛发展，以有限元为基础的接触界面算法主要包括直接迭代法(刚度法和柔度法)、罚函数法、Lagrange 乘子法和增广 Lagrange 乘子法。

1. 直接迭代法

直接迭代法是最早用于有限元接触界面的算法，其思路是利用接触界面结点间需满足的力和位移的平衡条件建立起各接触体之间的联系和求解方程。通常首先假设一个初始状态的系统刚度矩阵，但由于接触状态是未知的，在后续计算时，系统根据接触条件不断修改接触状态和刚度矩阵，直到接触收敛为止。在求解系统刚度矩阵时按照待求量的性质，主要有两种方法。一种是以位移作为待求量的“刚度法”，一种是以力作为待求量的“柔度法”。以下对两种方法做相应介绍。

1) 刚度法

Wilson 和 Preson 在 1970 年提出了刚度法(位移法)[136]，这种方法是以经典的力学理论为基础，求解两个接触体间的光滑接触问题。假设两个接触个体分别为Ω和Ω∗，系统的有限元求解方程为

$$[K]\begin{pmatrix}U\\U_c\\U_c'\\U'\end{pmatrix}=\begin{pmatrix}F\\F_c\\F_c'\\F'\end{pmatrix} \tag{8-10}$$

式中，U 和 U' 分别是指Ω和Ω∗的非接触结点位移；U_c 和 U_c' 是指接触界面边界结点的接触位移；F , F_c , F_c' , F' 是指相应的结点力。当接触个体发生接触时，U_c 和 U_c' 存在如

下关系：

$$U_c' = U_c + \delta \tag{8-11}$$

式中，δ 为接触界面间的初始间距。结点力 F_c 和 F_c' 可表示为

$$F_c = F_\gamma - F_\delta \tag{8-12}$$

$$F_c' = F_\gamma' + F_\delta \tag{8-13}$$

式中，F_γ, F_γ' 为体力产生的结点荷载；F_δ 为两个接触个体间的接触作用力。将上式代入有限元求解方程，可表示为

$$\left[K^u\right]\begin{pmatrix} U \\ U_c \\ U' \end{pmatrix} = \begin{pmatrix} F \\ F_\gamma + F_\gamma' \\ F' \end{pmatrix} - \left[K^\delta\right]\begin{pmatrix} 0 \\ \delta \\ 0 \end{pmatrix} \tag{8-14}$$

式中，$[K^u]$ 和 $[K^\delta]$ 由 $[K]$ 求得，上式的右端均为已知量，有限元方程求解后，可得到结点位移，进而得到接触力和应力等相关量。

2) 柔度法

柔度法是在刚度法的基础上提出来的，由于刚度法的总刚 $[K]$ 完全依赖于接触状态，在动态接触迭代计算时，需要不断重组计算，工作效率较低。Francavilla 和 Zienkiewicz 在 1975 年提出了一种新的解法[137]，该解法以柔度法为基础，柔度矩阵对应接触界面结点的作用力，其阶数相对较低，计算效率较高。柔度法有限元求解方程可表示为

$$\begin{cases} \{U\}_C = [C]\{P\} \\ \{U'\}_C = [C']\{P'\} + [C_F']\{F'\} \end{cases} \tag{8-15}$$

其中，$\{U\}_C$、$\{U'\}_C$ 分别为物体 Ω 和 $\Omega *$ 在接触界面的结点位移向量；$\{P\}$、$\{P'\}$ 为接触界面结点荷载向量；$[C]$、$[C']$ 为相应的柔度矩阵；$\{F'\}$ 为作用在 $\Omega *$ 上的外荷载。

在接触界面边界上，需满足位移相容条件：

$$\{U_n\}_C - \{U_n'\}_C = \{\delta_n^{\ 0}\} \tag{8-16}$$

在接触界面边界上，还需满足力的平衡条件

$$\{P'\} = -\{P\} \tag{8-17}$$

由此有限元求解方程可表示为

$$([C]+[C'])\{P\} = -[C_F']\{F'\} + \{\delta_n^0\} \tag{8-18}$$

柔度矩阵 $[C]$、$[C']$ 相对于刚度矩阵 $[K]$ 阶数低得多，因此可大大提高计算效率，但建立柔度矩阵相比建立刚度矩阵更加繁琐，并且若接触系统产生刚体位移，还需要通过设置复杂的约束条件来消除刚体位移。

在使用直接迭代法求解动态接触问题时，若涉及摩擦接触，往往需要限制荷载增量来保证计算的收敛。而对于弹塑性的接触问题，在一个增量步中更是不允许有两种非线性。因此，对于动态接触，特别是列车撞击这样一个强烈的非线性接触问题，该方法往往难以取得较好的效果。

2. 罚函数法

罚函数法通过引入惩罚因子，使一些“附加的”条件强行得到满足，有限元计算时对位移计算边界条件采用“主元赋大值法”实际上就是罚函数法的技巧[138]。其中，“附加的”条件主要是接触边界上的力和位移应满足变形和受力条件。一般可将接触边界上的力与变形关系设为

$$\begin{cases} P_n = -E_n\beta(\Delta U_n) \\ \beta(\Delta U_n) = \sup(-U_n, 0) \\ P_s = -E_s \cdot \Delta U_s & (\text{当}|P_s| < \mu|P_n|) \\ P_s = -\mu P_n \cdot \text{sign}(\Delta U_s) & (\text{当}|P_s| = \mu|P_n|) \end{cases} \tag{8-19}$$

上式建立了法向、切向位移增量 ΔU_n、ΔU_s 与法向力 P_n、切向力 P_s 之间的关系，实际上就是接触边界单元刚度矩阵，可直接装入总刚度矩阵，十分方便。式中，E_n、E_s 即位移惩罚因子。当 $E_n \to \infty$、$E_s \to \infty$ 时可以保证满足位移相容条件，在实际计算中，它们常取为量值非常大的数值。

显然，罚函数具有概念简单、应用方便的突出优点，但如前所述，其惩罚因子的取值非常关键，过小起不了作用，过大则可能导致求解方程的病态，使得罚函数法在实际应用中受限。

3. Lagrange 乘子法

Lagrange 乘子法是用来求解带约束的函数或泛函极值问题的方法，其原理是通过引入 Lagrange 乘子将约束极值问题转化为无约束极值问题。通常可将动态接触的接触条件看作是具有系统总势能泛函的约束条件，这样动态接触问题可转化为带约束泛函的极值问题。Lagrange 乘子法通过引入乘子 λ 来描述接触系统势能：

$$\Pi_c = \boldsymbol{g}^{\mathrm{T}}\boldsymbol{\lambda} \tag{8-20}$$

将上式的约束极值问题转化为无约束极值问题：

$$\min \Pi^*(\boldsymbol{U}, \boldsymbol{\lambda}) = \frac{1}{2}\boldsymbol{U}^{\mathrm{T}}K\boldsymbol{U} - \boldsymbol{U}^{\mathrm{T}}\boldsymbol{F} - \boldsymbol{g}^{\mathrm{T}}\boldsymbol{\lambda} \tag{8-21}$$

将 $g(U)$ 对位移场 $\boldsymbol{U}$ 做 Talor 展开，取其一次项：

$$g(U) \approx \boldsymbol{g}_0 + \frac{\partial g}{\partial U}\boldsymbol{U} = \boldsymbol{g}_0 + \boldsymbol{G}\boldsymbol{U} \tag{8-22}$$

整理可得以位移场和 Lagrange 乘子 λ 为未知量的系统控制方程：

$$\begin{bmatrix} \boldsymbol{K} & \boldsymbol{G} \\ \boldsymbol{G} & 0 \end{bmatrix} \begin{Bmatrix} \boldsymbol{U} \\ \boldsymbol{\lambda} \end{Bmatrix} = \begin{Bmatrix} \boldsymbol{F} \\ -\boldsymbol{g}_0 \end{Bmatrix} \tag{8-23}$$

用 Lagrange 乘子法引入接触界面的约束条件可以得到较为精确的结果，但是该方法一方面增加了方程的自由度数量，另一方面求解方程的系数矩阵中包含了零对角元素，因

此求解起来十分不方便，并且与显示积分格式不协调。

4. 增广 Lagrange 乘子法

鉴于罚函数法和 Lagrange 乘子法均有各自优缺点，在摒弃以上两种方法的缺点的同时，为最大程度地延续各自的优势，相关学者给出了联合两种方法的新解法——增广 Lagrange 乘子法。该方法对原 Lagrange 乘子法的势能函数进行了修正，修正后的势能方程为

$$\Pi^* = \Pi + \Pi_p + \Pi_c \tag{8-24}$$

式中，Π为泛函势能；Π_p为惩罚势能；Π_c为接触势能。

随着接触界面状态的改变，将式(8-23)取变分取驻值，得到相应的控制方程：

$$\begin{bmatrix} \boldsymbol{K}+\boldsymbol{K}_p & \boldsymbol{G}^{\mathrm{T}} \\ \boldsymbol{G} & 0 \end{bmatrix} \begin{Bmatrix} \boldsymbol{U} \\ \boldsymbol{\lambda} \end{Bmatrix} = \begin{Bmatrix} \boldsymbol{F}-\boldsymbol{F}_p \\ -\boldsymbol{g}_0 \end{Bmatrix} \tag{8-25}$$

增广 Lagrange 乘子法可以说是 Lagrange 乘子法和罚函数法的合并，即在 Lagrange 乘子法的控制方程中添加罚函数法中的惩罚因子项，同时，再将其用接触位移和接触点的相互作用关系来表示，并采用相应的迭代计算来求出方程的解[139]。在求解过程中，将接触应力作为已知力来参与迭代计算，在囊括了 Lagrange 乘子法和罚函数法优点的同时，不增加计算规模，对于高速冲击类非线性接触问题可以得到良好的收敛结果。

8.2 车-隧耦合系统数值分析模型

8.2.1 列车多体耦合分析模型

为较为精确地反映列车直接撞击作用下车-隧系统撞击响应特性，依据实际列车尺寸建立能反映列车基本几何特性的概化列车模型，尤其是与盾构隧道管片结构直接发生接触的流线型车头部位。本章建立的高速列车仿真模型头车长度为 26.20m，中间车车体长度为 24.175m，头车与中间车体高度为 3.89m，宽度为 3.26m，车体横截面面积为 11.20m^2，头车流线型部位长度为 9.78m。各车体间存在连接车钩及缓冲器，车体间间距为 0.50m。

由于按照实际列车设计图纸进行全尺寸建模具有一定难度，在高速列车撞击盾构隧道这样一个强烈非线性的过程中，考虑计算成本和计算效率，在建模过程中，略去对于撞击行为影响较小的列车局部小部件。在考虑列车车头流线型区域主要几何特性的同时对车头局部小倒角进行适当简化。图 8-2 和图 8-3 所示为头车和中间车车体模型。

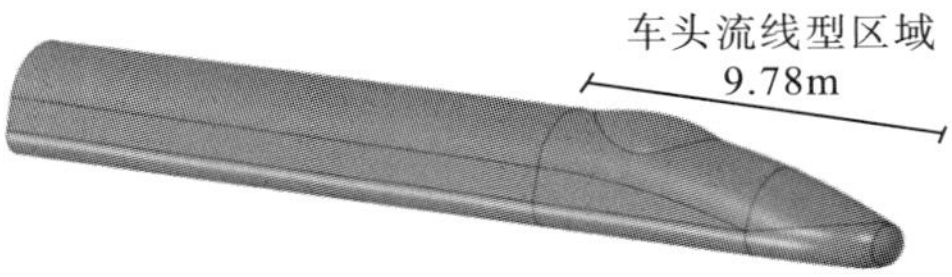

图 8-2　头车模型

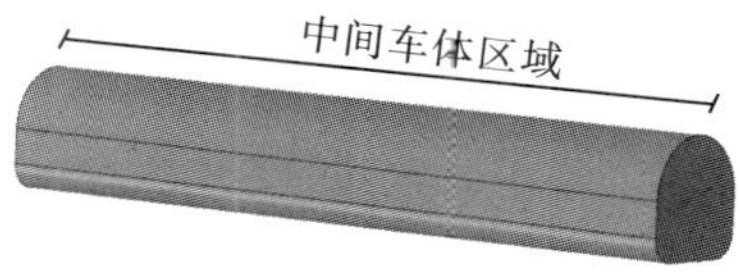

图 8-3　中间车模型

在列车高速撞击过程中，头车直接与盾构隧道结构发生接触碰撞，而后续车辆对于头车具有一定的“堆叠效应”，相应地在撞击过程中所产生的撞击力也呈现显著的“多峰效应”[140,141]。在列车脱轨撞击结构物的过程中，直接参与到撞击过程的车辆一般少于 4 节车[142,143]，本章选取头车和后续三节中间车共四节车辆作为撞击分析本体。车体间的车钩及缓冲装置连接通过非线性弹簧近似模拟，非线性弹簧力学参数取值参考国内常用车钩及缓冲装置力学性能参数，其中非线性弹簧刚度为 2000kN/m，弹簧阻尼系数为 40kN/m。图 8-4 所示为 4 节车辆组合模型，按次序编号为#1 车、#2 车、#3 车、#4 车。

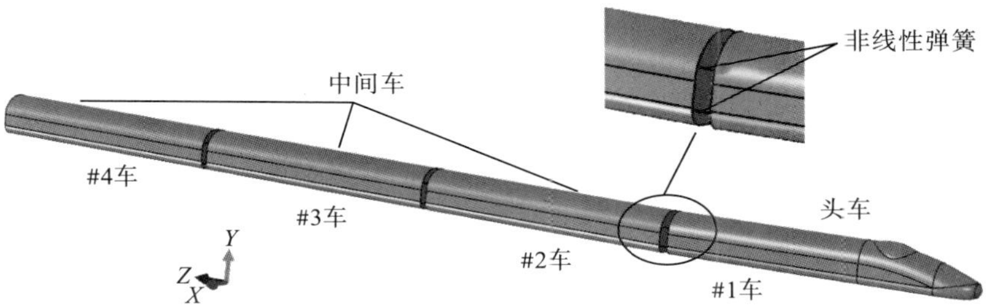

图 8-4　列车撞击分析本体

根据列车脱轨位置不同，脱轨初始姿态主要包括以下三种形式：①列车头车位置脱轨；②列车尾车脱轨；③列车中间段任意相邻两节车脱离轨道。三种脱轨初始姿态示意图如图 8-5 所示(其中 x 轴为轨道中心线)。由于列车脱轨状态涉及列车横向运动稳定性和脱轨动态蠕滑等复杂的车-轨耦合动力分析理论，实际脱轨情况十分复杂，并且脱轨机理并非本章分析重点，因此本章假定分析列车以第一种方式发生脱轨(即头车首先脱轨)。考虑到列车横向位移和隧道宽度，本章假定列车初始脱轨角度为 12.5°(列车初始状态未与隧道发生接触)，脱轨列车初始速度按照目前国内客运专线最低速度标准 200km/h 作为基准，模拟列车以 200km/h、斜向 12.5°撞击盾构隧道。

列车撞击盾构隧道是一个极为复杂的瞬态非线性过程，在发生撞击的瞬间，所产生的撞击力和相应的撞击影响程度最大。列车车头变形、吸能以及对结构的主要破坏也基本在撞击初期完成，撞击后期主要是列车和结构间的摩擦滑移过程。由于列车撞击是一个复杂的冲击动力学问题，若要完成从撞击开始到撞击完全结束的全过程仿真分析，需要耗费大量计算资源。因此为更好地反映撞击过程中的主要影响并考虑计算成本，本章选择的列车撞击分析总时间为 50ms。图 8-6 直观地展示了列车撞击盾构隧道的方式。

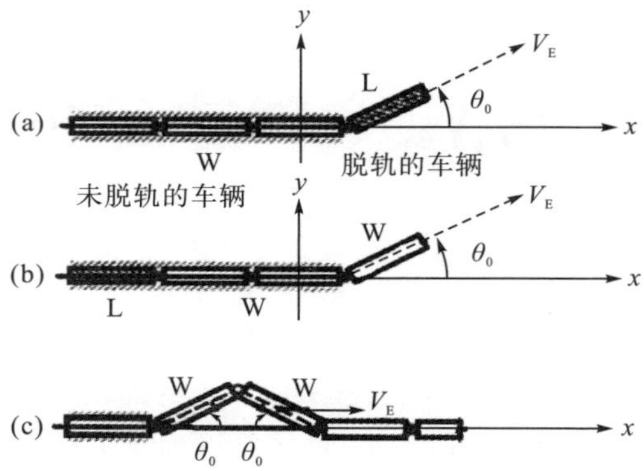

L:发动机车辆；W:拖车；V_E:初始脱轨速度；θ_0:初始脱轨角度

图 8-5 列车脱轨初始姿态示意图

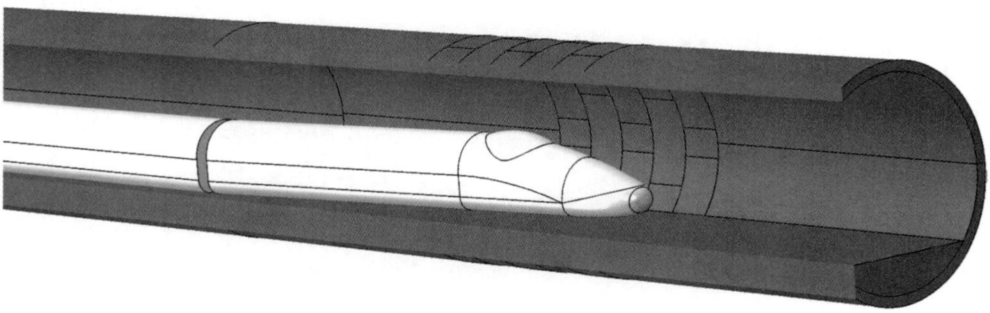

图 8-6 列车-隧道撞击模型

在列车高速撞击过程中，涉及诸多大变形和高度非线性的动力学过程，国内高速列车车体基本采用轻质薄壁结构，其中列车薄壁车体结构大变形是撞击过程中主要的吸能方式。因此考虑到实际车体结构，本章采用 ABAQUS 中的薄壁壳单元作为车体分析单元，薄壳厚度参考国内列车车体厚度取为 0.05m。为提高分析精度并考虑到材料非线性特性，车体单元主要采用 S4R 四结点曲面薄壳单元，在局部结构形式复杂区域(如车头流线型部分)采用 S3R 三结点三角形薄壳单元进行分析，并将与隧道结构直接接触区域(车头部位)网格加密，其余车体部位网格适当加粗。这样形成的车头单元数量为 17 952 个，每个车辆总单元数为 4390 个。头车和中间车网格划分方式和单元类型如图 8-7、图 8-8 所示。

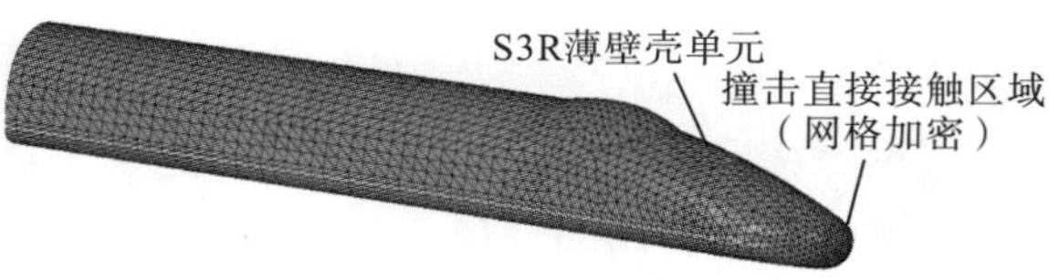

图 8-7 头车网格图

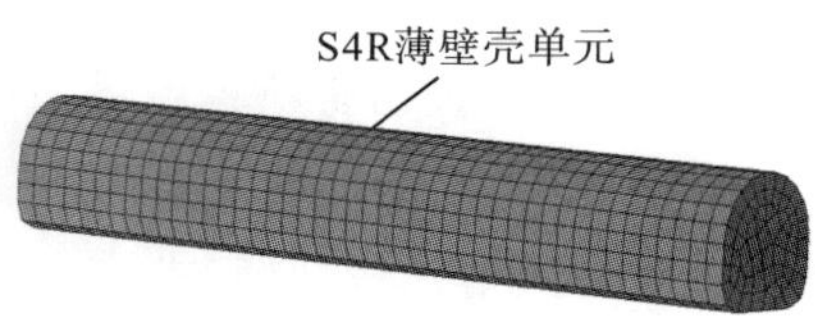

图 8-8 中间车网格图

现目前，我国高速列车制造水平处于世界领先地位，在车体材料选型上摒弃了以往列车大质量、大刚度的材料设计理念，而逐渐趋向轻量化设计，列车车体一般选取铝合金挤压型材(aluminium alloy outer profile)，而头车流线型部分区域选用玻璃钢复合材料(foam core)。本章采用铝合金作为车体主体材料的同时，通过在车体局部区域嵌入玻璃钢和泡沫芯材(glass-fiber reinforced plastics)等复合材料的方式以实现车体结构刚度和质量分布近似等效。同时在车体质量考虑因素中加入了人员质量的影响，车体总质量按照列车定员质量均分在列车模型上[144]。列车车体材料参数如表 8-1 所示。

表 8-1　列车材料参数

材料名称	弹性模量/MPa	泊松比	密度/(kg/m³)	屈服强度/MPa
铝合金轧制型材	70 000.0	0.30	2 700.0	225.0
玻璃钢	8 400.0	0.40	1 600.0	150.0
泡沫芯材	105.0	0.25	27.0	—

8.2.2　围岩与衬砌分析模型

本章仍以沪通跨黄浦江盾构隧道为依托对象，建立隧道-围岩动力接触耦合模型。考虑到列车长度与隧道动力边界效应，构建的隧道围岩模型长 120.0m、宽 40.0m、高 40.0m。参照沪通跨黄浦江盾构隧道实际工程资料，盾构隧道内径、外径分别为 9.80m 和 10.80m，管片衬砌的厚度和幅宽分别为 50cm 和 2m，围岩及整体衬砌网格图如图 8-9 所示，围岩及管片衬砌材料参数与第 7 章一致。

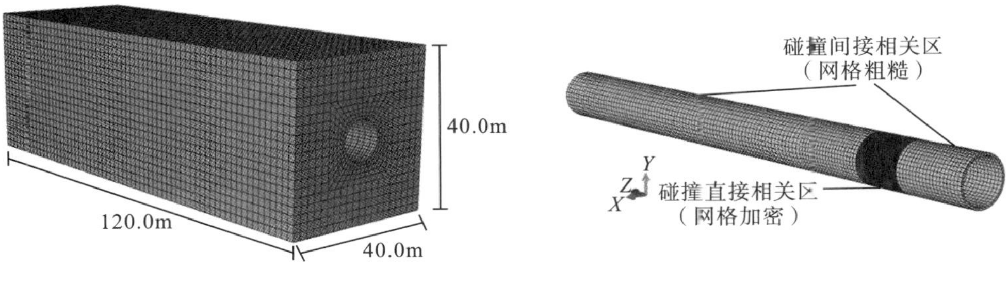

(a)围岩网格图　　(b)管片衬砌网格图

图 8-9　围岩及衬砌模型网格图

为了兼顾计算成本和计算效率，将处于与列车碰撞直接相关区的 5 环管片进行分块处理，并加密网格。其余管片衬砌均通过衰减接头混凝土弹性模量的方式进行等效化处理。中间五环管片如图 8-10 所示，将与车头直接接触区域的管片的网格进行加密。围岩和管片皆采用八结点线性六面体单元(C3D8R)模拟。围岩单元数量为 16 240 个，管片衬砌总单元数量为 127 584 个。

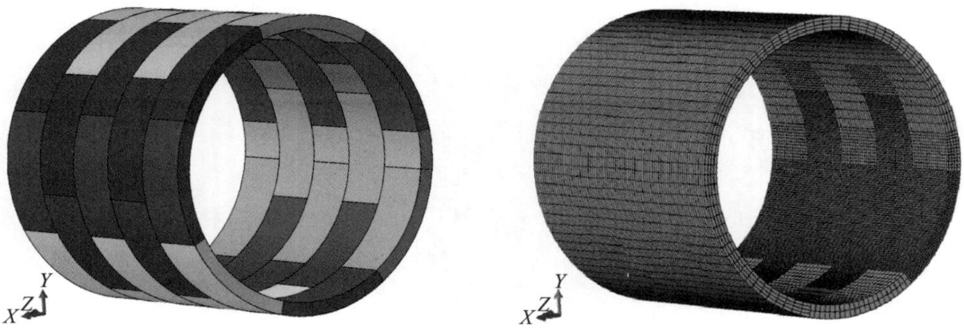

(a)五环管片错缝拼装方式　　(b)管片衬砌网格图

图 8-10　碰撞直接相关区五环管片图

为反映实际管片结构中钢筋对混凝土的约束关系和两者间变形协调特性，本章建立了分离式钢筋混凝土结构模型。根据现场管片钢筋施作要求，分别设置主筋和等间距箍筋；考虑到钢筋锈蚀和受力特点，在构建钢筋整体模型时预留了相应的混凝土保护层厚度。其中，每块管片钢筋模型采用 ABAQUS 自带的“二维二结点杆单元”(T2D2)独立构建，图 8-11 所示为中间五环管片钢筋笼整体示意图。假定钢筋与混凝土间黏结充分，不考虑钢筋与混凝土间的相对滑移，钢筋与管片混凝土间的相互作用利用软件中的“嵌入”(embedded)约束来近似模拟。考虑到在列车撞击过程中可能发生的钢筋屈服和大变形行为，隧道衬砌主筋和箍筋均采用弹塑性本构模型。其中钢筋本构设置参照规范中推荐的钢筋加载受力性能曲线(图 8-12)。

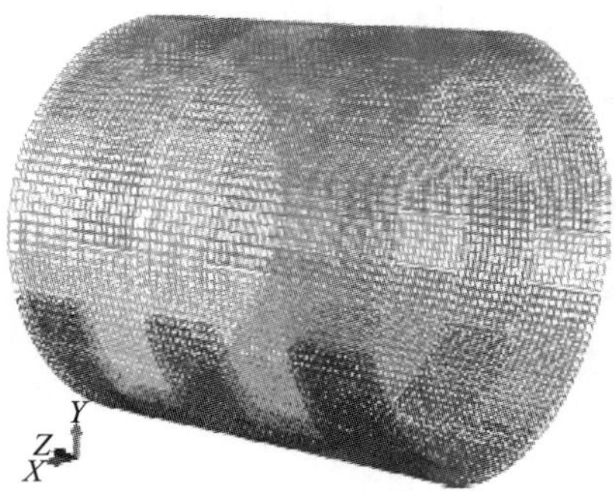

图 8-11　碰撞直接相关区五环钢筋笼图

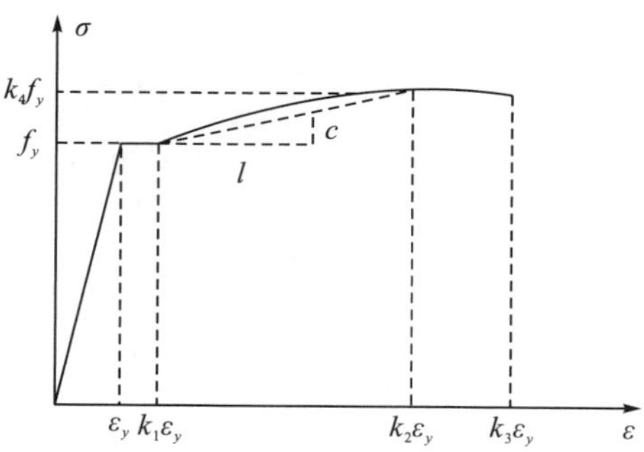

图 8-12　钢筋加载受力性能曲线

钢筋本构曲线方程如下所示，在考虑钢筋实际力学性能的同时，为提高计算效率，将图 8-12 中本构曲线中的曲线段大致简化为直线段的形式。

$$\sigma_s = \begin{cases} E_s\varepsilon_s, & \varepsilon_s \leqslant \varepsilon_y \\ f_y^*, & \varepsilon_y < \varepsilon_s \leqslant k_1\varepsilon_y \\ k_4 f_y^* + \dfrac{E_s(1-k_4)}{\varepsilon_y(k_2-k_1)^2}(\varepsilon_s - k_2\varepsilon_y)^2, & \varepsilon_s > k_1\varepsilon_y \end{cases} \tag{8-26}$$

式中，$\varepsilon_y = f_y^* / E_s$，表示钢筋的屈服应变；$f_y^*$ 表示钢筋受力屈服强度代表值，在不同受力阶段可按 f_y、f_{sk}、f_{sm} 取值；k_1、k_2、k_3 分别为钢筋不同受力阶段对应的应变与钢筋屈服应变的比值；k_4 表示钢筋受力的最大峰值应力与钢筋屈服强度的比值。

8.2.3　动力接触关系

管片衬砌与围岩间的三维接触关系如图 8-13 所示，撞击直接影响区中间五环衬砌的管片间以及五环拼装式管片环与前后衬砌段之间均采用常规的“罚函数接触算法”以反映管片接缝接触效应。其法向接触采用“硬接触”(hard contact)，它可以传递混凝土之间的任意大小的接触压力，切向接触行为采用带有摩擦参量的库伦摩擦接触模型(Coulomb friction contact model)模拟，以此来反映接缝面混凝土之间的摩擦，管片混凝土接缝间切向摩擦系数取 0.6。本章接头螺栓均通过“嵌入”(embedded)的方式连接相邻的管片单元。管片衬砌与围岩之间同样采用“罚函数接触算法”，其法向接触采用“硬接触”，切向仍采用库伦摩擦接触，摩擦系数取 0.5。

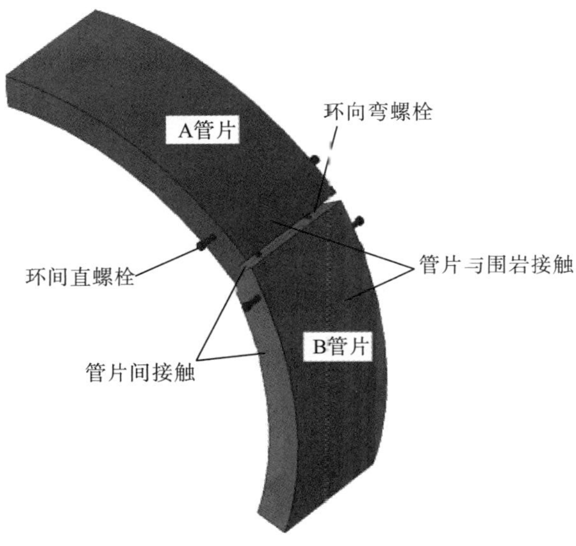

图 8-13　管片间三维接触关系

列车撞击问题既涉及物理几何非线性和材料非线性，同时还兼有接触界面非线性。撞击接触界面间的动力学特性和接触界面的形态十分复杂。在列车撞击过程中接触界面形态大小和所在区域均不是完全固定的，而是随时间不断变化的动态变量，同时撞击接触过程又涉及高频率的能量传递和振动效应。因此，选择适用于解决列车撞击这样一个强烈的非线性接触问题的接触算法十分重要。虽然常规“罚函数接触算法”使用较为便捷，且计算效率相对较高，但在解决撞击接触问题时容易导致控制方程病态化和接触力计算产生高频震荡，所以本章在直接发生碰撞接触的列车车头区域及相应的管片衬砌间采用“增广Lagrange乘子的动态接触算法”，该算法对于解决撞击接触问题具有良好的收敛效果，并且在计算中不会产生高频震荡。在其余区域均采用使用较为便捷且计算效率较高的常规“罚函数接触算法”。列车-衬砌三维接触关系如图 8-14 所示。

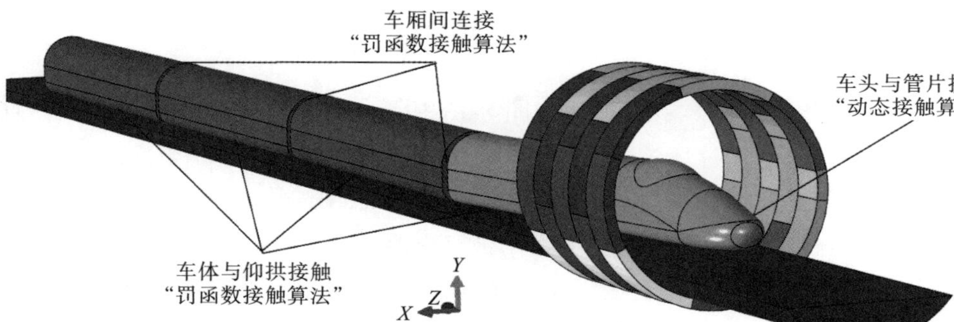

图 8-14 列车-衬砌三维接触关系

8.2.4 动力分析边界

在诸如高速撞击、列车振动、地震波动等强烈非线性动力学问题中，如何解决岩土体边界动力辐射对于仿真分析结果有极大的影响。在有限元计算软件中一般通过设置无限元分析边界或者黏弹性人工边界两种方式来近似模拟岩体无限域边界。第 7 章通过建立无限元以模拟动力边界，但本章围岩模型尺度较大，建立无限元边界数量过大，不易收敛。此外建立无限元边界需要在模型中单独截取无限元单元并划分边界网格，在划分无限元单元网格时需要考虑到与有限元单元网格复杂的相容协调特性，而黏弹性人工边界无须单独截取无限元单元区域，在一定程度上可简化前期建模难度，并且没有复杂网格相容导致的收敛困难。

综上所述，为更好地反映列车撞击作用涉及的诸多复杂动力学问题，本章对于无限域或半无限域岩土体吸收边界的近似模拟主要是通过在数值模型边界中引入虚拟的人工边界来实现的。图 8-15 所示为虚拟人工边界嵌入的弹簧-阻尼系统示意图。

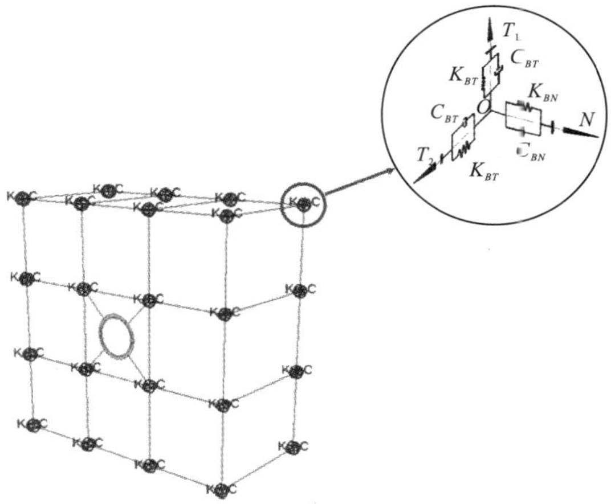

图 8-15　虚拟人工边界嵌入的弹簧-阻尼系统示意图

三维的黏弹性人工动力边界是在假定模型动力散射波为球面波的基础上提出的，并且可以大致等效为在设定的边界区域构建连续分布的并联弹簧-阻尼系统。其中弹簧系统弹性系数 K_b 和阻尼器阻尼系数 C_b 计算方法如下：

$$K_b = \alpha\frac{G}{R_b},\quad C_b = \rho c \tag{8-27}$$

式中，ρ, G 分别为介质质量密度和剪切模量；R_b 为散射波源到人工边界点的距离；c 为波在介质中的传播速度，人工切向边界取 S 波波速，法向边界取 P 波波速。人工边界修正系数 α 依据边界类型和方向取值，表 8-2 为人工边界修正系数 α 在二维和三维情况下各方向建议取值。

表 8-2　人工边界修正系数 α 建议取值

类型	方向	α
二维人工边界	平面内法向	2.00
	平面内切向	1.5
	出平面内切向	0.5
三维人工边界	法向	4.0
	切向	2.0

8.3　列车本体撞击响应特性

列车撞击结构物的过程中，涉及诸多大变形和高度非线性的动力学问题，列车的碰撞过程几乎涵盖了所有类型的非线性行为特性，包括材料的非线性、几何非线性和以接触摩擦为主的动力边界非线性。在列车碰撞过程中涉及的列车薄壁车体结构大变形是撞击行为中主要的吸能方式。考虑到列车撞击并非简单的单体撞击问题，还涉及车体之间的相互作用和多体碰撞耦合，因此有必要在分析盾构隧道动力特性之前针对列车在撞击过程中的变形特性和能量转换关系做相应的分析。

8.3.1 列车车辆变形特性

为反映撞击后列车整体变形姿态，图 8-16 展示了列车初始无变形和撞击后发生变形的情况。图中可见，在撞击发生后，列车整体变形呈现“蛇形”姿态。其中，最前端的头车变形程度最大，后续车辆离撞击前端越远，变形程度越小，末节车辆基本无变形。由于车钩缓冲装置的连接作用和后续车辆对于头车的“堆叠效应”，在撞击过程中，不仅仅是头车直接参与撞击，后续车辆也间接参与到撞击进程中，但这种“堆叠效应”也有一定的影响范围，在一定距离范围内，撞击所产生的“堆叠效应”随着距离的增加而逐渐减弱。

(a)列车初始无变形情况

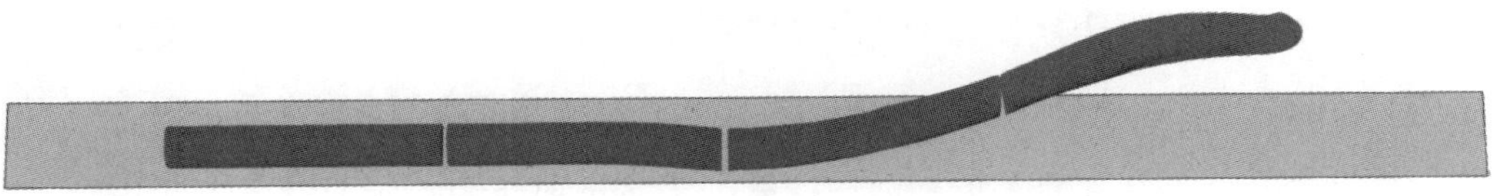

(b)撞击后列车变形情况（放大15倍）

图 8-16 列车撞击变形姿态

为更好地反映在撞击作用下列车的运动变形状态，以下针对撞击过程中列车的整体位移状态做一定的分析。图 8-17(彩图见附录)所示为撞击完成后(50ms)列车总位移和各方向位移云图。图中可见，撞击后头车沿车身总位移大致相当，最大总位移为 2.757m；结合列车整体变形分析可见，撞击完成后列车在横向(*X* 方向)呈现“蛇形姿态”，因此图中可见列车车身在横向的位移沿车身不完全一样，由于隧道结构阻碍了头车前端部位的横向移动，因此车头后端部位相对于前端部位横向位移值较大，最大横向位移为 0.229m。图 8-17(c)中可见，列车竖向(*Y* 方向)最大位移为 0.262m，并且头车沿车身的纵向位移也不一致，由于头车前端直接与隧道结构相接触，头车前端部位在纵向的位移相对后端较大，这也说明了在撞击作用下列车将出现一定程度的“跳车”和“车头抬起”。由于列车是小角度斜向撞击盾构隧道，因此列车在纵向(*Z* 方向)的位移相对较大，最大纵向位移为 2.739m，大致是最大横向位移的 12 倍、最大竖向位移的 10 倍。其中列车横向位移的产生是由于列车的速度在横向的分量和管片位移变形相互影响和叠加的效果，而列车纵向位移主要是由于原列车速度在纵向的分量和撞击过程中列车与管片内壁摩擦滑移相互影响叠加的效果。同时列车纵向最大位移可大致表示列车在撞击过程中直接与管片接触的长度。

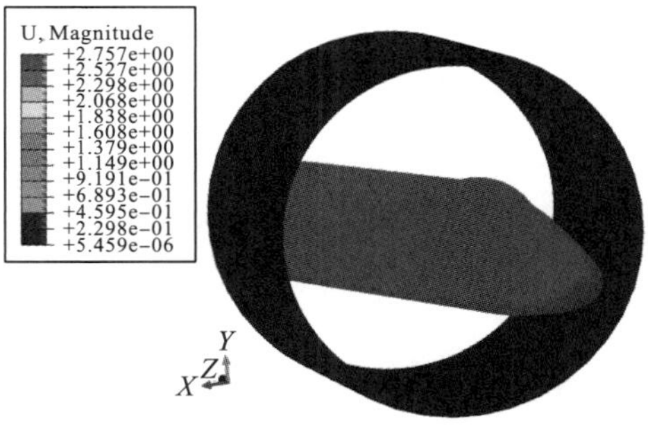

(a)列车总位移云图

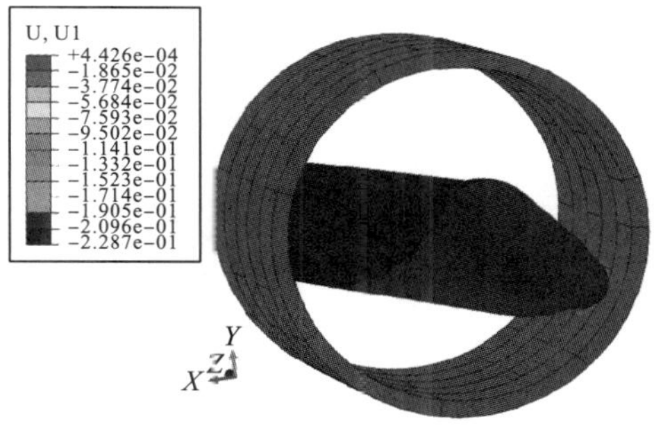

(b)列车横向位移云图

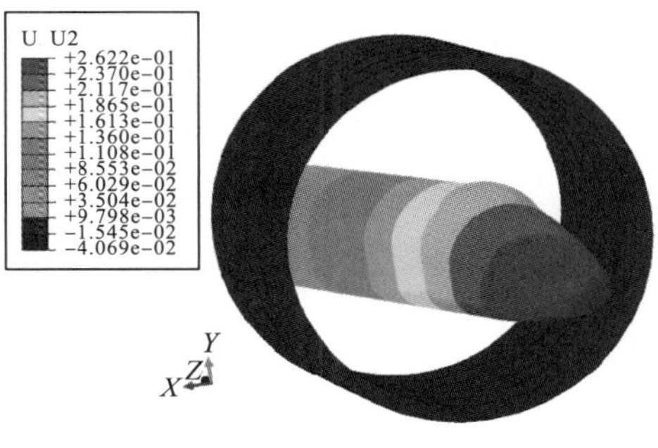

(c)列车竖向位移云图

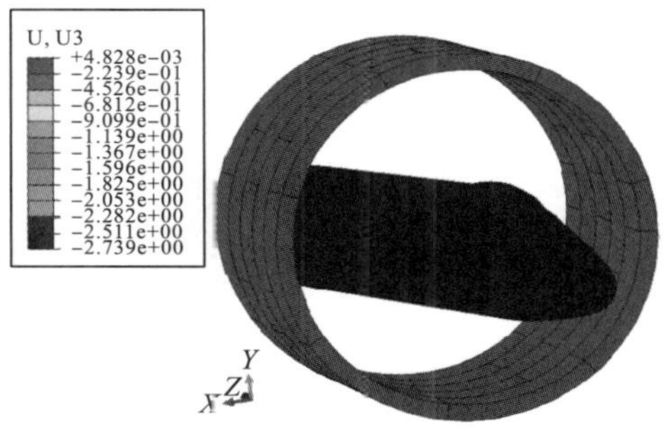

(d)列车纵向位移云图

图 8-17　列车位移云图(m)

进一步，为更清晰地反映撞击过程中各节列车间的相互作用，提取各节车的 MISES 应力云图，如图 8-18(彩图见附录)所示。图中可见，在列车撞击作用下，产生 MISES 应力的区域主要集中在前三节车辆，而 MISES 应力较大值(图中红色区域)主要集中在车头直接碰撞区域和前三节车辆间的连接部位。由于车头与盾构隧道直接发生碰撞接触，其碰撞接触区域 MISES 应力较大，而车体间连接区域产生较大应力值主要是由于前述所说列车撞击导致的车体间“堆叠效应”和车钩缓冲装置传力引起的。

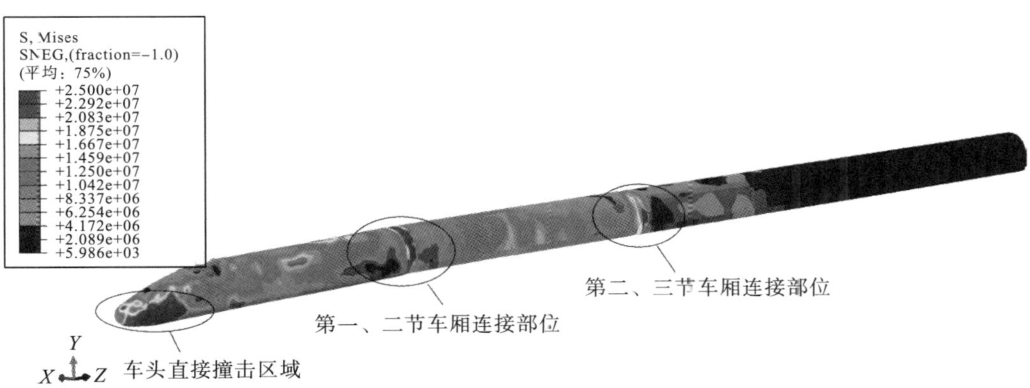

图 8-18　各节车的 MISES 应力状况(Pa)

由于车头区域直接参与撞击并与盾构隧道内侧发生动态接触，为更加直观地展示撞击作用下列车薄壁车体结构大变形特性，提取车头区域等效塑性应变云图，如图 8-19 所示。图中可见，斜向撞击作用下，列车薄壁车体变形区域主要集中在与隧道直接接触区域的车头一侧，并且变形区域向内凹陷，产生的最大等效塑性应变值为 0.3777，相对于车头直接与隧道接触的变形区域，其他区域并没有产生明显的塑性变形特征。

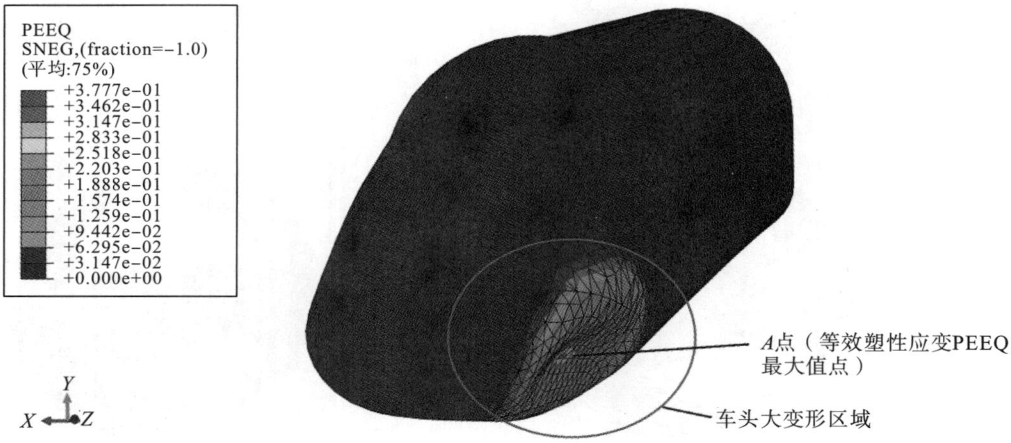

图 8-19 车头区域等效塑性应变云图

图 8-20 所示为最大等效塑性应变点 A 点所对应的应变时程曲线。图中可见，等效塑性应变时程曲线主要分为两个时间阶段，第一个时间阶段为 0～15ms，该阶段由于撞击刚开始，撞击作用最为明显，车体薄壁结构变形迅速，此阶段等效塑性应变值迅速增加，直到 15ms 左右薄壁车体变形大致完成；而第二个时间阶段 15～50ms，由于该阶段列车撞击作用逐渐减弱，等效塑性应变值增加趋势不明显，并逐渐趋于平缓，车头区域变形基本完成。

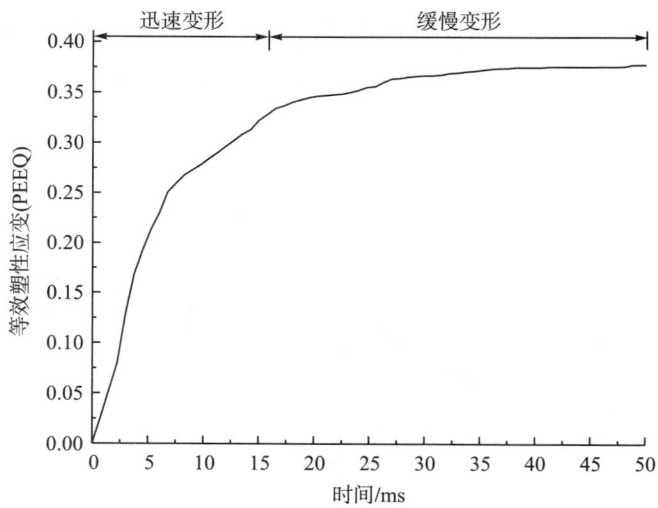

图 8-20 等效塑性应变最大值点(A 点)应变时程变化曲线

8.3.2　列车能量转换特性

列车是由多节车辆通过车钩缓冲装置连接而成，在理论上属于多体动力学分析范畴，其发生碰撞的过程不同于其他诸如汽车、轮船、飞机等交通工具的单体碰撞，在分析列车碰撞特性时既要考虑到直接参与撞击的车辆动力学行为，又要兼顾后续车辆间的相互“堆叠效应”。在列车撞击结构物产生的巨大冲击作用下，各节车辆并非在同一时刻承受撞击作用，直接参与撞击的车辆率先承受撞击，而后撞击产生的冲击波由前向后传递。而由于后续车辆的“堆叠效应”，后端车辆也将对前端车辆产生冲击，这样前后两向冲击波就将发生互相交叉耦合的作用，而此时，列车薄壁车体结构产生的塑性变形将使得冲击波在交叉传递过程中产生相应的能量损失。因此有必要针对在撞击过程中各节车辆能量转换特性和参与撞击的情况做相应的分析。

在列车撞击过程当中涉及诸多能量间的相互转换，例如列车动能与内能间的转换、摩擦耗散能与黏性耗散能能量间转化等，但所有能量在总体上必须满足能量平衡关系。对于列车撞击力学行为，需满足的能量平衡关系式如式(8-28)所示：

$$E_I + E_V + E_{FD} + E_{KE} - E_W = E_{\text{total}} = \text{constant} \tag{8-28}$$

其中，E_I 为系统内能；E_V 为系统黏性耗散能；E_{FD} 为列车在撞击行进过程中与隧道接触产生的摩擦耗散能；E_{KE} 为系统动能；E_W 为外荷载做的功，本章列车撞击过程不考虑列车制动等外力做功，故不作考虑；E_{total} 为能量的总和，其数值是一个常数。由于列车撞击过程中薄壁车体的变形吸能是本章研究的重点，因此着重分析列车动能和内能间的相互关系。图 8-21 所示分别为撞击进程中四节车辆动能和内能时程变化曲线。

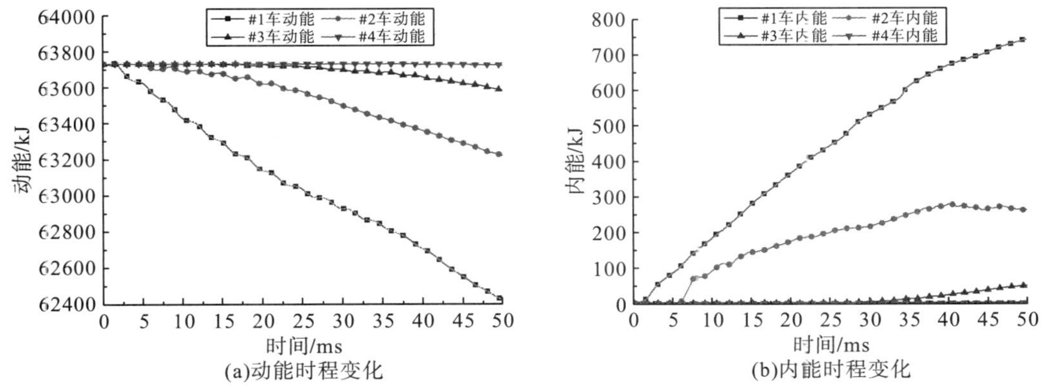

图 8-21　撞击进程中四节车辆动能和内能时程变化曲线

由图 8-21(a)可见，撞击过程中各节列车动能均有不同程度的变化，不同车辆动能变化幅度大致是按照#1、#2、#3、#4 车逐渐减小的规律进行的，其中#1 车动能变化幅度最大，#2 车和#3 车次之，#4 车动能基本没有变化。由于#1 车直接参与撞击，其动能在撞击刚开始就逐渐减小；而随着撞击冲击波传递的时效特性以及后续车辆的“堆叠效应”，#2

和#3 车辆的动能分别在撞击开始后的 7.5ms 和 20ms 左右开始出现减小；而#4 车动能始终没有出现太大变化，结合各节车辆 MISES 应力云图可知，#4 车对于撞击作用的贡献几乎可以忽略。

在撞击过程中列车动能不断转换为内能和其他形式的耗散能。由图 8-21(b)可见，各节列车内能均出现不同程度的增长，并且不同车辆内能增长幅度亦大致按照#1、#2、#3、#4 逐渐减小的规律。同时，列车内能开始出现变化的时间规律也和动能变化互相呼应，其中#1 车最先产生变化，随后#2 车和#3 车相继产生变化。

通过上述分析可知，在剧烈的撞击过程中列车车辆动能不断减小，内能不断增加，并且不同车辆内能和动能变化关系不一样。在撞击过程中内能包含多种增量形式，式(8-29)所示为内能平衡关系式：

$$E_I = E_E + E_P + E_{CD} + E_A \tag{8-29}$$

上式可见内能增量主要包含可恢复弹性应变能 E_E、塑性耗散能 E_P、黏弹性或蠕变耗散能 E_{CD} 和伪应变能 E_A，其中列车塑性变形产生的塑性耗散能占内能主要部分。为更直观地反映列车塑性变形耗能情况和不同车辆参与撞击情况，提取四节车辆塑性耗散能变化情况如图 8-22 所示。

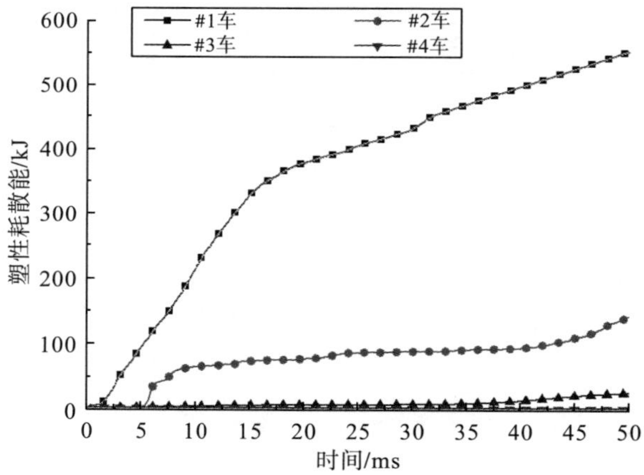

图 8-22 撞击进程中四节车辆塑性耗散能时程变化曲线

图 8-22 中可见，由于撞击冲击波传递的时效特性和车辆间的“堆叠效应”，在撞击过程中不同位置车辆的塑性耗散能差异明显，并且开始产生塑性耗散能的时间也大相径庭。结合图 8-21 可见，列车动能、内能和塑性耗散能三者开始出现变化的时间规律相互关联，且均为#1 车最先产生变化，随后#2 车和#3 车相继产生变化，而#4 车变化微乎其微。对于不同车辆塑性耗散能变化幅度来说，#1 车塑性耗散能最大，最终塑性耗散能为 553.4kJ，而#2 车最终耗散能为 139.9kJ 左右，大约为#1 车的 25.3%；#3 车最终耗散能为 24.4kJ，大约为#1 车的 4.4%。为更清晰地展示不同编号列车动能、内能和塑性耗散能间的转换关系，图 8-23 列出了整个撞击过程中各车不同能量的变化情况。

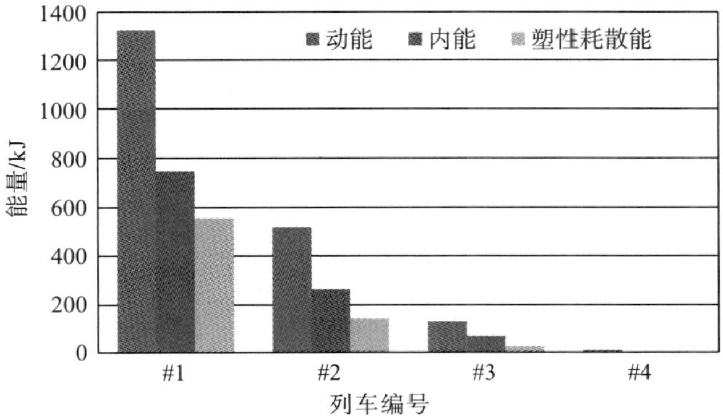

图 8-23　各车能量变化柱状图

由图 8-23 可见，在整个分析过程中各列车动能均大部分转化为内能，同时列车塑性耗散能占内能的绝大部分，这说明在撞击过程中列车塑性变形是主要的吸能方式；同时结合图 8-21、图 8-22 可见，车辆动能、内能增量和塑性耗散能沿车辆编号并非是线性变化，而是呈现距离头车越远减小幅度越大的非线性变化规律。

8.3.3　列车撞击力学特性

8.3.1 节对撞击过程中列车整体变形和局部变形特性做了一定分析。而在撞击问题分析中，撞击荷载的大小是最值得关注的，也是最能反映撞击力学行为特点的动力响应特性。本小节首先针对撞击进程中列车撞击特征点速度和加速度的时程变化做一定分析，在此基础上再分析列车的撞击接触面积和撞击荷载特性。由于在撞击作用下列车将发生不可逆的塑性变形，并且撞击冲击波在车身上相互叠加传播，列车不同位置速度和加速度响应不尽相同，因此本节选取上述直接碰撞区域中的 *A* 点作为列车撞击特征点，提取撞击过程中该点的速度时程变化曲线，如图 8-24 所示。

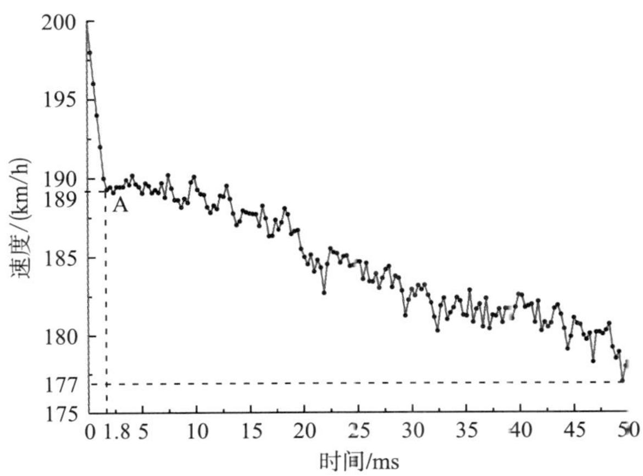

图 8-24　撞击过程中列车速度时程变化曲线

由图 8-24 可见，在撞击进程中，列车运行速度整体呈现下降的趋势，但下降过程并非呈现平滑曲线，而是在一定范围内局部震荡逐渐下降。图中可见，在剧烈碰撞过程中，列车速度在 50ms 内从 200km/h 下降到 177km/h，速度总下降值为 23km/h。而在撞击开始后的 1.8ms 内，列车速度从开始的 200km/h 急剧减小到 189km/h，下降值为 11km/h，几乎占到总下降值的 50%，这也印证了在列车撞击的瞬间撞击作用最为明显这一特性。

图 8-25 所示为撞击过程中 A 点加速度时程变化曲线。图中可见，在撞击进程中，和列车速度时程变化一样，列车加速度在撞击刚开始的一瞬间也出现急剧变化，历经大约 1ms，列车加速度达到最大值(3058.8m/s^2)；而后加速度又迅速下降。图中可见，列车加速度在达到最大值后又出现两个较小的“波峰”，波峰 2 出现在撞击开始后的 4.2ms，对应的加速度为 1747.9m/s^2，大致为最大加速度的 57%；波峰 3 出现在撞击开始后的 12.0ms，对应的加速度为 1322.6m/s^2，大致为最大加速度的 43%。在三个不同大小的波峰出现后，加速度大致在 0～750m/s^2 范围内波动。

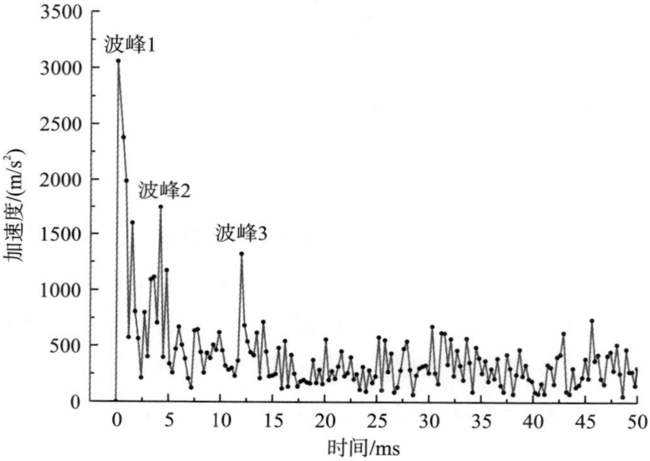

图 8-25　撞击过程中列车加速度时程变化曲线

由于材料非线性和以接触摩擦为主的动力学边界非线性特征，在撞击过程中，可以预见的是列车与管片衬砌碰撞接触面积并非一个固定的常值，而是一个随时间变化的变量，并且由于列车与管片间的接触滑移，这个变化的面积变量还将随着时间不断移动。图 8-26 所示为撞击进程中碰撞接触面积的时程变化曲线。图中可见，在撞击作用下，撞击接触面积不断震荡变化，但总体可分为 4 个不同的变化阶段。在第一个阶段(0～15ms 左右)，撞击接触面积不断增加，直到在 15ms 左右达到一个峰值点(1 号峰值点，撞击面积大致为 0.7m^2)。结合图 8-20 薄壁车体应变曲线可以看出，此阶段面积增长主要是由于列车车头塑性变形不断增长，相应的撞击接触面积也逐渐增加。在第二个阶段(15～25ms 左右)，由于列车塑性变形大致完成，碰撞接触面积增长趋势放缓，并且从图中可见，这一阶段接触面积大致在 0.7m^2 左右上下波动。在第三个阶段(25～35ms 左右)，撞击接触面积又迅速增加，在 35ms 左右达到一个接触面积峰值点（2 号峰值点，撞击面积大致为 $1.1m^2$），该阶段接触面积的增长可能是因为前述所说的后续车辆对前车的“堆叠效应”以及可能发生的后端车辆与隧道接触引起的。在第四个阶段(35～50ms 左右)，由于该阶段列车与管片衬砌的撞击作用逐渐减弱，撞击接触面积在经过小幅波动后，在 42.5ms 左右开始出现减小的趋势。

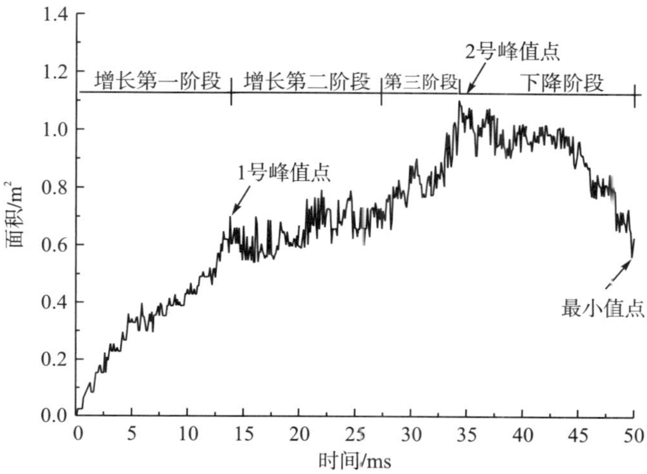

图 8-26 撞击面积时程变化曲线

图 8-27 所示为撞击过程中撞击力时程变化曲线。其中 X、Y、Z 方向撞击分量分别代表沿隧道横向、隧道竖直方向和隧道纵向。由图 8-27 可见，由于列车在撞击过程中的“堆叠效应”，列车总撞击力和沿隧道各方向的分量均呈现显著的“多峰波动特性”。在撞击刚开始的瞬间，总撞击力迅速增加，直至达到第一峰值(大致为 3000kN)，而后在小范围内产生局部波动；大致在 5～10ms 左右，撞击力又迅速增加，直到达到第二峰值(大致为 4200kN)；10～15ms 左右撞击力大致在 3750～3000kN 范围内呈现高位震荡；在 15～20ms 左右，随着列车撞击作用的逐渐减弱，撞击力出现急剧减小的趋势。在 25～50ms 区间内，虽然列车撞击作用相对减弱，但总撞击力仍大致在 250～750kN 范围内保持低位震荡，而此时，列车的撞击作用主要表现为薄壁车体和管片内壁间的相互刮擦。

同时由图 8-27(b)可见，由于车头形状和撞击位置的不对称性，在列车直接撞击作用下，虽然各撞击力分量的时程变化曲线的趋势大体上一致(如前述总撞击力变化趋势)，但是各分量的数值大小不完全相同。如图 8-27(b)所示，在列车撞击作用下，撞击力沿隧道横向的分量数值最大，沿隧道竖向和隧道纵向上的分量数值大体相当(Z 方向分量略大于 Y 方向分量)，从数值上来说，撞击力横向分量数值大小大致为竖向和纵向的 1.5 倍。这说明，在列车直接撞击作用下，列车与管片间的相互作用主要体现在传递横向压力，而由于列车在管片上的撞击位置略微偏下，撞击力沿隧道竖向仍能达到一定数值。同时，虽然列车是小角度斜向撞击盾构隧道，但是撞击力沿隧道纵向方向的数值大小小于在横向方向的数值，这是由于列车在撞击过程中沿隧道纵向方向的分量主要是由列车薄壁结构和管片内壁间的刮擦(摩擦)产生，而该摩擦力可大致认为是在横向压力的基础上乘以一定的摩擦系数(小于 1)。

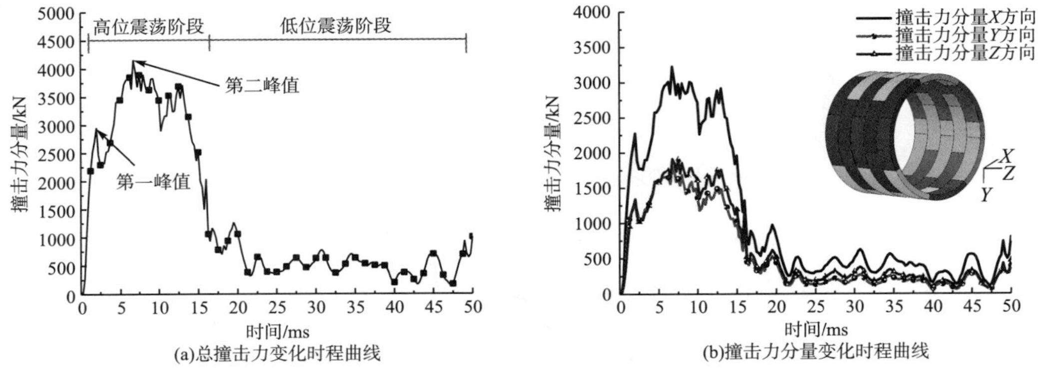

图 8-27 撞击力时程变化曲线

结合图 8-20、图 8-27 可以看出，0～15ms 时间范围内列车撞击力和列车薄壁车体塑性应变两种曲线的变化趋势互相呼应。由于列车撞击力在该阶段处于不断增大和高位震荡阶段，因此列车薄壁车体结构也在不断变形，等效塑性应变值不断增加。同时由于在后期(15～50ms)列车撞击力不断减弱，并处于低位震荡阶段，因此，车体等效塑性应变值出现极为缓慢的增长趋势。

8.4 隧道结构撞击响应特性

对于盾构隧道来说，管片衬砌是抵抗围岩大变形和隧道渗漏水的永久性支护结构，也是其主要的受力结构。隧道结构的稳定性对盾构隧道长期运营安全尤为重要。盾构隧道为装配式管片衬砌结构，其环向和纵向主要靠环向螺栓和纵向螺栓等接头构件连接，其结构整体稳定性能和抗撞击能力相对较弱，一旦列车脱轨事故发生在盾构隧道内，可能发生列车与混凝土管片衬砌的剧烈撞击，在引起管片衬砌混凝土损伤和变形的同时，还可能会导致管片错动、管片混凝土掉块脱落，严重时甚至可能导致隧道衬砌结构整体失稳垮塌。因此，关注和研究盾构隧道在列车直接撞击作用下的动力学响应和破坏机理，对于保证盾构隧道的长期运营安全和改善隧道结构防撞设计具有极其重要的价值。

8.3 节针对撞击过程中列车变形特性、列车能量转换特性和撞击荷载特性(撞击面积、撞击力)进行了分析，本节在前一节的基础上进一步研究列车直接撞击作用下盾构隧道结构的动力响应，同时结合混凝土塑性损伤理论对撞击作用下盾构隧道损伤破坏特性做相应的研究。

为便于说明，对中间五环衬砌及管片进行编号，如图 8-28 所示，中间五环衬砌按照逆列车行进方向依次编号：ring1、ring2、ring3、ring4、ring5。同时对单环各管片进行编号，从封顶块沿顺时针方向依次编号：F1、L1、B1、B2、B3、B4、B5、L2。由于列车从撞击起始点依次沿 ring3—ring2—ring1 移动，列车与隧道的撞击接触主要发生在 ring1～ring3 衬砌环。为便于分析，如图 8-29 所示，选取隧道管片衬砌上过撞击起始点的轴向线作为基线，在撞击起始点所在管片 L1-3 及其后端纵向上的两个管片(B1-2、L1-1)上设置数值观测点。各管片每隔 0.5m 设置一个观测点，并沿列车行进方向对观测点依次编号为 1,2,3,…,15，其中撞击起始点为观测点 3。同时为反映内外表面在撞击作用下动力响应的差异性，将内表面观测点沿径向投射到外表面，在外表面也同样设置 15 个观测点。

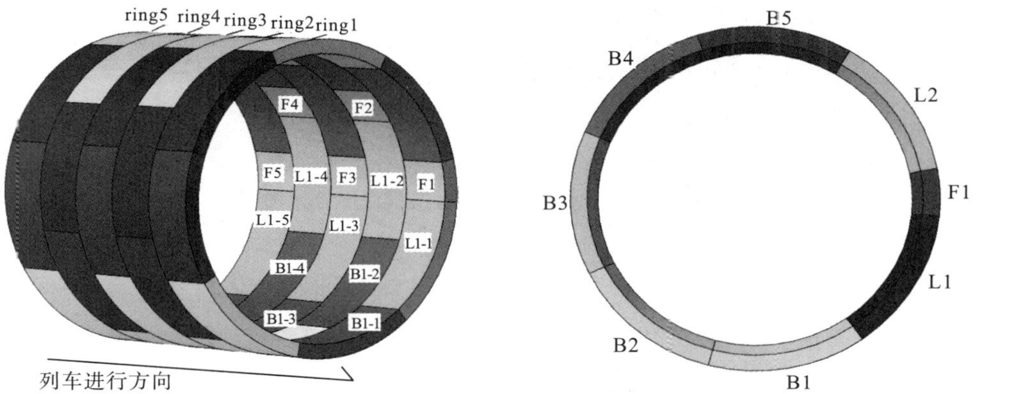

(a)衬砌环编号　　(b)管片编号

图 8-28　管片衬砌环编号

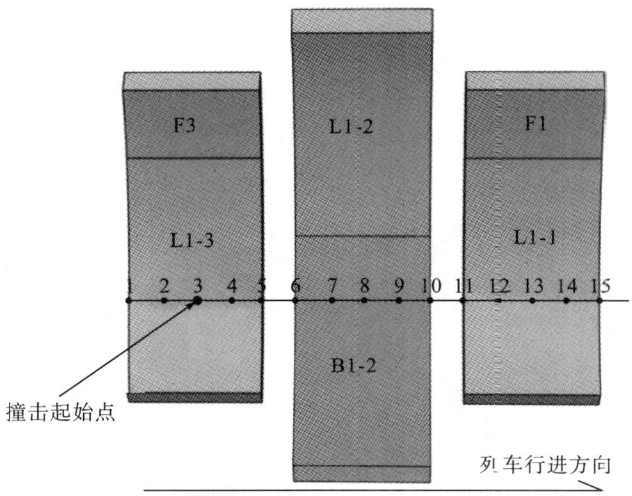

图 8-29　管片观测点示意图

8.4.1 管片衬砌位移特性

虽然盾构隧道外侧有围岩的裹握作用，并且各管片间连接有高强螺栓，但在高速度、大质量的列车撞击作用下，管片衬砌仍将产生一定程度的位移和变形。为反映在列车直接撞击作用下盾构隧道管片衬砌位移特性及其内外侧的差异性，图 8-30(彩图见附录)显示了特殊时间节点(10ms、20ms、30ms、40ms、50ms)管片衬砌内侧和外侧的位移情况。

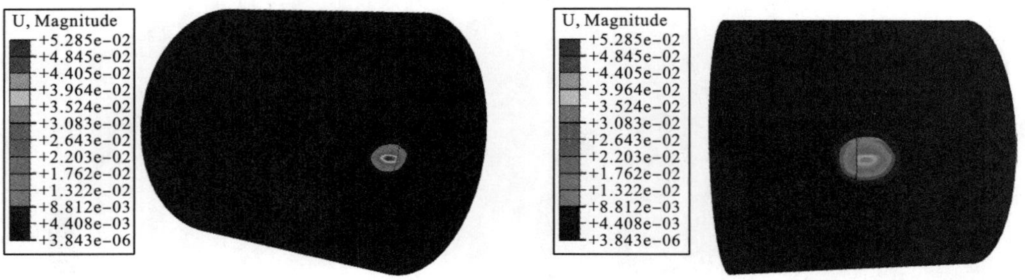

(a)10ms时刻管片衬砌内外侧位移

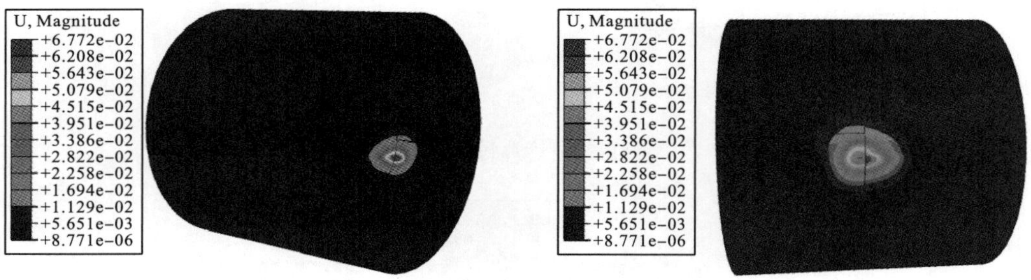

(b)20ms时刻管片衬砌内外侧位移

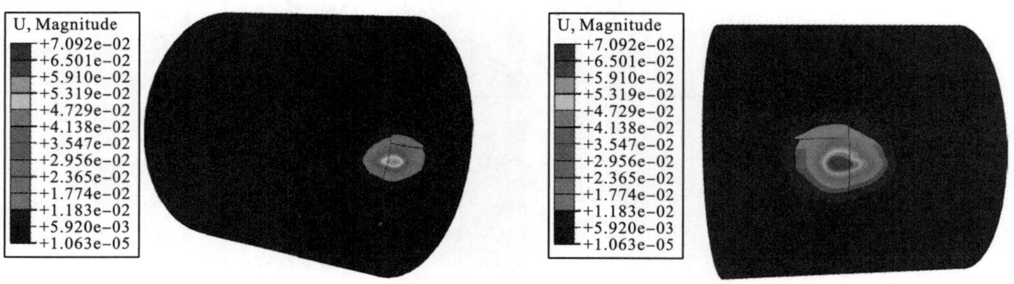

(c)30ms时刻管片衬砌内外侧位移

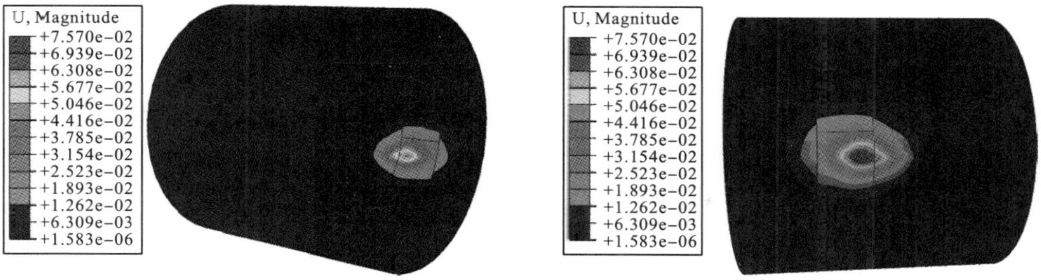

(d)40ms时刻管片衬砌内外侧位移

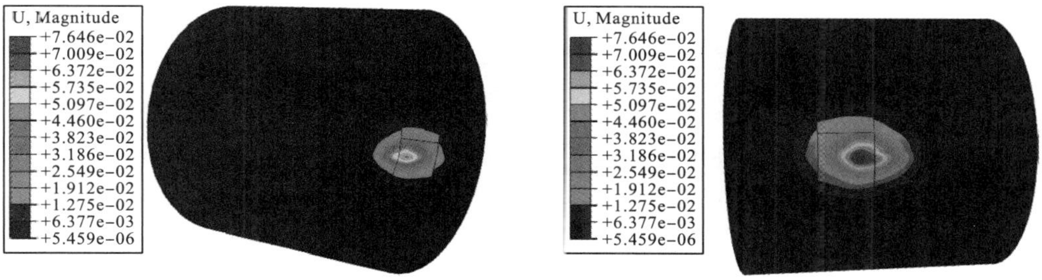

(e)50ms时刻管片衬砌内外侧位移

图 8-30　特殊时间节点管片衬砌内侧和外侧的位移(m)

图 8-30 中可见，在高速列车撞击作用下，管片产生了不同程度的位移响应，但位移响应主要集中在被撞管片块及其邻近块，且主要聚集在 ring1、ring2、ring3 环的 L1-1、L1-2、B1-2、L1-3 四块管片上，而在其他管片衬砌上几乎没有分布。图中可见，在列车撞击作用下管片衬砌位移值随着撞击时间的增加而不断增大，同时由于列车撞击过程可视为向盾构隧道管片衬砌施加一个随列车行进方向“不断移动的变面荷载”，所以在撞击过程中盾构隧道管片衬砌位移范围也在不断扩大；并且由于在撞击过程中列车在不断地移动，在不同时刻管片位移峰值所在区域也在不断变化。整体来看，管片位移较大值区域(云图中颜色较深区域)是沿着列车行进方向不断移动的。同时，列车撞击所致管片衬砌位移范围也不断向列车行进方向扩散。图中可见，在撞击开始后的 10ms 时刻，管片衬砌位移峰值为 5.285cm；在撞击开始后的 20ms 时刻，管片衬砌位移峰值为 6.772cm；而在撞击 50ms 时刻，列车撞击所致管片衬砌位移峰值为 7.646cm，相比于撞击后 10ms 时刻增大了约 50%。进一步，为反映撞击过程中管片衬砌位移变化趋势，图 8-31 和图 8-32 分别展示了管片衬砌位移峰值和管片衬砌内外表面位移区域(去除板小值)面积随撞击时间的变化趋势。

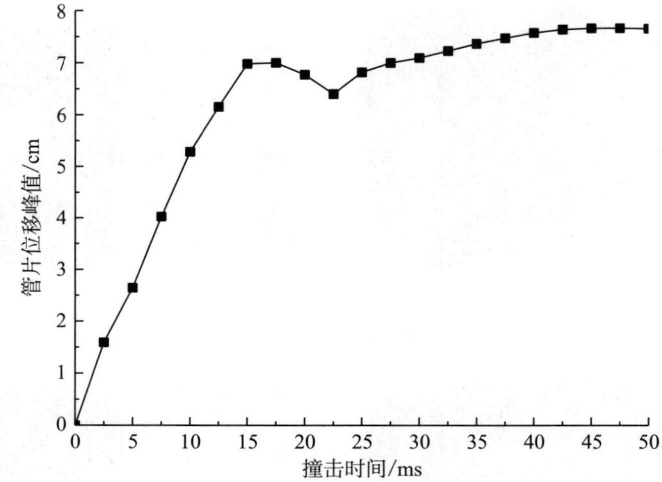

图 8-31 管片位移峰值随撞击时间变化趋势

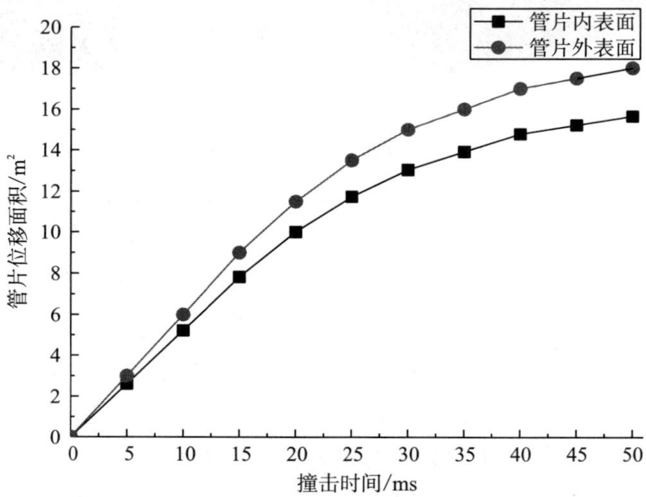

图 8-32 管片内外表面位移面积变化趋势

由图 8-31 可见，在列车撞击下管片位移峰值随时间的变化趋势并非呈现线性关系。结合撞击力的变化趋势来看，在撞击初期的 0～15ms 内管片位移峰值迅速增长，在 15ms 左右位移峰值大致达到 7cm，此阶段也恰好对应于撞击力高位震荡阶段。而后由于列车撞击作用迅速减弱和管片外侧围岩的约束回弹作用，管片位移峰值在 15～22ms 阶段出现了下降趋势，但下降幅度并不明显，位移峰值大致下降了 1cm 左右。在撞击后期由于列车的撞击力始终保持在低位震荡阶段，因此在经历了小幅回升后管片位移峰值的变化逐渐趋于平缓。

由图 8-32 可见，管片内表面和外表面位移范围随撞击时间的变化趋势大致相当，在撞击前期(0～15ms)，由于撞击力较大，位移的范围增长较快，并大致呈现线性增长趋势；

而后由于撞击作用逐渐减弱，位移的范围增长趋势逐渐变缓。如图所示，在撞击过程中，虽然内外表面位移的范围变化趋势大体上一致，但管片外表面位移的范围相较于内表面大，其中外表面位移的面积范围最大可达到 18m^2 左右。

由于本章建立了列车直接撞击隧道的动力接触耦合模型，更为真实地模拟了列车在管片内壁撞击移动的特点，为进一步展示行进列车撞击盾构隧道管片的空间效应及衬砌不同位置位移响应的差异性，提取分布在 ring1～ring3 上各观测点的位移峰值变化趋势，如图 8-33 所示。图中可见，在撞击下三环管片观测点均产生了不同程度的位移。由于列车撞击力在撞击前期急速增大并保持在高位震荡，因此观测点 1～7 的位移峰值呈现逐渐增大的趋势，并在观测点 7 附近达到最大；在撞击后期撞击力保持在低位上下波动，因此位移峰值在观测点 7 达到最大后又迅速下降。观测点 4～8 的位移值在 5cm 左右，结合观测点位置和位移云图可见，在 L1-3 和 B1-2 管片交接区域附近管片的位移受撞击作用的影响最大。同时从图中可见，虽然管片内外表面观测点位移值变化趋势大体上一致，但外表面的位移值始终大于内表面，并且在观测点 4～8 表现得尤为明显。

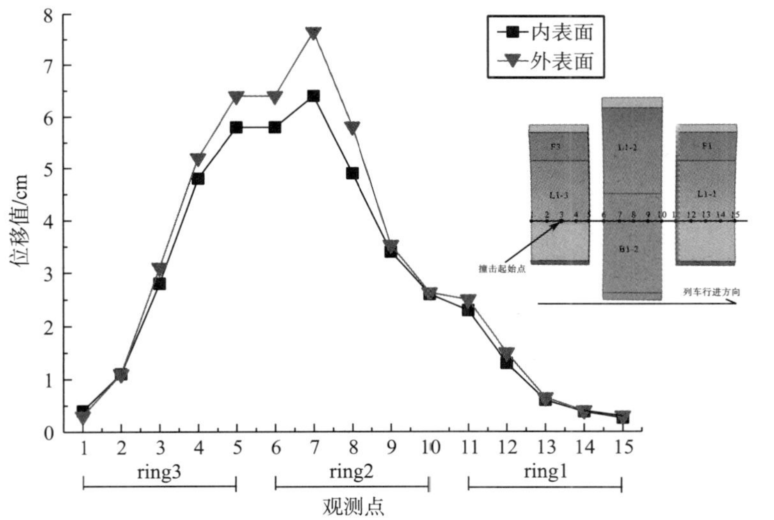

图 8-33　各观测点内部位移值变化趋势

同时选取 3、8、13 号三个位于管片中间的观测点，提取其撞击过程中位移的变化时程曲线，如图 8-34 所示。图中可见，三个观测点的位移在整个撞击过程中经历了不同程度的变化。撞击初始点 3 号观测点由于与列车最先接触，在撞击刚开始时位移值就迅速增大，而后由于列车不断向前行进脱离了与 3 号观测点的直接接触，并且撞击作用在后期逐渐减弱，因此 3 号观测点的位移在 10ms 左右增长趋势放缓，此后基本维持在 2cm 左右。而 8 号、13 号观测点由于距离撞击初始位置较远，行驶的列车需要经过一定时间才能影响其位移，因此，距离越远，相应的位移增长开始的时间越靠后。其中，8 号观测点在 5ms 左右才开始出现一定程度的位移增长，13 号观测点大致在 18ms 左右出现位移增长。同样的，如前所述，列车不断前移，并且撞击作用在后期逐渐减弱，各观测点在后期位移基本不变。其中 8 号观测点的位移在 30ms 左右增长趋势逐渐放缓，并在后期大致保持在 5cm 左右，13 号观测点的位移始终保持在 1cm 以下。

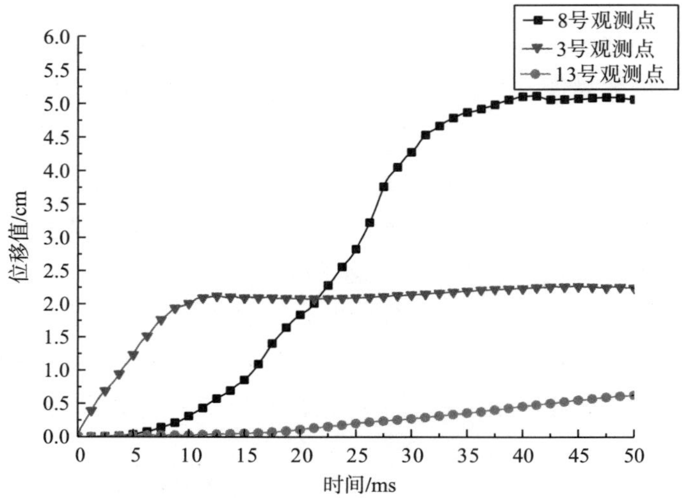

图 8-34 特殊观测点位移时程曲线

8.4.2 管片衬砌损伤特性

在高速度、大质量的高速列车撞击作用下，盾构隧道管片衬砌不仅会产生位移变形，还会发生混凝土的塑性损伤破坏。因此，为反映撞击作用下高速列车对盾构隧道管片衬砌的破坏效应，本节在模拟列车直接撞击盾构隧道管片衬砌的同时，引入混凝土塑性损伤理论，研究在列车高速撞击作用下管片衬砌的损伤特性。

在强烈的撞击作用下，管片混凝土的损伤是一个从无到有的渐变过程，并且损伤程度和损伤范围亦是一个连续累积的过程。一般来说，混凝土的损伤主要由拉伸损伤和压缩损伤两种不同的力学效应构成，压缩损伤致使管片混凝土压碎破坏，拉伸损伤致使管片混凝土拉伸开裂。在实际荷载作用下，两种损伤相互影响，因此本节为分析撞击所致管片混凝土的损伤机理，同时分析了两种损伤效应。

1. 压缩损伤特性

在列车撞击作用下，管片内表面直接承受列车撞击所致的接触压缩作用，相应的，管片混凝土外表面主要承受外侧围岩的约束作用。为反映列车直接撞击作用下管片压缩损伤特性及内外表面损伤的差异性，图 8-35（彩图见附录）展示了在撞击过程中特殊时间节点中间五环管片衬砌内外表面的压缩损伤情况。

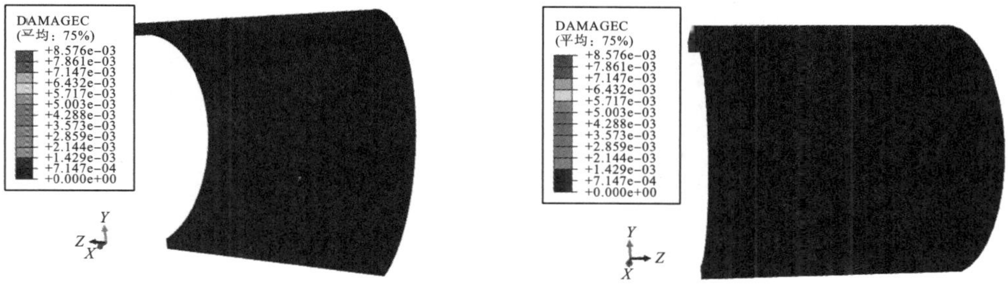

(a)0.5ms时刻管片衬砌内外侧压缩损伤

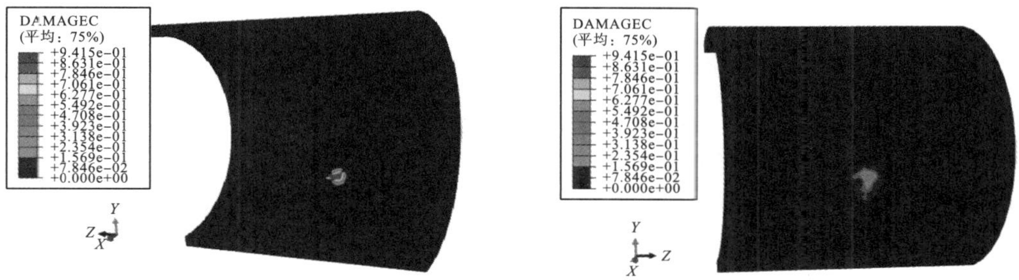

(b)2.5ms时刻管片衬砌内外侧压缩损伤

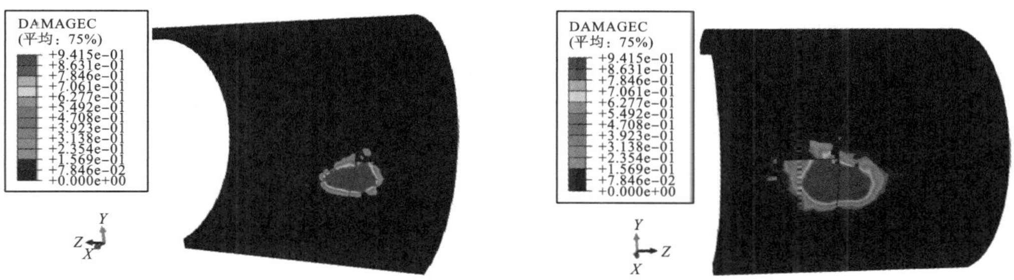

(c)20ms时刻管片衬砌内外侧压缩损伤

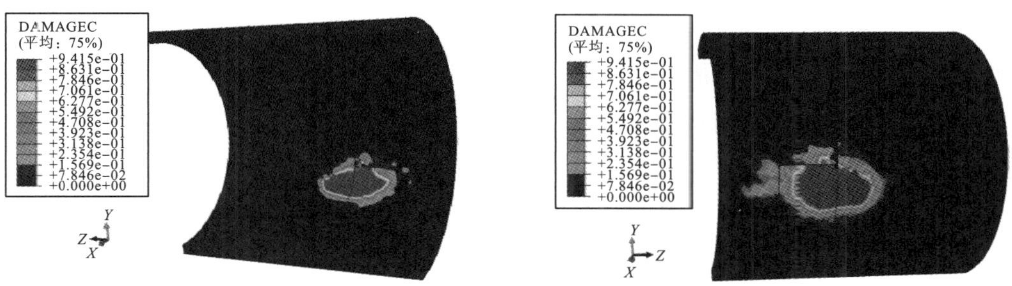

(d)40ms时刻管片衬砌内外侧压缩损伤

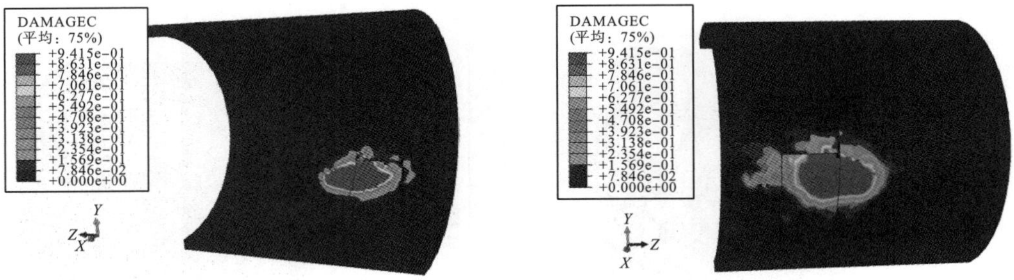

(e)50ms时刻管片衬砌内外侧压缩损伤

图 8-35 特殊时间节点管片衬砌内外表面压缩损伤

在列车直接撞击作用下管片内外表面均出现了相当程度的压缩损伤，由图 8-35 可见，在 t=0.5ms 时，列车与管壁逐渐接触，管片内表面开始出现压缩损伤，但由于此时列车与管片撞击作用较小，管片混凝土压缩损伤范围和压缩损伤值均较小。在 t=0.5ms 时，管片外表面未发生损伤破坏，说明在列车撞击作用下，相对管片内表面来说，管片外表面出现压缩损伤破坏的时间稍有延后。在撞击开始后 t=2.5ms 时，管片内表面压缩损伤发展迅速，最大压缩损伤值增大至 0.9415，而相应的管片外表面也出现了一定程度的压缩损伤，最大压缩损伤值大致为 0.418，此时管片内表面压缩损伤程度远大于管片外表面。在 t=20ms 时，管片压缩损伤进一步发展，压缩损伤范围已逐步扩散至相邻管片上。而后随着撞击的持续作用，管片混凝土损伤范围逐渐加大，但最大损伤值没有发生明显变化。

总体上来说，管片压缩损伤主要集中在列车车头与管片直接接触区域及其邻近区域，在其他与之相距较远的管片区域基本不出现压缩损伤破坏。与位移情况相似，压缩损伤分布在 ring1、ring2、ring3 环的 L1-1、L1-2、B1-2、L1-3 四块管片上，而在其他衬砌管片上几乎没有分布，并且压缩损伤较大的区域主要集中在 B1-2、L1-3 上。相较于管片外表面压缩损伤情况，管片内表面压缩损伤的萌生和发展更为迅速。随着列车撞击时间的增长，管片衬砌内外表面压缩损伤范围均不断增大，但从图中可见，撞击作用下管片外表面的压缩损伤分布范围更广。同时，列车撞击作用下管片衬砌压缩损伤值的发展主要集中在撞击前期，在撞击后期压缩损伤值变化不明显。由于在撞击过程中列车不断行进移动，整体来看管片压缩损伤区域是沿着列车行进方向不断扩大的。同时，由于列车是小角度斜向撞击盾构隧道，并且列车在隧道纵向不断移动，故列车撞击所致管片内外表面压缩损伤在衬砌纵向的分布显著大于在环向的分布。

图 8-36 所示为管片衬砌内外表面各观测点压缩损伤峰值变化趋势。图中可见，在列车撞击作用下各观测点均出现了不同程度的压缩损伤情况，其中观测点 3～8 的压缩损伤峰值达到 0.9 以上，管片出现了较为严重的破坏，这也说明了撞击作用对从撞击初始点到相邻第二块管片中点区域内的管片混凝土压缩损伤影响程度较大。图 8-36 中可见，由于撞击作用在管片间互相传递，相对于列车行进方向来说，未与列车直接接触的管片后方区

域(如观测点 1、2 所在区域)，管片混凝土仍出现了一定程度的压缩损伤。图中可见，管片内外表面在观测点 1～8 的压缩损伤程度大体上一致，而在观测点 9～15 区域内管片外表面的压缩损伤始终大于管片内表面的压缩损伤。由此可见，管片内外表面损伤的大小差异性主要体现在后端观测点上。

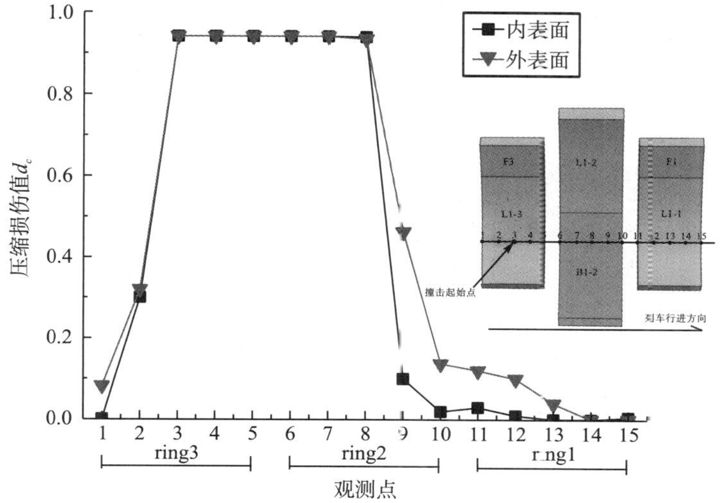

图 8-36　各观测点压缩损伤值变化趋势

2. 拉伸损伤特性

在列车撞击作用下，管片内表面直接与列车相接触，相应的，管片外表面主要承受外侧围岩的约束包裹作用。根据基础材料力学可知，混凝土抗拉性能显著低于其抗压性能，在列车撞击作用下，混凝土可能表现出更为强烈的拉伸损伤特性。因此为反映在列车直接撞击作用下管片拉伸损伤特性及内外表面拉伸的差异性，图 8-37 展示了在撞击过程中特殊时间节点中间五环管片衬砌内外表面的拉伸损伤情况。

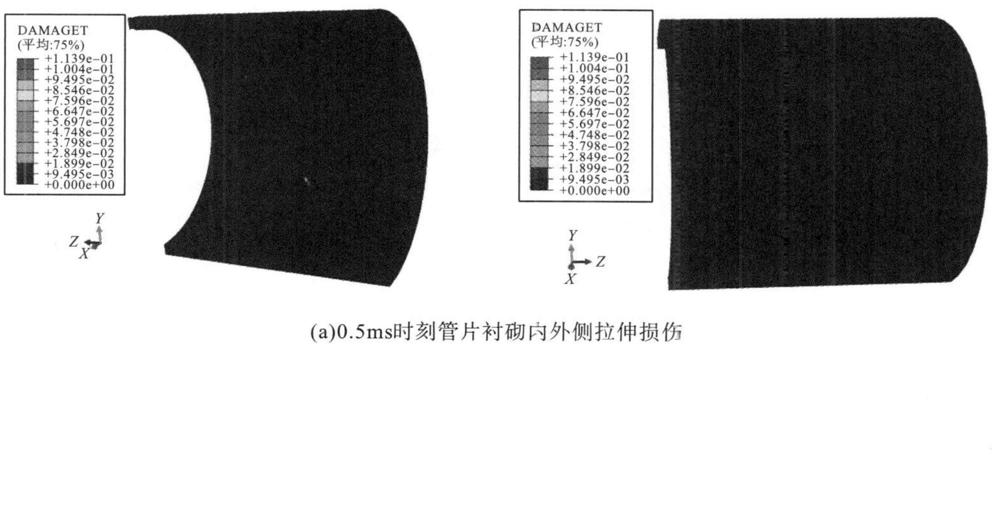

(a)0.5ms时刻管片衬砌内外侧拉伸损伤

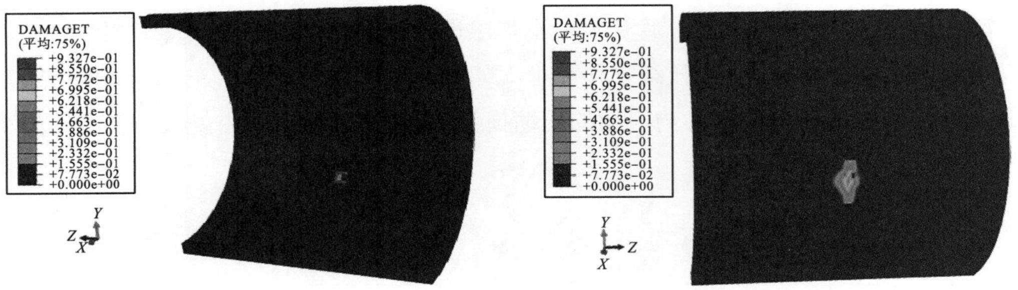

(b)1ms时刻管片衬砌内外侧拉伸损伤

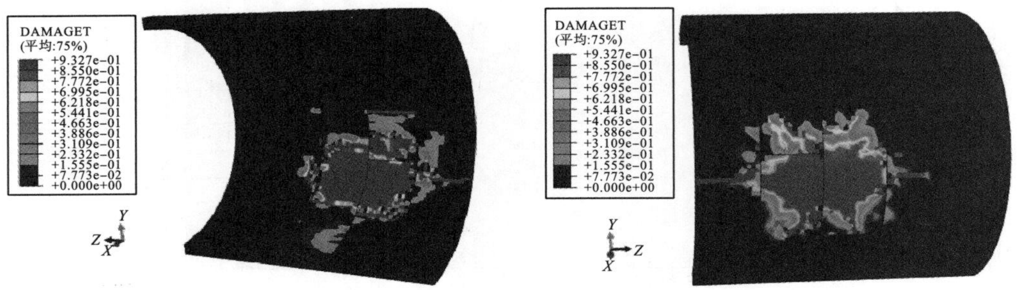

(c)20ms时刻管片衬砌内外侧拉伸损伤

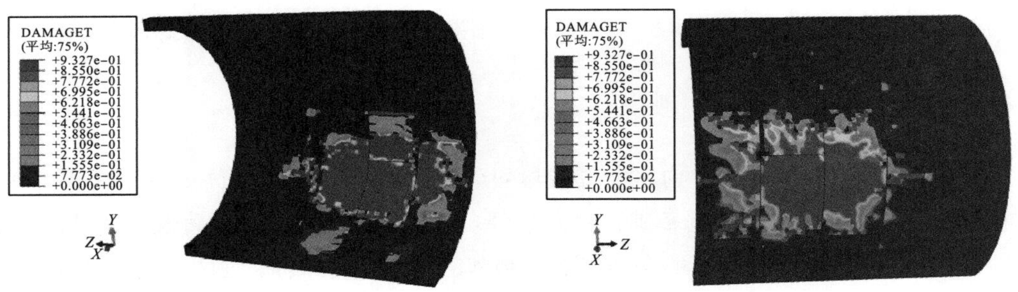

(d)40ms时刻管片衬砌内外侧拉伸损伤

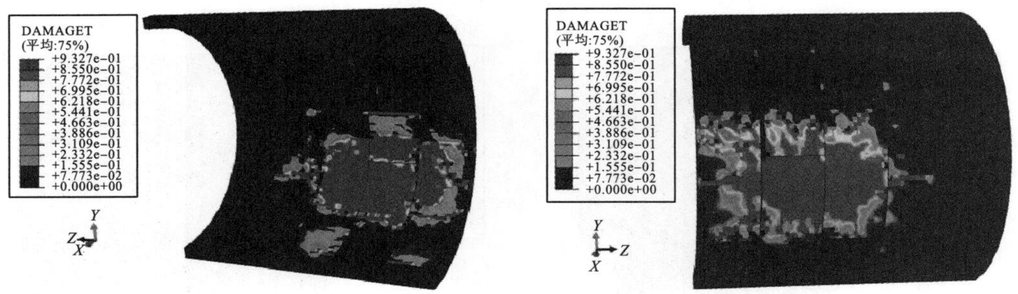

(e)50ms时刻管片衬砌内外侧拉伸损伤

图 8-37 特殊时间节点管片衬砌内外表面拉伸损伤

由图 8-37 可见，在列车直接撞击作用下，管片内外表面均产生了不同程度的拉伸损伤。在 t=0.5ms 时，管片内表面开始出现拉伸损伤，但由于此时列车与管片撞击作用较小，管片混凝土拉伸损伤范围和拉伸损伤值均较小。在 t=0.5ms 时，管片外表面未发生拉伸损伤破坏，说明和压缩损伤情况一致，相对管片内表面来说，管片外表面出现拉伸损伤破坏的时间也稍有延后。在 t=1ms 时，管片最大拉伸损伤值达到了 0.9327，而后随着撞击的进行，拉伸损伤峰值基本无变化，拉伸损伤的变化主要体现在拉伸损伤面积扩大上。

总体来说，和压缩损伤一样，拉伸损伤也主要集中在列车与管片直接撞击接触区域及其邻近区域，但相较于压缩损伤，管片拉伸损伤分布范围更广、损伤面积更大。在撞击完成后，拉伸损伤除主要集中分布在 L1-1、L1-2、B1-2、L1-3 四块管片之外，在 B1-3、L1-3、L1-4 等区域也有一定程度的分布，这主要与混凝土较弱的抗拉性能有关。拉伸损伤值较大的条带区域混凝土极有可能出现拉伸裂缝。此外，拉伸损伤区域也大量分布于管片接头部位，出现这种现象的主要原因可能与管片接头部位较为薄弱和接头螺栓力的传递有关。从图 8-37 可见，随着列车撞击时间的增长，管片衬砌内外表面拉伸损伤范围也大致沿列车行进方向不断扩大。同时从图中可见，管片内表面拉伸损伤在纵向和环向上的分布范围没有明显的差异，但管片外表面拉伸损伤在纵向上的分布大于在环向上的分布。

图 8-38 所示为管片衬砌内外表面各观测点拉伸损伤峰值变化趋势。图中可见，在列车撞击作用下各观测点均出现了不同程度的拉伸损伤，其中观测点 3～12 的内外表面拉伸损伤峰值基本一致，且均达到了 0.9 以上，管片出现了较为严重的拉伸破坏。图 8-38 中可见，在两侧观测点（1、2、14、15）管片外表面的拉伸损伤峰值始终大于内表面的拉伸损伤峰值。由此可见，在撞击作用下管片内外表面拉伸损伤情况也会出现一定差异，但这种差异主要体现在距离撞击区域较远的观测点上，在其他观测点的差异并不显著；相较于各观测点压缩损伤峰值点的分布，拉伸损伤较大值（0.9 以上）的分布范围更为广泛，其中压缩损伤较大值包含了 6 个观测点的范围，而拉伸损伤较大值包含了 10 个观测点的范围。这也说明了列车的撞击作用对管片混凝土拉伸损伤的影响程度更大。

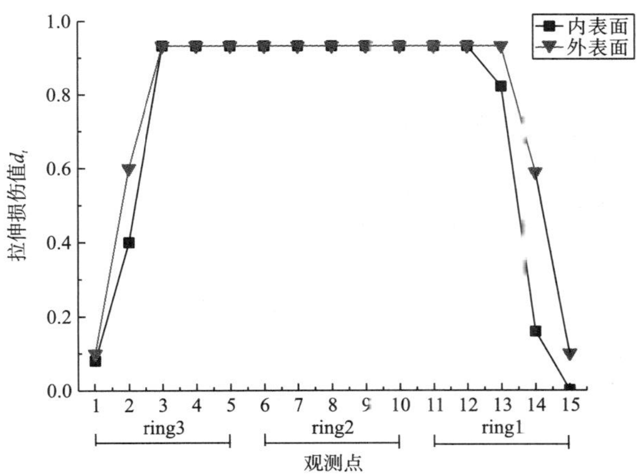

图 8-38　各观测点拉伸损伤值变化趋势

3. 拉压损伤对比

以上分别针对撞击作用下管片混凝土的压缩损伤和拉伸损伤特性做了相应分析。在实际撞击过程中两种损伤相互影响，并且拉伸损伤是导致混凝土开裂的主要因素，压缩损伤是致使混凝土压溃的主要因素，因此有必要进一步对撞击作用下管片混凝土拉、压损伤的差异性做一定的分析。由于管片内侧直接承受列车撞击作用，因此选取管片内表面作为分析对象，对比分析在列车直接撞击作用下管片内表面拉、压损伤的发展进程，如图 8-39(彩图见附录)所示。

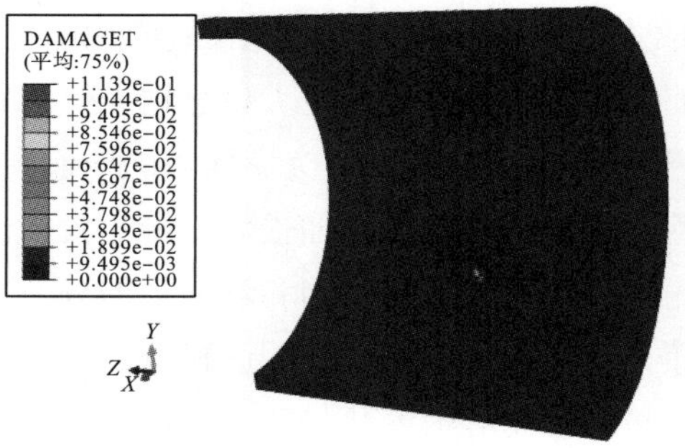

(a)0.5ms拉伸损伤

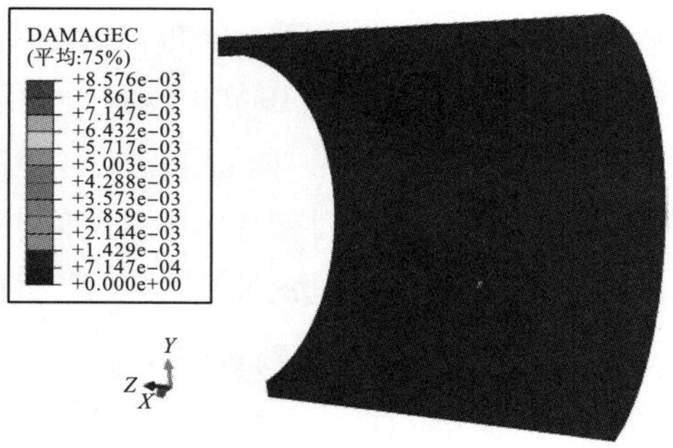

(b)0.5ms压缩损伤

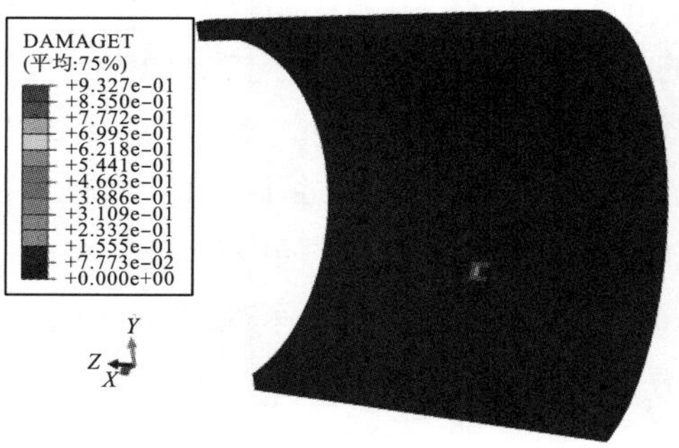

(c)1ms拉伸损伤

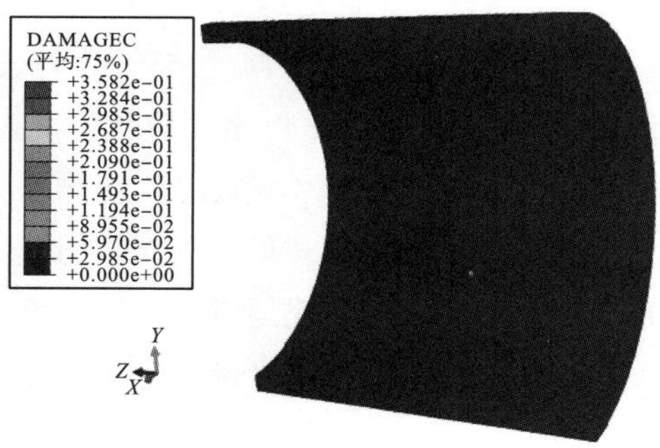

(d)1ms压缩损伤

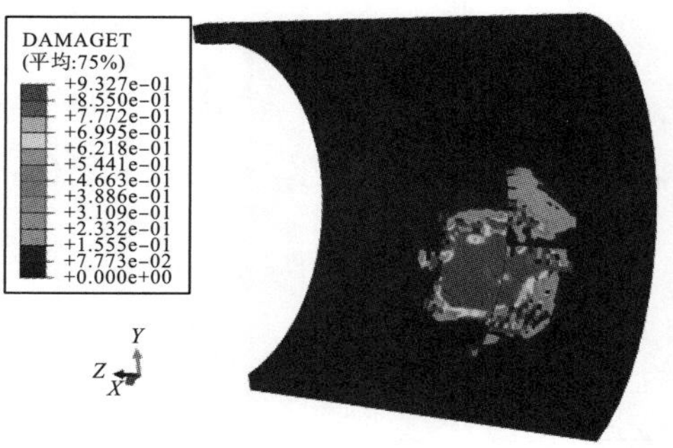

(e)10ms拉伸损伤

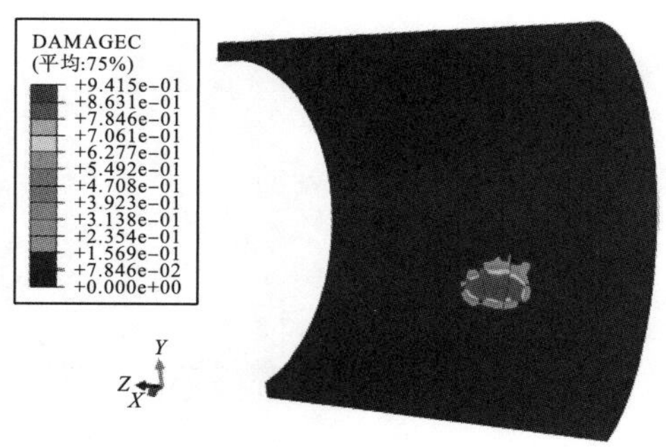

(f)10ms压缩损伤

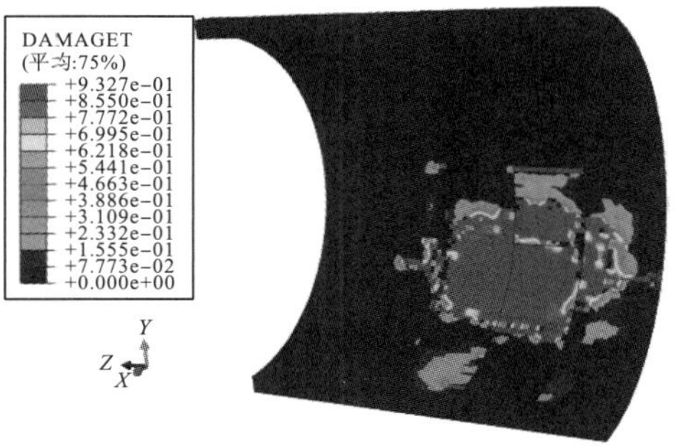

(g)30ms拉伸损伤

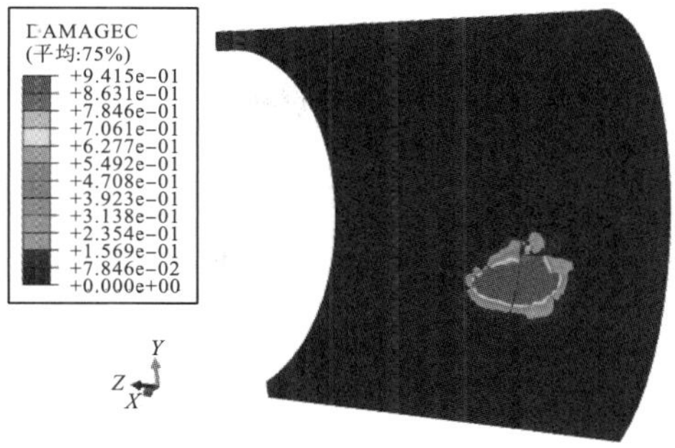

(h)30ms压缩损伤

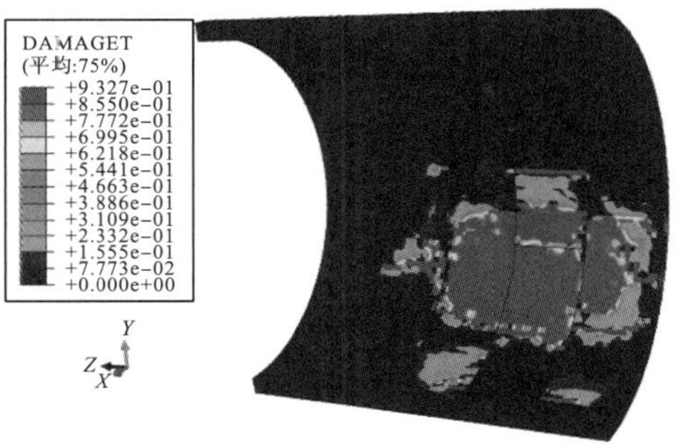

(i)50ms拉伸损伤

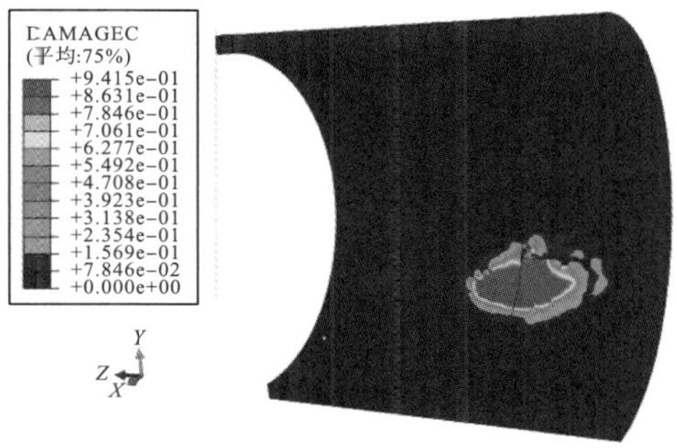

(j)50ms压缩损伤

图 8-39　管片内表面拉、压损伤发展进程

在撞击进行至 0.5ms 时刻，由于列车与管片内壁开始接触，在列车撞击作用下，管片内表面开始出现拉伸损伤和压缩损伤，此时压缩损伤峰值为 0.0086，而拉伸损伤峰值为 0.1139，远远大于压缩损伤峰值。在 t=1ms 时拉伸损伤快速发展，最大损伤值达到 0.9327，而此时压缩损伤最大值仅为 0.3582。从损伤峰值的角度来看，拉伸损伤的发展速度显著大于压缩损伤的发展速度。在撞击后期，两者的损伤峰值均无明显变化，而管片损伤的发展主要体现在损伤面积的扩大上。为进一步展示管片内表面拉、压损伤面积的发展和差异性，图 8-40 展示了撞击过程中管片内表面拉压损伤面积随时间的变化趋势。

结合管片损伤面积云图和变化趋势可见，由于混凝土抗拉性能较弱，在撞击过程中管片内侧受拉损伤面积始终大于管片受压损伤面积，在撞击完成后(t=50ms)，列车撞击所致管片内侧压缩损伤面积为 6.67m^2，而管片拉伸损伤面积达到了 24.04 m^2，大致是压缩损伤面积的 3.6 倍。同时图 8-40 中可见，虽然在撞击过程中管片内表面拉、压损伤面积均出现增长，但拉伸损伤面积的增长速度更快，在撞击开始后的 30ms 内受拉损伤面积始终保持较大幅度的增长，而受压损伤面积在前 30ms 内增长幅度较为缓慢。由于撞击后期列车撞击作用逐渐减弱，图中可见，管片内表面的拉压损伤面积在撞击后期的增长速度大幅降低，几乎趋于停滞。

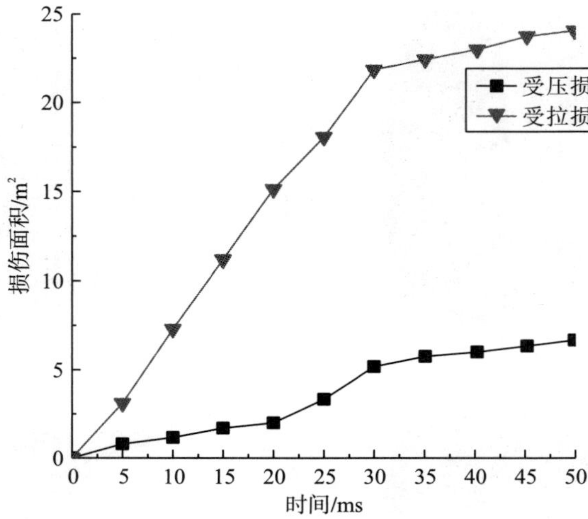

图 8-40 管片内表面损伤面积变化趋势

在列车撞击作用下，无论从损伤峰值、损伤面积大小和损伤面积增长速度上来看，管片混凝土受拉损伤程度和发展速度均大于受压损伤。同时，除拉伸损伤和压缩损伤共同出现的区域外，其余区域管片的破坏均由拉伸损伤引起，这其中包含了大量的管片接头区域。从损伤过程和形态可见，压缩损伤由接触区域向两周逐渐减弱，且有明显的分界线和过渡区域，压缩损伤的区域较为集中；而由于混凝土是典型的准脆性材料，撞击作用下拉伸损伤分布更加复杂和广泛，且无明显分界线，相对于管片衬砌压缩损伤，拉伸损伤的分布区域更为发散。

8.5 本章小结

本章通过构建车-隧-围岩非线性接触耦合模型，并基于混凝土损伤理论，研究了在列车小角度直接撞击作用下列车的变形特性、能量转换特性和撞击荷载特性，同时对列车撞击作用下盾构隧道的位移变形方式和混凝土损伤破坏特性进行了相应的分析。获得了以下结论：

(1) 撞击发生后，列车整体变形大致呈现“蛇形”姿态，并且由于列车车厢间的“堆叠效应”，后续车厢也将参与到撞击进程中，但这种堆叠效应也有一定的影响范围，一般来说，撞击的影响局限在前 3 节车厢；在撞击作用下车头部位将出现一定程度的“跳车”和“车头抬起”，车头变形主要发生在撞击开始后的 15ms 内，相对于车头直接与隧道接触的变形区域，其他区域并没有产生明显的塑性变形特征。由于冲击波传递过程的时效特性和车辆间的“堆叠效应”，在撞击过程中不同位置车辆的塑性耗散能差异明显，在整个分析过程中各列车动能均大部分转化为内能，同时列车塑性耗散能占到内能的绝大部分，但车辆动能、内能增量和塑性耗散能沿车辆编号并非是线性变化，而是呈现距离头车越远，减小幅度越大的非线性变化趋势。

(2) 在撞击过程中，列车速度和加速度均在撞击刚开始的瞬间出现急剧变化，其中在撞击瞬间列车速度下降值就已达到总下降值的 50%，列车加速度在撞击瞬间出现了最大波峰值，而后加速度曲线的震荡逐渐趋于平缓。列车与围岩的撞击接触面积是一个随时间不断移动的变量，并且由于车头变形和“堆叠效应”的影响，大致可将撞击接触面积的变化过程分为四个阶段。同时列车撞击荷载呈现出显著的“多峰波动特性”，并且在撞击过程中有明显的高位震荡阶段和低位震荡阶段；由于车头形状和撞击位置的不对称性，虽然各撞击力分量的时程变化曲线的趋势大体上一致，但是各分量的数值大小不完全相同，其中撞击力横向分量数值大小大致为竖向和纵向的 1.5 倍。

(3) 高速列车撞击作用下，管片产生的位移响应主要集中在被撞管片及其邻近块，在其他衬砌管片上几乎没有分布，同时列车撞击所致管片衬砌位移范围大致是沿列车行进方向不断扩散的；在列车撞击下管片位移峰值随时间的变化趋势并非线性增长，由于撞击作用的减弱和围岩回弹约束作用，在撞击过程中，管片位移峰值还出现了小幅的下降；虽然管片内外表面观测点位移值变化趋势大体上一致，但外表面的位移值始终大于内表面，并且在撞击中心后端 2m 范围内表现得尤为明显。

(4) 在列车撞击作用下管片内外表面均出现了一定程度的拉压损伤，并且管片衬砌拉压损伤主要集中在列车车头与管片直接接触区域及其邻近区域。总体上来说，管片损伤区域大致是沿着列车行进方向不断扩散的，并且撞击所致管片损伤在衬砌纵向的分布显著大于在环向上的分布。在列车撞击初期，管片拉伸损伤和压缩损伤均迅速发展，但在撞击后期，拉压损伤峰值变化幅度并不明显，拉压损伤的演化主要体现在损伤面积的发展上。相较于管片外表面，管片内表面混凝土拉压损伤发展更为迅速。管片内外表面压缩损伤的大小差异性主要体现在后端观测点上，拉伸损伤值的大小差异则主要体现在两侧观测点上。

(5) 由于混凝土抗拉性能显著低于抗压性能，无论从损伤峰值、面积大小、面积增长速度上来看，在列车撞击作用下，管片混凝土受拉损伤程度和发展速度均大于受压损伤。此外，除拉伸损伤和压缩损伤共同出现的区域外，其余区域管片的破坏均由拉伸损伤引起，这其中包含了大量的管片接头区域。从损伤过程和形态可见，压缩损伤由接触区域向两周逐渐减弱，且有明显的分界线和过渡区域，压缩损伤的区域较为集中。由于混凝土是典型的准脆性材料，撞击作用下拉伸损伤分布更加复杂和广泛，且无明显分界线，相较于管片衬砌压缩损伤，拉伸损伤的分布区域更为发散。

第 9 章　车隧耦合系统下列车速度对管片衬砌脆性破坏的影响

第 8 章着重针对时速 200km/h、斜向 12.5°的列车直接撞击盾构隧道引起的列车变形特性、能量转换特性和撞击荷载特性(撞击面积、撞击力)进行了研究，并进一步研究了列车直接撞击作用下盾构隧道结构的动力响应及管片损伤特性。当列车在不同线路条件和不同区段行进时，列车速度也不相同；同时撞击速度在撞击问题中是一个极其重要的指标，在不同初速度的列车撞击作用下，所产生的撞击荷载大小及其对管片衬砌的破坏效应也将有很大差异。鉴于此，本章在第 8 章分析的基础之上，通过施加三种不同列车初始速度，对不同撞击速度下盾构隧道动力响应特性和损伤特性进行对比分析，同时引入可表征强动载作用下混凝土不连续破坏的脆性开裂本构，研究列车撞击作用下管片衬砌混凝土剥落破碎等破坏特性。

9.1　速 度 工 况

随着我国铁路建设技术水平的提高，列车运营速度正不断加快，目前我国普通线路动车组运营速度一般在 200km/h 以上，高速铁路线路运营速度一般在 300km/h 及以上。然而在实际运行过程中，当列车在不同区段和线路上行进时，列车运行速度或多或少会受到各种线路条件的限制，诸如线路曲线半径、环境风速、隧道桥梁、列车故障、线路维修等因素都将影响和限制列车运行速度。例如：提速 200km/h 的动车组，当环境风速在 25~30m/s 时，列车运行速度应不大于 120km/h；列车动力系统发生故障时，列车运行速度也应当不大于 120km/h。

因此本章在研究不同速度的列车撞击盾构隧道时，同时考虑了列车高速、中速、低速(限速)三种不同初始速度工况，即：高速(300km/h)、中速(200km/h)、低速(120km/h)，分别以相同角度 12.5°斜向撞击盾构隧道，对比分析不同速度工况下列车撞击荷载特性及盾构隧道的动力响应的差异性。

9.2　管片衬砌动力响应对比

在不同撞击速度下，盾构隧道管片衬砌动力响应及破坏特性将有很大差异，本节在第 8 章分析的基础上，基于车隧耦合系统，进一步研究撞击初始速度这一因素对盾构隧道结构动力响应的影响。

9.2.1　位移响应

虽然盾构隧道管片衬砌有外侧围岩的“裹握”作用和高强螺栓的“连接”作用，但在高速列车剧烈的撞击作用下管片衬砌仍有可能发生较大位移和变形，为反映列车不同初始速度对管片位移响应的影响，提取不同速度工况下三个时刻(10ms、30ms、50ms)管片衬砌位移云图，如图 9-1 所示。根据第 8 章了解到，相对于管片内表面，在列车撞击作用下管片外表面位移变形量值更大，因此本节以管片外表面位移为例进行分析。

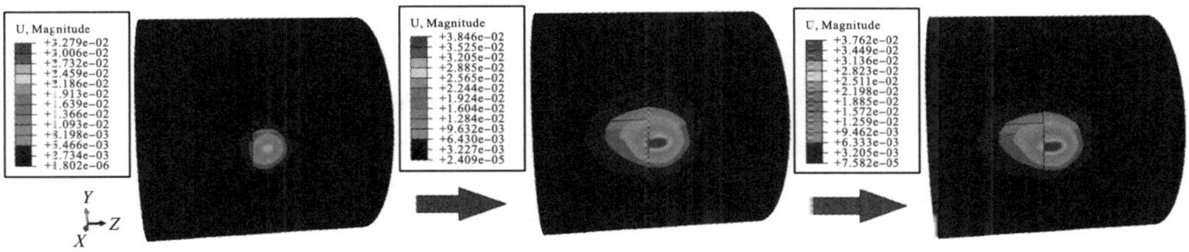

(a) V=120km/h

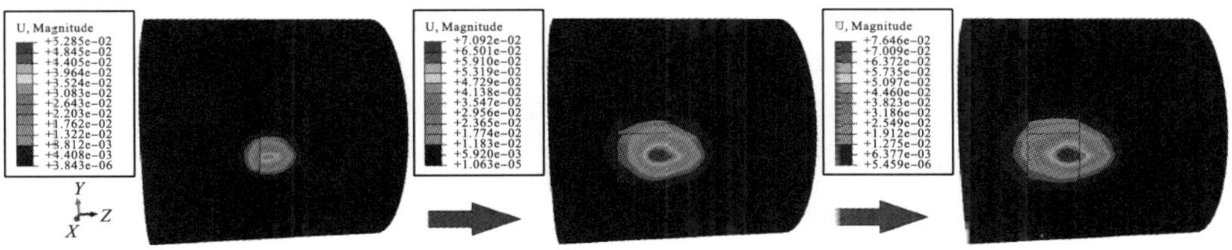

(b) V=200km/h

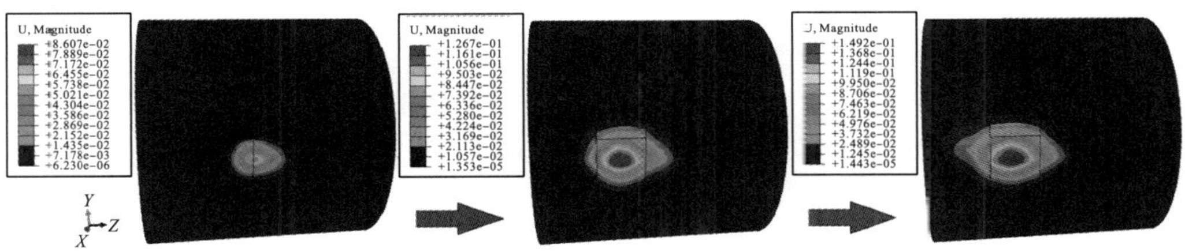

(c) V=300km/h

图 9-1　不同撞击速度下管片衬砌位移云图(m)

由图 9-1 可见，在不同撞击速度工况下管片衬砌均出现了一定程度的位移，并且出现位移的部位均集中在被撞击管片块及其邻近块，在其他管片几乎没有分布。由于列车是斜向撞击盾构隧道并沿隧道纵向不断移动，因此各速度工况下管片衬砌位移云图随着时间的变化均表现为沿列车行进方向不断扩大，这一现象在 10～30ms 表现得尤为明显，结合撞击荷载来看，此阶段正好对应于荷载高位震荡阶段，此阶段列车的撞击作用最强。而在撞击后期，由于撞击作用逐渐减弱，所以位移云图范围扩大趋势逐渐减缓，图中可见，在三种速度工况下 50ms 的位移云图范围相比于 30ms 增长幅度并不大。

为进一步反映不同撞击速度对管片位移的影响，提取各工况下管片衬砌位移随撞击时间的变化趋势，如图 9-2 所示。

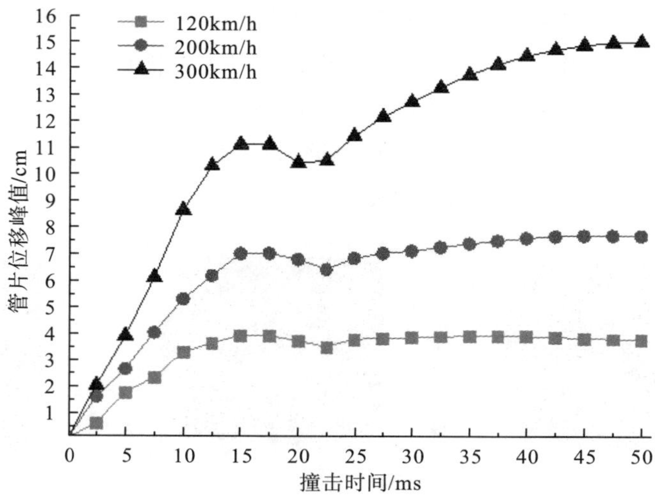

图 9-2 不同撞击速度下管片衬砌位移峰值时程曲线

由图 9-2 可见，在列车撞击作用下，整体来看，各速度工况下位移峰值均大致经历了三个阶段。第一阶段(0～15ms)：此阶段各速度工况管片位移峰值均迅速增大，在 15ms 左右达到一个峰值。结合撞击荷载来看，此阶段正处于撞击荷载迅速增大和高位震荡阶段，因此传递到管片衬砌上的撞击作用最为强烈。但此阶段不同速度工况下管片衬砌位移峰值增长速度不完全相同，图中可见，高速度工况下位移峰值的增长速度显著大于低速工况。第二阶段(15～22.5ms)：此阶段由于撞击荷载急速下降，各速度工况管片衬砌位移峰值均出现了小范围回落。总体来说，在第一、第二阶段，列车撞击速度对于管片衬砌位移峰值变化趋势并无太大影响。但在第三阶段(撞击后期)，三种速度工况下管片衬砌位移峰值的变化规律有所不同。图中可见，在 300km/h 速度工况下管片位移峰值在撞击后期仍保持一定程度的增长，在 200km/h 速度工况下管片位移峰值基本保持不变；而在 120km/h 速度工况下，管片位移峰值将出现小幅度下降，出现这种情况可能是由于列车的撞击作用与外侧围岩的回弹约束作用相互平衡与制约的结果。同时从图中可见，撞击初始速度越大，在撞击各时刻其对应的管片衬砌位移峰值也越大，在撞击的最终时刻(50ms)，120km/h、200km/h、300km/h 位移峰值分别为 3.762cm、7.646cm 和 14.920cm，200km/h、300km/h 速度工况下管片衬砌位移峰值分别大致为 120km/h 工况的 2 倍和 4 倍，这反映了撞击作用下管片衬砌位移峰值与撞击初始速度并非呈现显著的线性关系。

图 9-3 所示为撞击完成时刻(50ms)不同速度工况下各观测点位移的变化趋势。

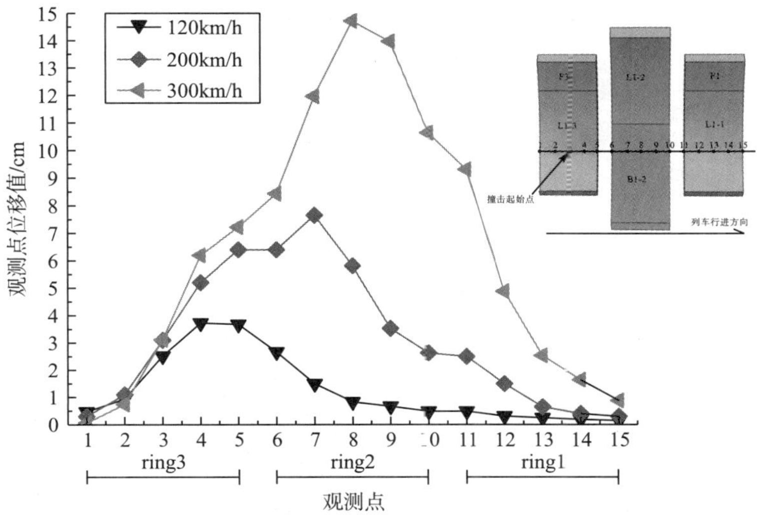

图 9-3　不同速度工况下各观测点位移的变化趋势

由图 9-3 可见，不同速度工况下各观测点位移的变化趋势较为相似，均呈现中间高两边低的特点，但不同速度工况下各观测点位移最大值出现的位置不完全一样。图中可见，120km/h 速度工况下位移最大值出现在 ring3 管片环的 4 号观测点上，200km/h 速度工况下位移最大值出现在 ring2 环的 7 号观测点上，而 300km/h 速度工况下位移最大值出现在 ring2 环的 8 号观测点上。这说明，撞击速度对管片衬砌位移的影响不止体现在数值大小上，还体现在位移的空间分布上。整体来看，随着速度的增加，管片衬砌位移最大值所在的位置也是沿着列车行进方向不断移动的。

9.2.2　损伤响应

前一小节针对列车撞击速度对管片衬砌位移响应的影响做了一定分析，在列车撞击作用下管片衬砌还将出现不可逆的损伤，这一现象已经在第 8 章得到了验证。本节将针对三种列车初始速度，研究列车撞击速度对管片衬砌损伤特性的影响。

1. 压缩损伤特性

在列车撞击作用下，管片内表面直接与列车相接触。为反映不同速度撞击下管片压缩损伤的差异性，图 9-4～图 9-6 展示了三种速度工况下管片内表面混凝土压缩损伤演化过程(损伤开始→损伤达到最大值→最终时刻损伤)。

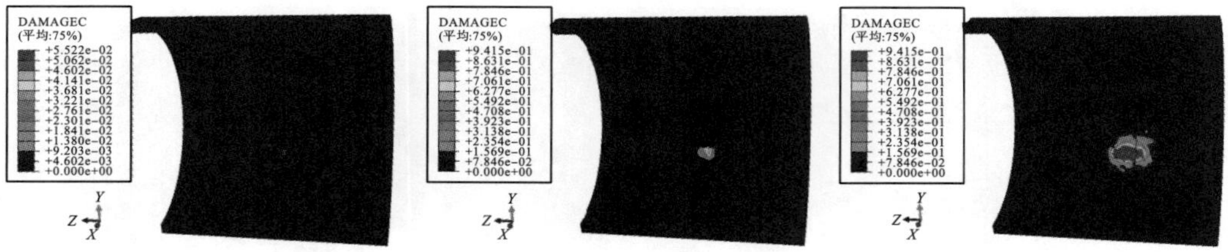

(a)1.05ms (b)3.55ms (c)50ms

图 9-4 120km/h 管片衬砌压缩损伤演化

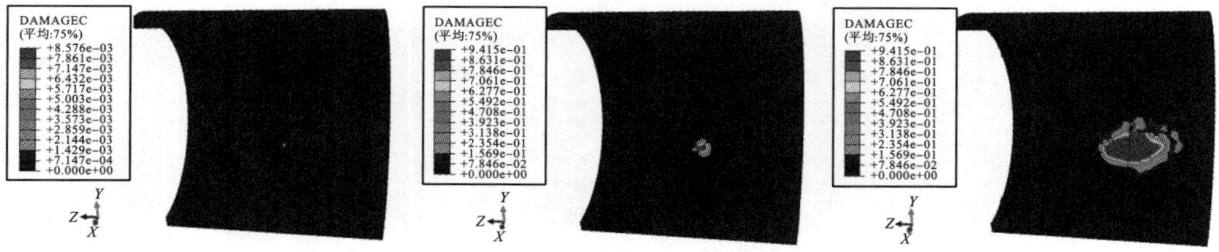

(a)0.50ms (b)2.50ms (c)50ms

图 9-5 200km/h 管片衬砌压缩损伤演化

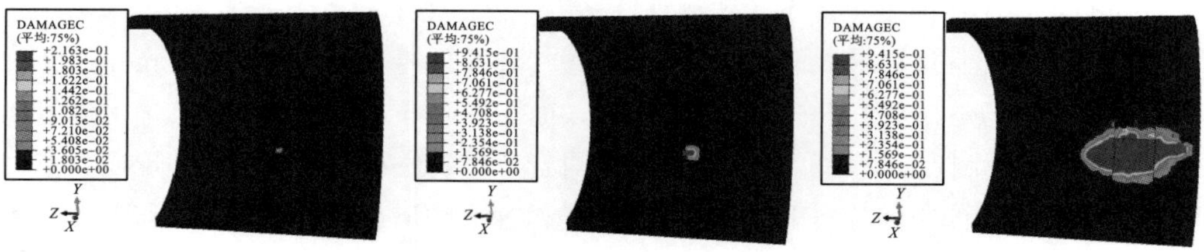

(a)0.35ms (b)1.75ms (c)50ms

图 9-6 300km/h 管片衬砌压缩损伤演化

由图 9-4～图 9-6 可见，在不同撞击速度下管片压缩损伤均由一点开始萌生，随后逐渐向周边区域扩散，压缩损伤的区域较为集中且有明显的分界线和过渡区域。三种速度工况下盾构隧道压缩损伤变化趋势和前述 200km/h 管片衬砌压缩损伤趋势大致一样，由于列车是小角度斜向撞击盾构隧道，故压缩损伤大致是沿列车行进方向不断移动和扩大的，同时压缩损伤在纵向上的分布范围也显著大于管片环向。图中可见，由于列车撞击作用十分强烈，在撞击开始后不久三种速度工况下管片衬砌均开始出现损伤，并迅速达到最大损伤值，但不同速度工况出现损伤和达到最大值的时间又略有不同。在 120km/h 速度工况下，管片衬砌在 1.05ms 开始出现损伤，并在 3.55ms 达到最大值；在 200km/h 速度工况下，管片衬砌在 0.50ms 开始出现损伤，在 2.50ms 发展到最大值；在 300km/h 速度工况下，管片衬砌在 0.35ms 开始出现损伤，并在 1.75ms 达到最大值。由此可见，尽管在不同速度列车撞击下管片衬砌压缩损伤发生和扩展均极为迅速，但管片衬砌损伤萌生和发展到最大值的时间均随着撞击速度的增加而有所提前。

同时，从图中可见，管片压缩损伤分布范围和面积均随着撞击速度的增大而有一定程度的扩大。其中 120km/h 速度工况下，最终时刻(50ms)管片压缩损伤主要集中在 L1-3 和 B1-2 管片上，损伤面积大致为 2.43m^2；200km/h 速度工况下，压缩损伤主要集中在 L1-3、B1-2 和 L1-2 管片上，损伤面积大致为 6.67m^2；而 300km/h 速度工况下，压缩损伤主要集中在 L1-3、B1-2、L1-2 和 L1-1 管片上，损伤面积大致为 10.25m^2。其中 200km/h、300km/h 速度工况下管片衬砌压缩损伤面积分别为低速工况 120km/h 的 2.74 倍和 4.22 倍。

图 9-7 所示为三种速度工况下管片衬砌内表面各观测点压缩损伤峰值变化趋势。图中可见，三种速度工况下，1～6 号观测点上压缩损伤程度大体上一致，但在 7～15 号观测点区域内，高速度工况下管片压缩损伤值始终大于低速度工况。同时，由于不同速度工况下撞击荷载和行驶速度的差异性，速度越高，管片破坏严重区域(损伤值达 0.9 以上)的范围也越广。图中可见，120km/h 工况下，管片混凝土在 3～6 号观测点共 1.5m 的范围内发生了严重破坏，而 200km/h 和 300km/h 速度工况分别在 3～8 号观测点共 2.5m 的范围内和 3～11 号观测点共 4m 的范围内发生严重破坏。由此可见，撞击速度的不同对撞击初始点前端管片的压缩损伤影响不大，但对后端观测点总体损伤范围和损伤较严重范围的影响均十分显著。

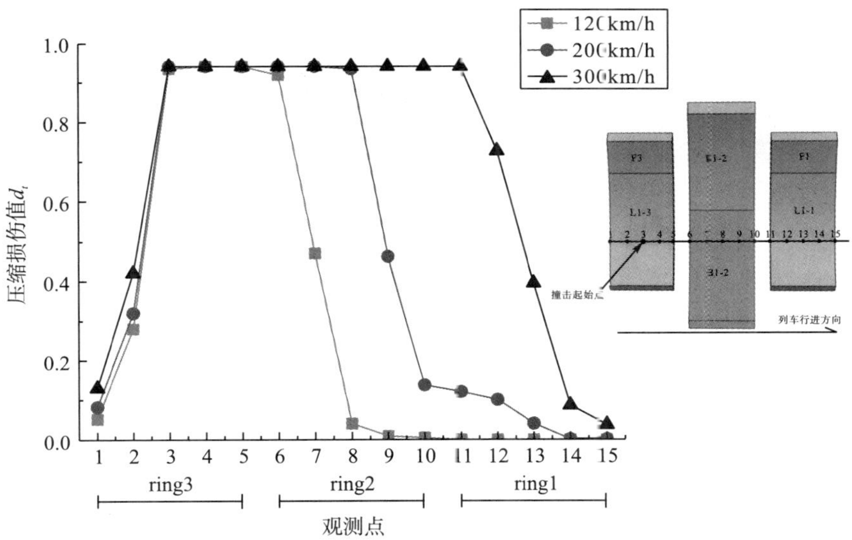

图 9-7　各观测点压缩损伤值变化趋势

2. 拉伸损伤特性

第 8 章已经提到，由于混凝土具有较弱的抗拉特性，在列车撞击作用下管片衬砌可能出现更为严重的拉伸破坏。本节为反映不同撞击速度下管片衬砌拉伸损伤可能出现的差异性，提取三种速度工况下管片内表面混凝土拉伸损伤演化过程(损伤开始→损伤达到最大值→最终时刻损伤)，如图 9-8~图 9-10 所示。

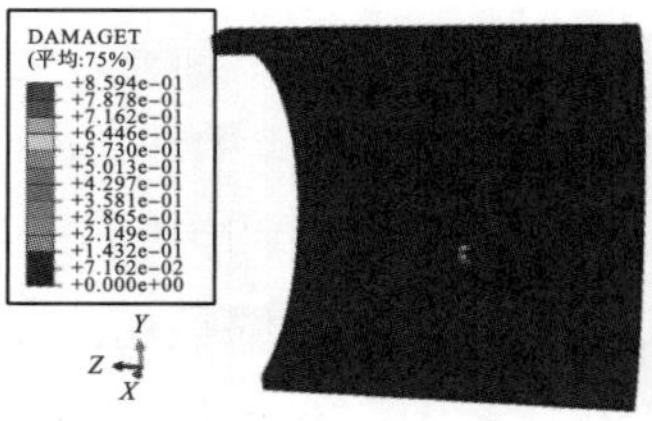

(a)0.95ms

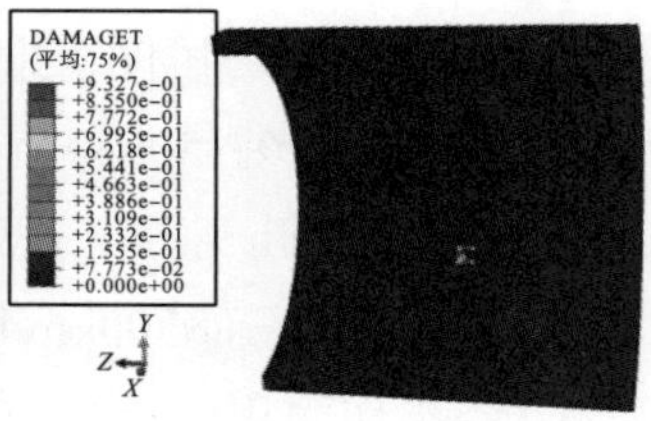

(b)1.25ms

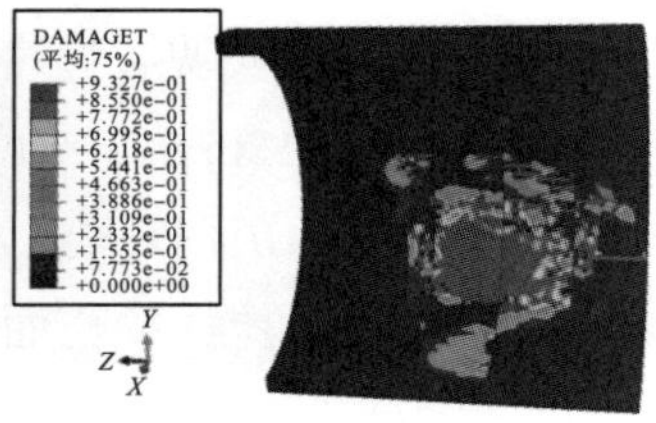

(c)50ms

图 9-8 120km/h 管片衬砌拉伸损伤演化

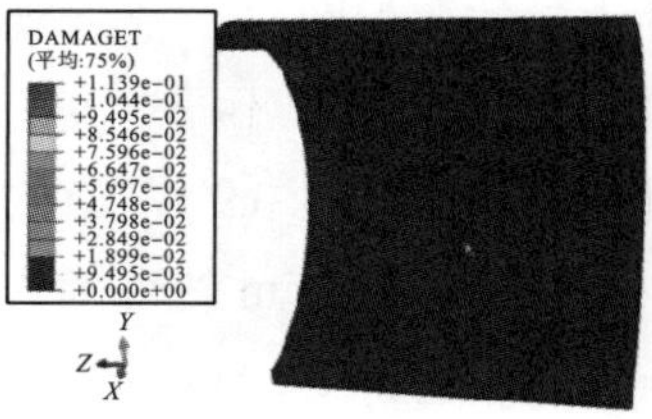

(a)0.50ms

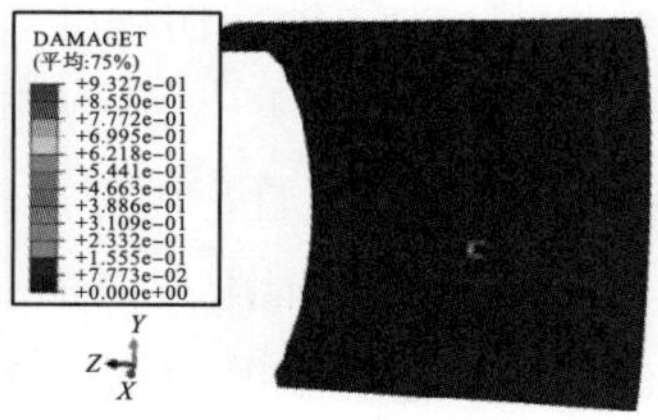

(b)1.00ms

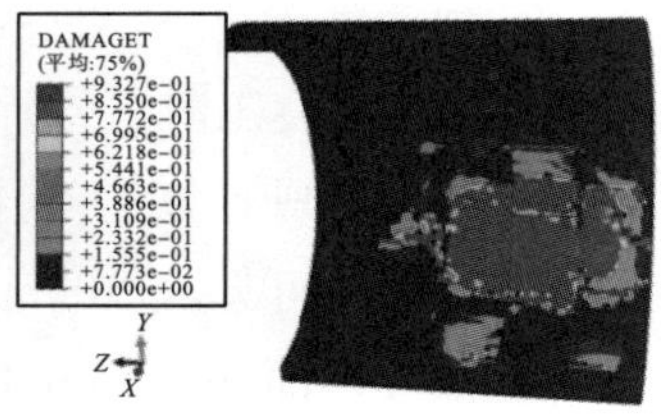

(c)50ms

图 9-9 200km/h 管片衬砌拉伸损伤演化

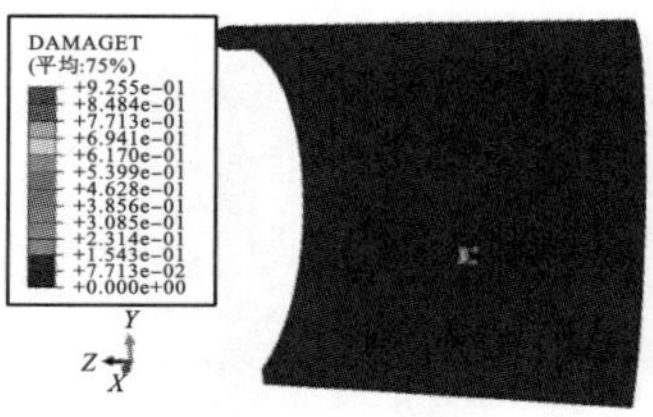

(a)0.25ms

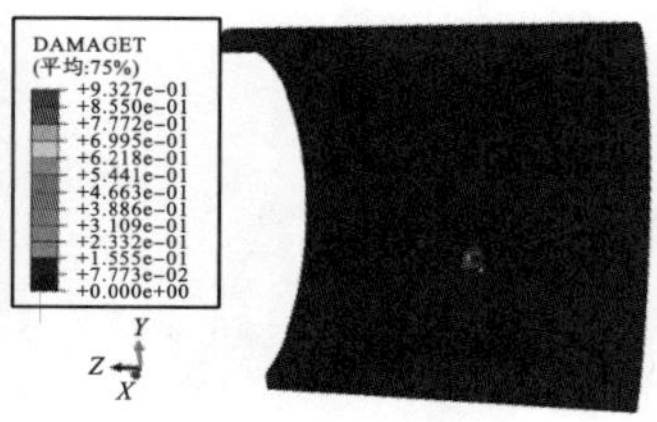

(b)0.75ms

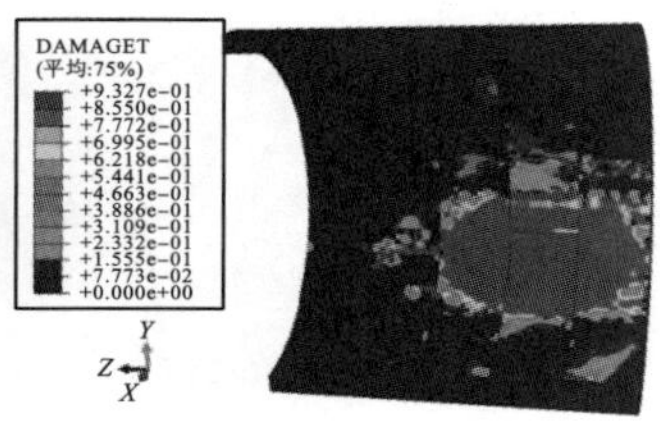

(c)50ms

图 9-10 300km/h 管片衬砌拉伸损伤演化

由图 9-8～图 9-10 可见，和前述压缩损伤一样，不同速度工况下管片内表面拉伸损伤也均经由一点萌生随后逐渐向周边扩散，并且拉伸损伤也大致沿列车行进方向不断扩大和发展。同时，各速度工况下拉伸损伤均在短时间内开始萌生并迅速达到最大值。在 120km/h 速度工况下，管片衬砌在 0.95ms 开始出现损伤，并在 1.25ms 达到最大值；在 200km/h 速度工况下，管片衬砌在 0.50ms 开始出现损伤，在 1.00ms 发展到最大值；在 300km/h 速度工况下，管片衬砌在 0.25ms 开始出现损伤，并在 0.75ms 达到最大值。由此可见，不同撞击速度下管片衬砌拉伸损伤萌生和发展到最大值的时间均集中在前 2ms，并且管片衬砌拉伸损伤萌生和发展到最大值的时间均随着撞击速度的增加而有小幅提前。

相比于分布较为均匀且有明显分界线的压缩损伤，拉伸损伤在管片上的分布更为复杂和发散，并且由于管片接头部位较为薄弱和管片间螺栓传力的影响，除管片损伤集中区域外，在周边管片接头部位也有拉伸损伤分布。在最终时刻(50ms)，120km/h、200km/h、300km/h 速度工况下拉伸损伤面积依次为 16.76m^2、24.04m^2、30.51m^2，其中 200km/h、300km/h 速度下管片衬砌拉伸损伤面积分别为低速工况 120km/h 的 1.43 倍和 1.82 倍。因此可得出结论：相对于管片压缩损伤，虽然列车撞击所致拉伸损伤分布更广、面积更大，但不同速度下拉伸损伤面积的差异性更小，拉伸损伤面积对撞击速度的敏感性更低。

9.3　管片衬砌脆性破坏特性

前面章节主要根据混凝土塑性损伤理论对列车撞击下盾构隧道管片衬砌的拉伸和压缩损伤做了一定分析，但 ABAQUS 混凝土塑性损伤模型是基于传统连续介质的理论，通过调整混凝土材料在受荷状态下的刚度来表征材料的破坏特性，这种损伤理论只能从宏观上表现混凝土的受损状况以及刚度下降导致的承载能力降低，不能反映诸如强动载作用下混凝土材料破碎剥落等现象。同时，由于混凝土材料在高速冲击、爆炸等荷载条件下很有可能发生脆性破坏，此时材料应力远远低于允许应力和屈服应力，采用一般的塑性连续介质理论不足以说明和解释这种破坏方式。鉴于此，本节采用 ABAQUS 中可表征混凝土材料不连续破坏和支持材料破坏后单元删除功能的混凝土脆性断裂模型，来描述列车撞击作用下可能出现的管片衬砌混凝土脆性破坏、物理破碎等现象。

9.3.1　混凝土脆性断裂模型

ABAQUS 混凝土脆性断裂模型为突出混凝土脆性破坏特征，假定混凝土材料在破坏失效前的力学特性为线弹性行为，同时通过调整和改变开裂结点处应力和刚度来展现裂纹对整个结构的影响，并且允许当单元达到破坏失效标准时从模型中自动删除。

1. 混凝土脆性本构模型[116]

为了对表征裂纹状态的开裂应变进行单独识别，混凝土脆性开裂模型将材料的应变率分成弹性阶段和开裂阶段两个阶段：

$$\mathrm{d}\varepsilon = \mathrm{d}\varepsilon^{el} + \mathrm{d}\varepsilon^{ek} \tag{9-1}$$

式中，$\mathrm{d}\varepsilon$ 为材料总应变率；$\mathrm{d}\varepsilon^{el}$ 为开裂混凝土的弹性应变率；$\mathrm{d}\varepsilon^{ek}$ 为已开裂混凝土的开裂应变率。

材料应力可用刚度矩阵和应变率的函数关系来表示：

$$\dot{\boldsymbol{\sigma}} = \boldsymbol{D}^{el}(\dot{\boldsymbol{\varepsilon}} - \boldsymbol{P}\dot{\boldsymbol{\varepsilon}}^{ek}) \tag{9-2}$$

式中，$\boldsymbol{D}^{el}$ 为各项同性材料线弹性阶段的刚度矩阵；$\boldsymbol{P}$ 为局部裂纹坐标的转换矩阵。

式(9-2)可进一步表示为

$$\dot{\sigma} = [\boldsymbol{D}^{el} - \boldsymbol{D}^{el}\boldsymbol{P}(\boldsymbol{D}^{ek} + \boldsymbol{P}^{\mathrm{T}}\boldsymbol{D}^{el}\boldsymbol{P})^{-1}\boldsymbol{P}^{\mathrm{T}}\boldsymbol{D}^{el}]\dot{\varepsilon} = \boldsymbol{D}^{ec}\dot{\varepsilon} \tag{9-3}$$

其中，$\boldsymbol{D}^{ec}$ 为刚度裂纹矩阵，其数值大小取决于开裂方式和裂纹形式。

2. 裂纹探测准则

ABAQUS 脆性断裂模型采用朗金准则(Rankine criterion)对裂纹的萌生和发展过程进

行探测，其表达式为

$$\boldsymbol{C}=C(t,\sigma^{\mathrm{I,II}})=\mathbf{0} \tag{9-4}$$

式中，$\boldsymbol{C}=[C_{mm}C_{tt}C_{ss}C_{nt}C_{ns}C_{ts}]=\mathbf{0}$；$\sigma^{\mathrm{I,II}}$ 表示基于拉伸软化模型和剪滞软化模型的应力分量。

朗金准则规定当最大主应力超过材料强度以后裂纹就开始产生，对于最先产生的裂纹和其后产生的裂纹面均与最大主应力方向垂直。从某种意义上说开裂是不可恢复的，单元一旦开裂就将对其后的分析产生影响。但沿着裂纹面的法线方向，裂纹也可以不断地张开和闭合，当裂纹尖端的应力变为压应力时，假定裂纹为完全闭合状态。图 9-11 为朗金裂纹探测面在偏应力平面和 q-p 平面的表达。

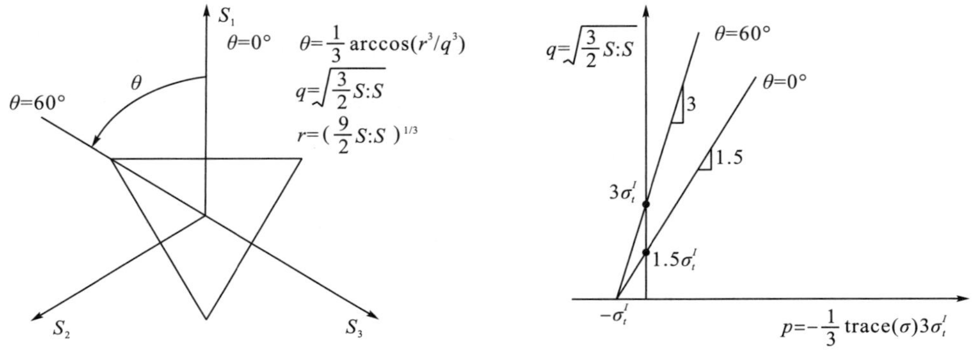

图 9-11　朗金(Rankine)裂纹探测准则

3. 拉伸软化模型(I 型断裂)

脆性开裂模型主要通过两种方式来定义开裂后断裂区域后继破坏状态，第一种是基于开裂后继应力-应变关系，这种方式是指将材料后继破坏应力定义为裂纹区应变的函数，如图 9-12 所示。

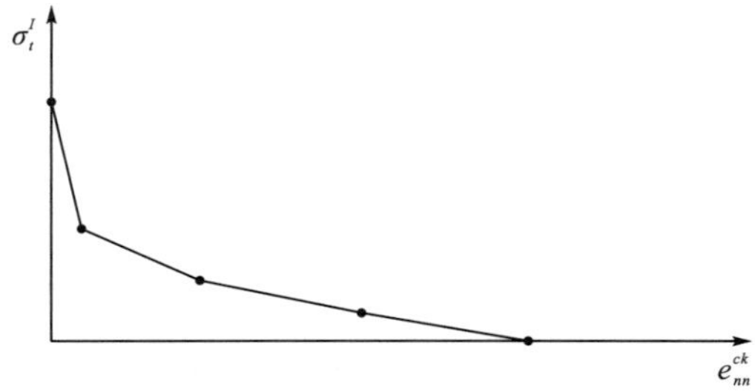

图 9-12　基于应力-应变关系的后继开裂

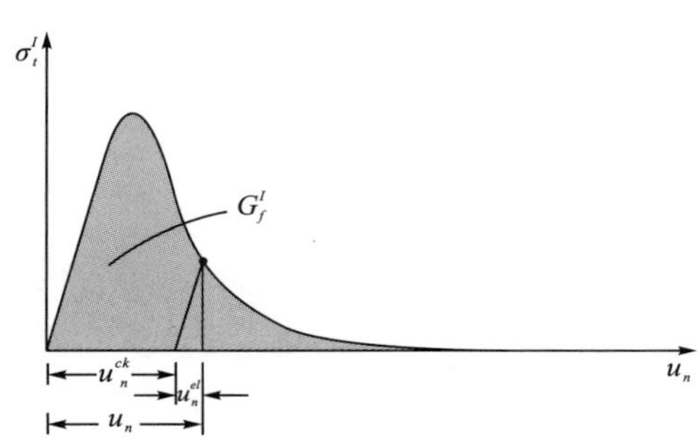

图 9-13　基于能量准则的后继开裂

图 9-12 中 σ_t^I 为 I 型断裂模型中的开裂区单元拉应力，e_{nn}^{ck} 为开裂区单元的开裂应变。另外一种是基于断裂能的开裂准则，这种方式是依据 Hillerborg 提出的脆性断裂能概念，将裂纹张开单位面积所需要的能量作为材料开裂参数，用 I 型断裂能 G_f^I 来反映裂纹的开展，同时以列表的方式将破坏应力 σ_t^I 定义成 I 型断裂能的函数形式，如图 9-13 所示。

图 9-13 中，I 型断裂能 G_f^I 可用开裂区应力和裂纹张开位移的函数关系来表示：

$$G_f^I = \int \sigma_t^I \mathrm{d}u_n \tag{9-5}$$

式中，u_n 是裂纹张开总位移，当该值在开裂过程中被完全消除后，剩余部分位移值可表示为 $u_n^{ck} = u_n - u_n^{el}$，$u_n^{el}$ 是裂纹张开位移的弹性部分。

在有限元软件中依据材料单元积分点上的相对位移来计算 u_n^{ck}，具体是通过开裂应变乘以和材料积分点有关的单元特征长度来实现，即

$$u_n^{ck} = e_{nn}^{ck} h \tag{9-6}$$

式中，h 是指裂纹单元特征长度，其数值大小的取值是根据单元类型来确定的：对于梁和桁架单元，采用单元长度；对于壳和平面单元，采用单元面积的平方根；对于实体单元，采用单元体积的三次方根。

4. 剪滞模型(II型断裂)

在 ABAQUS 混凝土脆性开裂模型中，I 型断裂对裂纹的萌生起决定性作用，而裂纹的发展和后继开裂包括 I 型断裂和 II 型断裂两种模式，其中 I 型断裂是拉伸软化模式，II 型断裂是剪切软化模式。II 型断裂中裂纹的剪切性状与裂纹的张开位移相互关联，并且裂纹区域的剪切模量将随着裂纹张开量的增大而逐渐减小。因此，在 ABAQUS 中提供了后继裂纹刚度与裂纹区张开位移相互依赖的剪滞模型。该模型将后继裂纹区剪切刚度定义为材料开裂前剪切刚度的比例函数，即

$$G_c = \rho(e_{nn}^{ck}) G \tag{9-7}$$

式中，G 为材料开裂前的剪切刚度；$\rho(e_{nn}^{ck})$ 为剪滞因子，是裂纹张开区开裂应变 e_{nn}^{ck} 的函数，其与裂纹区开裂应变的函数关系可定义成两种形式。第一种是剪滞模型的分段线性形式，如图 9-14 所示。

此外，剪滞模型还可以用幂函数的形式来表示：

$$\rho(e_{nn}^{ck}) = \left(1 - \frac{e_{nn}^{ck}}{e_{\max}^{ck}}\right)^p \tag{9-8}$$

式中，p 和 $e_{\max}^{ck}$ 为材料参数，当 $e_{nn}^{ck} \to 0$ 时，$\rho \to 1$，此时相当于材料开裂前的状态；当 $e_{nn}^{ck} \to e_{\max}^{ck}$ $(e_{\max}^{ck} = 1)$ 时，$\rho \to 0$，此时相当于混凝土完全开裂。幂函数形式的剪滞模型如图 9-15 所示。

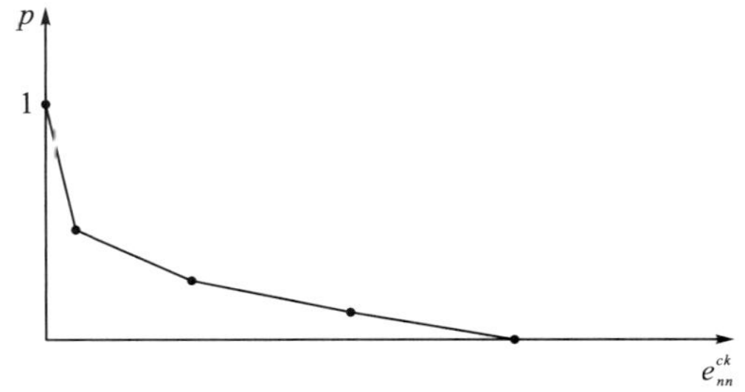

图 9-14　基于分段线性的剪滞模型

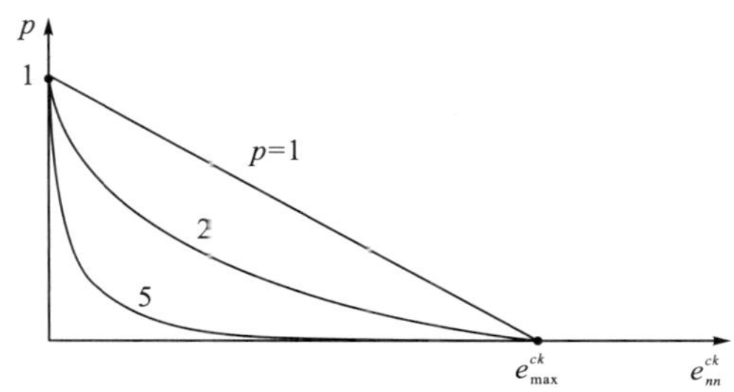

图 9-15　基于幂函数形式的剪滞模型

9.3.2 单元失效模型

由于有限元软件是基于连续介质理论的，而在连续介质力学范畴中，计算模型在空间中必须是连续的，在这种理论框架下，单元本身不会出现消失或剥离。但在实际中，由于材料可能出现破碎、切削、断裂等情况，必将有单元出现完全失效或删除。因此为了反映诸如爆炸、列车撞击等强烈瞬时荷载作用下材料可能出现的破碎和剥落等物理现象，ABAQUS 提供了单元自动删除功能。当材料单元在计算中出现高度变形，或者材料单元积分点特征值达到指定的破坏失效临界值时，其应力、应变、刚度以及质量均将降为零，整体结构或某一部分结构因破坏而退出工作，此时软件自动将已破坏的单元从网格中删除，而后不再承担荷载和参与计算。

在 ABAQUS 中定义了一个状态变量 STATUE，当状态变量为 0 时，单元仍保留在模型中参与计算，而当 STATUE 为 1 时，表示单元积分点特征值达到了指定的破坏标准，此时单元从模型中删除，不再参与计算。

为较为真实地反映撞击作用下管片衬砌破碎现象，需对管片衬砌进一步加密，特别是针对管片厚度方向，本节将可能发生破碎的管片厚度方向划分为 10 个单元，采用“二维二结点杆单元”(T2D2)通过嵌入的方式近似模拟钢筋，这样生成的模型总单元数量为 193 750 个。在定义接触时，不考虑列车与钢筋发生接触。模型中混凝土仍然采用 C50，考虑混凝土脆性断裂破坏的材料参数如表 9-1 所示。

表 9-1 考虑脆性断裂破坏的 C50 混凝土材料参数

弹性模量 E/MPa	泊松比 v	密度 ρ /(kg/m³)	剪切刚度 G/GPa
34 500.0	0.20	2500.0	13.800
最大开裂应变 $e_{\max}^{ck}$	开裂失效应变 e_0^{ck}	剪滞保留因子 p	初始开裂应力 σ^0 /MPa
0.002	0.002	1.0	5.3

9.3.3 撞击作用下管片衬砌破碎特征

9.3.1 节对 ABAQUS 混凝土脆性断裂模型理论做了相应的介绍，本节针对列车撞击作用下可能导致的管片衬砌破碎断裂现象和不同速度工况下的差异性做一定研究分析。图 9-16～图 9-18 展示了三种速度工况下特殊时间点(10ms、30ms、50ms)管片衬砌混凝土破碎状态。

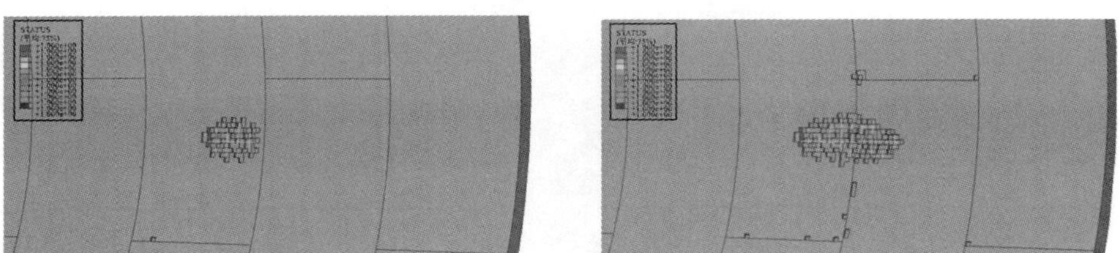

(a)10ms　　(b)30ms

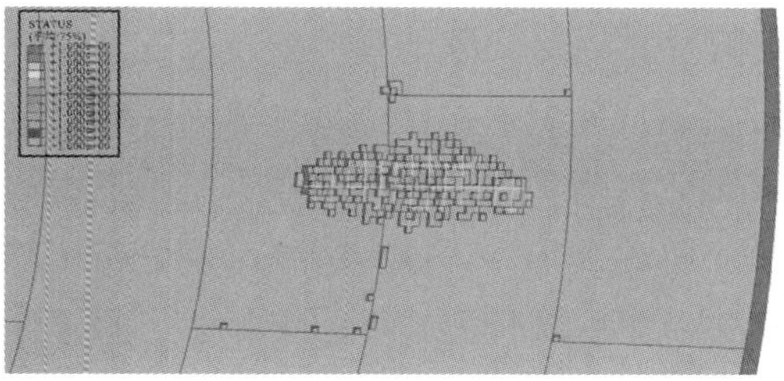

(c)50ms

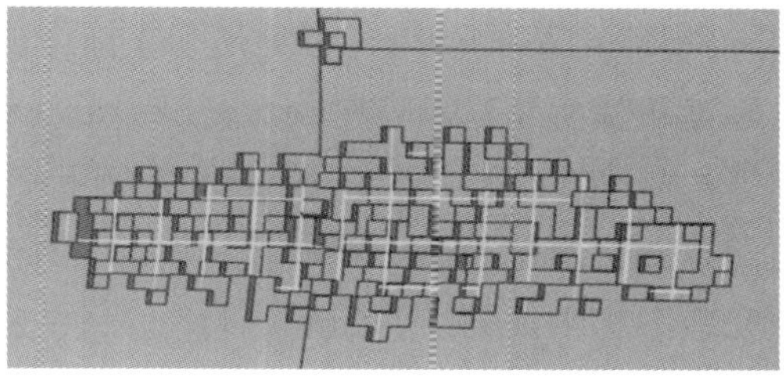

(d)管片破碎局部放大图

图 9-16 120km/h 管片衬砌破碎演化

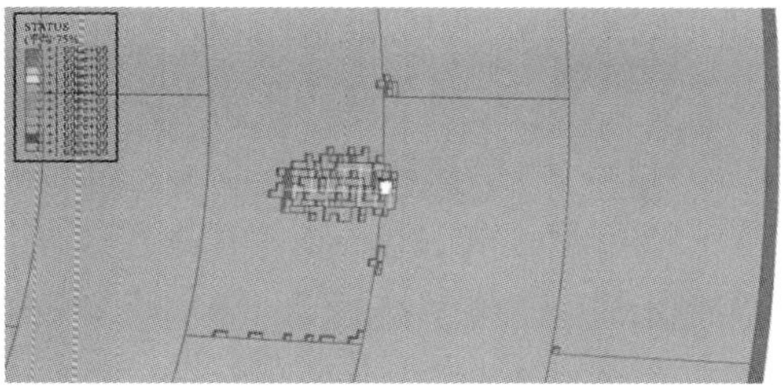

(a)10ms

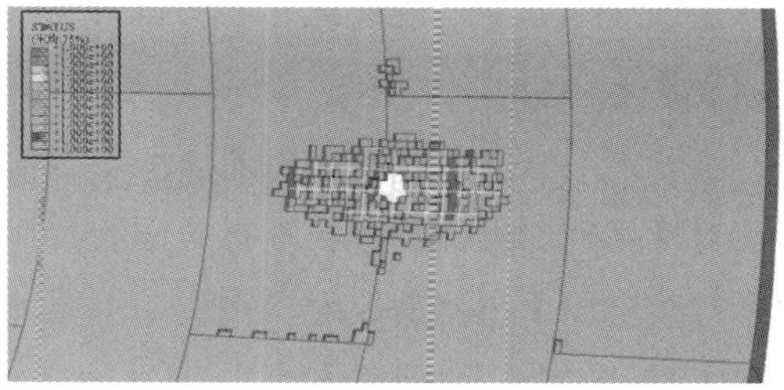

(b)30ms

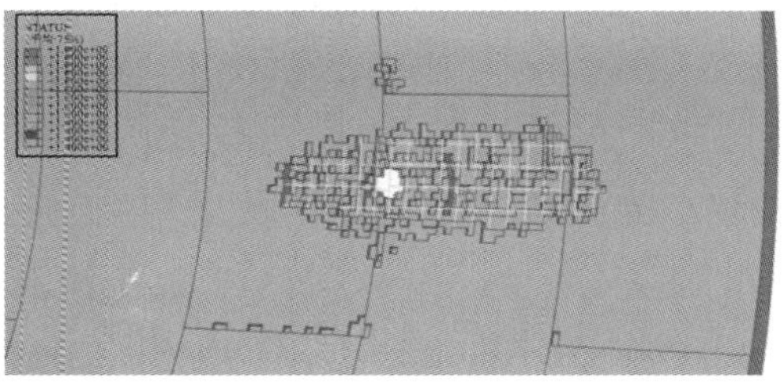

(c)50ms

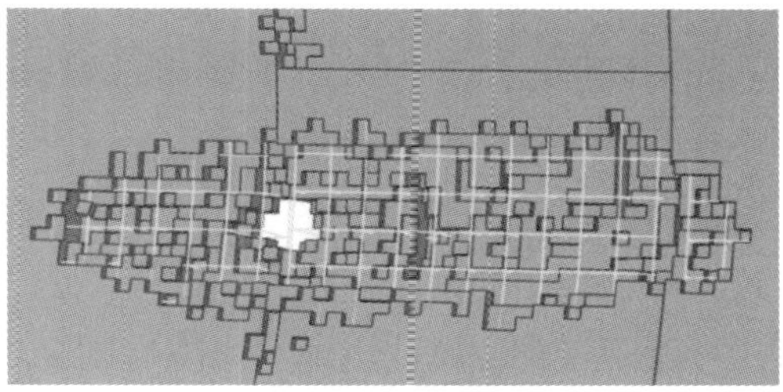

(d)管片破碎局部放大图

图 9-17 200km/h 管片衬砌破碎演化

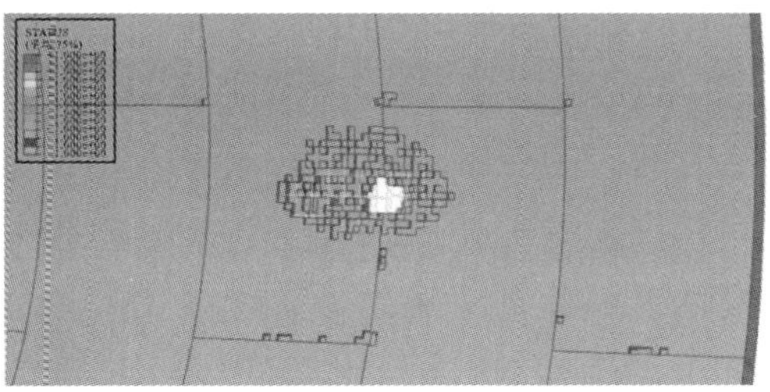

(a)10ms

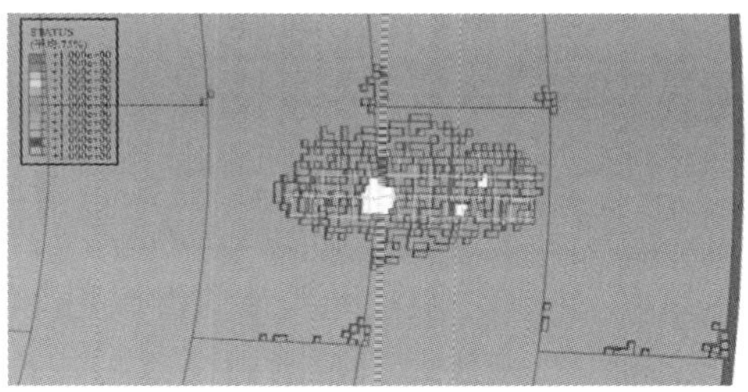

(b)30ms

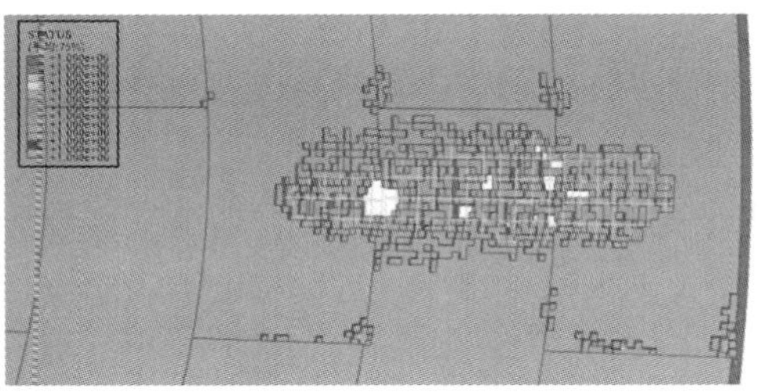

(c)50ms

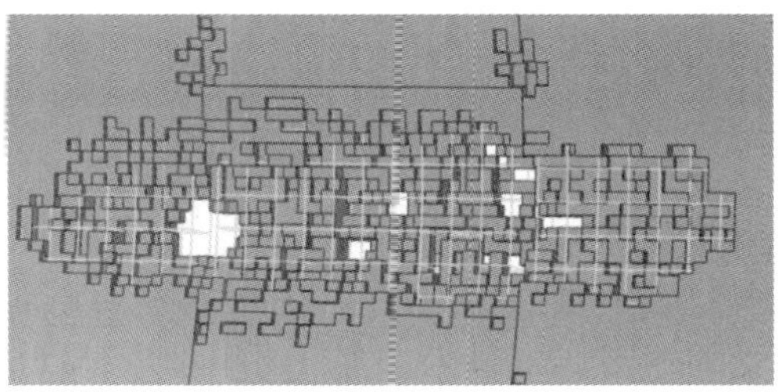

(d)管片破碎局部放大图

图 9-18 300km/h 管片衬砌破碎演化

由图 9-16～图 9-18 可见，列车撞击作用对管片衬砌的破坏十分严重，在三种速度的列车撞击作用下，盾构隧道均出现了混凝土破碎剥落的现象。并且混凝土破碎区域均集中在管片与列车直接接触区域及其邻近区域，在其他管片区域破碎现象较少。但由于盾构隧道管片接头部位是整个结构受力薄弱部位，在列车撞击作用下，接头区域可能出现相互挤压和应力集中现象，因此从图中可见，三种速度工况下，混凝土集中破碎区邻近的接头部位也将出现不同程度的破坏，特别是在接头角部将出现严重的“崩角破坏”现象。同时，与前述损伤和位移情况相似，管片衬砌混凝土破碎区域随着撞击时间的增加均大致沿列车行进方向不断移动，并且由于列车小角度斜向撞击的特殊性，破碎区域在管片纵向的分布范围大于在环向上的分布。

由于不同撞击速度下列车的撞击作用和撞击力都有较大的差异，因此各工况下列车撞击所致管片衬砌混凝土破碎状况有一定的差别。由图 9-16 可见，在 120km/h 撞击速度工况下，管片衬砌出现了小范围破碎，在撞击 10ms 时刻，破碎区域主要集中在 L1-3 管片上，在 30ms 时刻，破碎区域扩展到邻近管片 B1-2 上，而后混凝土的破碎主要在 B1-2 管片上发展。而在 200km/h 和 300km/h 撞击速度工况下，管片衬砌破碎区域在 10ms 时就已经蔓延至 B1-2 管片上，随后破碎区不断扩大，在撞击完成时刻(50ms)，破碎区已经出现在 L1-1 上。此外，对比三种速度工况下管片衬砌破碎状况可见，在较低速度 120km/h 工况下，混凝土破碎均出现在管片衬砌表层，自始至终未发生贯穿性破坏。而在 200km/h 和 300km/h 撞击速度工况下，管片衬砌混凝土均发生了贯穿性破坏。在 200km/h 速度工况下，10ms 时刻在 L1-3 和 B1-2 管片接头附近部位就已出现小范围的贯穿，贯穿的范围在 10～30ms 时刻有一定程度的增大。同样的，在 300km/h 速度工况下，管片衬砌破碎贯穿也主要出现在 L1-3 和 B1-2 管片接头附近部位，但相对于 200km/h 速度工况，其贯穿的范围更大。并且从图中可见，在 300km/h 速度工况下，管片衬砌仍有局部的贯穿现象。由此可见，在列车撞击作用下，管片衬砌不仅会在表层发生混凝土破碎剥离和接头区“崩角”现象，当速度提高到一定程度后还将出现混凝土贯穿性破坏，而此时混凝土破坏不仅会影响到管片衬砌的整体承载能力，更严重的是管片混凝土局部贯穿所引起的隧道大量涌水，若当这种情况发生在水下盾构隧道中时，在强大的水压作用下将导致隧道结构整体垮塌和淹没报废等灾难性后果。

为进一步反映不同撞击速度对于管片衬砌混凝土破碎状况的影响，图 9-19 所示为撞击过程中管片衬砌混凝土破碎体积时程曲线，图 9-20 为撞击过程中管片内表面破碎面积时程曲线。

由图 9-19 可见，在撞击过程中，三种撞击速度工况下管片衬砌混凝土的破碎体积变化趋势大体上一致，混凝土破碎体积随时间的变化大致呈现两段式增长的趋势：结合前述撞击荷载来看，在 0～15ms 时间段内，由于此阶段为撞击荷载高位震荡阶段，管片衬砌遭受的撞击作用最为强烈，因此管片衬砌混凝土的破碎体积保持较高速度的增长；而由于撞击荷载在 15ms 左右迅速下降并在后期始终处于低位震荡，因此混凝土破碎体积随时间的变化曲线在 15ms 左右出现一个“拐点”，后续时间管片衬砌混凝土破碎体积的增长速度显著小于前一阶段。与撞击所致管片混凝土破碎体积变化趋势不同，由图 9-20 可见，在整个过程中，三种速度工况下管片衬砌内表面破碎面积随时间的变化大致呈现线性增长的关系，出现这种现象可能是由于虽然撞击荷载在后期处于低位震荡，撞击作用相对较小，但此阶段由于列车车头直接与管片接触碰撞区域发生不可逆变形，接触面积始终保持在较大值，因此在撞击后期管片衬砌破碎面积仍保持较高速度的增长。

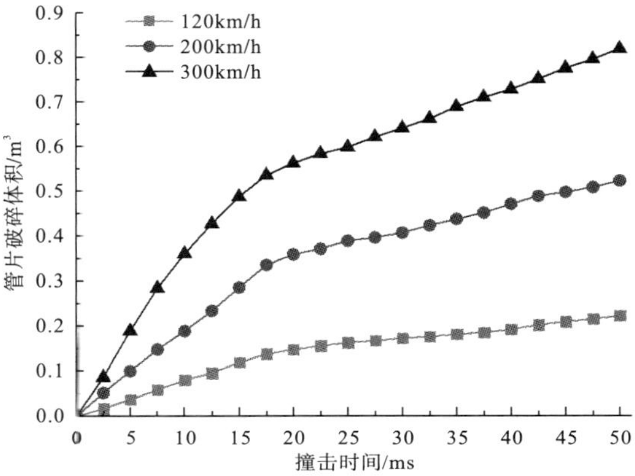

图 9-19　管片衬砌混凝土破碎体积时程曲线

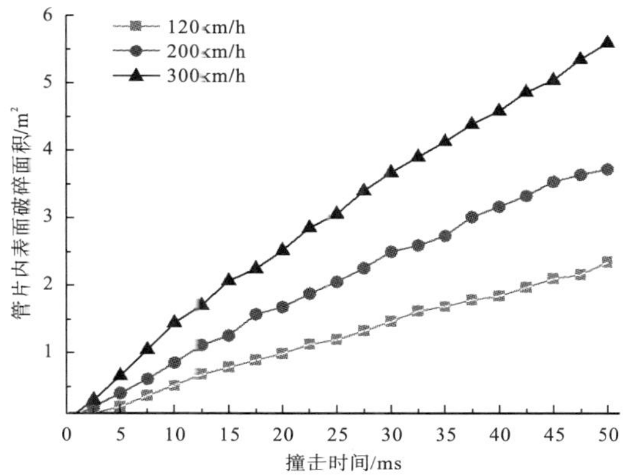

图 9-20　管片内表面破碎面积时程曲线

表 9-2 列出了撞击过程中典型时刻管片衬砌破碎体积和内表面破碎面积。结合图 9-19 和图 9-20 可见，管片衬砌混凝土破碎体积和内表面破碎面积均随着撞击速度的提高有所增大。以撞击最终时刻(50ms)为例，120km/h、200km/h 和 300km/h 速度工况下管片破碎体积分别为 0.224m³、0.524m³、0.820m³，其中 200km/h 和 300km/h 速度工况下管片破碎体积分别大致为低速工况 120km/h 的 2.34 倍和 3.66 倍；而 200km/h 和 300km/h 速度工况下管片内表面破碎面积分别大致为低速工况 120km/h 的 1.59 倍和 2.40 倍。

表 9-2　三种撞击速度工况下管片衬砌混凝土破碎体积及内表面破碎面积统计

时间/ms	混凝土破碎体积/m³			内表面破碎面积/m²		
	120km/h	200km/h	300km/h	120km/h	200km/h	300km/h
0	0	0	0	0	0	0
10	0.086	0.190	0.361	0.510	0.850	1.439
20	0.149	0.360	0.563	0.982	1.673	2.510
30	0.174	0.408	0.642	1.462	2.493	3.671
40	0.193	0.472	0.730	1.842	3.160	4.590
50	0.224	0.524	0.820	2.340	3.722	5.607

9.4 本 章 小 结

本章通过施加三种不同的列车撞击初始速度，开展了撞击荷载和盾构隧道动力响应对列车撞击速度的敏感性分析；同时基于可表征强动载作用下混凝土不连续破坏的脆性开裂本构，研究了撞击作用下管片衬砌混凝土剥落破碎等破坏特性。得到了以下结论：

(1) 撞击初始速度的大小对于管片衬砌位移范围、扩散方向均无明显的影响，不同撞击初始速度下管片衬砌位移的差异主要体现在位移大小上。总体上来说，管片位移大小随着撞击速度的增大而增大，但这种增长关系并无显著的线性相关性，其中高速度撞击导致的管片位移可达低速度撞击的 4 倍。在撞击前期，各撞击速度下管片衬砌位移峰值的变化趋势大体上一致，而在撞击后期不同速度工况下位移峰值变化趋势不尽相同，由于撞击作用和围岩回弹作用的相互制约，低速工况下管片位移峰值可能出现减小的趋势。同时，不同的撞击速度还将对管片衬砌的位移分布产生一定影响，随着撞击速度的增加，管片衬砌位移最大值出现的位置沿列车行进方向不断移动。

(2) 尽管在不同列车撞击速度下管片衬砌拉压损伤的发生和扩展均极为迅速，但损伤萌生和发展到最大值的时间随着撞击速度的增加仍有一定程度的提前。列车撞击速度对管片混凝土损伤的影响主要体现在损伤面积的演化上，随着撞击速度的提高，管片衬砌拉压损伤面积均有不同程度的增大，虽然列车撞击所致拉伸损伤分布更广、面积更大，但压缩损伤面积对撞击速度的敏感性更强，高速撞击工况下管片压缩损伤面积可达低速工况下的 4.22 倍。

(3) 各撞击速度下，盾构隧道管片衬砌将出现不同程度的混凝土破碎剥落的现象。破碎混凝土大部分集中在管片与列车直接接触区域及其邻近区域，同时由于管片接头是整个结构受力薄弱部位，部分接头区域也将出现严重的“崩角破坏”。撞击速度对管片衬砌破碎特性的影响非常显著，管片衬砌混凝土破碎体积和内表面破碎面积均随着撞击速度的提高有所增大，其中高速度撞击工况下管片破碎体积可达 $0.8m^3$，大致为低速度撞击工况下的 3.66 倍；此外，当速度较低时混凝土破碎仅出现在管片衬砌表层，而当速度提高到一定程度后管片衬砌将出现混凝土贯穿性破坏，出现这种现象可能将导致管片衬砌整体承载能力大大降低，同时还将引起隧道涌水，严重影响隧道运营安全。

第 10 章　基于多尺度理论的列车撞击盾构隧道损伤特性

在进行大规模仿真数值计算时，不但要求保证足够的计算精度，同时还需要较高的计算效率。前述章节通过构建列车直接撞击盾构隧道有限元仿真模型，对撞击作用下盾构隧道管片衬砌混凝土损伤、破碎剥落等一系列破坏现象和机理做了相应分析。然而建立较为精细的盾构隧道结构模型虽然可以更好地反映结构动力响应和破坏特性，但在复杂的列车撞击问题计算过程中往往耗时过多，且较难收敛。因此，探寻一种既能从宏观上把握计算精度又能满足计算效率的方法十分必要。而结构多尺度计算就是解决此类问题的有效途径。

本章首先对现目前两种结构多尺度界面连接类型及原理(包括同类型单元不同尺度模型的连接和不同类型单元模型的连接)进行相应的介绍。然后基于两种多尺度思想，分别构建管片结构多尺度模型，从静力学的角度验证多尺度方法在管片结构数值计算上的可行性和实用性，进而针对列车撞击问题，建立盾构隧道管片结构多尺度模型，以实现多尺度模型在复杂动力非线性问题中计算精度和计算效率的平衡。

10.1　多尺度界面连接理论

如何科学合理地实现多尺度的界面连接是保证结构多尺度计算的关键，以下对目前常用的两种结构多尺度界面连接类型及原理进行分析总结，从而为后面建立多尺度模型奠定相应的理论基础。

10.1.1　相同类型单元界面连接

由于同类型单元各个结点上的自由度均相同，对于同类型单元不同几何尺度的界面连接难度相对较小。为了在可接受的精度范围内大幅度提高计算效率，需要在不同几何尺度的界面间建立合适的连接，ABAQUS 提供的界面连接约束主要包括：线性方程组约束、绑定约束以及 MPC 多点耦合约束三种。

1. 线性方程组约束

线性方程约束要求结点自由度的线性组合等于零，即 $A_1u_i^P + A_2u_j^Q + \cdots + A_Nu_k^R = 0$，其

中u_i^P为P结点i方向的自由度，A_n是定义结点相对运动的系数。在ABAQUS中通过指定方程项数N、结点以及相应的自由度u_i^P和相对运动系数来定义线性约束方程。例如线性方程：$u_3^5-u_1^6+u_3^{1000}=0$，定义约束时需要指定N=3，P=5，$i=3$，$A_1=1$，$Q=6$，$j=1$，$A_2=-1$，$R=1000$，$k=3$，$A_3=1$。

在ABAQUS中，线性方程约束在方程中出现的所有自由度上均需引入约束力，这种力属于外力的范畴，但并不包括在反力输出中，因此，在ABAQUS最终输出的反力表格中可能出现不完全满足平衡条件要求的情况。此外约束方程中与系数A_1对应的结点自由度(即方程中第一项的结点自由度)将被消除以施加约束，相应的位置不能添加多余的边界条件，亦不能施加其他类型的约束。线性方程组约束对于解决简单的线性连接比较有效，但对于复杂的非线性问题往往不能起到良好的效果。

2. 绑定(Tie)约束

绑定是一种基于表面连接技术的约束类型，在绑定约束中从面(被约束面)结点的力学参量、运动状态等一系列参数与主面(约束面)邻近结点相应的状态量相等。绑定约束不仅可以用于同类型单元之间的耦合连接，也可用于不同类型单元之间的耦合连接。当主面为基于单元表面的类型时，ABAQUS 会自动识别一定影响区域内的从面结点，然后在从面结点以及与之距离最近(做垂线)的主面结点之间建立绑定约束[图 10-1(a)]。当主面为基于结点的类型时，影响区域的范围与基于单元表面的略有差别，但ABAQUS仍然是在从面结点与相应距离最近的主面结点之间建立绑定约束[图 10-1(b)]。绑定(Tie)约束用于将模型中的两个区域(面或结点区域)绑定在一起，通过限制从面(结点)的自由度使两个区域之间没有相对运动。这种方法建模效率较高且收敛较快，但在刚度数据传递上相当于两个面刚性连接，绑定区域不能发生相对运动和变形，刚度较大，往往不能反映真实界面连接的力学特性。

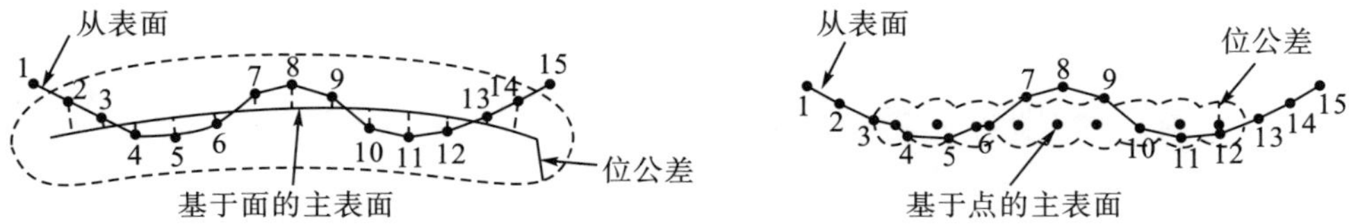

(a)主面为基于单元表面类型　(b)主面为基于结点类型

图 10-1　绑定约束的结点识别

3. MPC多点耦合约束

MPC多点耦合约束是ABAQUS在点(集)与点(集)之间建立耦合关系的一种方式，主要通过耦合连接界面结点自由度的形式实现不同尺度单元间界面的连接。

根据不同的插值形式可将 MPC 多点耦合约束分为线性 MPC 约束和双线性 MPC 约

束。一阶线性 MPC 约束是进行一阶单元网格细化的标准方法，此种约束使结点 p 的每个自由度等于邻近结点相应自由度的线性内插。二阶线性 MPC 约束是二阶单元网格细化的标准方法，其原理类似于线性 MPC 约束，中间结点的自由度等于邻近结点相应自由度的线性差值，但此种约束类型只能在通用求解器中使用，图 10-2 为一阶线性 MPC 约束和二阶线性 MPC 约束示意图。一阶双线性 MPC 约束以及二阶双线性 MPC 约束是进行三维实体网格细化的方法，其中一阶双线性 MPC 约束是适用于一阶实体单元的网格细化，二阶双线性 MPC 约束则适用于二阶实体单元。图 10-3 为常用的三维实体双线性 MPC 约束以及双线性二阶 MPC 约束示意图，此种类型的约束使结点 p 的自由度等于周围结点相应自由度的线性插值。

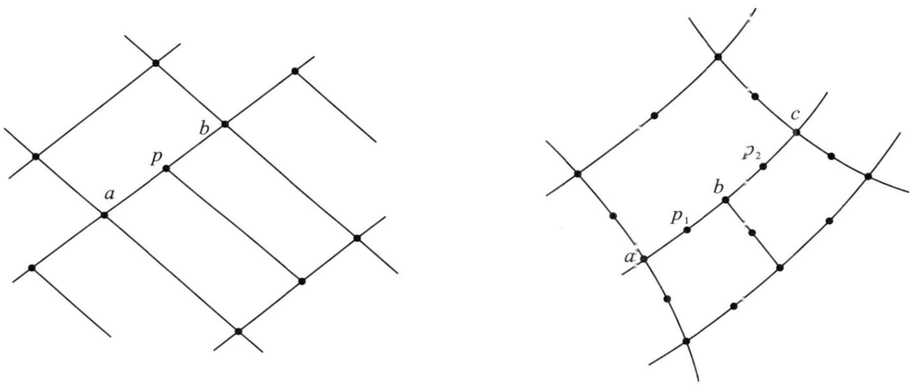

(a)一阶线性MPC约束　　(b)二阶线性MPC约束

图 10-2　线性 MPC 约束

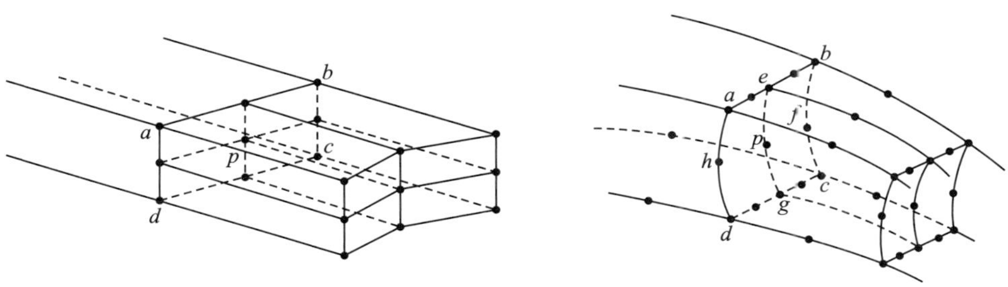

(a)一阶双线性MPC约束　　(b)二阶双线性MPC约束

图 10-3　双线性 MPC 约束

MPC 多点耦合约束根据不同单元类型，以不同数学插值方式对精细单元和粗糙单元进行连接，既适用于线性分析，也可用于非线性分析。并且由于 MPC 多点耦合约束可以实现两个结点自由度互相不协调区域间的连接，不必满足连接界面为结点连续和结点编号一一对应的原则，对于传递强烈非线性条件下界面间的受力关系十分有效。因此本章在构建同类型单元不同尺度的界面连接时采用 MPC 多点耦合约束。

10.1.2 不同类型单元界面连接

10.1.1节针对同类型单元不同几何尺度(精细单元和粗糙单元)的界面连接原理进行了阐释，然而在实际工程中往往还需要通过构造不同类型单元的多尺度模型来解决复杂的结构力学问题。工程结构中常见的几种不同类型单元多尺度模型如图 10-4 所示，主要包括梁-实体模型、壳-实体模型、梁-壳模型。

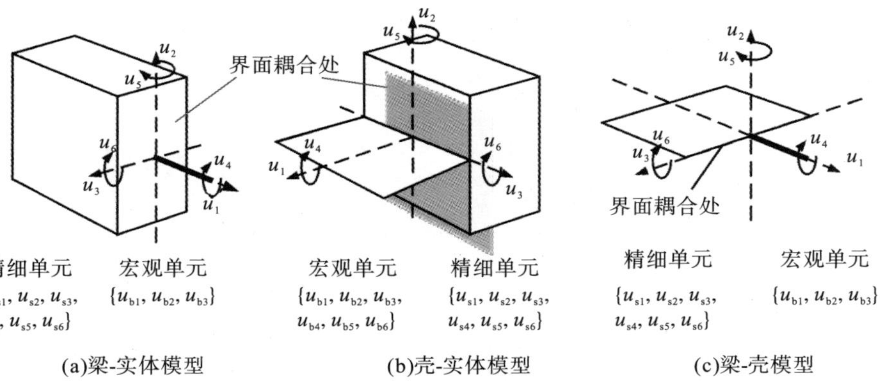

图 10-4 常见的几种不同单元类型多尺度模型

在 ABAQUS 中，用于解决不同类型单元之间的多尺度界面耦合连接主要有三种方式：运动耦合约束、分布耦合约束和壳-固耦合约束，其中运动耦合约束基于变形协调原理把耦合面结点的运动约束为相对于参考点的刚体运动；分布耦合约束基于力的平衡原理通过在耦合结点处指定加权系数控制力的传递，从而在平均意义上将耦合面的运动约束为由参考点定义的刚体运动形式，两者主要适用于解决梁-实体和梁-壳多尺度界面连接耦合问题，而壳-固耦合约束是基于分布耦合约束原理扩展出来的形式，专门用于解决壳和三维实体多尺度界面连接问题。以下对三种不同约束形式的原理做相应的介绍。

1. 运动耦合约束(变形协调原理)

图 10-5 为梁单元与实体单元分别在承受弯矩和轴力时的变形协调示意图。假设实体单元结点 S_i 平行于 x 轴方向上的位移为 Δx_{si}，平行于 z 轴的位移为 Δz_{si}。相应的，梁单元结点 B 平行于 x 轴方向上的位移为 Δx_B，平行于 z 轴的位移为 Δz_B，y 方向的转角为 α。利用变形协调原理在两种单元接触界面间实现梁单元结点 B 与实体单元结点 S_i 的耦合连接。

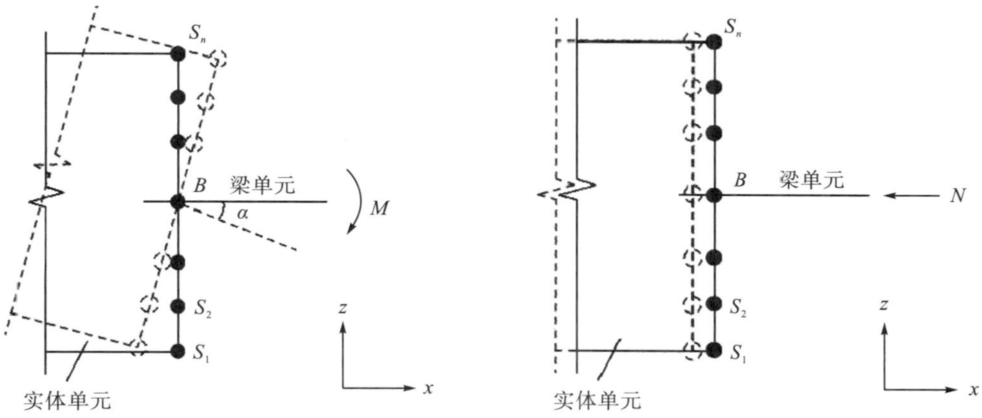

图 10-5　外力作用下多尺度模型的变形协调原理

当变形是由梁单元引起时，界面上实体单元结点 S_i 的变形由梁单元结点 B 的变形决定，即

$$\Delta x_{si} = \Delta x_B + r_{si} \cdot \sin\alpha \tag{10-1}$$

$$\Delta z_{si} = \Delta z_B + r_{si}(\cos\alpha - 1) \tag{10-2}$$

当变形是由实体单元引起时，界面处梁单元结点的变形由实体单元结点集合 $\{S_t\}$ 决定，即

$$\tan\alpha = \frac{\Delta x_{sn} - \Delta x_{s1}}{h},\quad \Delta z_B = \frac{\sum_{i=1}^{n}\Delta z_{si}}{n},\quad \Delta x_B = \frac{\sum_{i=1}^{n}\Delta x_{si}}{n} \tag{10-3}$$

其中，$r_{si} = z_{si} - z_B$，z_B 和 z_{si} 分别为梁单元和实体单元结点的 z 坐标值；h 为实体单元的高度。

2. 分布耦合约束(力的平衡原理)

图 10-6 为基于力的平衡原理建立的耦合连接模型示意图。

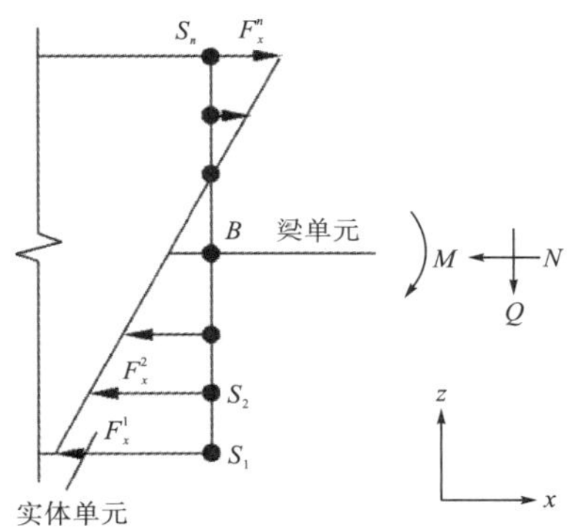

图 10-6　外力作用下多尺度模型力的平衡原理

假设梁单元 B 结点的内力为 $P\left(\boldsymbol{P}=[N,M,Q]^{\mathrm{T}}\right)$，实体单元结点 S_i 的内力为 $F^i(\boldsymbol{F}^i=[F_x^i,F_z^i]^{\mathrm{T}})$。当变形为梁单元引起时，界面上实体单元结点 S_i 的内力可以由梁单元 B 结点的内力决定，表达式为

$$F_x^i=\frac{A_i}{A}N+\frac{Mr_{si}A_i}{I} \tag{10-4}$$

$$F_z^i=\frac{A_i}{A}Q \tag{10-5}$$

式中，A 为实体单元截面面积；A_i 为实体单元结点 S_i 的影响面积；I 为实体单元截面形心轴方向的惯性矩。

当变形为实体单元引起时，界面上梁单元 B 结点的内力由实体单元结点集合 $\left\{S_i\right\}$ 决定，表达式为

$$M=\sum_{i=1}^{n}F_x^i r_{si},\quad N=\sum_{i=1}^{n}F_x^i,\quad Q=\sum_{i=1}^{n}F_z^i \tag{10-6}$$

同时需要说明的是，变形协调原理基于平截面假定寻求界面上不同单元结点之间的耦合关系，这就需要保证耦合界面的力学状态尽量是弹性的。因此，变形协调约束方程在切向方向上有一定局限性。而力的平衡原理是功能原理的具体表现形式，当界面进入塑性阶段之后，其上的应力由线性分布转变为非线性分布，基于功能原理的材料力学公式不再适用，因此基于力的平衡原理的分布耦合约束在转角方向上有一定局限性。在静载作用下，基于力的平衡原理的分布耦合约束较基于变形协调原理的运动耦合约束在界面连接上更为准确。而在动载作用下，两种类型的耦合约束都是可行的。

3. 壳-固耦合约束

壳-固耦合约束是基于分布耦合原理扩展出来的约束形式，通过壳-固耦合约束可以实现从壳单元到实体单元之间的稳定连接，进一步可以实现壳单元与实体单元耦合建模。与前述两种耦合约束不同的是，壳-固耦合需要实现的是结点集(实体的面)与结点集(壳的边)之间的耦合约束，而不仅仅是结点集与单个结点行为的耦合，这就决定了壳-固耦合约束的耦合方程比单纯的单点耦合约束更加复杂，并且还要面临确定单点合适的影响区域以及约束范围等诸多困难。下面基于大型有限元分析软件 ABAQUS 对壳-固耦合的原理以及技术进行介绍。

图 10-7 为一个二维壳单元与三维实体单元耦合连接的线框模型。

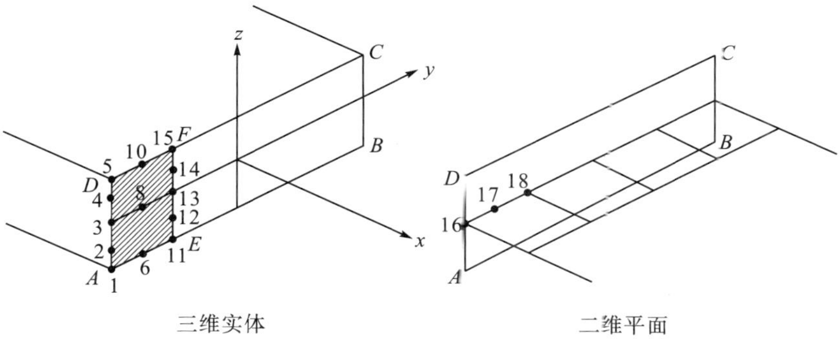

图 10-7　二维壳单元与三维实体单元耦合连接的线框模型

壳-固耦合约束是一种跨维度的耦合约束，它基于 Reissner 的弹性板弯曲理论将三维理论的表达式减少为二维等效形式，从而在壳-实体界面建立起实体单元结点与壳单元结点间的耦合约束关系，其力学基础是连接界面结点做功相等。界面做功如下式所示：

$$\Pi_b = \int \left(M_n \beta_n + H_s \beta_s + V_n w \right) \mathrm{d}s \tag{10-7}$$

其中，β_n、β_s 和 w 表示连接界面的广义边界位移；M_n、H_s 分别为连接界面的弯曲和扭曲应力；V_n 为横向剪应力。β_n、β_s 和 w 可以通过接触界面三维实体结点的位移分量 U_n、U_s 和 W 的加权平均值求出：

$$\beta_n = \theta_y \frac{6}{t^2} \int_{-\frac{t}{2}}^{\frac{t}{2}} U_n \frac{z}{t/2} \mathrm{d}z \tag{10-8}$$

$$\beta_s = -\theta_x \frac{6}{t^2} \int_{-\frac{t}{2}}^{\frac{t}{2}} U_s \frac{z}{t/2} \mathrm{d}z \tag{10-9}$$

$$w = \frac{3}{2t} \int_{-\frac{t}{2}}^{\frac{t}{2}} W \left[1 - \left(\frac{z}{t/2} \right)^2 \right] \mathrm{d}z \tag{10-10}$$

式中，θ_y 和 θ_x 分别代表结点绕 y 轴以及 x 轴的转动向量；t 为实体单元 z 方向上的厚度。从以上式子可推导出二维壳单元横向位移 u 和纵向位移 v 与三维实体单元结点位移间的关系：

$$u = \frac{1}{t} \int_{-\frac{t}{2}}^{\frac{t}{2}} U_n \mathrm{d}z, \qquad v = \frac{1}{t} \int_{-\frac{t}{2}}^{\frac{t}{2}} U_s \mathrm{d}z \tag{10-11}$$

在有限元中，三维实体的位移 $\{U,V,W\}$ 可通过单位结点位移的形函数来定义：$\{U_n, U_s, W = N_i U_{ni}, N_i U_{si}, N_i W_i\}$，其中 i 为单元结点编号。

壳-固耦合约束的整体耦合方程可通过以上结果推导出来：

$$\begin{Bmatrix} \theta_{yi} \\ \theta_{xi} \\ w_i \end{Bmatrix} = \int_{-\frac{t}{2}}^{\frac{t}{2}} \begin{Bmatrix} \frac{6}{t^2} N_i M_{ni} \frac{z}{t/2} \\ -\frac{6}{t^2} N_i M_{si} \frac{z}{t/2} \\ \frac{3}{2t} N_i W_i \left[1 - \left(\frac{z}{t/2} \right)^2 \right] \end{Bmatrix} \mathrm{d}z \tag{10-12}$$

10.2 管片结构多尺度静力学数值试验

梁、板壳以及实体单元是目前隧道结构有限元分析中最常用的单元类型。建立梁-弹簧、壳-接头等简化的管片结构模型虽然可以在一定程度上提高计算效率，但并不能对管片接头部位的接触特性和连接效应进行有效模拟；而建立完全精细的实体管片结构模型虽然可以保证计算精度，但计算成本较高，收敛性相对较差，特别是对于管片结构进入塑性和损伤阶段的模拟往往得不到良好的收敛效果。

本节基于前述两种多尺度界面连接理论，分别构建考虑接头效应的管片结构多尺度模型，其中接头影响范围内均采用精细尺度单元建模，其他部分采用宏观壳单元或粗糙尺度单元建模。同时对比分析管片结构多尺度模型和常规非多尺度模型在静力作用下的力学特性，以此验证多尺度模型在管片结构计算中的可行性和实用性。

10.2.1 数值试验模型

为考虑管片接头力学效应，选取两块管片作为计算分析对象。分别基于两种多尺度思想建立多尺度模型，模型示意图如图 10-8 所示。其中模型 A 为同类型单元的多尺度模型，采用“MPC 多点耦合约束”在粗糙网格区域和精细网格区域间建立连接；模型 B 为不同类型单元的多尺度模型，采用“壳-固耦合约束”在宏观壳单元和细观实体单元间建立连接。为反映不同多尺度模型的计算效果和计算精度，建立了较为精细的非多尺度模型(模型 C)。其中三种模型的管片接头区域均采用较为精细的实体单元网格，并设置相应的螺栓手孔和螺栓连接。三种模型的实体区域均采用八结点线性六面体单元(C3D8R)模拟，壳单元采用 S4R 四结点曲面薄壳单元。

为反映多尺度模型在静力条件下的力学特性，在两块管片顶部位置施加恒定的竖向荷载 P(P=100kN)，为避免突然加载导致的收敛困难，竖向位移荷载分为多个时间步荷载逐级，同时对管片两端采用铰接的方式进行约束。静力加载方式如图 10-9 所示。其中管片和螺栓材料均与第 8 章一样。

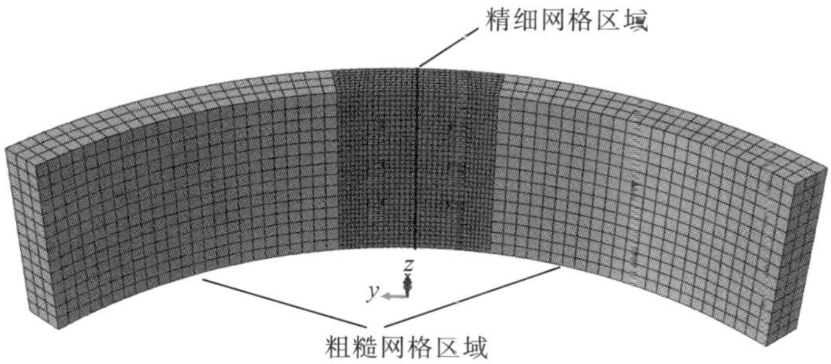

(a)同类型单元的多尺度模型A(粗细网格耦合)

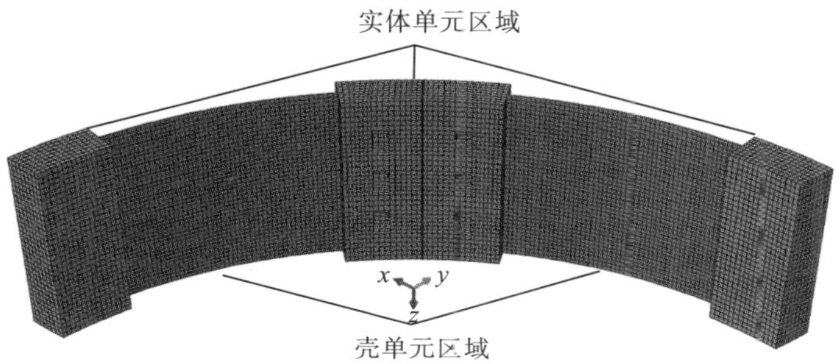

(b)不同类型单元的多尺度模型B(壳-实体单元耦合)

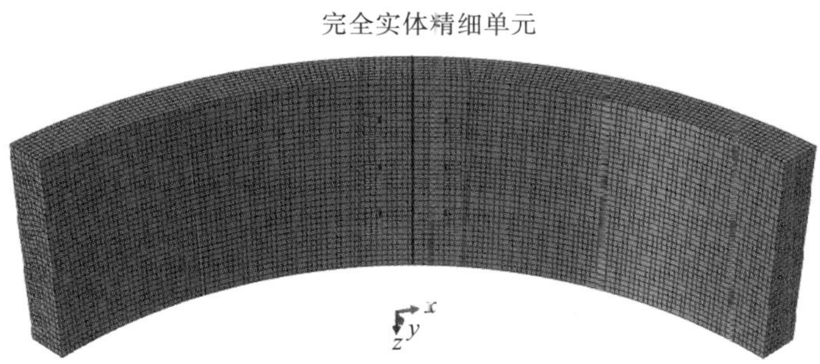

(c)模型C(常规非多尺度模型)

图 10-8　三种模型示意图

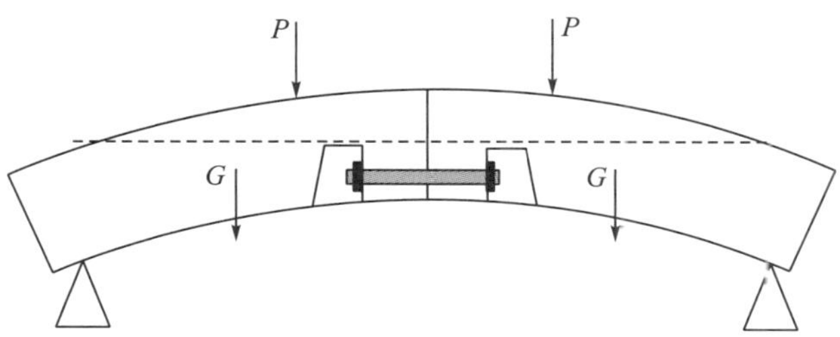

图 10-9　静力加载方式

10.2.2 数值试验结果

结合混凝土塑性损伤本构模型对三种模型在静力条件下的位移、应力以及损伤等力学特性进行分析，以此验证两种多尺度模型在静力计算中的可行性和实用性。

1. 位移结果对比

图 10-10(彩图见附录)所示为三种模型在静力荷载作用下的位移云图。图中可见，在竖向静力荷载作用下，两种多尺度模型和非多尺度模型的位移云图分布均十分接近，总体来说接头部位的位移最大，并依次向两侧衰减。同时从图中可见，三种模型在静力荷载作用下的位移量值也大致相当，其中常规非多尺度模型 C 的最大位移量为 1.152mm，同类型单元多尺度模型 A 的最大位移量为 1.156mm，不同类型单元多尺度模型 B 的最大位移量为 1.115mm。以非多尺度的精细实体单元模型为基准，同类型单元多尺度模型 A 和不同类型单元多尺度模型 B 最大位移量的相对误差分别为 0.347%和 3.212%，两种多尺度模型位移数值的相对误差均在可接受范围内，但由于同类型单元在多尺度连接界面上的耦合精度更加稳定，相比于不同类型单元的多尺度模型，其对于位移计算精度的控制效果更好。

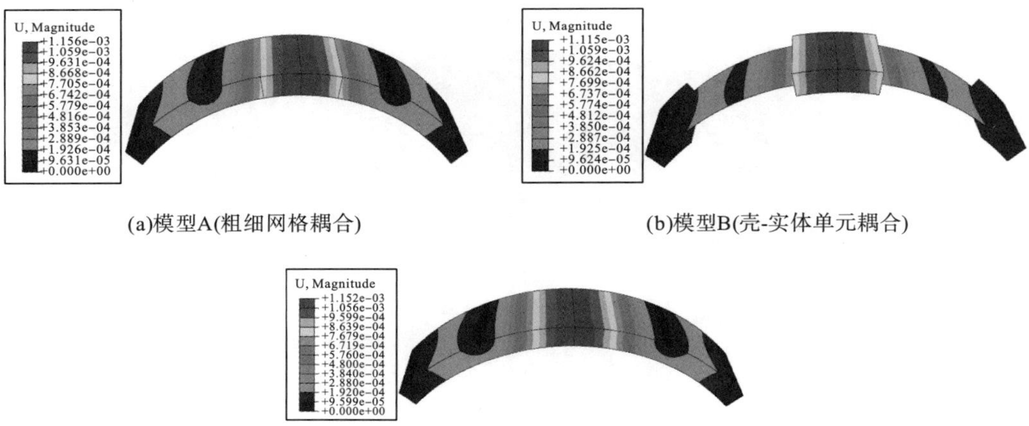

(a)模型A(粗细网格耦合)　(b)模型B(壳-实体单元耦合)

(c)模型C(常规非多尺度)

图 10-10　静力加载方式下各模型位移云图(m)

2. 应力结果对比

图 10-11(彩图见附录)所示为静力荷载作用下三种模型的 MISES 应力云图，图中可见，在静力作用下，三种模型的 MISES 应力分布均大致相似，由于管片接头部位受到挤压作用，三种模型计算结果均出现了应力集中现象，且应力数值较大。同时从图中可见，三种模型在静力荷载作用下的 MISES 应力数值也十分接近，其中常规非多尺度模型 C 的

MISES 应力最大值为 7.197MPa，同类型单元多尺度模型 A 的 MISES 应力最大值为 7.244MPa，不同类型单元多尺度模型 B 的 MISES 应力最大值为 6.950MPa。同样以非多尺度的精细实体单元模型为基准，多尺度模型 A(粗细网格耦合)和模型 B(壳-实体单元耦合)MISES 应力的相对误差分别为 0.653%和 3.432%。两种多尺度模型应力数值的相对误差均在可接受范围内，但由于两种多尺度模型在连接界面上的耦合精度不同，相比于不同类型单元的多尺度模型，同类型单元多尺度模型对于应力计算精度的控制效果更好。

(a)模型A(粗细网格耦合)

(b)模型B(壳-实体单元耦合)

(c)模型C(常规非多尺度)

图 10-11　静力加载方式下各模型 MISES 应力云图(Pa)

3. 损伤结果对比

为反映多尺度模型在管片局部受力特性上的适用性，提取三种模型在静力荷载作用下管片接头区域拉伸损伤云图，如图 10-12(彩图见附录)所示。由于手孔的布置对管片结构局部承载能力削弱较大，图中可见，在竖向静力荷载作用下，管片接头部位特别是手孔邻近位置的管片将出现一定程度的损伤，并且三种模型管片接头部位混凝土拉伸损伤分布大体上一致。从损伤程度的角度来看，三种模型最大损伤数值均集中在 0.8 左右，其中常规非多尺度模型 C 的最大拉伸损伤值为 0.814，同类型单元多尺度模型 A 的最大拉伸损伤值为 0.822，不同类型单元多尺度模型 B 的最大拉伸损伤值为 0.810。以非多尺度的精细实体单元模型为基准，多尺度模型 A(粗细网格耦合)和模型 B(壳-实体单元耦合)拉伸损伤值的相对误差分别为 0.983%和 0.491%，应力相对误差基本控制在 1%以内，说明两种多尺度模型对于管片局部损伤的计算效果均较好。

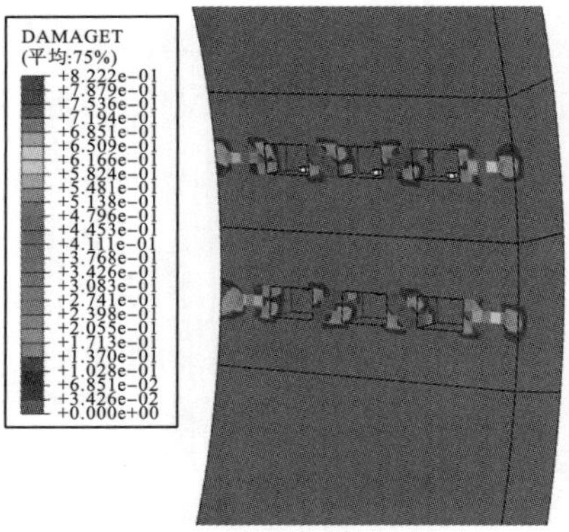

(a)模型A(粗细网格耦合)

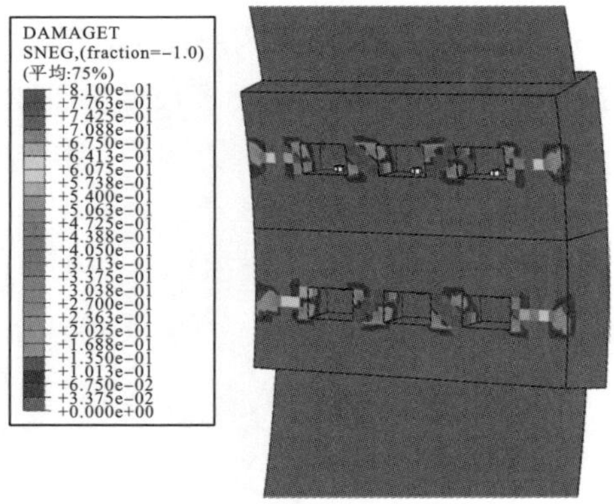

(b)模型B(壳-实体单元耦合)

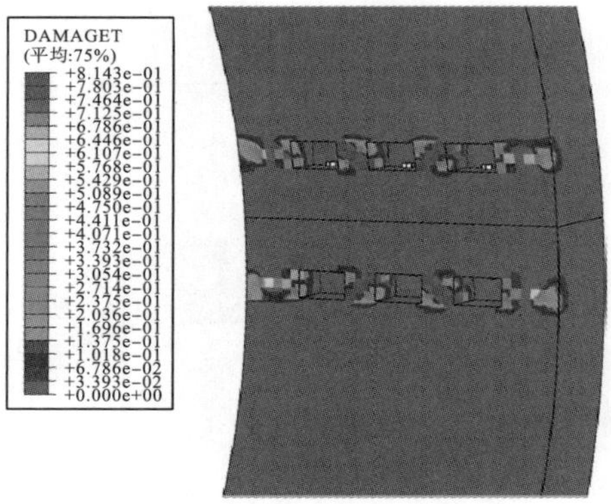

(c)模型C(常规非多尺度模型)

图 10-12　静力加载方式下各模型接头部位损伤云图

4. 计算效率对比

前述已对多尺度模型在静力计算的精度上做了相应分析，表 10-1 列出了非多尺度模型和多尺度模型在模型单元数量及计算效率上的差异。

表 10-1　不同模型单元结点数量及静力计算时间

模型类别	模型 A (粗细网格耦合)	模型 B (壳-实体耦合)	模型 C (非多尺度模型)
总结点数	24 905	21 637	62 791
总单元数	21 400	17 631	54 666
CPU 计算时长/h	3.26	2.13	6.05

表中可见，两种多尺度模型中参与计算的结点和单元数量相比非多尺度模型大大降低，其中模型 A(同类型单元多尺度)结点和单元数量大致为非多尺度模型的 40%左右，模型 B(不同类型单元多尺度)结点和单元数量大致为非多尺度模型的 30%。在计算时间上，

模型 A(同类型单元多尺度)和模型 B(不同类型单元多尺度)总计算时间分别为 3.26h 和 2.13h。相较于常规非多尺度模型 C 的总计算时间，同类型单元的多尺度模型 A 计算效率提升了 46.12%，不同类型单元的多尺度模型 B 计算效率提升了 64.79%。静力荷载作用下两种多尺度模型在计算效率上均有较大程度的提升，但由于壳-实体耦合多尺度模型在缩减单元数量上的优势更大，所以其计算效率也更高。

上述分析可见，两种多尺度模型在静力计算中均有良好的可行性和适用性，在满足精确计算的基础上均能最大限度地减少计算时间。但由于界面约束耦合方式和单元数量上的差异性，两种多尺度模型在计算精度和计算效率上也略有不同。其中由于同类型单元多尺度模型界面耦合精度相对较高，其对于整体结构计算精度的控制效果更好；而由于不同类型单元多尺度模型在减少计算单元数量上的优势更明显，其对于计算效率的提升效果更好。

10.3 盾构隧道结构多尺度模型撞击动力响应

虽然建立较为精细的盾构隧道结构模型可以更好地反映结构动力响应和破坏特性，但在十分复杂的列车撞击问题计算过程中往往耗时过多，计算效率较为低下。本节针对列车撞击问题，基于多尺度理论构建盾构隧道多尺度模型，同时通过对比多尺度模型与常规非多尺度模型在列车撞击作用下动力响应和计算效率的差异性，以揭示盾构隧道多尺度模型在计算复杂非线性动力问题时的可靠性和实用性。

10.3.1 隧道结构多尺度模型

10.2 节通过引入多尺度理论，研究了两种多尺度模型在计算精度和计算效率上的特点。本节基于两种多尺度界面连接原理建立盾构隧道多尺度模型，衬砌及围岩材料力学参数、动态接触条件及列车撞击速度均与第 8 章一致。多尺度模型如图 10-13 所示，建模方式如下：

图 10-13 盾构隧道多尺度模型

(1) 由于列车直接撞击接触位置及其邻近区域的撞击动力响应最为强烈，该区域基于计算精度相对较高的同类型单元多尺度思想，采用“MPC 多点耦合约束”建立粗细网格耦合的多尺度模型，如图 10-14 (a) 所示。

(2) 距离列车直接撞击接触位置相对较远且撞击响应相对较弱的管片区域，均基于计算效率更高的不同类型单元多尺度思想，并考虑接头部位的影响，建立“壳-固单元耦合”的多尺度模型，如图 10-14 (b) 所示。其中，为反映实际管片接头的力学效应，接头区域采用实体单元建模，管片中部非接头影响区域采用壳单元建模。

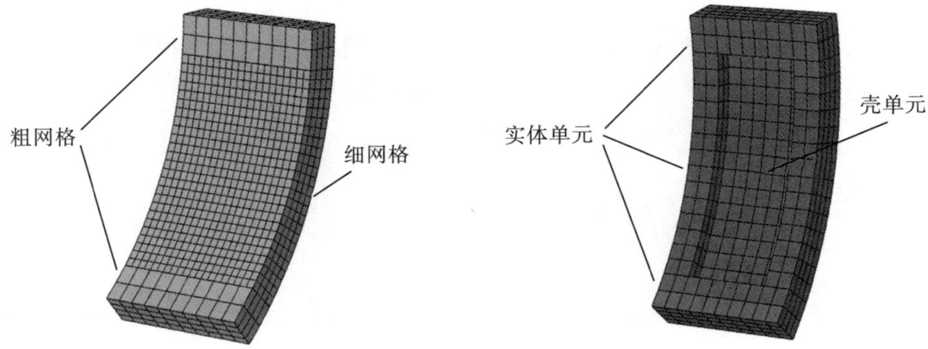

(a)粗细网格耦合　　(b)壳-固耦合

图 10-14　两种管片多尺度模型示意图

10.3.2　位移响应

图 10-15 (彩图见附录) 所示为列车撞击作用下多尺度盾构隧道模型和常规非多尺度模型的位移云图。从位移云图分布来看，多尺度盾构隧道模型位移云图分布与常规非多尺度模型大体上一致，且均集中在 L1-1、L1-2、B1-2、L1-3 四块管片上，其他管片衬砌上几乎没有分布。从位移数值上来看，撞击作用下多尺度隧道模型位移极值为 8.033cm，非多尺度隧道模型位移极值为 7.646cm，多尺度隧道模型位移数值相对较大，其原因可能是：相比于常规非多尺度模型的连续单元模型，多尺度模型的界面耦合约束强度相对较小。以非多尺度模型为基准，多尺度隧道模型位移极值的误差为 5.06%，尽管两者数值上有一定差距，但整体来看多尺度模型位移计算的相对误差仍在可接受范围内，多尺度模型对于管片衬砌位移计算精度的控制效果较好。

为进一步反映两种模型的位移响应在时间历程上的差异性，提取两种模型管片衬砌位移极值随撞击时间的变化趋势，如图 10-16 所示。

由图 10-16 可见，在列车撞击作用下，多尺度模型和常规非多尺度模型管片衬砌位移峰值随时间的变化趋势大体上一致，均经历迅速增长→小幅下降→平缓增长阶段。此外，图中可见，在撞击前期管片位移响应相对较小时，多尺度模型和常规非多尺度模型的位移峰值大小十分接近，但在撞击后期管片衬砌位移响应增大以后，两者位移峰值开始出现了一定程度的差异。这说明多尺度模型在管片衬砌撞击动力响应较小时的计算精度更高。

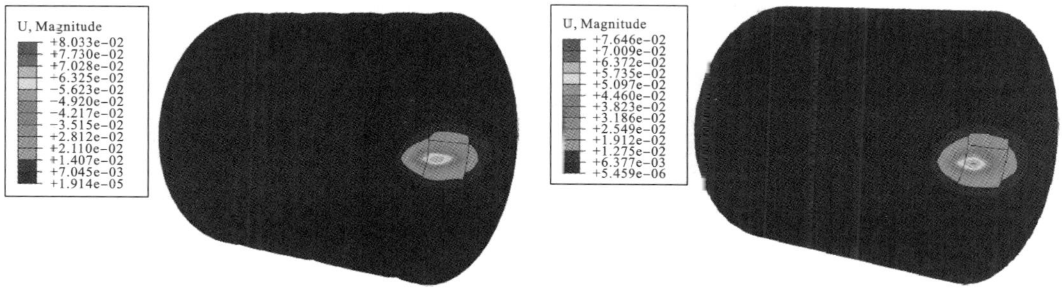

(a)多尺度模型　　(b)非多尺度模型

图 10-15　列车撞击作用下盾构隧道位移云图

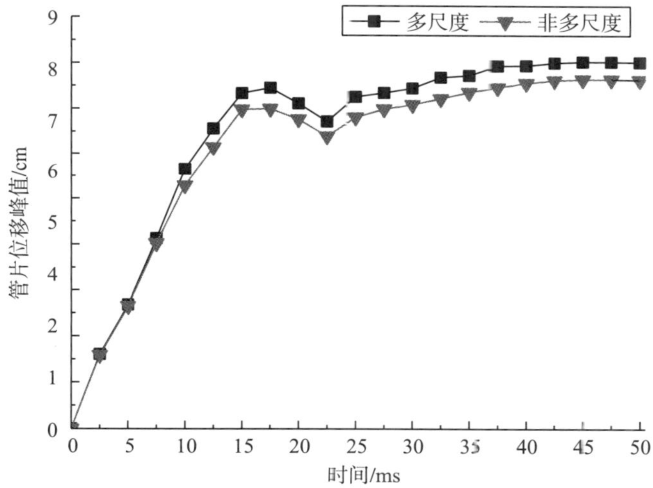

图 10-16　管片位移峰值随撞击时间变化趋势

10.3.3　损伤响应

图 10-17(彩图见附录)所示为列车撞击作用下多尺度模型和非多尺度模型管片衬砌压缩损伤云图。图中可见，多尺度模型和常规非多尺度模型的管片压缩损伤云图的形态均表现为：损伤数值由接触区域向两周逐渐减弱，且有较为明显的分界线和过渡区域，损伤区域较为集中；同时两种模型管片衬砌压缩损伤的分布范围也大体上一致，均主要分布在列车车头与管片直接接触区域及其邻近区域的 L1-1、L1-2、B1-2、L1-3 四块管片上，其他与之相距较远的管片区域基本不出现压缩损伤破坏。从压缩损伤数值来看，撞击作用下多尺度隧道模型压缩损伤最大值为 0.9246，非多尺度隧道模型压缩损伤最大值为 0.9415，多尺度模型压缩损伤最大值相对较小。以非多尺度模型为基准，多尺度隧道模型压缩损伤最大值的相对误差为 1.828%，整体来看多尺度模型压缩损伤值的相对误差在可接受范围内。

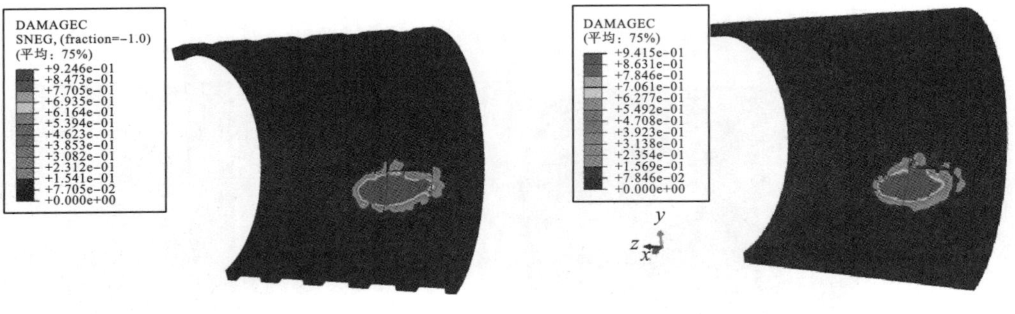

(a)多尺度模型　　(b)非多尺度模型

图 10-17　列车撞击作用下盾构隧道压缩损伤云图

图 10-18(彩图见附录)为撞击作用下多尺度模型和常规非多尺度模型管片衬砌的拉伸损伤云图。宏观上来看，多尺度模型和非多尺度模型管片衬砌拉伸损伤云图的形态和分布特点均大体上相似，其损伤分布区域均无明显分界线，且分布范围相对广泛和发散。相比于非多尺度模型，多尺度模型管片衬砌拉伸损伤的集中区域范围相对较小，但在周边区域扩散的范围相对较大，出现这种现象可能与多尺度模型界面耦合约束精度有关。从拉伸损伤数值来看，撞击作用下多尺度隧道模型拉伸损伤最大值为 0.9216，非多尺度隧道模型拉伸损伤最大值为 0.9327，多尺度模型拉伸损伤最大值相对较小。以非多尺度模型为基准，多尺度隧道模型拉伸损伤最大值的相对误差为 1.204%，整体来看多尺度模型拉伸损伤值的相对误差在可接受范围内。

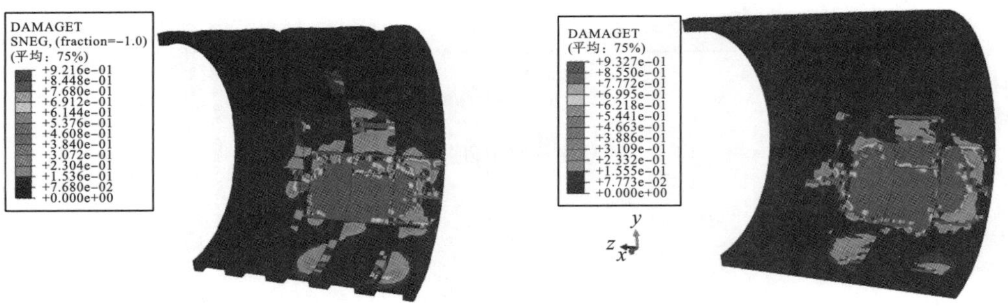

(a)多尺度模型　　(b)非多尺度模型

图 10-18　列车撞击作用下盾构隧道拉伸损伤云图

进一步，提取两种模型管片衬砌内表面的拉伸和压缩损伤面积随时间的变化趋势，如图 10-19 和图 10-20 所示。图中可见，多尺度模型和非多尺度模型管片衬砌内表面的拉伸损伤面积和压缩损伤面积时程变化趋势均一致，并且数值大小差距也不大。从压缩损伤面积来看，两种模型均经历撞击前期和撞击后期损伤面积缓慢增长，撞击中期快速增长的趋势。同时，撞击前期(0～25ms 内)，两种模型管片衬砌压缩损伤数值均十分接近，在撞击中期开始出现一定程度的差异。撞击完成后，多尺度模型和非多尺度模型管片衬砌内表面压缩损伤面积分别为 6.955m² 和 6.667m²，以非多尺度模型为基准，多尺度隧道模型压缩损伤面积的相对误差为 4.32%，多尺度模型压缩损伤面积相对较大，但总体在可控范围内。从拉伸损伤面积来看，两种模型均经历撞击前期和撞击中期损伤面积快速增长，撞击后期缓慢增长的趋势，并且在撞击前期一定时刻内，两者计算得到的拉伸损伤面积数值十分接近。撞击完成后，多尺度模型和非多尺度模型管片衬砌内表面拉伸损伤面积分别为 26.105m² 和 24.044m²，以非多尺度模型为基准，多尺度隧道模型拉伸损伤面积的相对误差为 8.57%，这一误差主要是由多尺度模型连接界面的耦合精度相对非多尺度模型较低，从而影响结点力的传递引起的。但从宏观上看，这一误差基本仍在可控范围内。

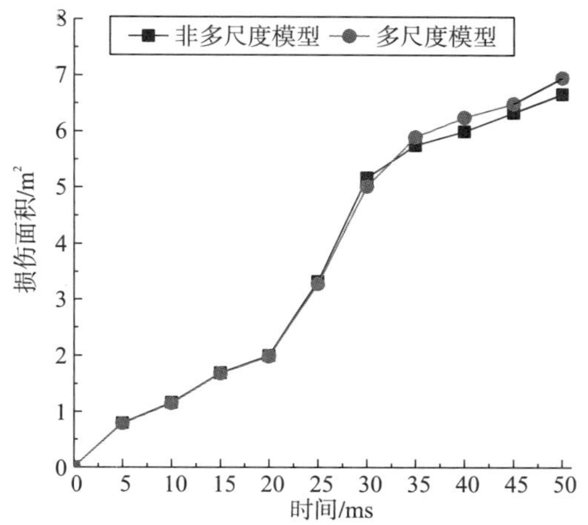

图 10-19　管片内表面压缩损伤面积变化趋势

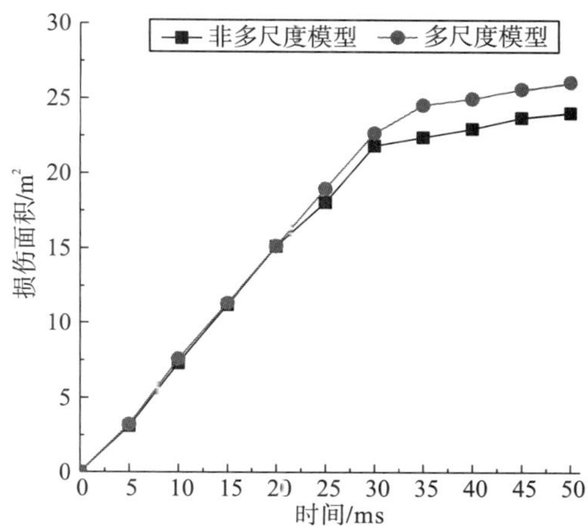

图 10-20　管片内表面拉伸损伤面积变化趋势

10.3.4　计算效率

前述针对列车撞击问题建立了盾构隧道多尺度模型，并对比分析了撞击作用下多尺度模型和常规非多尺度模型位移响应和损伤响应的差异。为进一步从计算效率的角度来反映多尺度模型在解决复杂撞击问题上的计算优势，表 10-2 列出了非多尺度盾构隧道模型和多尺度盾构隧道模型单元结点数量、计算总时间以及多尺度模型相对非多尺度模型各统计值的减小百分比。

表 10-2　不同模型单元结点数量及计算时间

模型类别	非多尺度模型	多尺度模型	减小百分比
总结点数/个	204 134	91 216	55.32%
总单元数/个	127 584	62 908	50.69%
CPU 计算时长/h	124.12	46.65	62.42%

表中可见，相比于非多尺度模型，多尺度模型参与计算的结点和单元数量大大降低，其中多尺度模型结点数降低了 55.32%，单元数降低了 50.69%。在计算时间上，多尺度模

型相对非多尺度模型减少了 62.42%，计算效率得到较大提升。因此，从计算规模和计算效率总体来看，多尺度模型在解决列车撞击类似问题时的优势非常明显。

10.4 本 章 小 结

本章在阐述多尺度界面连接原理的基础上，基于结构多尺度分析理论，建立了管片结构多尺度模型，从静力学的角度验证了多尺度方法在管片结构数值计算上的可行性和实用性。同时通过构建针对列车撞击问题的盾构隧道多尺度模型，对比分析了多尺度模型和非多尺度模型在管片衬砌动力响应上的差异性，进一步分析了多尺度方法在解决复杂动力学问题上的优势和不足，得到了以下结论：

(1) 在静力荷载作用下，两种管片结构多尺度模型的位移、应力、损伤响应与非多尺度模型均大体上一致，相比于非多尺度模型，多尺度模型各计算结果的相对误差均控制在5%以内。但由于两种多尺度模型的界面约束耦合方式不同，其在计算精度上也略有差异，其中同类型单元多尺度模型的界面耦合精度相对较高，其对于整体结构计算精度的控制效果更好。

(2) 两种多尺度模型计算规模相比非多尺度模型大大降低，其中参与计算的结点和单元数量下降比例均在 30%以上。同时，在静力荷载作用下两种多尺度模型在计算效率上均有较大程度的提升。相较于非多尺度模型，同类型单元的多尺度模型计算效率提升了46.12%，不同类型单元的多尺度模型计算效率提升了 64.79%。但由于壳-实体耦合多尺度模型在缩减单元数量上的优势更大，故其计算效率也更高。两种多尺度模型对于解决静力学问题均有良好的可行性和实用性。

(3) 针对列车撞击问题，基于两种多尺度界面连接原理建立了盾构隧道多尺度模型。其中撞击响应强烈的区域采用计算精度相对较高的同类型单元多尺度方法；撞击响应较弱的区域采用计算效率更高的不同类型单元多尺度方法。列车撞击作用下，多尺度盾构隧道模型位移云图与非多尺度模型大体上一致，以非多尺度模型为基准，多尺度模型位移极值的相对误差为 5.06%，整体来看多尺度模型位移计算的相对误差在可接受范围内，并且在管片衬砌撞击动力响应较小时多尺度模型的计算精度更高。

(4) 列车撞击作用下，多尺度模型和非多尺度模型的管片拉压损伤云图及形态特征均大致相似，并且多尺度模型损伤数值的相对误差均控制在 2%以内。同时，多尺度模型和非多尺度模型的管片衬砌损伤面积时程变化趋势大体上一致，两种模型管片损伤面积大小的差异性主要体现在撞击后期。相对于压缩损伤，多尺度模型和非多尺度模型在拉伸损伤面积上的差距更大。此外，由于多尺度模型参与计算的结点和单元数量大大降低，多尺度模型计算时间相对非多尺度模型减少了 62.42%，计算效率大幅提升。因此，多尺度模型在满足精确计算的基础上能最大限度地减少计算时间，在解决列车撞击这类复杂动力学问题时的计算优势非常明显。

参 考 文 献

[1] Scholes A，Lewis J H. Development of crashworthiness for railway vehicle structures[J]. Proceedings of the Institution of Mechanical Engineers，Part F：Journal of Rail and Rapid Transit，1993，207(1)：1-16.

[2] Sutton A. The development of rail vehicle crashworthiness[J]. Proceedings of the Institution of Mechanical Engineers，Part F：Journal of Rail and Rapid Transit，2002，216(2)：97-108.

[3] Railway Group Standard GM/RT2100-Structural Requirements for Railway Vehicles[S]. London：British Standard Institution，2000.

[4] Scholes A，侯卫星. 欧洲铁路碰撞技术的开发[J]. 国外铁道车辆，1998(1)：23-26.

[5] 魏天，王悦明，文彬. 国外铁路机车车辆碰撞安全研究[J]. 国外铁道车辆，2012，49(5)：39-46.

[6] Tyrell D C. US rail equipment crashworthiness standards yin[J]. Proceeding of the Institution of Mechanial Engineers，Part F：Journal of Rail and Rapid Transit，2002，216(2)：123-130.

[7] Parent D，Tyrell D C，Penman A B. Crashworthiness analysis of the Placentia，CA rail collision[J]. International Journal of Crashworthiness，2004，9(5)：527-534.

[8] Tyrell D，Severson K，Zolock J，et al. Passenger rail two-car impact test. volume i：overview and selected results[J]. Crashworthiness，2002.

[9] Tyrell D C，Severson K J，Marquis B P. Analysis of occupant protection gees in collisions[C]. ASME International Mechanical Engineering Congress and Exposition，San Francisco，1995.

[10] Murray Hughes. 法国 AGV 列车[J]. 国外铁道车辆，2008，45(5)：8-10.

[11] Jeong-seo Koo，Tae-soo Kwon，Hyun-jik Cho. 韩国高速铁路防撞设计与评估[J]. 中国铁道科学，2004，25(1)：1-7.

[12] 田口真. 鉄道車両における耐衝突性構造の開発[J]. 川崎重工技報，2002(4)：14-17.

[13] 田红旗. 建造列车撞击模拟动模型试验装置的可行性分析[J]. 中国铁路，1996(11)：24-26.

[14] 谢素超，田红旗，姚松. 车辆吸能部件的碰撞试验与数值仿真[J]. 交通运输工程学报，2008，8(3)：1-5.

[15] Baykasoglu C，Sunbuloglu E，Bozdag E，et al. Railroad passenger car collision analysis and modifications for improved crashworthiness[J]. International Journal of Crashworthiness，2011，16(3)：319-329.

[16] Meran A P，Baykasoglu C，Mugan A，et al. Development of a design for a crash energy management system for use in a railway passenger car[J]. Proceedings of the Institution of Mechanical Engineers, Part F: Journal of Rail & Rapid Transit，2016.

[17] Baykasoglu C，Cetin M T. Energy absorption of circular aluminium tubes with functionally graded thickness under axial impact loading[J]. International Journal of Crashworthiness，2015，20(1)：95-106.

[18] Milho J F，Ambrosio J A C，Pereira M S. Validated multibody model for train crash analysis[J]. International Journal of Crashworthiness，2003，8(4)：339-352.

[19] Milho J F，Ambrosio J A C，Pereira M S. A multibody methodology for the design of anti-climber devices for train crashworthiness simulation[J]. International Journal of Crashworthiness，2002，7(1)：7-20.

[20] Dias J P, Pereira M S. Analysis and design for train crashworthiness using multibody models[J]. Vehicle System Dynamics, 2004, 40：107-120.

[21] Dias J P，Pereira M S. Optimization methods for crashworthiness design using multibody models[J]. Computers & Structures, 2004，82(17-19)：1371-1380.

[22] 田红旗. 客运列车耐冲击吸能车体设计方法[J]. 交通运输工程学报，2001，1(1)：110-114.

[23] Jgao G, Qtian H. Train' s crashworthiness design and collision analysis[J]. International Journal of Crashworthiness, 2007, 12(1): 21-28.

[24] 高广军，田红旗，姚松，等. 列车多体耦合撞击分析[J]. 中国铁道科学，2005，26(4)：93-97.

[25] 田红旗，许平. 吸能列车与障碍物撞击过程的研究和分析[J]. 铁道科学与工程学报，2002，20(3)：55-60.

[26] 陈衍祥，田红旗. 列车撞击模拟软件的研制[J]. 中国铁路，1998(5)：30-31.

[27] 肖守讷，张志新，阳光武，等. 列车碰撞仿真中钩缓装置模拟方法[J]. 西南交通大学学报，2014，49(5)：831-836.

[28] 雷成，肖守讷，罗世辉. 轨道车辆新型车端专用吸能装置[J]. 西南交通大学学报，2013，48(4)：738-744.

[29] 谢卓君. 地铁列车多体碰撞的动态仿真方法及应用[D]. 长沙：中南大学，2011.

[30] 罗玗琪，许平，谢卓君. 磁浮列车走行机构结构优化研究[J]. 城市轨道交通研究，2011，14(11)：86-89.

[31] Eibl J. Design of concrete sturctures to resist acidental impact[J]. Sturctural Engineering，1987，65(1)：27- 32.

[32] Krauthammer T，Shanaa H M，Assadi A. Response of structural concrete elements to severe impulsive loads[J]. Computers & Structures，1994，53(1)：119-130.

[33] Krauthammer T，Assadi-Lamouki A，Shanaa H M. Analysis of impulsively loaded reinforced concrete structural elements—II. Implementation[J]. Computers & Structures，1993，48(5)：861-871.

[34] Ahmed T U，Ramachandra L S，Bhattacharyya S K. Elasto-plastic response of free-free beams subjected to impact loads[J]. International Journal of Impact Engineering，2001，25(7)：661-681.

[35] 鲍四元，邓子辰. 结构撞击响应的一种弹性模型及其精细求解[J]. 工程力学，2008，25(6)：14-17.

[36] 刘锦阳. 研究柔性体撞击问题的子结构离散方法[J]. 计算力学学报，2001，18(1)：28-32.

[37] Ohnuma H，Ito C，Nomachi S G. Dynamic response and local rupture of reinforced concrete beam and slab under impact loading[J]. Mechanics in Reactor Technology，1985：179-184.

[38] Uchida T，Tsubota H，Yamada T. Experimental investigations on reinforced slabs subjected to impact loading[J]. Mechanics in Reactor Technology，1985：173-178.

[39] Zineddin M，Krauthammer T. Dynamic response and behavior of reinforced concrete slabs under impact loading[J]. International Journal of Impact Engineering，2007，34(9)：1517-1534.

[40] 任够平，李珠，王蕊. 低速侧向冲击下钢管混凝土柱挠度研究[J]. 工程力学，2008，25(5)：170-175.

[41] 王蕊，李珠，任够平，等. 侧向冲击载荷作用下钢管混凝土梁动力响应的实验和理论研究[J]. 工程力学，2008，25(6)：75-93.

[42] 杨进先. 波浪作用下系泊船舶撞击能量的试验研究[D]. 南京：河海大学，2007.

[43] 徐建波，林俊德，唐润棣，等. 长杆射弹侵彻混凝土实验研究[J]. 爆炸与冲击，2002，22(2)：174-178.

[44] 张若棋，汤文辉，赵国民，等. 长杆射弹侵彻三种混凝土靶的实验研究[J]. 国防科技大学学报，2004，26(5)：22-25.

[45] Lee K，Han S E，Hong J W. Analysis of impact of large commercial aircraft on a prestressed containment building[J]. Nuclear Engineering & Design，2013，265(6)：431-449.

[46] Karagiozova D, Jones N. Dynamic elastic–plastic buckling of circular cylindrical shells under axial impact[J]. International Journal of Solids & Structures, 2000, 37(14): 2005-2034.

[47] Karagiozova D, Jones N. On dynamic buckling phenomena in axially loaded elastic–plastic cylindrical shells[J]. International Journal of Non-Linear Mechanics, 2002, 37(7): 1223-1238.

[48] 陆新征，张炎圣，何水涛，等. 超高车辆撞击桥梁上部结构研究：损坏机理与撞击荷载[J]. 工程力学，2009(a02)：115-125.

[49] 陆新征，张炎圣，叶列平，等. 超高车辆-桥梁上部结构碰撞的破坏模式与荷载计算[J]. 中国公路学报，2009，22(5)：60-67.

[50] Xu L J, Lu X Z, Smith S T, et al. Scaled model test for collision between over-height truck and bridge superstructure[J]. International Journal of Impact Engineering, 2012, 49: 31-42.

[51] 刘晶波，郑文凯. 大型商用飞机撞击核电站屏蔽厂房荷载研究[J]. 振动与冲击，2014，33(6)：97-101.

[52] 刘晶波，韩鹏飞，郑文凯，等. 商用飞机撞击核电站屏蔽厂房数值模拟[J]. 爆炸与冲击，2016，36(3)：391-399.

[53] 王力，黄飞. 考虑流体效应的船-桥碰撞数值模拟法研究[J]. 工程力学，2015，32(8)：120-128.

[54] 田力，邱志雄. 桥墩遭受船舶撞击的数值模拟法及其动态响应的研究[J]. 交通信息与安全，2014，32(6)：120-126.

[55] Kaplan M F. Crack propagation and the fracture of concrete[J]. ACI Journal, 1961, 58(11): 591-610.

[56] Rashid Y R. Analysis of reinforced concrete pressure vessels[J]. Nuclear Engineering and Design, 1968, 7: 171-225.

[57] Bazant Z P, Lin F B. Nonlocal smeared cracking model for concrete fracture[J]. Journal of Engineering Mechanics, ASCE, 1988, 114(11): 2493-2510.

[58] Dugdale D S. Yielding in steel sheets containing slits[J]. Journal of Mechanics and Physics of Solids, 1960, 8(2): 100-108.

[59] Barenblatt G I. The mathematical theory of equilibrium cracks in brittle fracture[J]. Advances in Applied Mechanics, 1962, 7: 55-125.

[60] Hillerborg A, Modeer M, Petersson P. Analysis of crack formation and crack growth inconcrete[J]. Cement and Concrete Research, 1976, 6: 773-782.

[61] Carol I, Prat P C, Lopez C M. Normal/shear cracking model: application to discrete crackanalysis[J]. Journal of Engineering Mechanics, ASCE, 1997, 123(8): 765-773.

[62] Galvez J C, Elices M, Guinea G V, et al. Mixed mode fracture of concrete under proportionaland nonproportional loading[J]. International Journal of Fracture, 1998, 94(3): 267-284.

[63] Belytschko T, Black T. Elastic crack growth in finite elements with minimal remeshing[J]. International Journal for Numerical Methods in Engineering, 1999, 45(5): 601-620.

[64] Melenk J M, Babuska I. The partition of unity finite element method: basic theory andapplications[J]. Computer Methods in Applied Mechanics and Engineering, 1996, 139(1-4): 289-314.

[65] Babuska I, Melenk J M. The partition of unity method[J]. International Journal for Numerical Methods in Engineering, 1997, 40(4): 727-758.

[66] Moes N, Dolbow J, Belytschko T. A finite element method for crack growth without remeshing[J]. International Journal for Numerical Methods in Engineering, 1999, 46(1): 131-150.

[67] Dolbow J, Moes N, Belytschko T. Discontinuous enrichment in finite elements with a partition of unity method[J]. Finite Elements in Analysis and Design, 2000, 36: 235-260.

[68] Wells G N，Sluys L J. A new method for modeling cohesive cracks using finite elements[J]. International Journal for Numerical Methods in Engineering，2001，50(12)：2667-2682.

[69] Moes N，Belytschko T. Extended finite element method for cohesive crack growth[J]. Engineering Fracture Mechanics，2002，69(7)：813-833.

[70] 方修君，金峰，王进廷，等. 基于扩展有限元法的粘聚裂纹模型[J]. 清华大学学报(自然科学版)，2007，47(3)：344-347.

[71] Gravouil A，Moes N，Belytschko T. Non-planar 3d crack growth by the extended finite ele-ment and level sets - part ii：Level set update[J]. International Journal for Numerical Methodsin Engineering，2002，53(11)：2569-2586.

[72] Areias P M A，Belytschko T. Analysis of three-dimensional crack initiation and propagationusing the extended finite element method[J]. International Journal for Numerical Methods in Engineering，2005，63(5)：760-788.

[73] Zi G，Chen H，Xu J，et al. The extended finite element method for dynamic fractures[J]. Shockand Vibration，2005，12(1)：9-23.

[74] Prabel B，Combescure A，Gravouil A，et al. Level set X-FEM non-matching meshes：application to dynamic crack propagation in elastic－plastic media[J]. International Journal for Numerical Methods in Engineering，2007，69(8)：1553-1569.

[75] Zi G，Chen H，Xu J，et al. The extended finite element method for dynamic fractures[J]. Shock and Vibration，2005，12：9-23.

[76] 杜效鹄，段云岭. 用连续-非连续方法分析混凝土梁的破坏过程[J]. 岩土力学与工程学报，2005，12：4335-4340.

[77] 杜效鹄，段云岭，王光纶，等. 重力坝断裂数值分析研究[J]. 水利学报，2005，36(9)：1035-1042.

[78] 方修君，金峰. 基于 ABAQUS 平台的扩展有限元法[J]. 工程力学，2007，24(7)：6-10.

[79] 董玉文，任青文. 重力坝水力劈裂分析的扩展有限元法[J]. 水利学报，2011，11：1361-1367.

[80] 余天堂. 摩擦接触裂纹问题的扩展有限元法[J]. 工程力学，2010，27(4)：84-89.

[81] 曾东洋，何川. 地铁盾构隧道管片接头抗弯刚度的数值计算[J]. 西南交通大学学报，2004，39(6)：744-748.

[82] 曾东洋，何川. 地铁盾构隧道管片接头刚度影响因素研究[J]. 铁道学报，2005，27(4)：90-95.

[83] 孙文昊，焦齐柱，薛光桥，等. 盾构隧道管片无衬垫接头抗弯刚度研究[J]. 地下空间与工程学报，2008，4(5)：973-978.

[84] 张厚美，叶均良，过迟. 盾构隧道管片接头抗弯刚度的经验公式[J]. 现代隧道技术，2002，39(2)：12-16.

[85] 师永翔，赵武胜. 大直径盾构隧道管片接头抗弯性能研究[J]. 现代隧道技术，2013，50(1)：115-122.

[86] 郭瑞，何川，封坤，等. 大断面水下盾构隧道管片接头抗弯刚度及其对管片内力影响研究[J]. 中国铁道科学，2013，34(5)：46-53.

[87] 唐志成，何川，林刚. 地铁盾构隧道管片结构力学行为模型试验研究[J]. 岩土工程学报，2005，27(1)：85-89.

[88] 邬玉斌，刘如山，田志敏. 盾构隧道管片接头在内爆炸作用下的动力反应[J]. 武汉理工大学学报，2011，33(7)：107-111.

[89] 半谷哲夫. 二次覆工を有するシールドトンネル覆工の力学的特性に関する研究[R].鉄道技術研究報告，1985.

[90] 堀地紀行，平嶋政治.トンネル軸方向の剛性を考慮したセグメントリングの解析法[J].トンネルと地下，1989(20)：287-292.

[91] Nasri A Wunfah，Michael P Delia Posta. Full scale testing of tunnel liner[C]//Towards New Worlds in Tunnelling. Rotterdam：Balkema，1992：315-320.

[92] 村上博智，小泉淳. 二次覆工で補強されたシールドセグメントリングの挙動について[C]. 土木学会论文集，1987(388)：85-94.

[93] 晏启祥，程曦，何川，等. 水压条件下盾构隧道双层衬砌力学特性分析[J]. 铁道工程学报，2010(9)：55-59.

[94] Mata P，Barbat A H，Oller S. Two-scale approach for the nonlinear dynamic analysis of RC structures with local non-prismatic parts[J]. Engineering Structures，2008，30(12)：3667-3680.

[95] Dowding C H，Belytschko T B，Yen H J. A coupled finite element–rigid block method for transient analysis of rock caverns[J].

International Journal for Numerical & Analytical Methods in Geomechanics，2010，7(1)：117-127.

[96] Nakasumi S，Suzuki K，Fujii D，et al. Mixed analysis of shell and solid elements using the overlaying mesh method[J]. Journal of Marine Science & Technology，2003，7(4)：180-188.

[97] 李兆霞，王滢，吴佰建，等. 桥梁结构劣化与损伤过程的多尺度分析方法及其应用[J]. 固体力学学报，2010，31(6)：731-756.

[98] 林旭川，陆新征，叶列平. 钢-混凝土混合框架结构多尺度分析及其建模方法[J]. 计算力学学报，2010，27(3)：469-475.

[99] 陆新征，林旭川，叶列平. 多尺度有限元建模方法及其应用[J]. 华中科技大学学报，2008，25(4)：76-80.

[100] 陈志文，李兆霞，卫志勇. 土木结构损伤多尺度并发计算方法及其应用[J]. 工程力学，2012，29(10)：205-210.

[101] 禹海涛，袁勇. 地下结构多尺度动力分析方法[J]. 力学学报，2012，44(6)：1028-1036.

[102] 李明广，禹海涛，王建华，等. 离散-连续多尺度桥域耦合动力分析方法[J]. 工程力学，2015，32(6)：92-98.

[103] 张莹，孙广俊，李鸿晶. 多尺度模型界面连接方法研究[C]//全国结构工程学术会议，2014.

[104] 周萌，聂建国. 自锚式悬索桥主缆锚固区多尺度建模方法[J]. 桥梁建设，2014，44(1)：11-17.

[105] 聂建国，周萌，姬同庚，等. 基于多尺度模型的自锚式钢箱梁悬索桥主缆锚固区受力性能研究[J]. 土木工程学报，2014(6)：57-69.

[106] 王英琳. 高速磁浮列车碰撞过程仿真[D]. 长沙：中南大学，2009.

[107] 王文斌，康康，赵洪伦，等. 列车耐碰撞系统有限元和多体动力学联合仿真[J]. 同济大学学报(自然科学版)，2011，39(10)：144-148.

[108] 陈诚. 桥梁设计船撞力及损伤状态仿真研究[D]. 上海：同济大学，2006.

[109] 陈力，方秦，还毅，等. 强动载作用下钢筋混凝土梁破坏模式的有限元分析[J]. 北京工业大学学报，2008，34(6)：580-585.

[110] Kachanov L M. Time of the rapture process under creep conditions[J]. TVZ Akad. Nauk. S. S R. Otd. Tech. Nuak，1958(8)：9.

[111] Lemaitre J. Application of damage concepts to predict creep-fatigue failure[C]. J. Eng. Mat. Tech.，ASME，1979，101(1)：202-209.

[112] Sidoroff F. Discription of anistropic damage application to elasticity[C]. IUTAM Colloquium，Physical Nonlinearities in Structural Analysis，1981：237-244.

[113] Loland K E. Concrete damgae model for load-response estimation of concrete[J]. Cement and Concrete Research，1980(10)：392-492.

[114] Mazars J. Application de la mecanique de l'endommagement au comportement non lineaire et a la rupture du beton de structure[J]. These de Doctorate d'Etat, L. M. T., Universite Paris, France，1984.

[115] 余天庆，钱济成. 损伤理论及其应用[M]. 北京：国防工业出版社，1993.

[116] 中华人民共和国建设部. 混凝土结构设计规范(GB 50010-2002)[S]. 北京：中国建筑工业出版社，2002.

[117] 方秦，还毅，张亚栋，等. ABAQUS混凝土损伤塑性模型的静力性能分析[J]. 解放军理工大学学报(自然科学版)，2007，8(3)：254-260.

[118] ABAQUS Inc. Abaqus theory manual[M]. ABAQUS Inc., 2007.

[119] 赵宝友，马震岳，梁冰，等. 基于损伤塑性模型的地下洞室结构地震作用分析[J]. 岩土力学，2009，30(5)：1515-1521.

[120] Simo J C，Ju J W. Strain- and stress-based continuum damage models—I. formulation[J]. International Journal of Solids and Structures，1987，23(7)：841-869.

[121] Klisinski M，Mroz Z. Description of inelastic deformation and degradation of concrete[J]. International Journal of Solids and Structures，1988，24(4)：391-416.

[122] 刘晶波，杜义欣，闫秋实，等. 粘弹性人工边界及地震动输入在通用有限元软件中的实现[C]. 防灾减灾工程学报，2007：37-42.

[123] 谷音，刘晶波，杜义欣，等. 三维一致粘弹性人工边界及等效粘弹性边界单元[J]. 工程力学，2007，24(12)：31-37.

[124] Ren F，Fengjun L I，Liu W，et al. Effect of inoculating addition on machinability of gray cast iron[J]. Journal of Rare Earths，2009，27(2)：294-299.

[125] Dugdale D S. Yielding of steel containing slit[J]. Journal of the Mechanics and Physics of Solids，1960，8：100-104.

[126] Barenblatt G I，Cherepanov G P. On the equilibrium cracks and propagation of cracks inan isotropic medium[J]. Journal of Applied Mathematics and Mechanics，1961，25：61-74.

[127] 中华人民共和国建设部. 混凝土结构设计规范(GB 50010-2002) [S]. 北京：中国建筑工业出版社，2002.

[128] 郭毅之，金先龙，丁峻宏，等. 沉管隧道地震响应分析中的三维接触模型与算法研究[J]. 应用力学学报，2006，23(1)：48-52.

[129] 杨阜东. 高水压越江盾构隧道管片结构稳定性分析[D]. 济南：山东大学，2011.

[130] 赵武胜，何先志，陈卫忠，等. 盾构隧道地震响应分析方法及工程应用[J]. 岩土力学，2012，33(8)：2415-2421.

[131] 晏启祥，李彬，张蒙，等. 列车撞击荷载的有限元数值分析[J]. 西南交通大学学报，2016，51(1)：1-7.

[132] Zhong Z H. Finite Element Procedures for Contact-IMPact Problems[M]. Oxford：Oxford University Press，1993.

[133] Chen W H，Yeh J T. Three-dimensional finite element analysis of static and dynamic contact problems with friction[J]. Computers & Structures，1990，35(5)：541-552.

[134] Oldenburg M，Nilsson L. The position code algorithm for contact searching[J]. International Journal for Numerical Methods in Engineering，1994，37(3)：359-386.

[135] Bathe K J. Finite element procedures in engineering analysis[J]. Journal of Pressure Vessel Technology，1984，106(4)：253-286.

[136] Wilson E A，Preson B. Finite element analysis of element different displacement[J]. Int. J. Num. Meth. Eng.，1970，2：387-395.

[137] Francavilla A，Zienkiewicz O C. A note on numerical computation of elastic contact problems[J]. International Journal for Numerical Methods in Engineering，1975，9(4)：913-924.

[138] Underhill W R C，Dokainish M A，Oravas G Æ. A method for contact problems using virtual elements[J]. Computer Methods in Applied Mechanics & Engineering，1997，143(3–4)：229-247.

[139] 王水林，邓建辉，葛修润. 改进的拉氏乘子法在接触摩擦问题中的应用[J]. 岩土工程学报，1998，20(5)：64-67.

[140] 晏启祥，李彬，张蒙，等. 列车撞击荷载的有限元数值分析[J]. 西南交通大学学报，2016，51(1)：1-7.

[141] 张蒙. 列车撞击荷载下水下盾构隧道的动力响应特性研究[D]. 成都：西南交通大学，2013.

[142] Lu G. Energy absorption requirement for crashworthy vehicles[J]. Foreign Rolling Stock，2006，216(1)：31-39.

[143] 赵洪伦，王文斌，廖彦芳. 城市轨道车辆动车组耐撞击设计研究[J]. 铁道车辆，2003，41(12)：1-4.

[144] Hajdin N，Grob J. Train derailment and its impact on structures[J]. Structural Engineering International，1993(2)：88-94.

附　　录

图 2-8　列车 MISES 应力云图

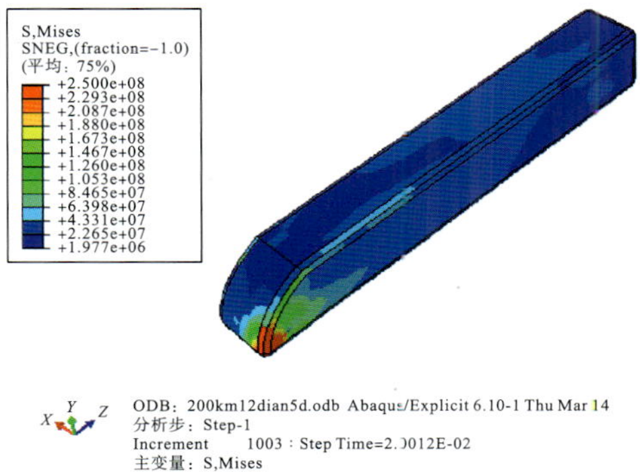

图 2-9　机车 MISES 应力云图

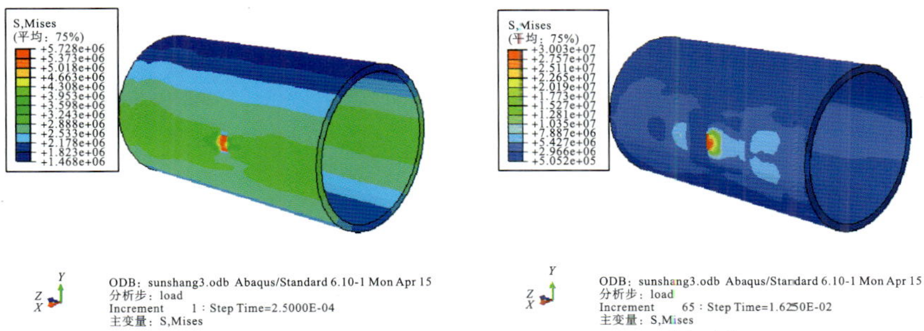

(a) t=0.25ms　　(b) t=16ms

图 3-20　单层管片衬砌盾构隧道典型时刻管片衬砌的 MISES 应力云图

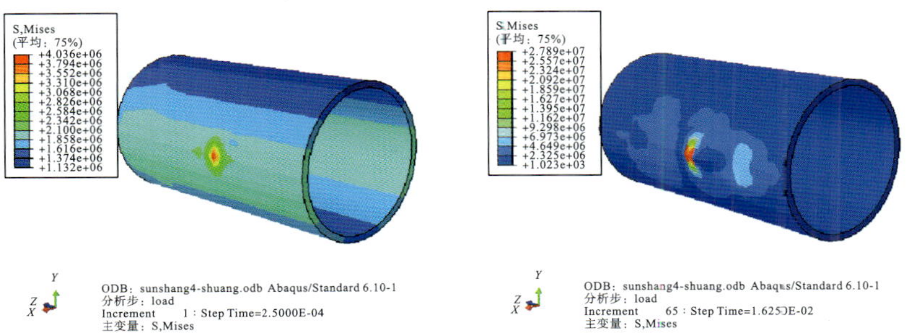

(a) t=0.25ms　　(b) t=16ms

图 3-21　双层衬砌盾构隧道典型时刻管片衬砌的 MISES 应力云图

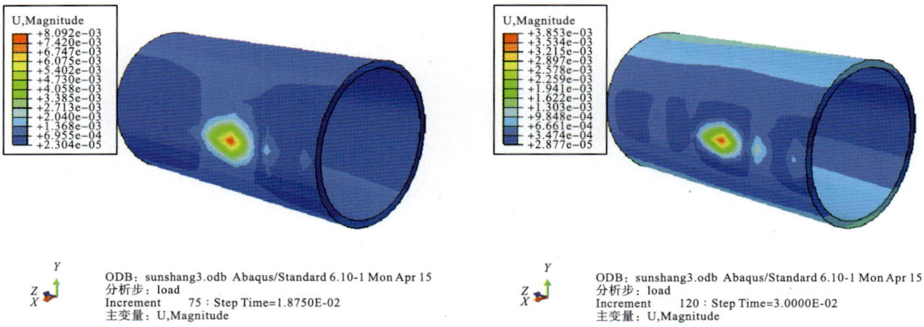

(a) t=19ms　　(b) t=30ms

图 3-24　单层管片衬砌盾构隧道典型时刻管片衬砌的位移云图

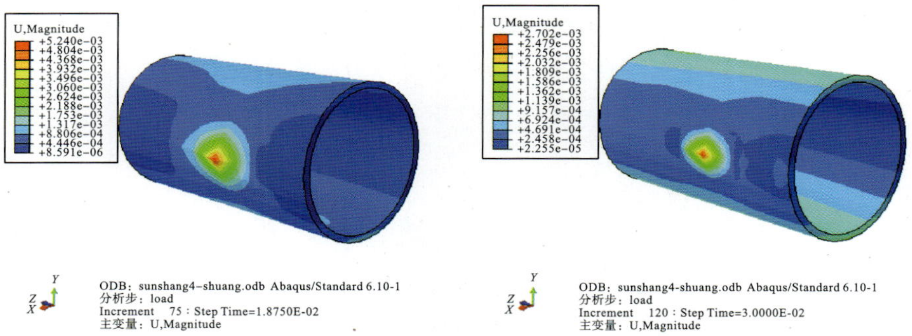

(a) t=19ms　　(b) t=30ms

图 3-25　双层衬砌盾构隧道典型时刻管片衬砌的位移云图

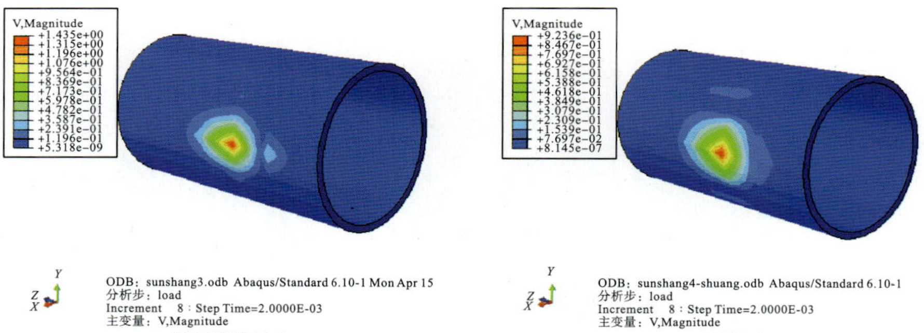

(a) 单层管片衬砌　　(b) 双层衬砌

图 3-29　盾构隧道 t=2ms 时管片衬砌的速度云图

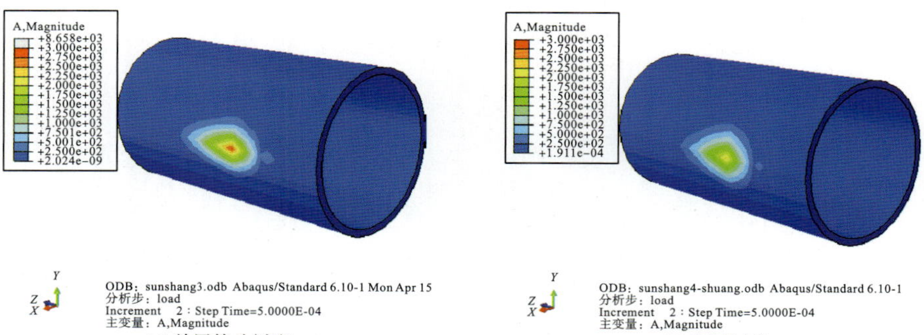

(a) 单层管片衬砌　　(b) 双层衬砌

图 3-32　盾构隧道 t=0.5ms 时管片衬砌速度云图

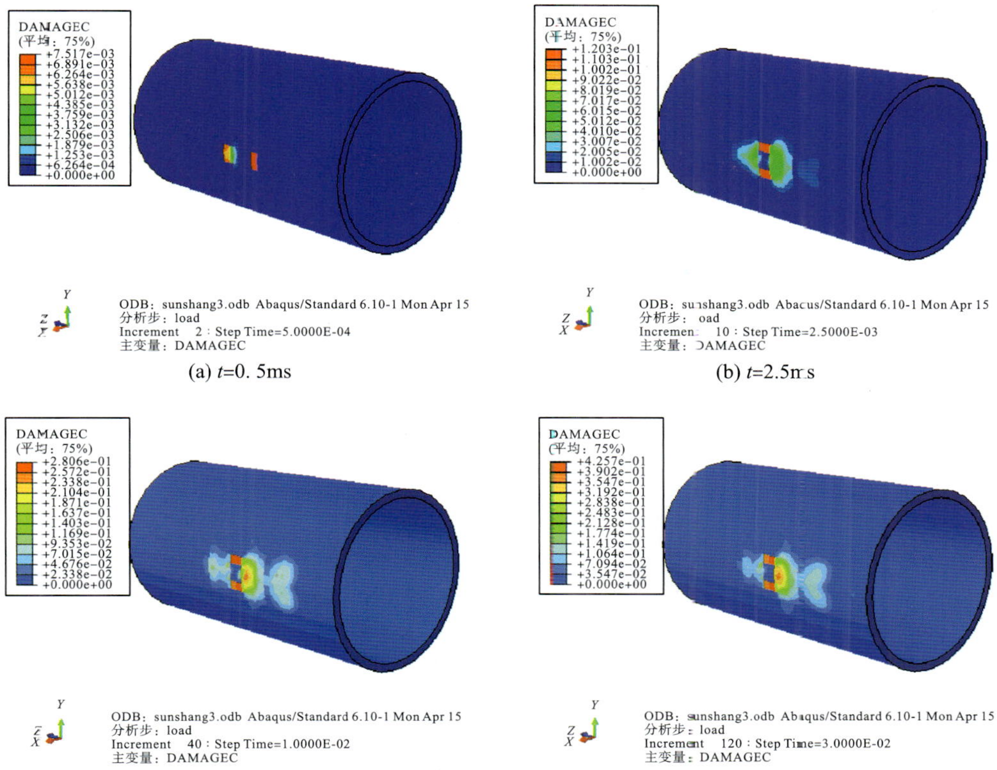

(a) t=0. 5ms　　(b) t=2.5ms

(c) t=10ms　　(d) t=30ms

图 3-35　单层管片衬砌盾构隧道典型时刻管片衬砌的受压损伤云图

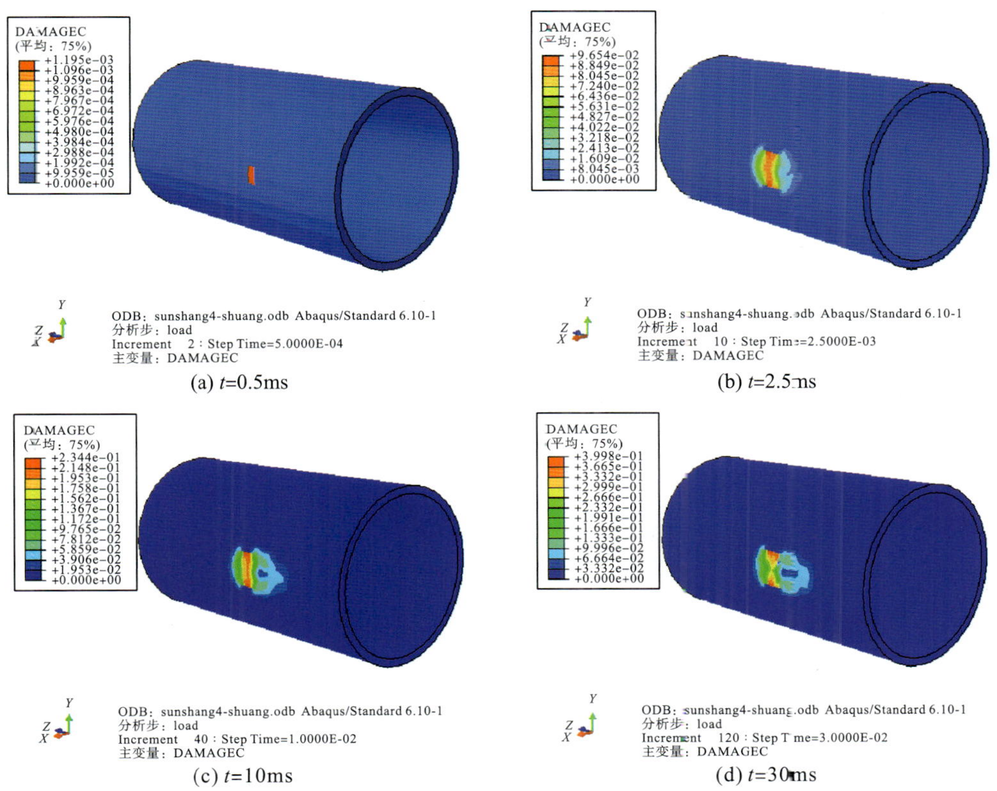

(a) t=0.5ms　　(b) t=2.5ms

(c) t=10ms　　(d) t=30ms

图 3-36　双层衬砌盾构隧道典型时刻管片衬砌的受压损伤云图

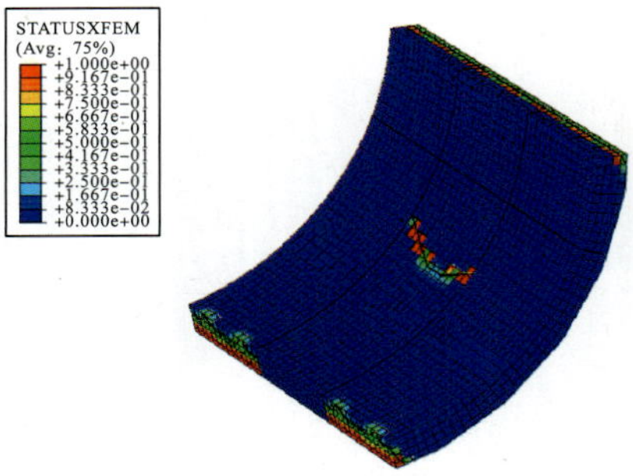

图 4-22　管片内侧裂缝的主要开展区域

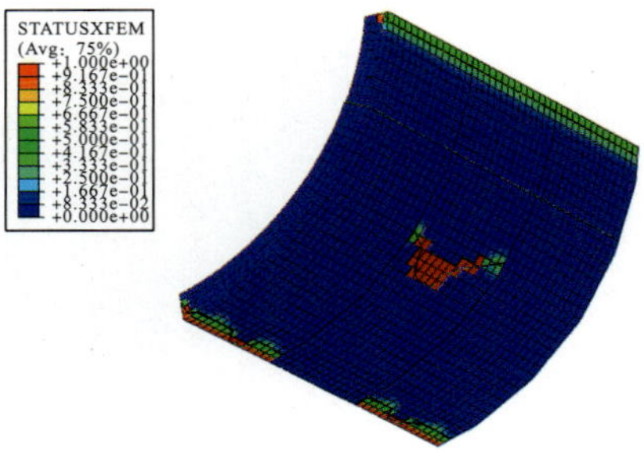

图 4-23　管片外侧裂缝的主要开展区域

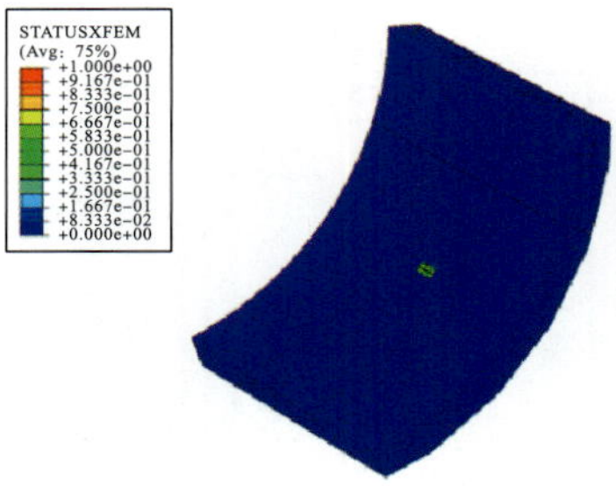

(a) 1.47×10^{-2}ms

(b) 1.62×10^{-2}ms

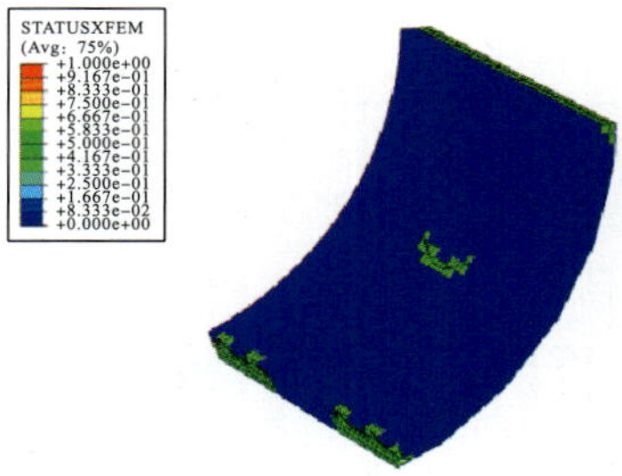

(c) 3.73×10^{-2}ms

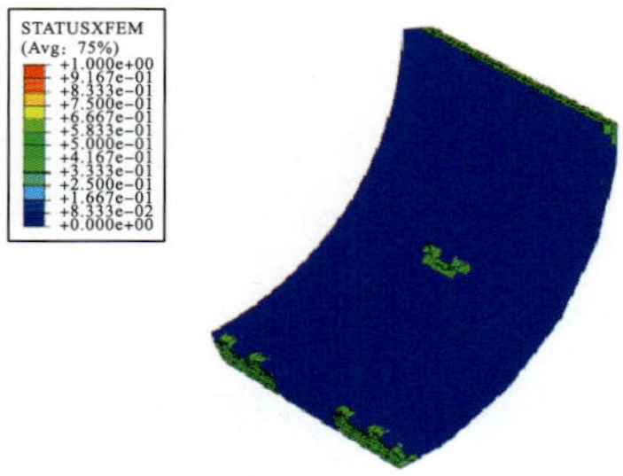

(d) 0.157ms

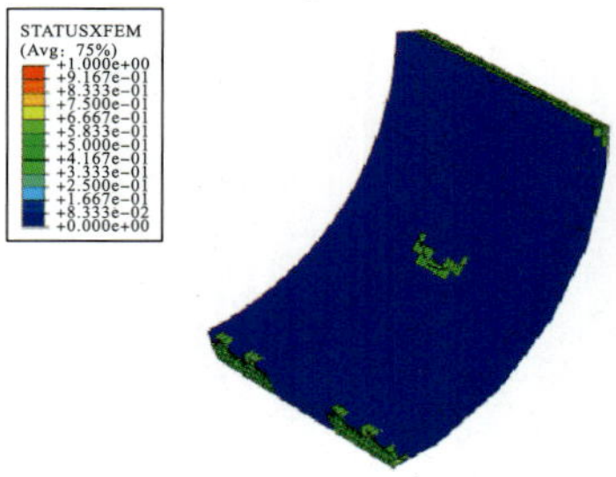

(e) 0.160ms

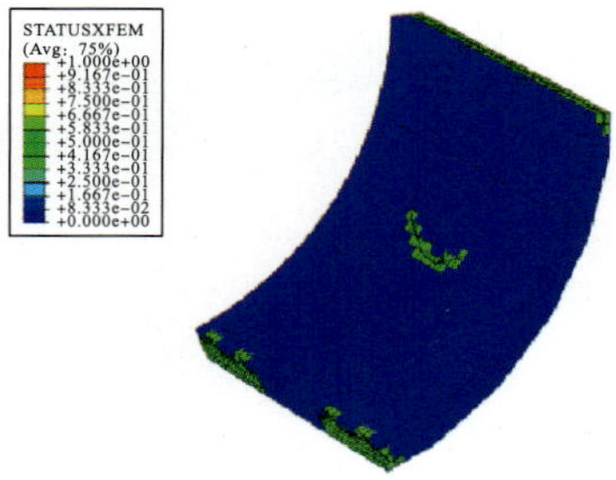

(f) 0.311ms

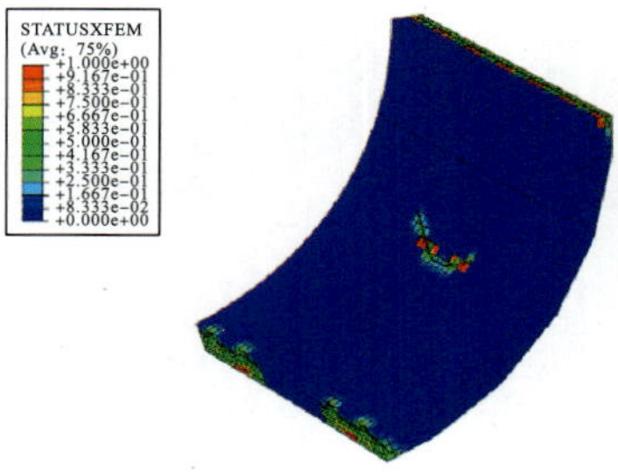

(g) 8.30ms

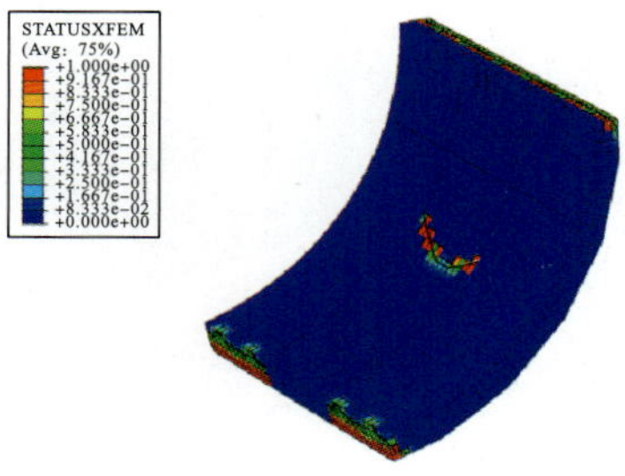

(f) 30ms

图 4-24　撞击荷载下管片衬砌内侧主裂缝的开裂过程

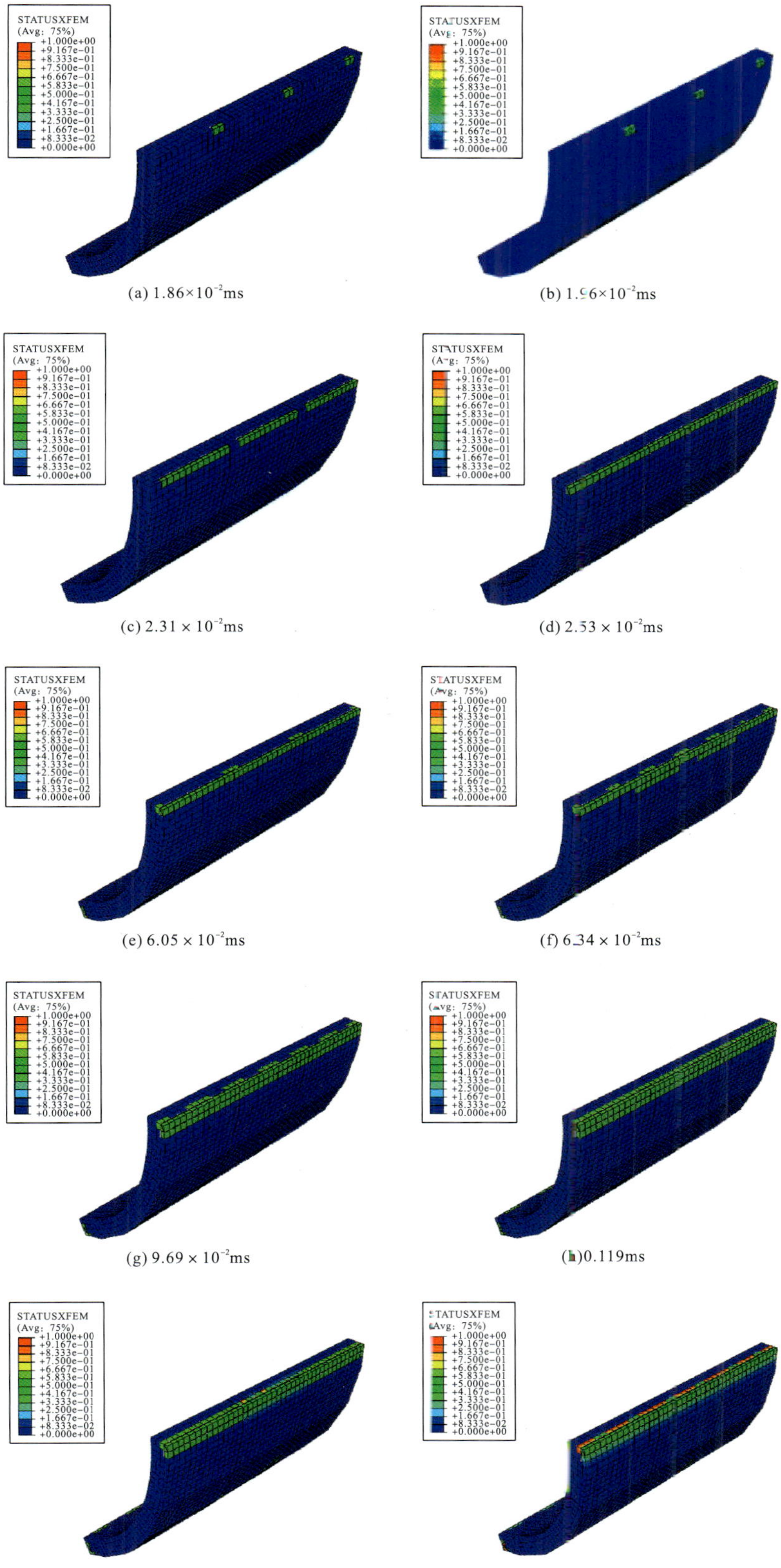

(a) 1.86×10^{-2}ms　(b) 1.96×10^{-2}ms

(c) 2.31×10^{-2}ms　(d) 2.53×10^{-2}ms

(e) 6.05×10^{-2}ms　(f) 6.34×10^{-2}ms

(g) 9.69×10^{-2}ms　(h) 0.119ms

(i) 2.866ms　(j) 30ms

图 4-30　撞击荷载下管片衬砌#1 裂缝的开裂过程

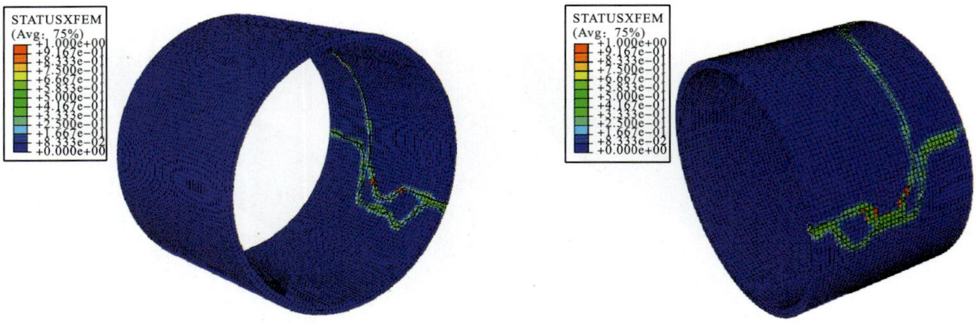

(a) 二次衬砌内侧裂缝的主要开展区域　　　(b) 二次衬砌外侧裂缝的主要开展区域

图 5-4　二次衬砌主裂缝的主要开展区域

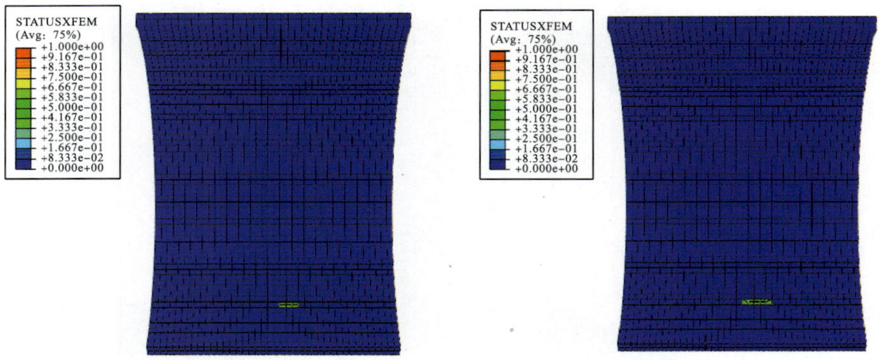

(a) 1.47×10^{-2}ms　　　(b) 1.78×10^{-2}ms

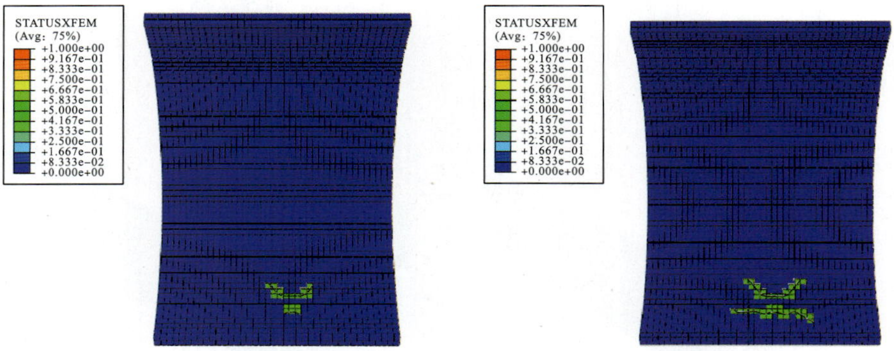

(c) 0.1188ms　　　(d) 0.2753ms

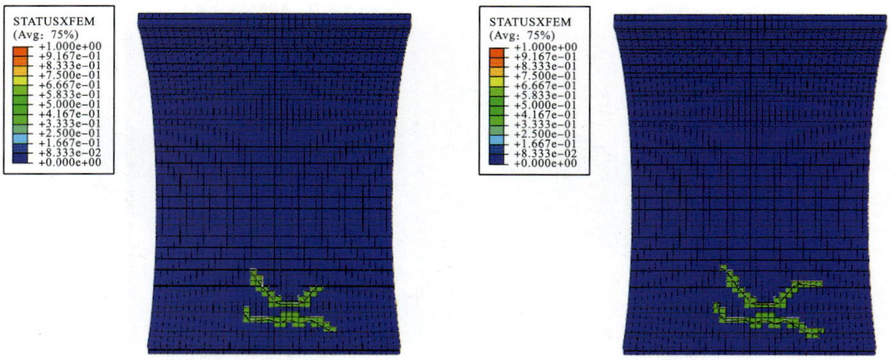

(e) 0.3145ms　　　(f) 0.3690ms

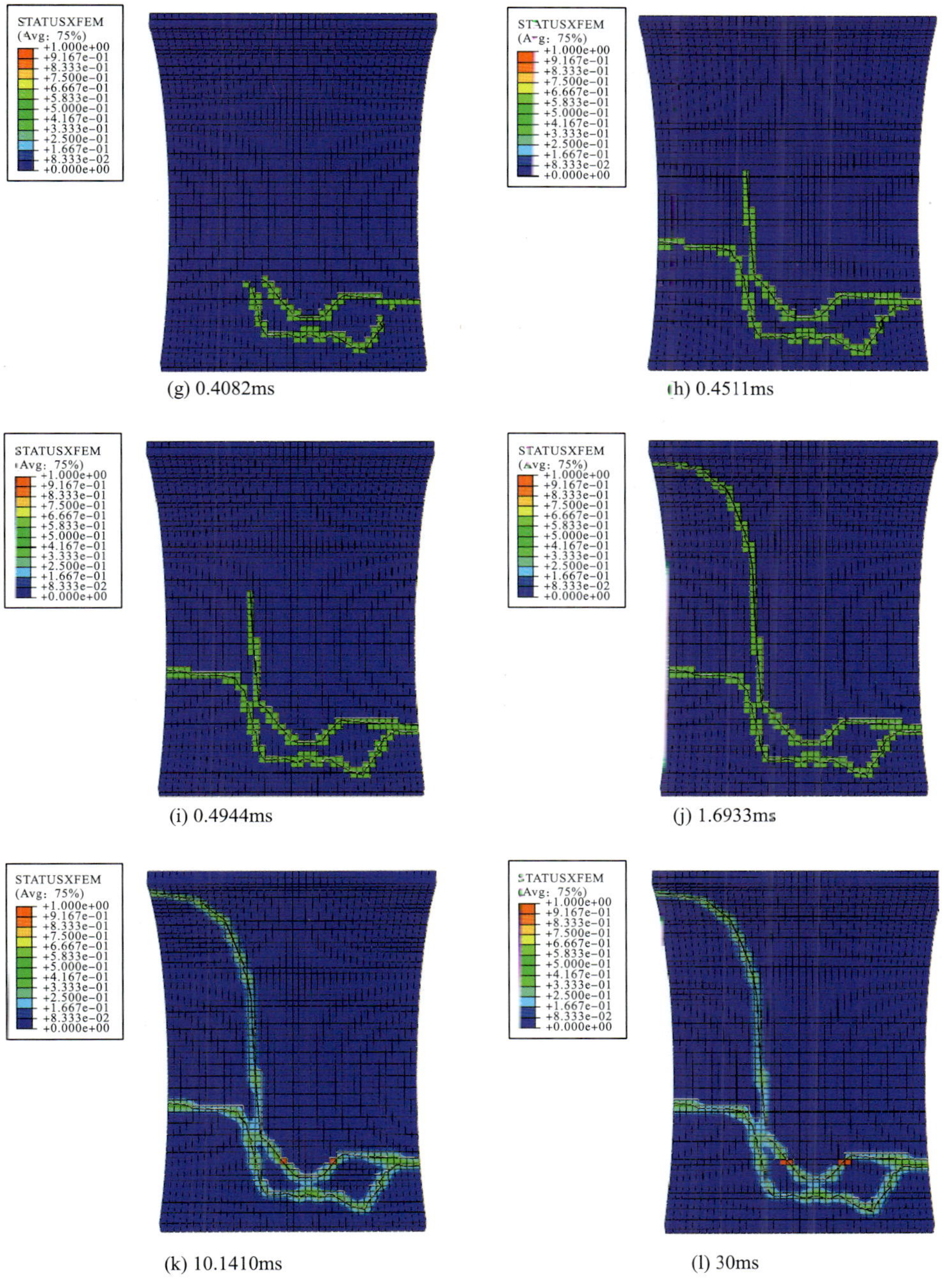

(g) 0.4082ms　(h) 0.4511ms

(i) 0.4944ms　(j) 1.6933ms

(k) 10.1410ms　(l) 30ms

图 5-5　撞击荷载下二次衬砌内侧主裂缝的开裂过程

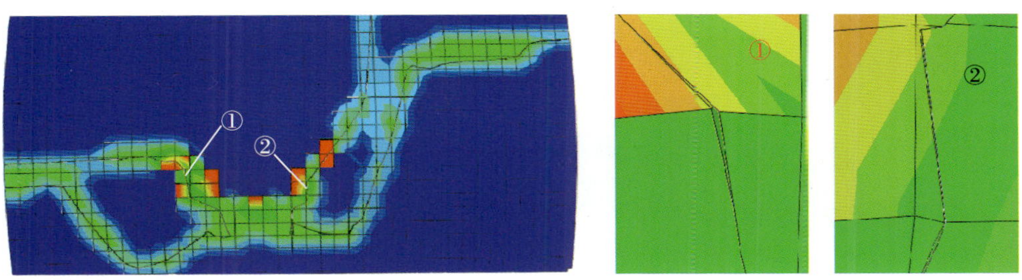

图 5-8　30ms 外侧主裂缝撞击区域中心的局部放大图(放大系数 25)

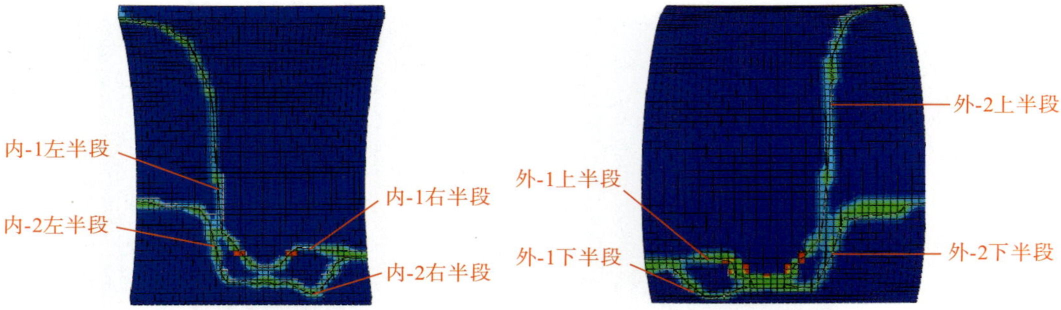

(a) 内侧裂缝　　(b) 外侧裂缝

图 5-9　双层衬砌内外侧主裂缝各段分布图

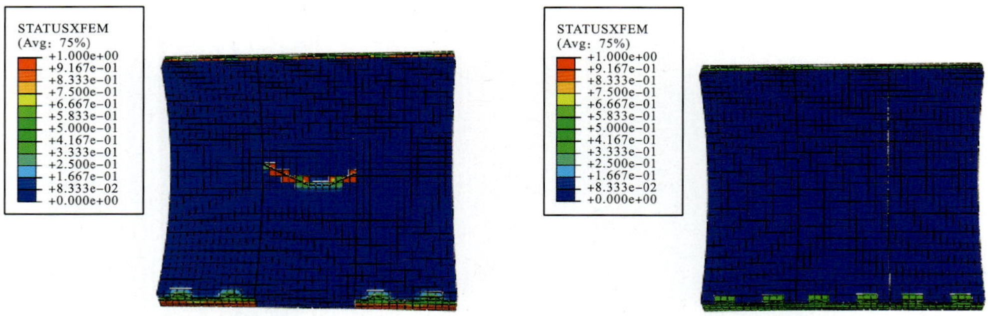

(a) 单层管片衬砌　　(b) 双层衬砌

图 5-14　30ms 单层管片衬砌和双层衬砌的管片衬砌主裂缝的主要开展区域

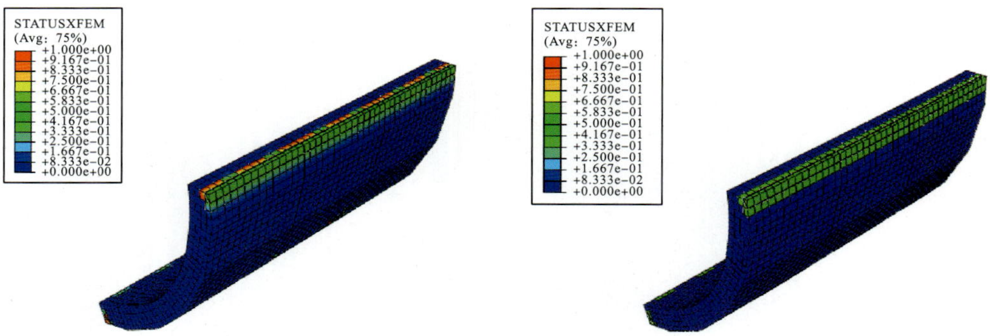

(a) 单层管片衬砌　　(b) 双层衬砌

图 5-15　30ms 单层管片衬砌和双层衬砌的管片衬砌接头#1 裂缝的主要开展区域

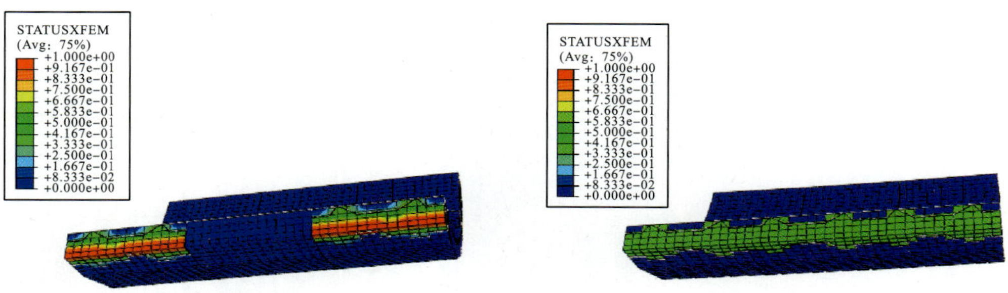

(a) 单层管片衬砌　　(b) 双层衬砌

图 5-16　30ms 单层管片衬砌和双层衬砌的管片衬砌接头#3 裂缝的主要开展区域

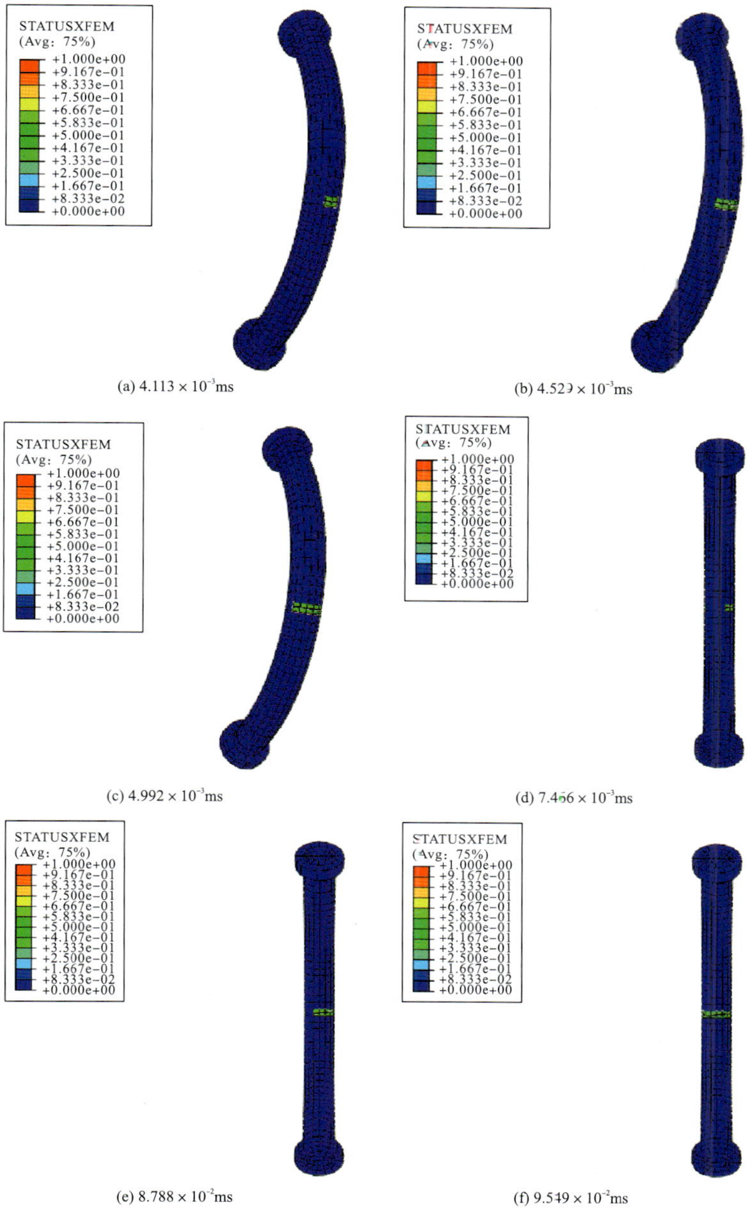

(a) 4.113×10^{-3}ms　(b) 4.529×10^{-3}ms

(c) 4.992×10^{-3}ms　(d) 7.466×10^{-3}ms

(e) 8.788×10^{-2}ms　(f) 9.549×10^{-2}ms

图 6-1　撞击荷载下弯螺栓 M1 裂缝的开裂过程

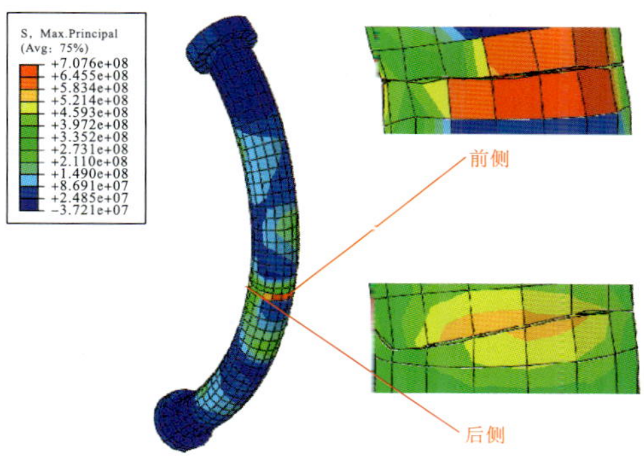

图 6-2　30ms 弯螺栓 M1 裂缝的局部放大图(放大系数 50)

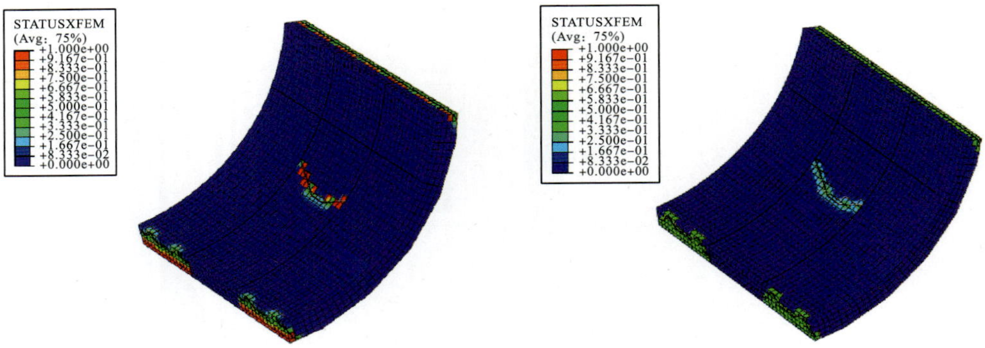

(a) 工况1　　　　(b) 工况2

图 6-7　30ms 工况 1 与工况 2 管片衬砌主裂缝的主要开展区域

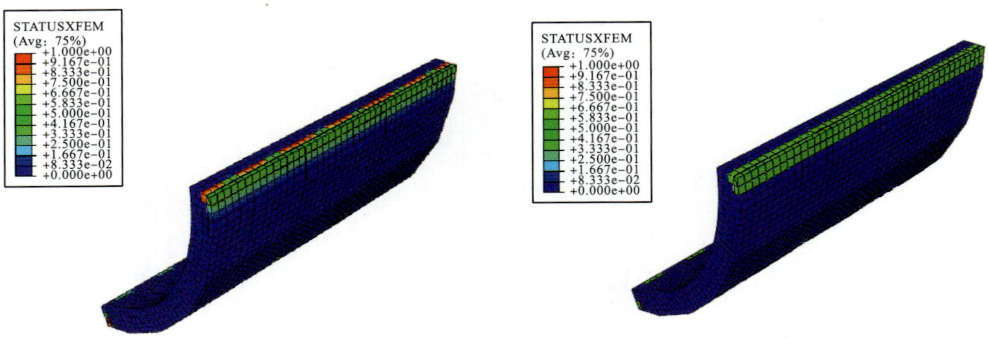

(a) 工况1　　　　(b) 工况2

图 6-8　30ms 工况 1 与工况 2 管片衬砌接头#1 裂缝的主要开展区域

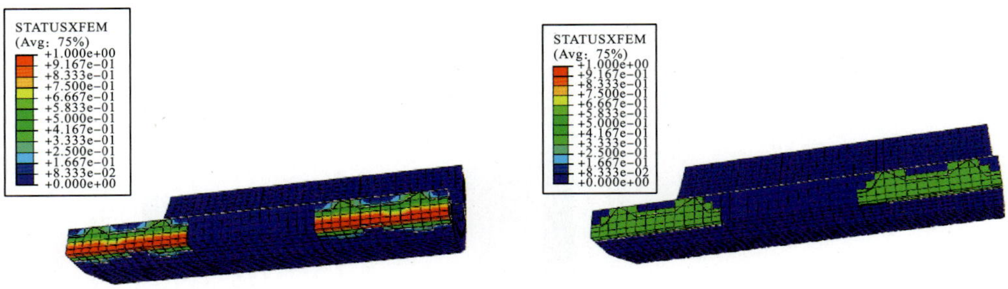

(a) 工况1　　　　(b) 工况2

图 6-9　30ms 工况 1 与工况 2 管片衬砌接头#3 裂缝的主要开展区域

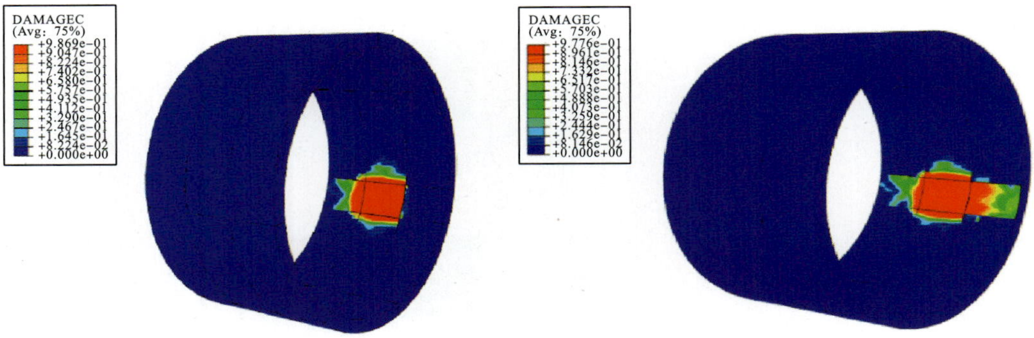

(a) 考虑螺栓失效　　　　(b) 未考虑螺栓失效

图 7-13　管片内表面压缩损伤云图

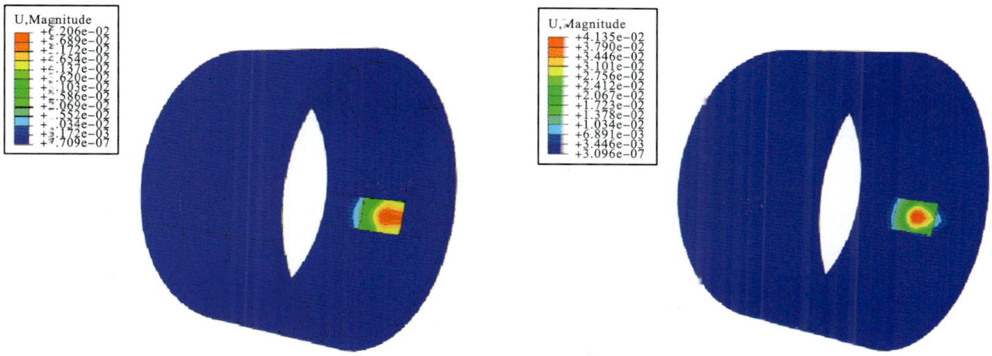

(a) 考虑螺栓失效　　(b) 未考虑螺栓失效

图 7-15　管片内表面撞击位移云图(m)

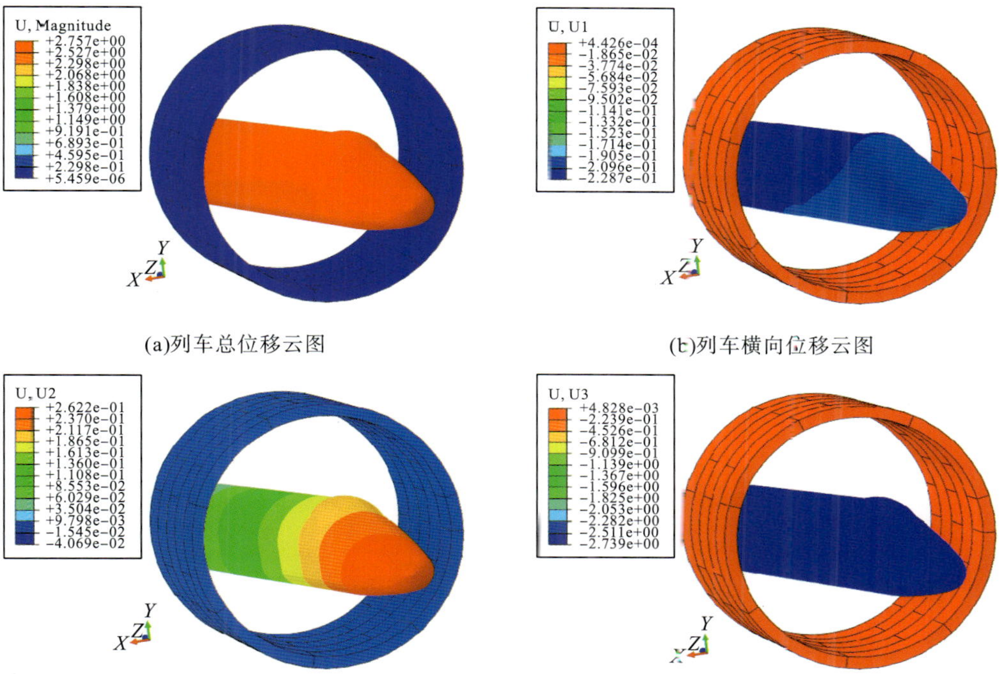

(a)列车总位移云图　　(b)列车横向位移云图

(c)列车竖向位移云图　　(d)列车纵向位移云图

图 8-17　列车位移云图(m)

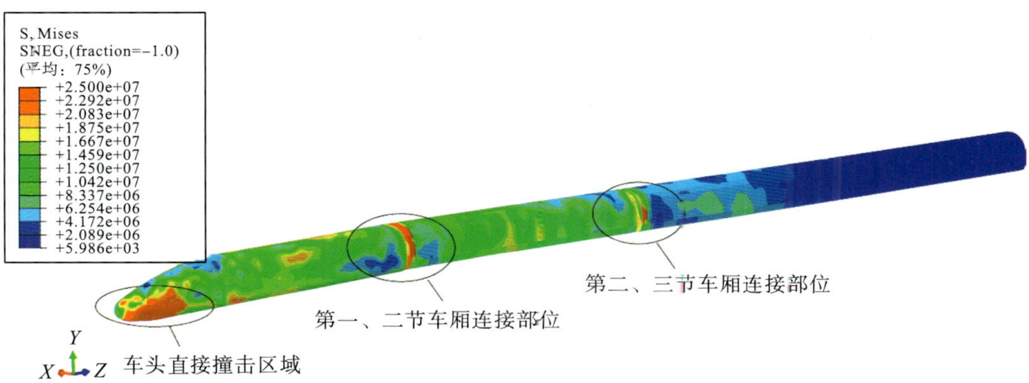

图 8-18　各节车的 MISES 应力状况(Pa)

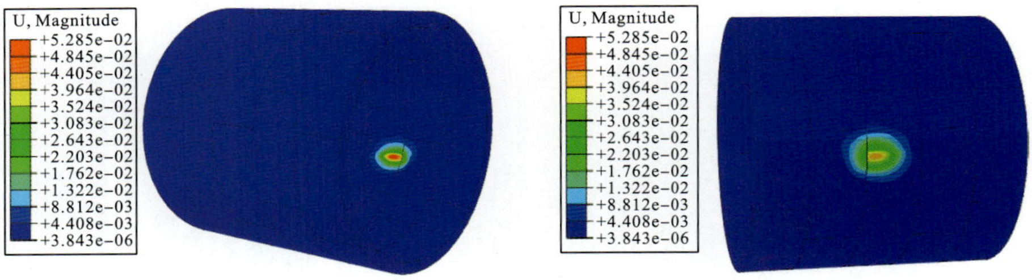

(a)10ms时刻管片衬砌内外侧位移

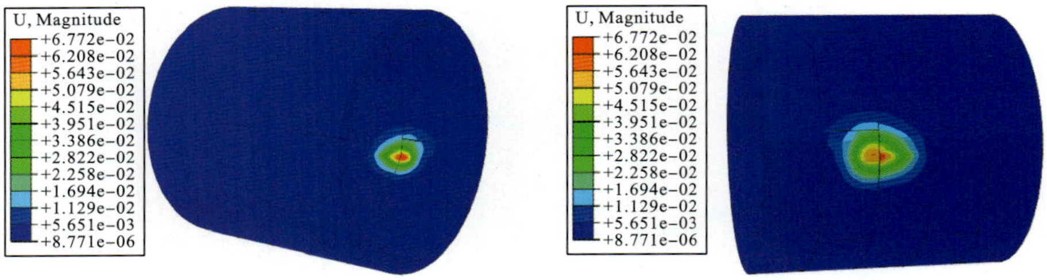

(b)20ms时刻管片衬砌内外侧位移

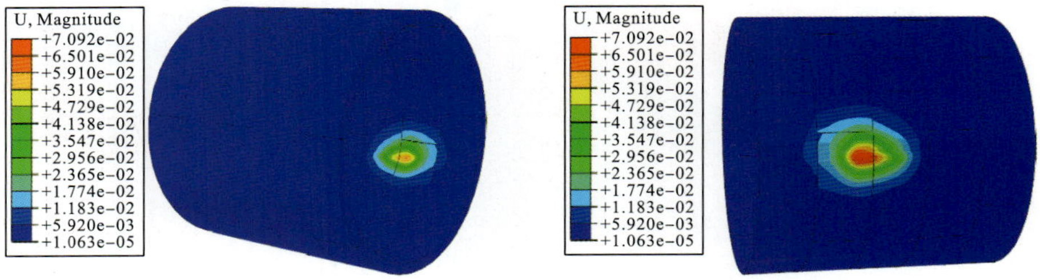

(c)30ms时刻管片衬砌内外侧位移

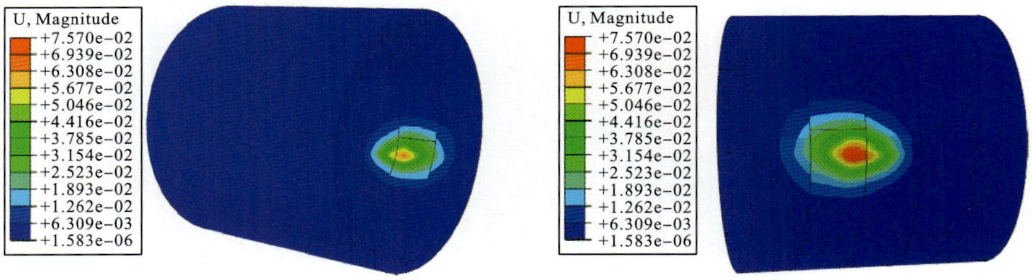

(d)40ms时刻管片衬砌内外侧位移

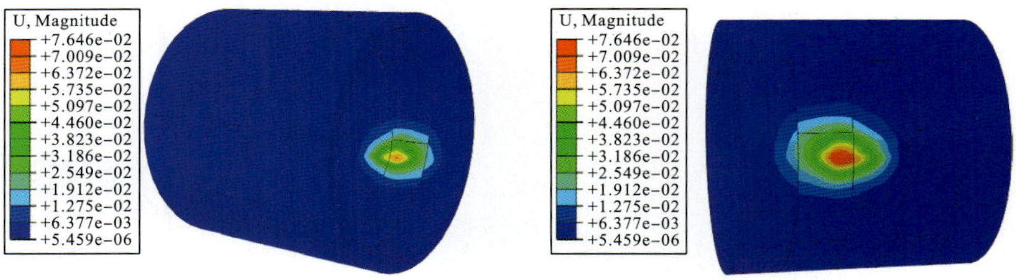

(e)50ms时刻管片衬砌内外侧位移

图 8-30　特殊时间节点管片衬砌内侧和外侧的位移(m)

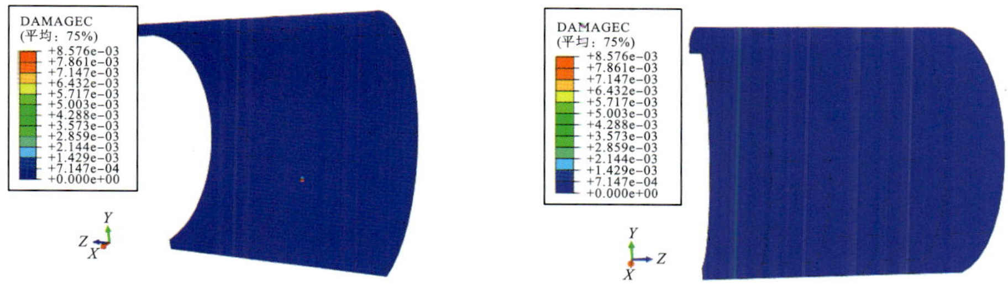

(a)0.5ms时刻管片衬砌内外侧压缩损伤

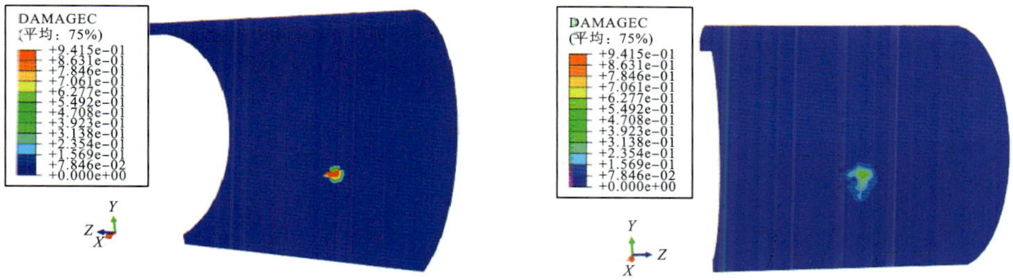

(b)2.5ms时刻管片衬砌内外侧压缩损伤

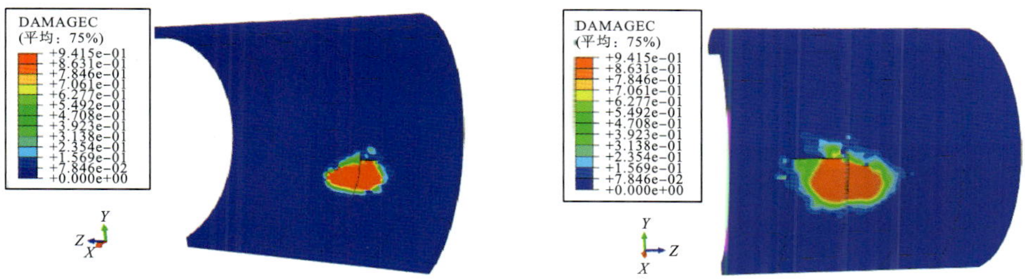

(c)20ms时刻管片衬砌内外侧压缩损伤

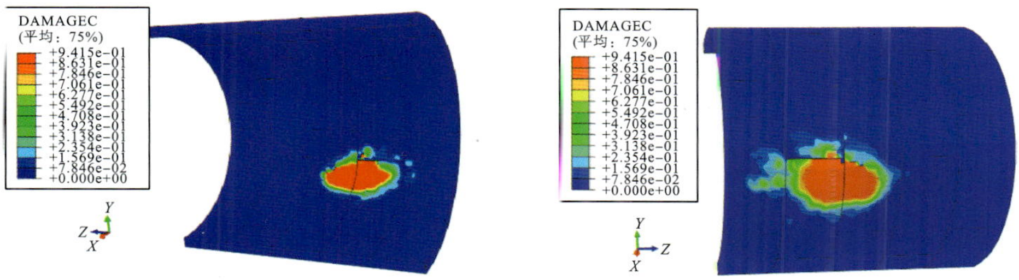

(d)40ms时刻管片衬砌内外侧压缩损伤

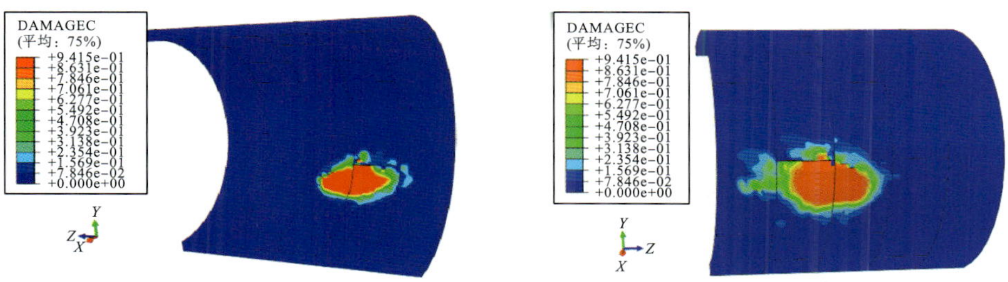

(e)50ms时刻管片衬砌内外侧压缩损伤

图 8-35　特殊时间节点管片衬砌内外表面压缩损伤

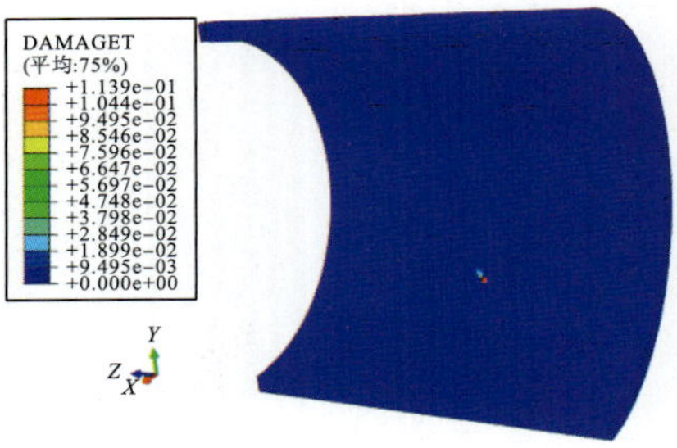

(a)0.5ms拉伸损伤

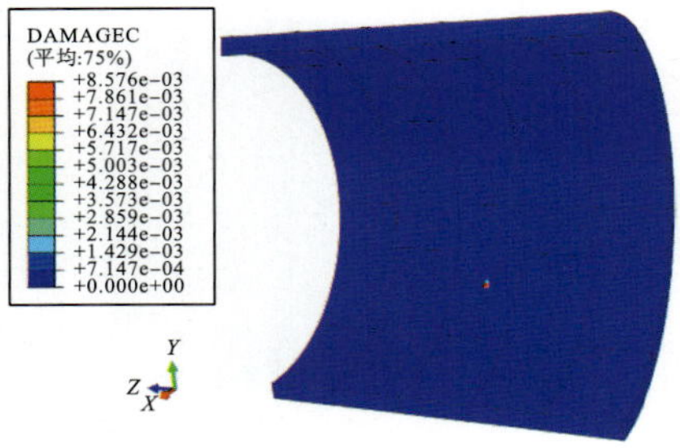

(b)0.5ms压缩损伤

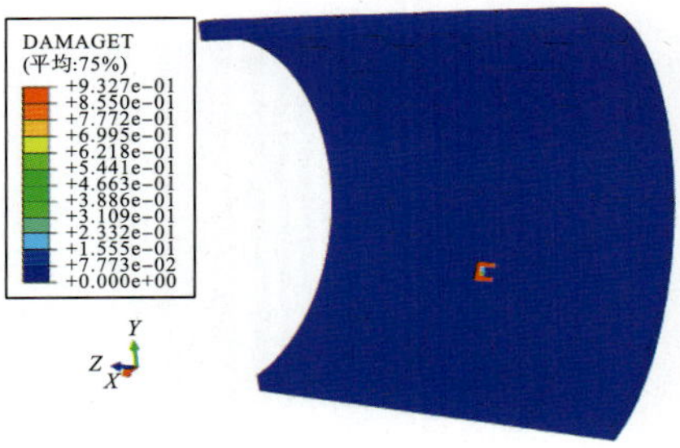

(c)1ms拉伸损伤

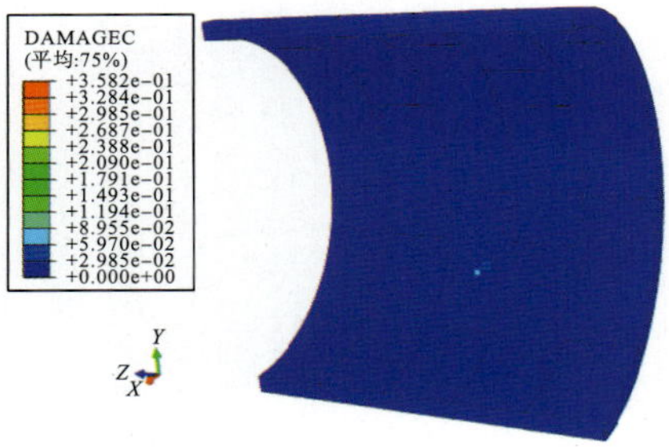

(d)1ms压缩损伤

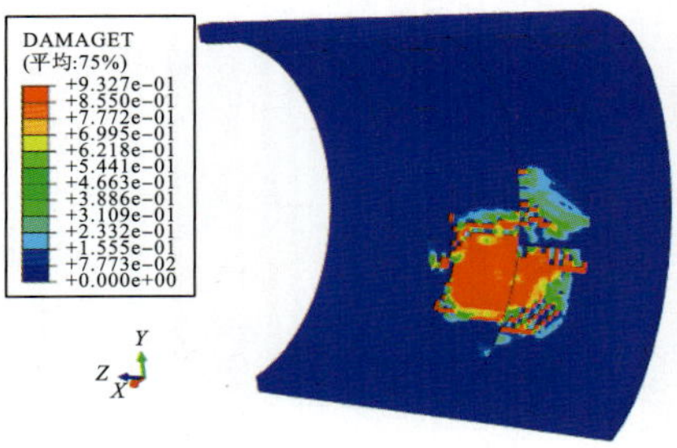

(e)10ms拉伸损伤

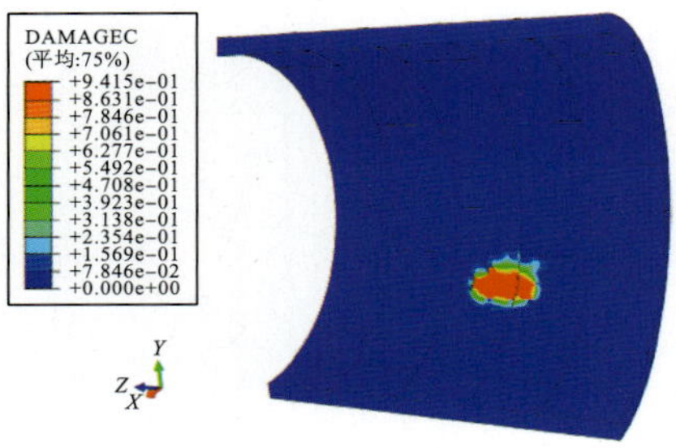

(f)10ms压缩损伤

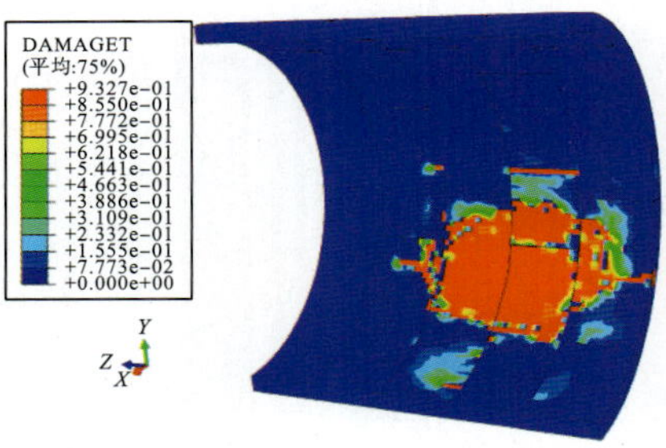

(g)30ms拉伸损伤

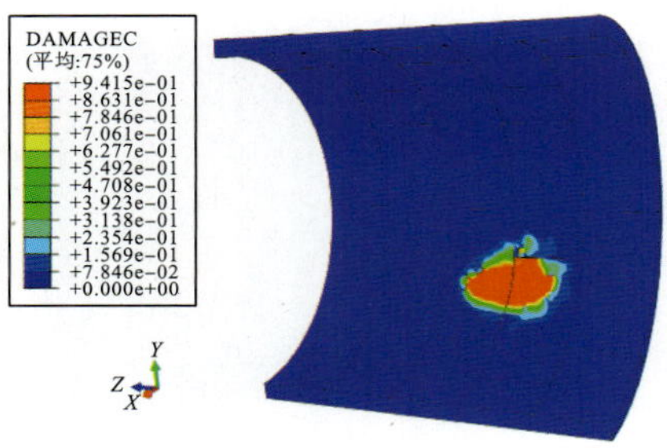

(h)30ms压缩损伤

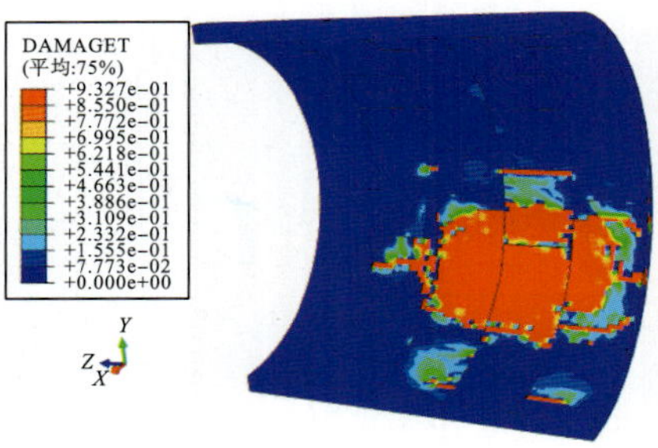

(i)50ms拉伸损伤

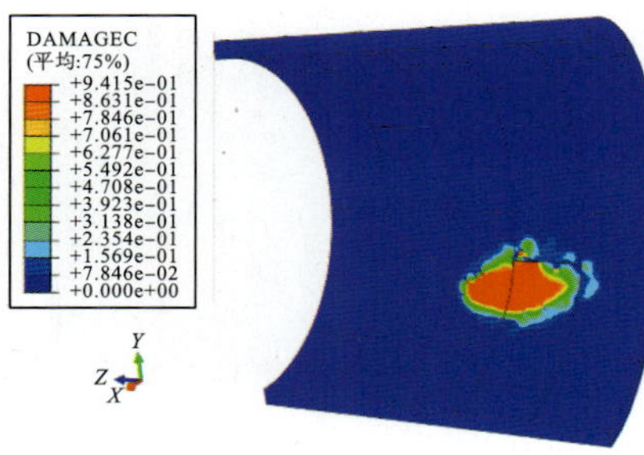

(j)50ms压缩损伤

图 8-39　管片内表面拉、压损伤发展进程

(a)模型A(粗细网格耦合)

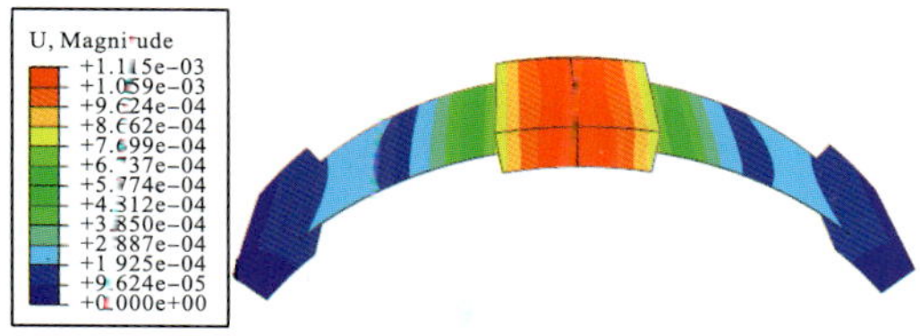

(b)模型B(壳-实体单元耦合)

(c)模型C(常规非多尺度)

图 10-10 静力加载方式下各模型位移云图(m)

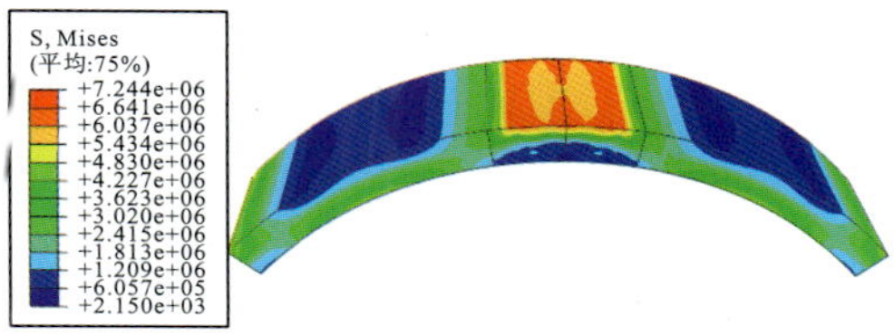

(a)模型A(粗细网格耦合)

(b)模型B(壳-实体单元耦合)

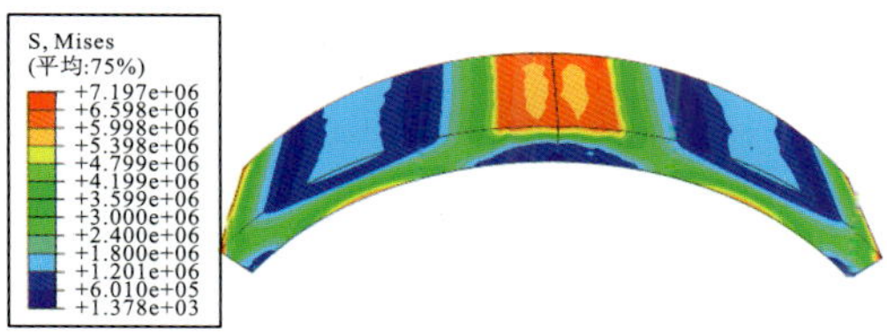

(c)模型C(常规非多尺度)

图 10-11 静力加载方式下各模型 MISES 应力云图(Pa)

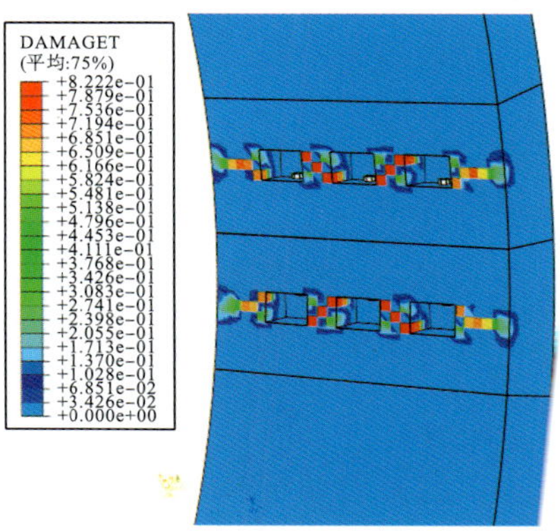

(a)模型A(粗细网格耦合)

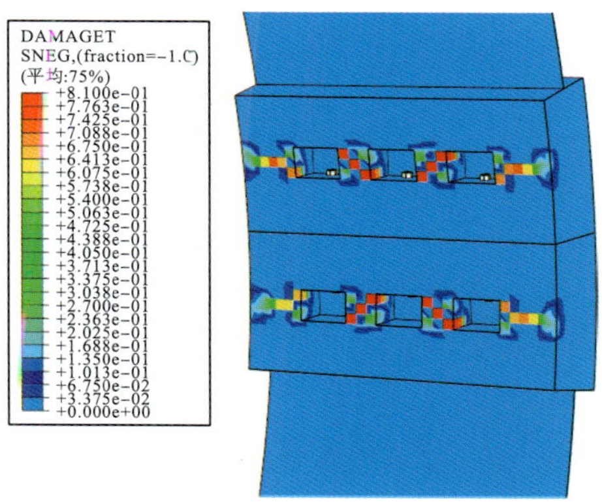

(b)模型B(壳-实体单元耦合)

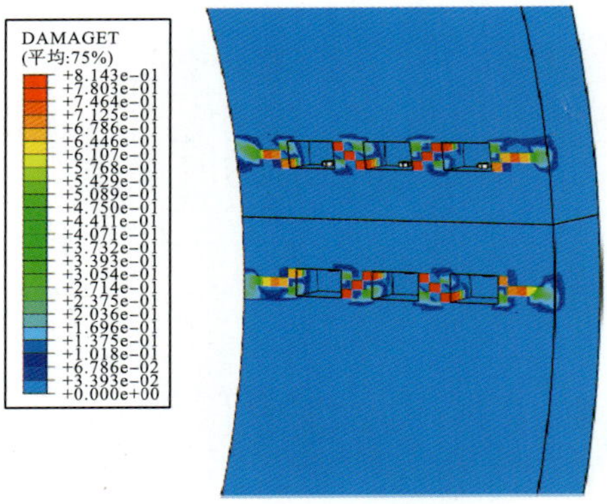

(c)模型C(常规非多尺度模型)

图 10-12 静力加载方式下各模型接头部位损伤云图

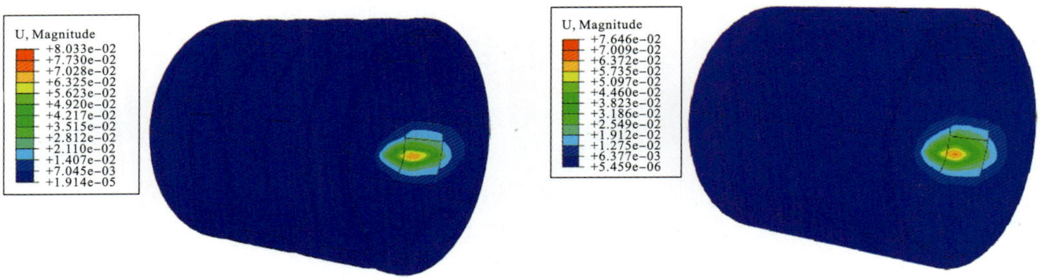

(a)多尺度模型 (b)非多尺度模型

图 10-15 列车撞击作用下盾构隧道位移云图

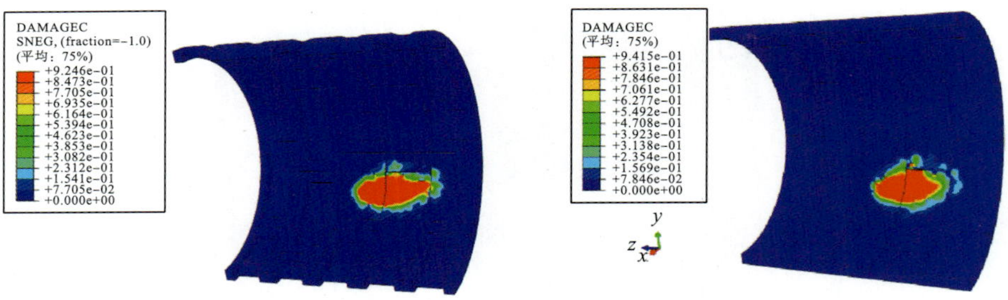

(a)多尺度模型 (b)非多尺度模型

图 10-17 列车撞击作用下盾构隧道压缩损伤云图

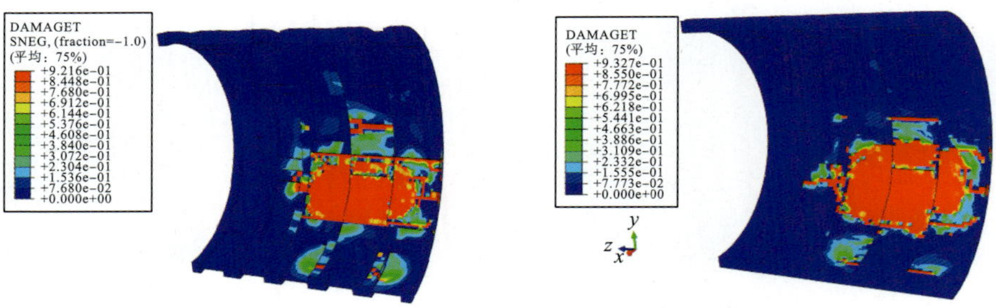

(a)多尺度模型 (b)非多尺度模型

图 10-18 列车撞击作用下盾构隧道拉伸损伤云图